Coleção "Filosofia" – 9 volumes publicados:

1. *Pitágoras e o Tema do Número...... Mário Ferreira dos Santos*

2. *Platão - O Um e o Número............ Mário Ferreira dos Santos*

3. *O Sentido das Raças....................... Frithjof Schuon*

4. *O Hinduísmo............................... William Stoddart*

5. *Hikan..Ibn Atâ'Allah al-Iskandari*

6. *O livro dos Mestres........................ Mateus Soares de Azevedo*

Filosofia Perene e Cristianismo

Ante o desafio da modernidade

Dados Internacionais de Catalogação na Publicação (CIP)

A994 Azevedo, Mateus Soares
Filosofia perene e cristianismo / Mateus Soares Azevedo 1. ed.,
São Paulo - Ibrasa 2016
ISBN 978-85-348-0364-9
1. Filosofia I. Titulo
CDD: 100

Filosofia Perene e Cristianismo

Ante o desafio da modernidade

Mateus Soares de Azevedo

Prefácio de William Stoddart

"Conhecereis a Verdade e a Verdade vos libertará."

Direitos desta edição reservados à

IBRASA

Instituição Brasileira de Difusão Cultural Ltda.

Rua Ouvidor Peleja,610 - Cep- 04128-001
São Paulo _ SP
Tel/Fax: (0xx11) 3791-9696
e-mail: ibrasa@ibrasa.com.br
Home Page: www.ibrasa.com.br

Ilustração de Capa: Rosácea da Catedral de Chartres, França

Revisão : Revisão do autor

Diagramação, Coordenação e Produção Editorial:
SPZ Serviços editorias

Traduzido do original inglês
Ye Shall know the Truth: *Christianity and the Perennial Philosophy*
Mateus Soares de Azevedo (ed.) | Prefácio de William Stoddart
Copyright2005 World Wisdom, Inc, EUA
Imagem da capa: Rosácea da Catedral de Chartres, França
Publicado por Ibrasa, São Paulo, 2016

Impresso no Brasil – Printed in Brazil

FILOSOFIA PERENE E CRISTIANISMO

"Conhecereis a Verdade e a Verdade vos libertará"

Os mestres da Filosofia Perene expõem aqui o patrimônio intelectual, espiritual e artístico da tradição cristã, bem como suas respostas aos desafios do mundo moderno. As convergências do Cristianismo com as grandes religiões do mundo, e com a *Religio Perennis* subjacente a elas, também são destaque nas páginas desta notável antologia.

Textos de René Guénon, Frithjof Schuon, Ananda Coomaraswamy, Titus Burckhardt, C. S. Lewis, Martin Lings, William Stoddart, Marco Pallis, Bispo Kallistos Ware, Jean Hani, Whitall Perry, James Cutsinger, Brian Keeble, Jean Biès, Angus Macnab, Bernard Kelly e Rama Coomaraswamy.

FILOSOFIA PERENE e CRISTIANISMO
Ante o desafio da modernidade
"Conhecereis a Verdade e a Verdade vos libertará."
Mateus Soares de Azevedo (ed.)

Cognoscetis Veritatem et Veritas liberabit vos.
Conhecereis a Verdade e a Verdade vos libertará
—João 8:32

Vincit omnia Veritas.
A Verdade a tudo vence.
—I Esdras 3:12

ÍNDICE

PREFÁCIO

William Stoddart

O termo "Filosofia Perene" existe desde a Renascença, mas nos tempos modernos tornou-se familiar graças ao livro de mesmo nome de Aldous Huxley. A ideia central da Filosofia Perene é que a Verdade Divina é una, eterna e universal, e que as diferentes religiões são como diferentes línguas expressando esta Verdade una. O símbolo mais usado para transmitir essa ideia é o da luz incolor e as muitas cores do espectro, que se tornam visíveis somente quando a luz incolor é refratada. Na Renascença, o termo indicava o reconhecimento do fato de que as filosofias de Pitágoras, Platão, Aristóteles e Plotino indiscutivelmente expunham a mesma verdade que está no coração do Cristianismo. Subsequentemente, o significado do termo foi ampliado para cobrir a metafísica e as místicas de todas as grandes religiões do mundo, sobretudo Hinduísmo, Budismo e Islã.

Na verdade, Huxley não foi o primeiro expoente dessa ideia nos tempos modernos. Ela já havia sido proposta pelo santo bengalês Ramakrishna (1836-1886), que era intimamente familiar, e em um nível muito mais profundo do que Huxley, não só com o Hinduísmo, mas também com o Cristianismo e o Islamismo. Mas, levando em conta o "exotismo" e o desconhecimento em relação ao grande Ramakrishna, e também às duvidosas credenciais religiosas do eclético Huxley, o termo e a ideia da "Filosofia Perene" não tiveram um bom começo para os buscadores religiosos, cristãos ou outros.

Contudo, um desdobramento que ninguém poderia ter previsto ocorreu. Na década de 1920, os livros do filósofo francês René Guénon começaram a aparecer. Eles expunham, de modo irrefutavelmente platônico, a unicidade da Verdade supra- formal e a multiplicidade de suas expressões formais. A partir daí pode-se perceber que a razão de ser das diferentes religiões não é que elas são "todas iguais", mas, precisamente, que todas são diferentes! A essência (sobre Deus, o homem e a salvação) é, naturalmente, a mesma, mas as formas são significativamente diferentes. O princípio da unidade religiosa se encontra somente em Deus, e só um homem imprudente ousaria declarar que Deus se manifestou em apenas uma língua!

*

Os livros de Guénon foram seguidos, nos anos 1930, pela longa série de escritos do filósofo alemão Frithjof Schuon, que levou a alturas incríveis a exposição da verdade atemporal, e sua qualidade salvífica. A obra de Schuon é de fato uma mensagem de verdade, beleza e salvação. É difícil contestar a profundidade e a competência desses dois autores. A corrente de intelectualidade e espiritualidade de que eles foram os pioneiros ficou conhecida na época como "tradicionalista" ou "perenialista". Dois outros autores que contribuíram para tornar esta escola conhecida foram Ananda Coomaraswamy e Titus Burckhardt. O editor desta antologia incluiu criteriosamente exemplos seminais dos escritos desses quatro autores.

Nada pode tirar a originalidade da visão de Guénon e Schuon, mas é útil mencionar aqui alguns dos grandes precursores a quem mais frequentemente se referem. Estes incluem Shankara (Hinduísmo), Platão (Grécia Antiga), Eckhart (Cristianismo ocidental) e Ibn 'Arabi (Islã).

No entanto, a visão perenialista não exige uma longa expressão: ela pode ser resumida pela epígrafe deste livro, tirada das palavras de Cristo: "Conhecereis a Verdade e a Verdade vos libertará". Para a Filosofia Perene, esta é realmente toda a história: a verdade atemporal e sua qualidade libertadora. Alguns dos aspectos mais detalhados disso são retomados pelo editor da antologia em sua informativa *Introdução*.

Talvez por causa da superficialidade de Huxley no início do século XX, e de noções da "Nova Era" do final do século XX, a escola perenialista, com suas ideias universalistas e referências "extra-cristãs", ainda seja vista com desconfiança em alguns setores. Algumas pessoas realmente parecem confundir dois opostos: as fantasias da "Nova Era" e a Filosofia Perene. Outros, ainda, crêem que a Filosofia Perene tem vinculação só com algo pejorativamente chamado de "mística oriental", esquecendo-se que o próprio termo é de origem cristã e que foi posto em operação em primeiro lugar pelo reconhecimento cristão das verdades eternas do Platonismo. Estas verdades eternas constituem precisamente aquilo que a Filosofia Perene aborda, e a virtude central desta antologia é tornar isso bastante claro e, assim, dissipar muitas ilusões angustiantes.

A Filosofia Perene não é para tolos – e nem o é o Cristianismo! – e é precisamente isso que o homem moderno sofisticado precisa saber. A Filosofia Perene, que é verdadeiro universalismo e verdadeiro ecumenismo, é, pelo menos extrinsecamente, um reconhecimento da origem divina de cada religião. A essência de cada religião é pura verdade, e as diversas formas religiosas vestem a verdade em roupas de diferentes modelos e cores. "Na casa de meu Pai há muitas moradas". Este dito do Cristo se aplica não só ao Céu, mas também a terra. A função das diferentes religiões é expressar a verdade, e oferecer um caminho de salvação, de uma forma adequada às necessidades dos diferentes segmentos e etnias da humanidade. Cada religião vem de Deus, e cada religião leva de volta a Deus. Cada religião, além disso, dispõe de uma doutrina e um método, isto é, uma verdade iluminadora juntamente com um meio de salvação. Se assim não fosse, não seria uma questão de religião, mas de ideologia vazia fabricada pelo homem (humanismo, marxismo, freudismo, "Nova Erismo" e muitos outros) que não têm condições de salvar ninguém.

Como Frithjof Schuon repetidamente salientou, a inteligência compreende não só acuidade de discernimento mental e a correção da operação lógica, mas também a virtude e a beleza. Se a lógica, que em si é sagrada, não é acompanhada por um amor da virtude e por uma intuição de beleza, ela corre o risco de ser infiel a si mesma e acabar como algo estéril. Esta harmonia necessária dos vários componentes da inteligência integral se expressa pelo ensinamento platônico de que a beleza é o esplendor da verdade, que beleza é virtude exterior, e virtude é beleza interior. Nicolau de Cusa expressou a mesma doutrina da seguinte forma: *Mens sine desiderio non intelligit; mens sine intellectu non desiderat* ("A mente sem amor não pode entender, a mente sem inteligência não pode amar"). Santo Tomás de Aquino disse que, embora as virtudes não façam parte da contemplação, elas constituem condição indispensável para ela, e Mestre Eckhart disse que a razão suficiente das virtudes não é primariamente a sua utilidade extrínseca, mas sua beleza intrínseca.

O problema com os intelectuais modernos é que eles não são intelectuais; eles são, de fato, muito menos intelectuais (no verdadeiro sentido da palavra) do que as pessoas de fé simples. Esquece-se que o homem não é somente "mente", mas também "Espírito", ou "intelecto". O homem é composto pelo ternário clássico: *Spiritus* [Intellectus], *anima*, e *corpus* ("Espírito [Intelecto], alma e corpo"). Aqui não é o lugar para expor a metafísica tradicional, mas digamos em resumo que "espírito", ou "Intelecto", é universal ou supra-formal, ao passo que a "alma" (um de seus conteúdos é a "mente") é individual ou formal. O "Intelecto", entendido neste sentido medieval, é a única garantia de objetividade do homem, pois alma e corpo pertencem ao reino da subjetividade. O erro central de Jung e outros psicólogos modernos é a confusão entre Intelecto e alma (ou mesmo a completa exclusão do Intelecto). Como C. S. Lewis diria, esta é a "abolição do homem" com força!

Como já enfatizado, a relação do Cristianismo, ou de qualquer religião, com a Filosofia Perene é a relação de uma determinada cor para com a luz incolor. Os ensaios incluídos nas páginas deste livro, portanto, encaram o Cristianismo sob o pano de fundo de uma verdade perene e universal. No Rig-Veda (1.164.46), diz-se que "Os sábios chamam a realidade una por muitos nomes", e um homem não está excluído da compreensão dessa verdade simplesmente porque ele é cristão. Santo Agostinho fez alusão a essa verdade perene e universal quando escreveu: "O que hoje é chamado de religião cristã existiu entre os antigos, e nunca deixou de existir desde a origem do gênero humano, até o momento em que o próprio Cristo veio, e os homens começaram a chamar de 'cristã' a verdadeira religião que já existia de antemão." A Filosofia Perene pode ser dita Platonismo perene. Outros podem chamá-la Vedanta perene. Outros ainda, como C. S. Lewis, podem chamá-la de *Tao*.

A seleção que o editor fez dos colaboradores da antologia é bastante ampla; a partir de um grande número de autores, de uma variedade de confissões religiosas, ele escolheu muitos textos surpreendentes e únicos, de grande relevância, que seria algo muito improvável de encontrar em outra parte. Uma questão de importância contemporânea a qual o livro oferece perspectivas encorajadoras é a das relações entre Cristianismo e Islã. Aqui também o editor trouxe contribuições que muitas vezes, de maneiras inesperadas, lançam luz considerável sobre esses temas.

—William Stoddart

INTRODUÇÃO

Mateus Soares de Azevedo

A Filosofia Perene expõe em nova chave o patrimônio espiritual, filosófico e artístico da tradição cristã, em suas dimensões intelectualmente desafiadoras. Em sua visão, um dos principais fatores responsáveis pela decadência, falta de vigor e, de fato, trágica crise da religião é o esquecimento da dimensão sapiencial da tradição cristã. A religião em geral almeja se dirigir a todos os tipos de homens sem distinção, com vistas a lhes proporcionar os meios de salvação, mas não necessariamente com vistas a fornecer explicações sobre a Verdade pura e a natureza fundamental das coisas. Apesar do fato de que estas explicações também são oferecidas, ao menos simbolicamente, para aqueles com "olhos para ver" e "ouvidos para ouvir".

O esquecimento da sabedoria tradicional tem sido particularmente evidente desde a época da assim chamada "Renascença" dos séculos XV e XVI, a qual foi uma verdadeira revolução que não significou um "renascimento", mas, ao contrário, a "morte" de muitos elementos cruciais, sobretudo da arte medieval — como representada, por exemplo, pelas abadias românicas, as catedrais góticas, os ícones bizantinos, e também por uma obra-prima como A Divina Comédia. E, acima de tudo, pelo cerne espiritual intangível dessas manifestações.

Esta dimensão espiritual, ou intelectual, não deve ser identificada com uma mera informação quantitativa, ou a capacidade cerebral, ou o estudo livresco, uma vez que é muito mais profunda e compreende, pelo contrário, dimensões qualitativas que envolvem todo o ser do homem, e não apenas a sua capacidade mental. A sabedoria faz o homem pensar com clareza e viver bem, de acordo com a natureza das coisas.

Desde o momento em que a influência e as intuições de sábios como Mestre Eckhart (1260-1327) e Dante Alighieri (1265-1321), no Ocidente, ou Gregório Palamas (1296-1359) no Oriente cristão, começaram a diminuir, um tipo de fé cada vez mais emocional e convencional tem predominado, levando a uma visão sentimental das coisas que se situa num nível bem abaixo da capacidade e das necessidades da mente humana. Apesar de sua importância no esquema total das coisas, essa "fé sentimental", ou "fideísmo", desacompanhada de um componente intelectual, constitui apenas uma parte da mensagem integral do Cristianismo.

Demasiadas vezes, a inteligência tem sido encarada como uma manifestação de orgulho espiritual - ou intelectual —, sem se perceber que esta é uma contradição de termos, pois o orgulho é a antítese da espiritualidade ou intelectualidade. A verdadeira inteligência se caracteriza pela capacidade de ver as coisas como elas realmente são, portanto, por uma objetividade implacável, algo que exclui o orgulho, precisamente.

Nos dias de hoje, a maioria dos argumentos habituais avançados em favor da religião se tornaram, como Frithjof Schuon brilhantemente apontou, "psicologicamente gastos" ; considerações de ordem superior foram relegadas a uma espécie de limbo. E Ananda K. Coomaraswamy também observou: "Hoje, a religião é apresentada de um modo tão sentimental que não surpreende que o melhor da nova geração se revolte. A solução é apresentar novamente a religião em sua forma intelectualmente desafiadora."

Não há dúvida de que em nossos tempos a indiferença e mesmo um calculado desdém pela religião estejam "no ar", especialmente entre as "classes falantes" (sociólogos, acadêmicos, jornalistas, cientistas, "celebridades"). Isto acontece não apenas porque o homem moderno típico ignora a religião e está desinteressado dela, — ele não tem sensibilidade espiritual e nenhuma intuição do sagrado —, mas também porque a religião tem por muito tempo se apresentado de uma maneira banal e superficial que está longe de qualquer coisa que possa ser considerado "intelectualmente desafiador." Se não fosse assim, o que poderia explicar o interesse demonstrado por alguns de nossos contemporâneos nas religiões orientais, e também na assim chamada "Nova Era" ? Parte deste afastamento da própria religião deriva da desinformação acerca das dimensões mais profundas e belas do Cristianismo, isto é, de seu conteúdo intelectual, de suas práticas espirituais e de suas artes.

Se parece correto, por um lado, dirigir-se ao homem médio mediante argumentos sentimentais e morais - isto é, em uma abordagem não-intelectual — permanece o fato de que ainda existem homens e mulheres, talvez mais do que se poderia acreditar, que são movidos por considerações de uma ordem superior, e essas pessoas também precisam receber "alimento sólido". Além disso, quando a intelligentsia se distancia, ou se separa totalmente, do elemento espiritual verdadeiro, ela acaba por exercer uma influência deletéria sobre o conjunto da sociedade, como ficou claramente demonstrado pela maioria da intelectualidade ocidental no Século XX — pode-se mencionar a respeito disso o inquestionável apoio que ela deu, e em parte segue dando, aos desvios e equívocos do marxismo e do freudismo.

Se o sentimentalismo e o fideísmo parecem ser mais adequados para influenciar a vontade do homem médio, é preciso, no entanto, ter em mente também o par conhecimento e fé, pois, sem fé, a inteligência é incompleta e propensa a erros. Se deixada completamente por si mesma, a inteligência puramente cerebral acaba por se consumir em uma agitação mental estéril, sem utilidade ou finalidade, como é abundantemente comprovado pela filosofia e a arte modernas. A fé atua como um elemento estabilizador, ela enriquece e fortalece o discernimento.

Os dois elementos do par "conhecimento - fé" nem sempre foram considerados como contraditórios. A percepção de que os dois são necessariamente parceiros foi a norma durante a Idade Média, e a ideia tem irrompido intermitentemente desde então. Isto pode ser visto acima de tudo no conceito mesmo da "Filosofia Perene", uma perspectiva que está presente no Ocidente há vários séculos e que encara a religião principalmente como conhecimento de caráter sagrado –não como "serviço social" ou meramente como um sistema ético. Os autores perenialistas compartilham da visão de que a dimensão intelectiva é central para o ser humano. O conhecimento, profundamente compreendido, é o coração do homem. "Conhecer é ser."

A característica da Filosofia Perene é lidar prioritariamente com os aspectos mais profundos, metafísicos e espirituais, da religião. Não há aqui algo que lembre nacionalismo religioso ou formalismo, nem expedientes destinados a apelar a qualquer coisa menos que a faculdade intelectual central do homem. A Filosofia Perene não esposa a ideia de que a espiritualidade cristã como um todo pode ou deva ser equiparada à mística voluntarista; ela não assume que uma abordagem "não-intelectual" seja a única forma possível de espiritualidade cristã. Por exemplo, as mensagens de São Francisco de Assis (1182-1226) ou São Bernardo de Claraval (1090-1153) representam uma forma profunda e contemplativa de espiritualidade; e elas podem ser comparadas aquilo que no Hinduísmo é chamado de bhakti-marga, isto é, uma "via devocional", que é não obstante acompanhada de um elemento "intelectual" que a distingue nitidamente da mística "voluntarista".

O Cristianismo possui uma profunda, ainda que pouco conhecida dimensão sapiencial ou "gnóstica". Embora este último termo possa assustar alguns, a realidade que ele representa não deve ser confundida com a heresia gnosticista dos primeiros séculos da era cristã. Em seu livro Stromata ("Miscelâneas"), o teólogo místico Clemente de Alexandria (c.150-215) foi enfático na distinção entre a autêntica e a falsa gnose. E o próprio São Paulo apóstolo, na Epístola aos Romanos (11:33), refere-se à gnose como "o conhecimento de Deus" (*gnose tou Theou*). Entre os mais conhecidos porta-vozes cristãos deste modo de espiritualidade estão Mestre Eckhart, dominicano alemão da Idade Média; o poeta Angelus Silesius (1624-1677) e o teólogo místico Dionísio Areopagita (500? -555?). No Oriente cristão, pode-se dizer que os hesicastas de Grécia, Rússia, Romênia etc., seguem um padrão similar.

"Deus se fez o que nós somos para nos fazer como Ele é." Este audacioso ensinamento de Santo Irineu (c.120 - 202) sintetiza a mensagem específica do Cristianismo. Ele mostra o caráter intrinsecamente "sapiencial" da religião, juntamente com a ênfase característica nas consequências práticas ou "operacionais" dela. Conhecer completamente e totalmente significa realizar o que se conhece. As palavras do santo também mostram que o Cristianismo não pode ser reduzido a uma mera atividade social, a um sistema ético, ou a uma seqüência de eventos, e que seu núcleo é puro Espírito. Em sua essência, o Cristianismo é um caminho espiritual que começa em Deus e, através do homem, termina em Deus. Um caminho que leva ao que as palavras de Santo Irineu indicam, isto é, a *deificatio*.

Em todas as grandes religiões do mundo, esta dimensão tem tido importante expoentes ao longo dos séculos e, no caso do Cristianismo, alguns de seus luminares foram mencionados acima. Agora, se nos permitirem um grande salto histórico, introduziremos a seguir os nomes dos principais porta-vozes contemporâneos dessa sabedoria perene. Pois foi no início do século XX que o metafísico francês René Guénon, seguido mais tarde pelo crítico de arte anglo-indiano Ananda Coomaraswamy, começou a expor os tesouros da Filosofia Perene no Ocidente. É verdade que foi no Ocidente que o termo *Philosophia Perennis* foi pela primeira vez utilizado; isto ocorreu com Agostinho Steuco, no século XVI.

Agostinho Steuco era o bibliotecário chefe do Vaticano na época e, influenciado por Platão, Aristóteles e Nicolau de Cusa, ele compreendeu a convergência essencial da teologia judaica e cristã com a filosofia grega. Podemos ver deste modo que a noção mesma de Filosofia Perene, desde o início, esteve ligada à tradição cristã e ao Ocidente.

Foi na segunda metade do século XX que o maior expoente dessa escola passou a se fazer conhecido: o metafísico suíço Frithjof Schuon. Diferentemente dos filósofos posteriores a Descartes e Kant, Schuon não procurou inventar e propagar um "sistema" de sua própria lavra, mas sim em transmitir, em novas formas, adaptadas à época atual, ideias e ideais que existiram em todos os lugares e sempre. A Verdade sempre existiu, e sempre esteve acessível a quem nela estivesse interessado; a "falação" de muitos filósofos modernos não tem nenhuma utilidade para a Filosofia Perene. Os autores perenialistas não "inventaram" nada, mas apresentaram uma abordagem renovada e revigorada dos diversos aspectos e dimensões da sabedoria perene e das grandes religiões.

René Guénon explicou com incrível clareza o significado dos símbolos nos ritos, na arte e na cultura, produzindo ao mesmo tempo uma crítica devastadora do materialismo, do relativismo e da pseudo-espiritualidade. Ananda Coomaraswamy, com seu conhecimento enciclopédico do Vedanta, do Platonismo e da Escolástica, destacou a profunda convergência das tradições oriental, grega e cristã, especialmente nos campos da filosofia e da arte. Titus Burckhardt, outro dos grandes autores da *Sophia Perennis*, fez por sua vez uma avaliação inovadora da arte sacra, cujo patrimônio ele expôs em todo seu esplendor, especialmente nos manuscritos do Evangelho e nas grandes catedrais da Europa Medieval, esclarecendo também as suas correspondências com as artes sagradas de outras civilizações, como a hindu e a islâmica. O papel axial de figuras como Dante Alighieri, São Bernardino de Sena e Santa Catarina de Sena na compreensão da mística cristã também foi exposto por Burckhardt.

Acima de tudo, foi Frithjof Schuon, que, com o seu "olho de águia", reavaliou o legado cristão em seus aspectos essenciais; tendo em conta suas especificidades e particularidades, Schuon situou claramente o patrimônio cristão entre as grandes religiões do mundo e, especialmente, em suas relações com as duas outras tradições monoteístas, Judaísmo e Islã. Sua concepção da "unidade transcendente das religiões" é uma de suas principais contribuições no campo da religião comparada. O significado profundo dos diferentes ramos do Cristianismo — Catolicismo, Igreja Ortodoxa e Protestantismo —, bem como alguns de seus ramos menores, como a igreja copta, foi brilhantemente explicado. O papel orgânico desempenhado pela "via do conhecimento sagrado" (ou gnose), em todas essas considerações foi claramente exposto.

Schuon também corrigiu certa limitação de Guénon acerca das relações entre o esoterismo e o exoterismo no Cristianismo, mostrando o caráter essencialmente "esotérico", ou "iniciático", dos dogmas e sacramentos. A centralidade da oração, como o principal canal de comunicação entre o Divino e o humano, foi enfatizada por Schuon em todos os seus escritos; ele descreveu ademais a oração em seus três principais modos: pessoal (individual), canônico (coletivo), e "essencial" (ou "oração do coração").

Finalmente, o lugar das virtudes na economia da prática espiritual não foi esquecido: Schuon enfatizou constantemente a prática da humildade (*vacare Deo*), a caridade e a fidelidade à verdade como condições *sine qua non* da vida espiritual.

A Filosofia Perene obviamente não é uma "invenção" nem de René Guénon, nem de Frithjof Schuon, mas eles são sem dúvida alguma seus principais expositores contemporâneos. Guénon foi um metafísico e um professor de matemática; ele expôs os princípios universais com o rigor e esquematização de um aritmético. Suas principais obras foram escritas durante a primeira metade do século XX, nas quais manifestou um discernimento agudo que expôs os erros do positivismo, do ocultismo e do espiritismo. Schuon, de sua parte, foi um filósofo, poeta e pintor. Ele foi além da contribuição pioneira de Guénon e aplicou os princípios universais na vida moral e social, na arte, na cultura, e nos diversos patrimônios religiosos do mundo. Suas principais obras foram escritas na segunda metade do século XX, durante o pleno ataque da blitzkrieg marxista e freudiana, e dos relativismos niilistas e da Nova Era. Estes dois autores mostraram que as sementes da Filosofia Perene são encontradas nas dimensões contemplativas das religiões tradicionais: no Advaita Vedanta (não-dualismo) do Hinduísmo; no Zen e na "Terra Pura" do Budismo; nas místicas cristãs e no Hesicasmo; no Sufismo islâmico. Vestígios dessas dimensões podem ser encontrados, "por trás dos véus" das grandes Escrituras Sagradas, nas intuições metafísicas do Antigo e do Novo Testamento, por exemplo, no Eclesiastes de Salomão e no Evangelho de São João, e também nas ideias dos grandes mestres espirituais ao longo dos séculos.

A Filosofia Perene aponta para as analogias que existem entre a via crística e as demais grandes religiões, e também elementos do Cristianismo que exprimem a Filosofia Perene. Ela lida com temas como a base metafísica da fé cristã, o significado dos sacramentos, de suas formas de oração, e suas realizações artísticas e culturais – e como essas formas artísticas contribuem para a iluminação e a salvação do homem.

Durante os mil anos que se seguiram ao colapso da antiga civilização greco-romana (no século V), Cristianismo e civilização ocidental foram praticamente sinônimos. Mas, desde a revolução que foi o Renascimento (séculos XV e XVI) e, através de uma longa série de revoluções posteriores, como o Iluminismo (século XVIII), sem esquecer, já na segunda metade do século XX, a "revolução palaciana" no interior da própria cidadela da religião que foi o Concílio Vaticano II, o Ocidente foi se separando cada vez mais radicalmente de suas origens e moldes cristãos. O divórcio é hoje quase completo e irreversível; o caos e a instabilidade engendrados pelo materialismo e o secularismo do mundo moderno finalmente cruzaram as muralhas da própria religião – com resultados trágicos para a sociedade como um todo. A fim de que a religião não fique refém deste caos, os autores perenialistas são unânimes em dizer que ela deve se voltar para o seu núcleo de sabedoria, para a "Verdade que liberta", como expressou São João em seu Evangelho (8:32).

—Mateus Soares De Azevedo

NOTA SOBRE A CONCEPÇÃO DA ANTOLOGIA

O volume está organizado em seis seções que compõem os principais aspectos do assunto em discussão. A primeira seção, "Fundamentos", apresenta uma síntese original do Cristianismo, incluindo seus principais ramos ou confissões, e discute os papéis que o esoterismo, o exoterismo e a mística jogam dentro deles.

A segunda seção, "Espiritualidade", centra-se na disciplina contemplativa da "oração essencial", ou "oração do coração". A terceira seção, "Arte Sacra", apresenta as formas artísticas e o artesanato em suas dimensões mais profundas, como um poderoso meio de promover a vida espiritual.

A quarta seção, "Religião Comparada", lida com as relações históricas e culturais entre o Cristianismo e as demais religiões mundiais, como Hinduísmo, Budismo, Judaísmo e Islã. A quinta seção, "A Universalidade dos místicos cristãos", aborda o caráter e o apelo universal de algumas das figuras mais influentes da espiritualidade cristã, desde a Idade Média até o período moderno. A sexta e última seção, "O Desafio Moderno", oferece uma crítica fundamentada da mentalidade moderna em suas várias formas; clara indicação é dada de que, de todas as poluições que afligem o homem contemporâneo, a pior é, de longe, a "poluição intelectual".

No início de cada uma destas seis seções o leitor irá encontrar uma seleção de citações. Estas foram obtidas principalmente a partir das Escrituras, bem como do extenso legado de santos e sábios. Tais ensinamentos breves visam a introduzir o leitor nos temas centrais das diversas seções, e também expô-lo ao que a tradição tem de mais rico e profundo.

O derradeiro capítulo do livro, de autoria de um dos "pais fundadores" da Escola Perenialista, o suíço Titus Burckhardt, constitui como que uma síntese de todo o volume e nos convoca, mesmo em meio ao caos e as perplexidades das circunstâncias atuais, para nos concentrar no essencial. Ele oferece uma mensagem positiva, pois *vincit omnia Veritas* ("a Verdade a tudo vence"), a mesma Verdade que "liberta" (João, 8: 32).

Para o leitor exigente, que percebe o caráter universal e a natureza sapiencial do Cristianismo, os ensaios reunidos aqui oferecem um viático precioso. Eles dão alento àquilo que acreditamos ser a única alternativa autêntica e sólida às formas rasas, tediosas e de fato errôneas que passam por "religião" hoje em dia. Para os autores aqui reunidos, a tradição cristã em sua plenitude segue viva, com a capacidade de ainda transmitir luz e calor para todos os que verdadeiramente a procuram. Como fonte de compreensão e de compaixão, e como o caminho para a Verdade, a Beleza e a Salvação, é assim, em poucas palavras, como a religião em geral e o Cristianismo em particular são apresentados neste livro. – MSA

I - FUNDAMENTOS

"A meta final do universo é a verdade, e a contemplação da verdade é a atividade essencial da sabedoria. — Santo Tomás de Aquino (1224-1274)

A verdade é grande e prevalecerá —I Esdras 4:41

Quod ubique, quod semper, quod ab omnibus creditum est.

Aquilo em que todas as pessoas, sempre e em todo lugar acreditaram —Definição de ortodoxia de São Vicente de Lérin (+ c.450)

Se eu tivesse de escolher entre Deus e a verdade, escolheria a Verdade, mas Deus mesmo é Verdade — Mestre Eckhart (1260-1327)

Aliquid est in anima quod est increatum et increabile; si tota anima esset talis, esset increata et increabilis; et hoc est Intellectus.

Há algo na alma que é incriado e incriável; se a alma como um todo fosse assim, Ela seria incriada e incriável;este algo é o Intelecto.—Mestre Eckhart (1260-1327)

Percebo que nosso Intelecto nunca pode estar saciado se a Verdade não brilhar sobre ele. —Dante Alighieri (1265-1321)

O olho pelo qual eu vejo Deus é o mesmo olho com o qual Deus me vê. — Angelus Silesius

O propósito da tranquilidade temporal, tranquilidade esta que é criada e mantida por políticas bem ordenadas, é dar oportunidade para que a verdade seja contemplada. —Santo Tomás de Aquino (1224-1274)

Nós definimos "Deus" como o maior objeto possível de nosso pensamento. Ora, se um dado objeto de pensamento não existir, outro exatamente como ele que existe seria o maior. Portanto, o maior de todos os objetos de pensamento deve existir, já que, se não fosse assim, outro objeto ainda maior seria possível de existir. Portanto, Deus existe. —Santo Anselmo (1033-1109)

Mens sine desiderio non intelligit; mens sine intellectu non desiderat.

A mente sem amor não pode compreender; a mente sem inteligência não pode amar. — cardeal Nicolau de Cusa (1401-1464)

A vós, ó homens, eu [a Sabedoria] clamo; e a minha voz se dirige aos filhos dos homens. Entendei, ó simples, a prudência; e vós, insensatos, compreendei de coração. Ouvi, porque falarei coisas excelentes; os meus lábios se abrirão para as coisas corretas. Porque a minha boca proferirá a verdade, e os meus lábios abominam a impiedade. São justas todas as palavras de minha boca: não há nelas nenhuma coisa tortuosa, nem pervertida. Todas elas são retas para aquele que as entende bem, e justas para os que encontram o conhecimento. Aceitai a minha correção, e não a prata; e o conhecimento, mais do que o ouro fino selecionado. Porque melhor é a sabedoria do que os rubis; e tudo o que mais se deseja não se pode comparar com ela. Eu, a Sabedoria, habito com a prudência, e acho o conhecimento dos conselhos. O temor do Senhor é odiar o mal; a soberba e a arrogância, o mau caminho e a boca perversa, eu odeio. Meu é o conselho e a verdadeira sabedoria; eu sou o entendimento; minha é a fortaleza. Por mim reinam os reis e os príncipes decretam justiça. Por mim governam príncipes e nobres; sim, todos os juízes da terra. Eu amo aos que me amam, e os que cedo me buscarem, achar-me-ão. Riquezas e honra estão comigo; assim como os bens duráveis e a justiça. Meu fruto é melhor do que o ouro, do que o ouro refinado, e os meus ganhos mais do que a prata escolhida. Faço andar pelo caminho da justiça, no meio das veredas do juízo. Para que faça herdar bens permanentes aos que me amam, e eu encha os seus tesouros. O Senhor me possuiu no princípio de Seus caminhos, desde então, e antes de suas obras. Desde a eternidade fui ungida, desde o princípio, antes do começo da terra. Quando ainda não havia abismos, fui gerada, quando ainda não havia fontes carregadas de águas. Antes que os montes se houvessem assentado, antes dos outeiros, eu fui gerada.

Ainda Ele não tinha feito a terra, nem os campos, nem o princípio do pó do mundo. Quando Ele preparava os Céus, aí estava eu, quando traçava o horizonte sobre a face do abismo; quando firmava as nuvens no alto, quando fortificava as fontes do abismo, quando fixava ao mar o seu limite, para que as águas não traspassassem o seu mando, quando compunha os fundamentos da terra. Então eu estava com Ele, e era Seu arquiteto; era cada dia as suas delícias, alegrando-me perante Ele em todo o tempo; regozijando-me no seu mundo habitável e enchendo-me de prazer com os filhos dos homens. Agora, pois, filhos, ouvi-me, porque bem-aventurados serão os que guardarem os meus caminhos. Ouvi a instrução, e sede sábios, não a rejeiteis. Bem-aventurado o homem que me dá ouvidos, velando às minhas portas cada dia, esperando às ombreiras da minha entrada. Porque o que me achar, achará a vida, e alcançará o favor do Senhor.—Provérbios 8:4-35

A QUESTÃO DO PROTESTANTISMO

FRITHJOF SCHUON

O Cristianismo se divide em três grandes denominações: Catolicismo, Ortodoxia e Protestantismo, para não mencionar os coptas e outros grupos antigos próximos da Ortodoxia. Esta classificação pode surpreender alguns de nossos leitores, na medida em que parece colocar o Protestantismo no mesmo nível das antigas igrejas; ora, o que temos em vista aqui não é o Protestantismo liberal ou alguma seita, mas o Evangelismo luterano, o qual manifesta incontestavelmente uma possibilidade cristã, limitada sem dúvida, e completamente excessiva em algumas de suas características, mas não intrinsecamente ilegítima, e, consequentemente, representativa de certos valores teológicos, morais e mesmo místicos. Se o Evangelismo — para usar o termo favorito de Lutero — estivesse situado num mundo como o do Hinduísmo, ele apareceria nesse particular como uma via possível, o que quer dizer que seria, sem dúvida, um *darshana* secundário entre outros; no Budismo, não seria mais heterodoxo do que o Amidismo ou a escola de Nichiren, sendo que estes dois, contudo, são bastante independentes em relação à tradição principal que os envolve.

Para entender nosso ponto de vista, deve-se compreender que as religiões são determinadas por arquétipos que representam diversas possibilidades espirituais: por um lado, toda religião manifesta *a priori* um arquétipo, mas, por outro lado, qualquer arquétipo pode manifestar-se *a posteriori* no interior de toda religião. É assim que o Xiismo, por exemplo, evidentemente não resulta de uma influência cristã, mas constitui uma manifestação, no interior do Islã, da possibilidade religiosa - ou do arquétipo espiritual - que se afirmou de forma direta e plena no Cristianismo; e esta mesma possibilidade deu lugar, no Budismo, à mística amidista, acentuando aqui outra dimensão do arquétipo, a saber, o prodígio cósmico da misericórdia, a qual requer, e ao mesmo tempo confere, o quase-carisma da fé salvífica; ao passo que, no caso do Xiismo, a ênfase recai sobre o homem praticamente divinizado que abre o Céu à terra.

Poder-se-ia dizer analogicamente que a alma germânica — tratada por Roma de uma maneira demasiadamente latina, mas esta é outra questão

- que esta alma, que não é grega, nem romana, sentia a necessidade de um arquétipo religioso mais simples e mais interior, um arquétipo menos formalista, portanto, e mais "popular" no melhor sentido da palavra; este é em certos aspectos o arquétipo religioso do Islã, uma religião baseada num Livro e conferindo o sacerdócio a todo fiel. Ao mesmo tempo, e de outro ponto de vista, a alma germânica sentia nostalgia por uma perspectiva que integrasse o natural ao sobrenatural, isto é, uma perspectiva tendendo a Deus sem ser contra a natureza; uma piedade não-monástica, todavia acessível a todo homem de boa vontade no meio das preocupações terrenas; uma via fundada na Graça e na confiança, e não na Justiça e nas obras; e esta via tem incontestavelmente suas premissas no próprio Evangelho.

Aqui é uma vez mais apropriado definir a diferença entre uma heresia *extrínseca*, consequentemente relativa a uma dada ortodoxia, e outra que é *intrínseca*, consequentemente falsa em si mesma, como também com respeito a toda ortodoxia ou à Verdade em si. Para simplificar o assunto, limitar-nos-emos a observar que o primeiro tipo de heresia manifesta um arquétipo espiritual — de maneira limitada, sem dúvida, mas não obstante eficaz —, enquanto a segunda é meramente obra humana e, em consequência, baseada somente em suas próprias produções [1]; e isto decide toda a questão. Reivindicar que um espírita "piedoso" tem a salvação assegurada carece de sentido, pois em heresias totais não há elemento que possa garantir a beatitude póstuma, ainda que — à parte toda questão de crença — um homem possa sempre ser salvo por razões que nos escapam; mas ele certamente não é salvo por sua heresia.

Sobre o tema do Arianismo, que foi uma heresia particularmente invasiva, a seguinte observação deve ser feita: ele é inquestionavelmente heterodoxo pelo fato de que vê em Jesus meramente uma criatura; esta ideia pode ter um significado na perspectiva do Islã, mas é incompatível com o Cristianismo. Contudo, a expansão relâmpago do Arianismo mostra que ele respondia a uma necessidade espiritual - correspondendo ao arquétipo do qual o Islã é a manifestação mais característica - e é precisamente a esta necessidade ou a esta expectativa que o Protestantismo finalmente respondeu, [2] não humanizando o Cristo, é claro, mas simplificando a religião e germanizando-a de certo modo. Outra heresia bem conhecida foi o Nestorianismo, que separou rigorosamente as duas naturezas de Cristo, a divina e a humana, e por consequência via em Maria a mãe de Cristo, mas não de Deus; esta perspectiva corresponde a um possível ponto de vista teológico e, portanto, é uma questão de heresia extrínseca, não total.

Rigorosamente falando, todo exoterismo religioso é uma heresia extrínseca, evidentemente com respeito a outras religiões, mas também e, sobretudo, com respeito à *Sophia Perennis*; esta sabedoria perene, precisamente, constitui o esoterismo quando se combina com um simbolismo religioso. Uma heresia extrínseca é uma verdade parcial ou relativa - em sua articulação formal - que se apresenta como total ou absoluta, seja ela uma questão de religiões ou, dentro destas, de denominações; mas o ponto de partida é sempre uma verdade, por conseguinte também um arquétipo espiritual. Totalmente diferente é o caso da heresia intrínseca: seu ponto de partida é um erro objetivo ou uma ilusão subjetiva; no primeiro caso, a heresia reside mais na doutrina e, no segundo, ela está *a priori* na pretensão do falso profeta; mas, quase desnecessário é dizê-lo, ambos os tipos podem se combinar, e mesmo o fazem necessariamente no segundo caso. Embora não haja erro possível sem uma partícula de verdade, a heresia intrínseca não pode ter qualquer valor doutrinal ou metódico, e não se pode sustentar em seu benefício qualquer circunstância atenuante, precisamente porque ela não projeta nenhum modelo celestial.

Não é difícil argumentar, contra a Reforma, que é impossível que as autoridades tradicionais e os concílios, por definição inspirados pelo Espírito Santo, estivessem todos enganados; isto é verdade, mas não exclui paradoxos que mitigam esta quase-evidência. Em primeiro lugar – e é isto que deu asas aos reformadores, a começar de Wycliff e Huss – o próprio Cristo desafiou vários elementos "tradicionais" apoiados pelas autoridades, denominando-os "prescrições de homens" ; assim, os excessos do "papismo" no tempo de Lutero e bem antes dele, provam que se em si mesmo o Papado não é ilegítimo, ele ao menos inclui excessos os quais a Igreja Bizantina foi a primeira a notar e a estigmatizar. O que queremos dizer é que o Papa, em vez de ser *primus inter pares* como São Pedro havia sido, tem o privilégio exorbitante de ser a uma só vez profeta e imperador: como profeta, ele se coloca acima dos concílios e, como imperador, possui um poder temporal que ultrapassa o de todos os príncipes, incluindo o próprio imperador; e são precisamente estas prerrogativas sem precedentes que permitiram, em nosso tempo, a entrada do modernismo na Igreja, como um cavalo de tróia, e a despeito das advertências dos papas precedentes; que papas possam ter sido pessoalmente santos não enfraquece em absoluto os argumentos válidos da Igreja Oriental. Numa palavra, se a Igreja Ocidental tivesse sido tal que pudesse ter evitado lançar a Igreja Oriental nas "trevas exteriores" – e com tais manifestações de barbarismo – ela não teria tido de sofrer o contragolpe da Reforma. Ademais, dizer que a Igreja Romana é intrinsecamente ortodoxa e integralmente tradicional não significa que ela transmite de um modo direto, convincente e exaustivo todos os aspectos do mundo do Evangelho, mesmo se necessariamente os contenha e os manifeste ocasional ou esporadicamente; pois o mundo do Evangelho era oriental e semita, e imerso num clima de santa pobreza, enquanto o mundo do Catolicismo é europeu, romano, imperial; isto quer dizer que a religião foi romanizada no sentido de que traços característicos da mentalidade romana determinaram sua elaboração formal. É suficiente mencionar a este respeito seu jurisdicismo e seu espírito administrativo, e mesmo militar; traços que são manifestados, entre outros, pela complicação desproporcional das rubricas, a prolixidade do missal, a complexidade dispersante da economia sacramental, a manipulação pedante das indulgências; em seguida, por certa centralização administrativa - e mesmo militarização - da espiritualidade monástica, sem esquecer, no nível das formas – o qual está longe de ser negligenciável – o titanismo pagão da Renascença e o pesadelo da arte barroca. Ainda do ponto de vista da exterioridade formal, a seguinte observação poderia ser feita: no mundo católico, já pelo fim da Idade Média, a diferença entre o vestuário religioso e o laico era frequentemente abrupta até o ponto da incompatibilidade; quando os enfeites essencialmente mundanos e vãos, e mesmo eróticos, dos príncipes são comparados com os trajes majestáticos dos sacerdotes, é difícil acreditar que os primeiros são tão cristãos como os últimos, enquanto nas civilizações orientais o estilo das roupas é em geral homogêneo. No Islã, nem mesmo existe uma linha dividindo personagens religiosos e o resto da sociedade; no plano das aparências, não há sociedade laica oposta a uma sacerdotal. Isto dito, fechemos este parêntesis, no qual queríamos simplesmente mostrar que o mundo católico apresenta traços – em sua superfície, bem como em sua profundidade – que certamente não expressam o clima dos Evangelhos. [3]

Tem-se argumentado à saciedade que são as instituições sagradas que contam, e não os acidentes humanos que as desfiguram; isto é óbvio, todavia o grau mesmo dessas desfigurações indica que, nas próprias instituições, parte das imperfeições se deve a algum zelo humano. Dante e Savonarola viram isto claramente à sua própria maneira, e o fenômeno mesmo da Renascença o prova. Se nos disserem que o Papado, tal como se portou ao longo dos séculos, representa a única solução possível para o Ocidente, nós concordamos, mas então os riscos que esta adaptação inevitável fatalmente incluiu deveriam ter sido previstos, e tudo deveria ter sido feito para diminuí-los, e não aumentá-los; se uma hierarquia fortemente marcada era indispensável, dever-se-ia ter insistido ainda mais no aspecto sacerdotal de todo cristão.

Seja como for, o que permitiu a Lutero separar-se de Roma [4] foi sua consciência do princípio da "decadência ortodoxa", que é a possibilidade de decadência dentro da moldura imutável de uma ortodoxia tradicional, uma consciência inspirada pelo exemplo dos escribas e fariseus do Evangelho, com suas "prescrições de homens" – o que quer dizer, objetivamente, que as especificações, os desenvolvimentos, elaborações, clarificações e estilizações podem ser requeridos por um temperamento particular, mas não por outro. [5]

Outra associação de ideias útil a Lutero e ao Protestantismo em geral foi a oposição agostiniana entre uma *civitas dei* e uma *civitas terrena* ou *diaboli*: o testemunho das desordens da Igreja romana facilmente o levou a identificar Roma com a "cidade terrena" de Santo Agostinho. Há também, e fundamentalmente, uma tendência no Evangelho que responde com particular força às necessidades da alma germânica: a saber, a tendência para a simplicidade e a interioridade e, portanto, contrária às complicações teológicas e litúrgicas, ao formalismo, à dispersão da adoração, à tirania demasiado frequente e inconsequente do clero. De outro ponto de vista, os alemães eram sensíveis ao caráter nobre e robustamente popular da Bíblia; o que não tem relação com democracia, pois Lutero apoiava um regime teocrático sustentado pelo imperador e pelos príncipes.

Sem nenhuma dúvida, a perspectiva do Evangelismo é tipicamente paulina; ela se funda no dualismo gnóstico, por assim dizer, dos seguintes elementos: a carne e o espírito, a vida e a morte, a servidão e a liberdade, a Lei e a graça, a justiça pelas obras e a justiça pela fé, Adão e Cristo. De outro ponto de vista, o Protestantismo baseia-se, como o Cristianismo em si, na ideia paulina da universalidade da salvação que responde à universalidade do pecado ou do estado do pecador; apenas a morte redentora de Cristo pode libertar o homem desta maldição; pela Redenção, Cristo tornou-se o cabeça luminoso de toda a humanidade. Mas, a acentuação tipicamente paulina da mensagem é a doutrina da justificação pela fé, da qual Lutero fez o pilar de sua religião ou, mais precisamente, de sua mística.

Após o fracasso de Wycliff e Huss – de quem teria sido adequado reter, se não toda a doutrina, ao menos algumas de suas tendências –, os papas contribuíram para a explosão luterana por sua impenitência;[6] após o fracasso – dentro do próprio arcabouço da ortodoxia católica – de Dante, Savonarola e outros admoestadores, Lutero causou a renovação católica pela natureza virulenta de sua denúncia; quis a Providência ambos os resultados, a Igreja Evangélica e a Igreja Tridentina. Idealmente falando: após o concílio de Trento, o Catolicismo deveria ter assimilado — sem negar a si mesmo — a essência da mensagem do Protestantismo, assim como este deveria ter redescoberto a essência da realidade católica; ao invés disso, os dois lados endureceram suas respectivas posições e, de fato, não poderia ter sido de outro modo, ao menos pela mesma razão pela qual são diversas as religiões;

isto quer dizer que é necessário para as perspectivas espirituais, antes de ser qualificadas, tornarem-se inteiramente elas mesmas, ainda mais quando sua auto-acentuação responde a necessidades raciais ou étnicas. [7]

Cada denominação manifesta o Evangelho de certa maneira; ora, esta manifestação nos parece ser a mais direta, a mais ampla e a mais realista possível na Igreja Ortodoxa, e isto já pode ser visto em suas formas exteriores, enquanto a Igreja Católica oferece uma imagem mais romana, menos oriental, em certo sentido até mais mundana desde a Renascença e a época barroca, como dissemos acima. O "civilizacionismo" latino não tem nenhuma relação com o mundo e o espírito do Evangelho; no fim das contas, contudo, o Ocidente romano é cristão e, em consequência, o Cristianismo tem o direito de ser romano. Quanto à Igreja protestante, a questão de suas formas de culto não se coloca, já que a este respeito ela participa da cultura católica, com a diferença, contudo, de que introduz nesta cultura um princípio de sobriedade iconoclasta, com a vantagem de não aceitar a Renascença e seus prolongamentos; isto quer dizer que o Protestantismo reteve as formas da Idade Média, artisticamente falando e segundo a intenção de Lutero, ao mesmo tempo em que as simplificou e, portanto, escapou daquela aberração inexprimível da arte barroca. Do ponto de vista espiritual, o Protestantismo retém do Evangelho o espírito de simplicidade e interioridade, acentuando o mistério da fé, e apresenta estes aspectos com um vigor cujo valor moral e místico não pode ser negado; esta acentuação era necessária no Ocidente e, desde que Roma não tomou a tarefa para si, foi Wittenberg quem o fez.

Em conexão com o quase iconoclasmo protestante, lembremos que São Bernardo também desejava capelas vazias, despojadas e sóbrias, em resumo, que as "consolações sensíveis" fossem reduzidas ao mínimo; mas ele desejava isto para os mosteiros e não para as catedrais; o senso do sagrado, neste caso, estava concentrado no essencial dos ritos. Nós encontramos este ponto de vista no Zen e também no Islã e, sobretudo, o encontramos várias vezes no Cristo, de modo que seria injusto negar qualquer precedente à atitude luterana na Escritura; Cristo queria que se adorasse a Deus "em espírito e em verdade" e que na oração não se usassem "vãs repetições, como fazem os pagãos" ; esta é a ênfase na fé, com a primazia da sinceridade e da intensidade.

O celibato dos padres, imposto por Gregório VII após mil anos de prática contrária - prática que foi sempre mantida pela Igreja Oriental — apresenta várias desvantagens sérias: ele repete desnecessariamente o celibato monacal e separa mais radicalmente os sacerdotes da sociedade, a qual desta maneira se torna ainda mais laica; isto é, esta medida reforça entre os leigos o sentimento de dependência e de um valor moral mais baixo, o casamento sendo na prática depreciado por ainda outro *ucasse*.[8] Ademais, quando o celibato é imposto a um número enorme de sacerdotes – pois a sociedade tem mais necessidade de padres na medida em que é numerosa, e o Cristianismo abrange todo o Ocidente –, este celibato, então, imposto sobre uma grande coletividade, engendra necessariamente desordens morais e contribui para um afrouxamento da moral, ao passo que teria sido melhor contar com bons sacerdotes casados do que com maus padres celibatários; a menos que o número de sacerdotes fosse reduzido, o que é impossível, pois a sociedade é grande e tem necessidade deles. Finalmente, o celibato clerical impede a procriação de homens de vocação religiosa e, assim, empobrece a sociedade; se apenas homens sem vocação religiosa têm filhos, a sociedade se torna cada vez mais mundana e "horizontal", e cada vez menos espiritual e "vertical".

Seja como for, Lutero, por sua vez, carecia de realismo: ele ficou surpreso quando, durante uma ausência sua de Wittemberg – este foi o ano de Wartburg –, os promotores da Reforma tivessem se entregado a todo tipo de excesso; ao fim de sua vida, ele chegou mesmo a lamentar que as massas de medíocres não tivessem permanecido sob a vara do Papa. Pouco interessado em psicologia coletiva, ele acreditava que o simples princípio da piedade poderia substituir os apoios materiais que contribuíram tão poderosamente para regular o comportamento das massas; isto não apenas manteria este comportamento em equilíbrio no espaço, mas também o estabilizaria no tempo. Em seu subjetivismo místico, ele não percebeu que uma religião precisa de simbolismo para subsistir; que o interior não pode viver na consciência coletiva sem sinais exteriores;[9] mas, profeta da interioridade, ele mal teve escolha.

Ao Ocidente latino muito frequentemente faltava realismo e medida, enquanto a Igreja Grega, como o Oriente em geral, sabia melhor como reconciliar as demandas do idealismo espiritual com aquelas do mundo humano de todo dia. Adotando um ponto de vista particular, gostaríamos de fazer a seguinte observação: é muito improvável que o Cristo, que lavou os pés de seus discípulos e os ensinou que "os últimos serão os primeiros", tivesse apreciado a pompa imperial da corte vaticana: o beijo dos pés, a tripla coroa, o *flabelli*, a *sedia gestatoria*; por outro lado, não há razão para pensar que Ele teria desaprovado as cerimônias — de estilo sacerdotal, e não imperial – que cercam o patriarca ortodoxo; ele teria sem dúvida desaprovado o cardinalato, que favorece ainda mais o trono principesco do papa e constitui uma dignidade que não é sacerdotal e é mais mundana que religiosa.[10]

Falamos acima do celibato dos padres imposto por Gregório VII e devemos acrescentar uma palavra a respeito dos concílios evangélicos e dos votos monásticos. Quando se lê, no Evangelho, que "não há homem que tenha deixado casa, ou irmãos, ou irmãs, ou pai, ou mãe, ou esposa, ou crianças, ou terras, por minha causa e do Evangelho, e ele receberá cem vezes mais", pensa-se imediatamente em monges e freiras; ora, Lutero pensava que esta era apenas uma questão de perseguições, no sentido deste dito do Sermão da Montanha: "Bem-aventurados os perseguidos por causa da justiça, pois deles é o Reino dos Céus" ; [11] e ele está ainda mais certo em sua interpretação, pois não havia eremitas nem monges antes do século IV.

*

Considerado em sua totalidade, o Protestantismo tem algo de ambíguo, devido ao fato de que, por um lado, ele é inspirado sincera e concretamente pela Bíblia, mas, por outro lado, está associado ao humanismo e à Renascença. Lutero encarna o primeiro tipo: sua perspectiva é medieval e por assim dizer retrospectiva, e dá lugar a um pietismo conservador, tendendo por vezes ao esoterismo. Em Calvino, ao contrário, são as tendências do humanismo, portanto da Renascença, que, se não determinam o movimento, ao menos se misturam com ele fortemente; sem dúvida, Calvino é muito inspirado em sua doutrina por Lutero e pelos reformadores suíços, mas ele é um republicano ao seu próprio modo — em uma base teocrática certamente – e não um monarquista como o reformador alemão; e se pode dizer no geral que ele de certa maneira se opunha mais ao Catolicismo do que Lutero. [12]

Por algum tempo, as ideias fundamentais da Reforma tinham estado no "ar", mas foi Lutero quem as viveu e fez delas um drama pessoal. Seu Evangelismo — como outras perspectivas particulares encerradas em uma perspectiva geral – é uma fração hiper-acentuada, por assim dizer, mas suficiente e eficaz, portanto "não-ilegítima". [13]

Não se pode estudar o problema do Protestantismo sem levar em consideração a personalidade poderosa de seu fundador real, ou ao menos o mais notável. Em primeiro lugar, e isto segue o que acabamos de dizer, nada permite afirmar que Lutero tenha sido um modernista à frente de seu tempo, pois ele não era em absoluto mundano e não queria agradar ninguém; suas inovações foram seguramente do tipo mais audacioso, para dizer o mínimo, mas eram cristãs e não outra coisa; não deviam nada a qualquer filosofia ou cientismo. [14]

Ele não rejeitou Roma por ela ser demasiadamente espiritual, mas, ao contrário, porque lhe parecia demasiado mundana; demasiadamente "segundo a carne" e não "segundo o espírito", de seu particular ponto de vista.

O místico de Wittemberg [15] foi um alemão semitizado pelo Cristianismo, e ele foi representativo em ambos os aspectos: fundamentalmente alemão, amava o que é sincero e interior, não engenhoso e formalista; semita em espírito, ele admitia apenas a revelação e a fé, e não queria saber de Aristóteles ou dos escolásticos. [16]

Por um lado, havia em sua natureza algo robusto e poderoso (*gewaltig*), com um complemento de poesia e delicadeza (*innigkeit*); por outro lado, ele foi um voluntarista e um individualista que não esperava nada da intelectualidade e da metafísica. Inquestionavelmente, seu gênio impetuoso era capaz de rudeza — é o mínimo que se pode dizer —, mas não lhe faltavam paciência, nem generosidade; ele podia ser veemente, mas não mais do que um São Jerônimo ou outros santos que insultavam seus adversários, "devorados" que eram pelo "zelo da casa do Senhor" ; e ninguém pode contestar que eles encontravam precedentes para isto em ambos os Testamentos. [17]

A mensagem de Lutero se expressa essencialmente em dois legados, que atestam a personalidade do autor e em relação aos quais é impossível negar grandeza e eficácia: a Bíblia alemã e os hinos. Sua tradução das Escrituras, ainda que condicionada em certos trechos por sua perspectiva doutrinal, é uma jóia tanto em termos de linguagem como de piedade; quanto aos hinos — a maioria dos quais não é de sua autoria, embora ele tenha composto seus modelos e, portanto, dado o impulso para seu florescimento —, tornaram-se um elemento fundamental de culto e foram um poderoso fator de expansão do Protestantismo. [18]

A própria Igreja Católica não poderia resistir a esta mágica; ela terminou por adotar vários hinos luteranos, que se tornaram tão populares a ponto de se imporem como o ar que se respira. Em resumo, toda a personalidade de Lutero está em sua tradução dos Salmos e em seu famoso hino "Nosso Deus é uma poderosa fortaleza" (*Ein fest Burg ist unser Gott*), que se tornou a "canção de guerra" (*Trutzlied*) do Protestantismo, e cujas qualidades de poder e grandeza não podem ser negadas. Mas, mais suavemente, esta personalidade está também em seu comentário do *Magnificat*, que atesta uma adoração interior da Santa Virgem, a quem Lutero nunca rejeitou; o papa Leão X, tendo lido este comentário, sem saber quem era seu autor, fez esta observação: "Abençoadas sejam as mãos que escreveram isto!" Sem dúvida, o reformador alemão não era capaz de manter o culto público da Virgem, mas isto devido à reação geral contra a dispersão do sentimento religioso e, portanto, em favor da adoração concentrada apenas em Cristo, que tinha se tornado absoluta e, consequentemente, exclusiva, como é a adoração de *Allâh* para os muçulmanos. Ademais, as Escrituras tratam a

Virgem com surpreendente parcimônia – fato que jogou certo papel aqui —, apesar de haver também as declarações cruciais e doutrinariamente inexauríveis de que Maria é "cheia de graça" e "todas as gerações me chamarão bem-aventurada". [19]

O reformador alemão foi um místico no sentido de que sua via foi puramente experimental e não conceitual; as demonstrações pertinentes de um Staupitz não foram de ajuda para ele. Para descobrir a eficácia da misericórdia, ele precisou primeiro do "evento da torre" ; tendo meditado em vão sobre a "Justiça" de Deus, ele teve a graça de compreender num relance que esta justiça é misericordiosa e que nos libera na e pela fé.

Os grandes temas de Lutero são as Escrituras, o Cristo, o Interior, a Fé; os dois primeiros elementos pertencem ao lado divino, e os dois últimos, ao lado humano. Ao enfatizar as Escrituras — a expensas da Tradição —, o Protestantismo se aproxima do Islã, onde o Corão é tudo; ao enfatizar o Cristo — a expensas do papa, da hierarquia, do clero – ele lembra o Budismo devocional, que coloca tudo nas mãos de *Amitabha*; a adoração e expressão ritual desta primazia do Cristo sendo a Comunhão, que para Lutero é tão real e importante como é para os católicos. A tendência luterana para o "interior", para o "coração" se se quiser, está incontestavelmente fundada na perspectiva do Cristo; e igualmente a ênfase na fé, que ademais evoca - nós repetimos – a mística amidista, bem como a piedade muçulmana. Nós não sonharíamos em fazer estas comparações, à primeira vista desnecessárias, se elas não servissem para ilustrar o princípio dos arquétipos do qual falamos acima e que é de importância crucial.

Com relação a Cristo se fazer tangível na Comunhão, não é verdade que Lutero tenha reduzido o rito da Eucaristia a uma simples cerimônia de lembrança, como fez seu adversário Zuínglio; [20] bem ao contrário, ele admitia a Presença Real, mas não a transubstanciação — que os gregos também não aceitam como tal, embora tenham por fim aceitado o termo —, nem a renovação incruenta do sacrifício histórico; não obstante, estas realidades sacramentais como percebidas pelos católicos estão implicadas na definição luterana da Eucaristia – objetivamente, mas não subjetivamente —, de modo que se pode dizer, mesmo de um ponto de vista católico, que a definição de Lutero é aceitável, desde que se esteja consciente desta implicação. Para os católicos, esta implicação constitui a própria definição do mistério, o que é talvez desproporcional se se leva em conta o uso de certa maneira dispersante e "casual" que o Catolicismo faz da missa; [21] certos fatores psicológicos — a natureza humana sendo o que é – exigiriam, sem dúvida, que o mistério fosse apresentado de um modo mais velado e manejado com mais discrição. Certamente, a Comunhão luterana não é equivalente à Comunhão católica, mas nós temos razões para acreditar — dado seu contexto geral — que ela não obstante comunica em um grau suficiente as graças que Lutero dela esperava, [22] o que pressupõe que a intenção da mudança ritual tenha sido fundamentalmente cristã e isenta de toda motivação ulterior de um tipo racionalista, sem falar de motivação política — como foi de fato o caso.

Se a Comunhão luterana não é o equivalente da Comunhão católica é porque ela não inclui virtualidades espirituais tão extensas como as da última; mas, precisamente, estas virtualidades iniciáticas são demasiado sublimes para o homem médio, e impô-las é expô-lo ao sacrilégio. De outro ponto de vista, se a missa fosse sempre igual ao Sacrifício histórico do Cristo, teria se tornado sacrilégio em razão de sua profanação pela maneira mais ou menos trivial de seu uso: missas ordinárias apressadas, missas atribuídas a isto ou aquilo, incluindo as motivações mais contingentes e profanas. Certamente, a missa coincide potencialmente com o evento do Gólgota, e esta potencialidade, ou esta virtualidade, pode sempre gerar uma coincidência efetiva; [23] mas se a própria missa tivesse o caráter de seu protótipo sangrento, em cada missa a terra tremeria e seria coberta pelas trevas.

Um dos mais aberrantes argumentos com os quais Zuínglio, Karlstadt, Oekolampad e outros se opunham à Igreja Católica e a Lutero, era o seguinte: se o pão é realmente o Corpo de Cristo, não comeríamos carne humana ao comungar? [24]

A isto há quatro respostas, e elas são as seguintes. Primeiro, Cristo disse o que disse, é pegar ou largar; não há nada a mudar nisto, a menos que se deseje abandonar a religião cristã. Segundo, Cristo de fato não oferece carne, nem sangue, mas pão e vinho, então por que a reclamação? Terceiro, o ponto crucial é a questão de saber o que significa este corpo que se tem de comer e este sangue que se tem de beber; ora, este significado, ou este conteúdo, é a remissão dos pecados, a Redenção, a restituição da natureza humana gloriosa, a inocência tanto primordial como celestial; o homem come e bebe o que ele deve se tornar porque isto é o que ele é em sua essência imortal; e comer é tornar-se unido. Quarto: que o pão não é a carne, que o vinho não é o sangue, podemos ver sem dificuldade; por que então questionar de que maneira o pão é o corpo e o vinho é o sangue? Isto não diz respeito a nós, isto não tem interesse para nós; isto diz respeito a Deus. O que é importante para nós é a virtude transformante e deificante do sacramento; sua capacidade de nos conceder a impecabilidade salvífica, a do Cristo. [25]

*

A doutrina luterana está fundada essencialmente no pessimismo antropológico e na doutrina da predestinação de Santo Agostinho: o homem é fundamentalmente um pecador e é totalmente determinado pela vontade de Deus.Qual, então, é o significado, em Santo Agostinho, da ideia de que o homem é irremediavelmente um pecador, de que é impotente na medida em que se confina à sua própria força? Significa que a "queda" tem o efeito de destruir o equilíbrio entre o interior e o exterior, o vertical ou ascendente e o horizontal ou terreno; que as tendências exteriorizantes e mundanas prevalecem sobre as tendências interiorizantes e espirituais, e, quando tomada isoladamente, a tendência horizontal leva *ipso facto* à tendência descendente. Ora, as obras não bastam para retificar a situação; apenas a fé pode realizar este prodígio, o que não significa que a fé pode dispensar as obras, que ela poderia, portanto, ser perfeitamente ela mesma na ausência delas.

Como no Amidismo, a primeira condição de salvação, de acordo com Lutero, é a consciência do pecado insondável e invencível, e daí a impossibilidade de vencer o pecado com nossas próprias forças. Para Lutero, e para o Cristianismo em geral, o homem é na prática o pecado; [26] da parte de Deus, há a graça - que Lutero identifica com a "Justiça" de Deus redentor – e, entre estes dois extremos, há a fé, onde pecador e graça se encontram. Lutero diz em comentário sobre as Epístolas aos Romanos que Cristo "fez sua justiça minha e meu pecado, seu" ; e acrescenta: "Para aquele que se lança, de corpo e alma, rumo à vontade de Deus, é impossível permanecer fora de Deus".Igualmente, ele diz, ao falar da justiça, que "a fé eleva o coração humano tão alto, que ele se torna um espírito com Deus (*dass er ein Geist mit Gott wird*) e adquire a própria justiça de Deus".

A mística atormentada de Lutero – ainda assim vitoriosa à sua própria maneira, em última análise – evoca toda a tensão entre conhecer e crer, ou entre conhecimento e fé. Para Lutero, não há nada senão a fé; não obstante, ele não poderia negar que a fé unida com a graça ao ponto de ser "um espírito com Deus" é um modo de conhecer Deus através de Deus, ou, em outras palavras, que é o Conhecimento divino em nós; pois toda certeza é conhecimento, e não há fé sem certeza. Negar isto seria negar o Espírito Santo e, junto com ele, nossa deiformidade.

"Bem-aventurados os que acreditam sem ver" : esta é a própria definição de fé; a fé é a chave - ou a antecipação - do conhecimento; é um tipo de "simpatia mágica" em relação a realidades transcendentes. Mas a fé também pode ser vista de outro modo: quando o ponto de partida é a certeza metafísica, ou a intelecção – e este é um mistério "naturalmente supranatural" — a fé será a vida do conhecimento, no sentido de que ela fará o conhecimento penetrar em todo o nosso ser; pois é necessário "amar a Deus com toda a nossa força", e daí com tudo o que somos.

Um aspecto muito importante do problema da fé — já fizemos alusão a isto — é a relação entre fé e obras: para Lutero, as obras não contribuem para a salvação; acreditar que elas contribuem seria negar a Redenção, seria imaginar que nossas ações — intrinsecamente pecaminosas — poderiam tomar o lugar da obra salvífica do Cristo, ou que elas poderiam acrescentar alguma coisa a esta obra. Consequentemente, é somente a fé que salva, e isto é aceitável se nós especificarmos — e Melancthon não omite isto — que as obras prolongam a fé, que elas são uma parte integral da fé em proporção à sua sinceridade; em síntese, que elas provam a fé. Sem obras, a fé não seria exatamente a fé, e sem fé, as obras seriam escatologicamente inoperantes.

Se Lutero, que a despeito de sua violência ocasional era um homem virtuoso, subestimou o papel das obras, isto pode ter sido também porque ele incluía as obras na virtude e a virtude na fé; a virtude está, de fato, situada entre estes dois polos, ela é uma dimensão da fé sincera e, ao mesmo tempo, se expressa pelas obras; mas a virtude é independente das obras e, desnecessário dizer, é melhor ser virtuoso sem obras do que realizar obras sem virtude. Além disso, é adequado distinguir entre obras que são obrigatórias e aquelas que são opcionais, e, obviamente, o homem de pouca virtude deve insistir ainda mais nas ações meritórias, por um lado a fim de compensar sua indigência moral e, por outro, para remediar esta indigência progressivamente.

Para Lutero, a fé enobrece mesmo ações insignificantes, exceto os pecados, é claro; a fé, de acordo com ele, é um tipo de santidade, e é mesmo o único tipo de santidade possível. Mas o que esta subjetividade mística não parece ser capaz de realizar, pelo menos não *a priori*, é que este mistério da fé não poderia constituir uma regra de vida para as massas; nisto, o reformador alemão era tão irrealista quanto os papas que desejavam impor um tipo de perfeição monástica sobre o clero, ou mesmo, praticamente — embora num grau menor — a toda a Cristandade.

Isto tudo nos leva à questão crucial do ascetismo e nos permite inserir algumas observações sobre o tema. Há um ascetismo que consiste simplesmente na sobriedade, e é suficiente para o homem naturalmente espiritual; e há outro tipo que consiste em combater as paixões, o grau desta ascese dependendo das exigências da natureza individual; finalmente, há a ascese daqueles que enganosamente acreditam possuir todos os pecados, ou que se identificam com o pecado pelo subjetivismo místico, sem esquecer de mencionar aqueles que praticam um ascetismo extremo a fim de expiar as faltas de outros, ou mesmo simplesmente a fim de dar um bom exemplo num mundo que tem necessidade disso. Destes modos de ascetismo, o Evangelismo retém apenas o primeiro, e por duas razões: primeiro, porque é a fé que salva, e não as obras; segundo – e esta razão coincide inteiramente com a primeira –, porque não cabe a nós acrescentar nossos méritos insignificantes aos méritos infinitos do Cristo.

Em resumo: de acordo com Lutero, a graça obtida pela e na fé regenera a alma e permite que ela se torne unida com a Vida divina; ela propicia ao homem resistir e combater o mal, e exercitar a caridade com o próximo. As obras são úteis quando não as consideramos meritórias; neste caso elas se tornam integradas na fé.

*

Na perspectiva luterana, a consciência de ser um pecador é tudo, já que a força da fé depende desta consciência; de acordo com Lutero, é melhor pecar e ser consciente da nossa miséria, do que não pecar e não ter consciência disso.

Mas, com relação à ideia crucial de pecado, há também o temor da danação e o escrúpulo de não se sobrecarregar com ainda outro pecado ao se permitir ceder temerariamente à certeza contrária. As tensões e deformações que são resultado desta atitude são bem típicas do individualismo voluntarista e sentimental, ausente em outras formas de piedade; mas é um fato que, com os semitas, esta atitude determina toda a perspectiva. Seja como for, a solução do problema é a seguinte, e é o esoterismo que a fornece, desde que ele sempre considera a natureza das coisas: é verdade que o sentimento individualista de ser salvo pode facilmente, embora não necessariamente, dar lugar a uma satisfação quase narcisista e moralmente paralisante, que é propensa a comprometer a tensão em face de Deus e, acima de tudo, a virtude do temor; ora, a atitude sadia aqui — a virtude da esperança, se se prefere — consiste numa certeza condicional e quase inarticulada, a saber, que a certeza da salvação está incluída na certeza de Deus, de modo eminente e suficiente. Dever-se-ia dizer: "Graças ao amor e ao temor de Deus, não temo a danação" ; e não: "Graças às boas obras, é certa a salvação" ; pois esta última convicção, por sua própria natureza ou, antes, em razão do mecanismo da alma humana, corre o risco de nos afastar de Deus na medida mesma em que se torna enraizada na própria consciência; ela afasta de Deus pelo fato de que praticamente toma o lugar de Deus.

Em consequência, tudo isto significa que os terrores e desesperos de Lutero eram logicamente desnecessários, embora misticamente frutíferos e necessários de fato; se as Escrituras têm de conter ameaças sobre o Inferno é porque a maioria dos homens é composta de feras selvagens, e considerações sutis sobre a relação entre causa e efeito seriam ineficazes, para dizer o mínimo. Por um lado, grande número de almas tem sido salvo graças à imagem do sofrimento eterno; por outro lado, esta imagem não é suficiente para impedir inumeráveis crimes; se desejamos nos apiedar dos homens, tenhamos também piedade das Escrituras.

Com relação aos escrúpulos que mencionamos acima, é apropriado acrescentar as seguintes precisões: quando nosso ponto de partida é a certeza intelectual da realidade absoluta e suas dimensões hipostáticas, nós diremos que esta certeza tem como consequência — e também de certa maneira como sua condição — primeiramente, que nos abstenhamos de tudo que nos separa da Realidade Suprema em princípio ou de fato, e, segundo, que pratiquemos o que nos aproxima ou nos leva a ela; estas duas consequências são parte integral da certeza metafísica, na medida em que ela é realmente nossa. É na certeza do Sumo Bem, e não em outro lugar, que temos certeza da salvação — da salvação como tal, e não da nossa própria salvação apenas —, e nós a possuímos na medida mesma em que a segunda certeza é absorvida na primeira.

Gnosticamente falando, há os "psíquicos", que podem encontrar a salvação ou a danação; os "pneumáticos", que por sua natureza não podem senão ser salvos; e, finalmente, há os "hílicos", que não podem senão encontrar a danação. Ora, Lutero, na prática, concebia somente esta terceira categoria, e, teoricamente — com reservas e condições - a categoria dos "psíquicos", mas de nenhuma forma a dos "pneumáticos", daí todo o caráter atormentado de sua doutrina. Na realidade, em cada homem são encontradas as três possibilidades, a do "pneumático", do "psíquico" e do "hílico" ; cabe ver qual delas predomina. Na prática, basta saber que dizer "sim" a Deus, abstendo-nos ao mesmo tempo do que separa Dele e realizando o que nos aproxima Dele, pertence à natureza "pneumática" e assegura a salvação, toda questão de "pecado original" e "predestinação" à parte; assim, na prática, não há problema, salvo o que concebemos e impomos sobre nós mesmos.

O "pneumático" é o homem que, por assim dizer, encarna "a fé que salva" e, deste modo, encarna seu conteúdo, a "graça do Cristo" ; estritamente falando, ele não pode pecar — exceto talvez ao nível das aparências — porque, sendo sua substância feita de "fé" e, portanto, de "justiça pela fé", tudo o que ele toca vira ouro. Esta possibilidade é extremamente rara, sendo "avatárica" acima de tudo, mas ainda assim ela existe, e não pode deixar de existir.

Seja como for, Lutero parece não saber o que fazer com a boa consciência, aquela que os católicos obtêm pela confissão e pelas obras;

ele a confunde com auto-satisfação e preguiça, ao passo que ela é a base normal e sadia para as exigências do amor de Deus e do próximo. Ora, o essencial aqui não é o fato desta confusão, mas as consequências que Lutero dela extrai e os estímulos que obtém dela.

A questão de saber se somos bons ou maus pode ser perguntada de forma aproximada, pois possuímos inteligência, mas não pode ser feita de forma estrita, pois não dispomos das medidas de Deus; ora, dizer que não podemos responder uma questão significa que não temos necessidade de perguntá-la.

*

Sobre o tema da fé e das obras, façamos aqui as seguintes observações. Assim como Lutero coloca a fé no lugar das obras morais, também Shinran, bem antes dele e do outro lado do globo, colocou a fé no lugar dos meios espirituais: não é preciso invocar Amida para alcançar o nascimento na "Terra Pura" - pois isto seria basear-se no "poder de si mesmo", em detrimento do "poder do outro" —, mas é necessário fazê-lo por gratidão a Amida, que nos salvou *a priori* concedendo-nos a fé. Shinran tinha uma preocupação, evitar - ou "contornar" - a ideia de que nos salvamos por nossos próprios méritos. A noção de "gratidão" é aqui um eufemismo que pretende velar o fato de que é impossível nos privar de uma iniciativa realizatória; em qualquer caso, se a fé não é nossa, de quem é, e se é de Amida, que prova há de que ela nos pertence, ou de que nos beneficiamos dela? De duas coisas, uma: ou o ato de gratidão é opcional, caso em que se pode passar sem ele, sendo suficiente acreditar em vez de invocar Amida; ou então o ato de gratidão é obrigatório, em cujo caso já não há questão de gratidão, e o argumento é meramente uma artimanha para mascarar o "poder de si mesmo", que determina cada ato e do qual nós, como criaturas livres e responsáveis, não podemos escapar.

Nem Lutero, nem Shinran podem mudar a natureza do homem, que, precisamente, acarreta certa liberdade e, daí, uma possibilidade de "poder de si mesmo", portanto, de mérito: mas, como o místico japonês, o reformador alemão estava apaixonado pela experiência da fé, e pelas Escrituras que a alimentam; e que todo o resto pereça. Há também em Lutero uma parcela de Asharismo: como o teólogo árabe, Lutero sacrifica a inteligência pela fé, e a liberdade à Presciência e Onipotência de Deus. E se um Ashari e um Shinran são "ortodoxos" a sua própria maneira, como suas respectivas tradições reconhecem, nós não vemos porque não podemos garantir a Lutero as mesmas circunstâncias atenuantes, ou as mesmas valorações aprovativas, *mutatis mutandis*.

Lutero acreditava, como Shinran, que, ao colocar a fé no lugar das obras, ele trazia certa consolação e liberação; mas esta é apenas uma questão de temperamento espiritual. Para alguns homens, é muito mais tranquilizador basear-se nas obras, que são algo objetivo, concreto, tangível e definível, ao passo que sempre é possível se atormentar com a questão de saber se se possui realmente fé, ou se se compreendeu o que a fé é de fato.

Seja como for, no pensamento de Lutero, como no de Shinran, e isso se segue de algumas de nossas demonstrações precedentes, há argumentos compensatórios que restabelecem o equilíbrio de tal maneira que nossa objeção tem importância meramente relativa, exceto para mentes que abusam das formulações em questão. Uma coisa é certa, e é o elemento essencial aqui: a fé às vezes salva na ausência de obras exteriores, mas as obras nunca salvam sem a fé.

O homem não pode escapar da responsabilidade de fazer o bem, e é mesmo impossível sob condições normais não fazer o bem; mas o que importa é que ele saiba que é Deus quem age. Uma obra meritória pertence a Deus, a despeito de participarmos nela; nossas obras são boas — ou melhores — na medida em que somos penetrados por esta consciência.

Quanto à predestinação, tão importante no pensamento agostiniano e depois no luterano, ela não é no fundo senão uma necessidade ontológica na medida em que se refere a uma determinada possibilidade. Ora, Deus pode deslocar ou mudar o modo de uma possibilidade, mas Ele não pode fazer uma possibilidade tornar-se impossível.

A predestinação como tal está situada na Relatividade – em *Mâyâ*, se se prefere – dado que ela diz respeito ao relativo ou ao contingente; mas sua raiz no Absoluto é redutível à Necessidade. O Ser Absoluto compreende tanto a Necessidade como a Liberdade; e o mesmo, portanto, vale para o Ser relativo ou contingente, o mundo; deste modo, é falso negar a possibilidade de liberdade no mundo, assim como é falso negar a predestinação. Uma obra livremente realizada pelo homem sempre contém a predestinação, como uma dimensão diferente; mas, com uma mudança de ênfase, também se pode dizer que uma obra livremente realizada está situada no campo da predestinação, como em um molde invisível que pertence precisamente a outra dimensão; a diferença é como aquela entre espaço e tempo, no sentido de que o tempo é totalmente diferente das três dimensões espaciais e, entretanto, está sempre presente. O espaço, então, corresponde à necessidade, no sentido de que as coisas nele são o que são, e são encontradas aonde são encontradas, enquanto o tempo corresponde à liberdade, no sentido de que as coisas podem mudar ou se mover; tudo isto é uma analogia puramente simbólica, daí indireta e parcial, pois, na realidade, necessidade e liberdade são encontradas em toda parte.

Seja como for, segue-se de tudo o que dissemos que é um erro reduzir as obras à predestinação, negando assim sua liberdade, e não é menos um erro negar toda predestinação nas obras, concedendo a elas, portanto, uma liberdade absoluta que pertence somente a Deus. Pois o princípio é este: a liberdade como tal é sempre liberdade, e a necessidade como tal é sempre necessidade, mas, enquanto a Necessidade e a Liberdade são absolutas em Deus, elas são relativas no mundo, no sentido de que não há necessidade manifestada que não compreenda um elemento de liberdade, por conta da contingência, não mais do que há uma liberdade manifestada que não compreende um elemento de necessidade, em razão da predestinação. Reduzir nossas ações à predestinação é atribuir absolutez a elas; acreditar que elas são livres em relação ao Absoluto é atribuir a Liberdade do Absoluto a elas. Ontologicamente, nossas ações são predestinadas, e devemos saber disso a fim de não acreditar que somos tão soberanos quanto Deus, e que poderíamos nos situar fora de Sua Vontade; mas, na prática, nossas ações são livres, portanto meritórias, e devemos saber disso para sermos capazes de agir e ter mérito.

*

Na teologia, contudo, não há somente oposição entre predestinação e liberdade, há também oposição entre fé e conhecimento; e, assim como alguns acreditam que a liberdade deve ser negada em nome da predestinação, ou inversamente, do mesmo modo outros acreditam que o conhecimento deve ser rejeitado em nome da fé, ou, ao contrário, como é o caso entre os racionalistas, que a fé deve ser rejeitada em nome do que eles acreditam ser o conhecimento. Na realidade, não há incompatibilidade aqui, assim como não há entre a liberdade e a predestinação; pois se esses dois princípios são as dimensões complementares de uma mesma possibilidade de manifestação, o mesmo permanece verdadeiro para o conhecimento e a fé, no sentido de que não há fé sem algum conhecimento, nem conhecimento sem alguma fé. Mas é o conhecimento que tem a preferência: a fé é um modo indireto e volitivo de conhecimento, mas o conhecimento é suficiente por si mesmo, e não é um modo de fé; não obstante, quando situado na Relatividade, o conhecimento requer um elemento de fé na medida em que ele é *a priori* intelectual e não existencial, mental e não cardíaco, parcial e não total; de outro modo toda compreensão metafísica implicaria a santidade *ipso facto*. Seja como for, toda certeza transcendente tem algo de divino em torno de si, apesar de como certeza apenas, e não necessariamente como a aquisição de um homem particular.

Em outras palavras: em clima semita, muito se fala da incompatibilidade entre conhecimento e fé, e da preeminência desta última – a ponto de desprezar o primeiro e esquecendo que, na Relatividade, as duas vão juntas. O conhecimento é a percepção adequada do real, e a fé é a conformidade da vontade e do sentimento a uma verdade imperfeitamente percebida pela inteligência; se a percepção fosse perfeita, seria impossível para o crente perder sua fé.

Já o conhecimento teórico, mesmo perfeito e, portanto, inabalável, sempre requer um elemento volitivo que contribui para o processo de assimilação ou integração, pois devemos "nos tornar o que somos" ; e este elemento operativo, ou este elemento de santidade, deriva da fé. Inversamente, na fé religiosa há sempre um elemento de conhecimento que a determina, pois, para acreditar, é necessário saber no que se deve acreditar; além disso, na fé plena há um elemento de certeza, que não é volitivo e cuja presença não podemos impedir, quaisquer que sejam nossos esforços para refutar todo conhecimento a fim de beneficiar-se do "mérito obscuro da fé".

Apenas em Deus o conhecimento é dispensado de um elemento de intensidade realizatória ou de vontade totalizante; quanto à fé, seu protótipo *in divinis* é a Vida ou o Amor; e em Deus apenas a Vida e o Amor são independentes de qualquer motivo justificador ou que os determine *ab extra*. É por participação neste mistério que São Bernardo podia dizer: "Eu amo porque amo", que é como uma paráfrase do dito da Sarça Ardente: "Eu sou aquele que sou" ; "O que é".

É o conhecimento, ou o elemento verdade, que dá à fé todo o seu valor, se não fosse assim, poderíamos acreditar em qualquer coisa, desde que acreditássemos; é somente como uma função da verdade que a intensidade de nossa fé tem significado. E, bastante paradoxalmente, é a predestinação que nos faz escolher livremente a verdade e o bem; sem liberdade, não há escolha. Em última análise, Predestinação é tudo o que somos.

Mas a Liberdade divina requer uma predestinação que é paradoxalmente relativa e que se relaciona a modos e graus, juntamente com a Predestinação que é absoluta. Do mesmo modo, a Necessidade divina requer uma liberdade relativa juntamente com a Liberdade que, enquanto tal, é absoluta; esta liberdade relativa é a nossa, e mesmo não podendo ser outra coisa que liberdade, ela não obstante cai dentro da moldura de uma necessidade que a supera.

*

Assim como as igrejas antigas concebiam uma hierarquia que coloca monges e sacerdotes acima de leigos e mundanos, do mesmo modo Lutero

— que não tinha nada de revolucionário, e nem mesmo de democrata — concebia uma hierarquia que coloca aqueles que vivem verdadeiramente pela fé acima daqueles que ainda não alcançaram este ponto, ou que simplesmente não são capazes disto. Ele tencionava apelar àqueles que "fazem de boa vontade aquilo que sabem e são capazes de agir com fé firme na benevolência e favor de Deus", e "aqueles que outros devem emular" ; mas não aqueles que "fazem mau uso desta liberdade e imprudentemente acreditam nela, de modo que devem ser governados por leis, ensinamentos e advertências" ; e outras descrições do tipo. Tudo isso significa que sua intenção incluía um tipo de esoterismo, ao menos na prática: "A fé não basta — ele declara —, exceto a fé que se abriga sob asas do Cristo" ; ora, Cristo é amor.

"Ainda que eu falasse a língua dos homens e dos anjos... ainda que eu tivesse fé, que eu pudesse remover montanhas, se não tivesse amor (*charitas, agape*), eu nada seria... E permanecem a fé, a esperança e o amor, mas o maior deles é o amor." Esta passagem crucial da primeira Epístola aos Coríntios parece contradizer tudo o que o apóstolo pensava sobre a justificação pela fé em sua Epístola aos Romanos; como explicar este paradoxo? A resposta é, por um lado, que o amor é a coisa maior desde que "Deus é amor" e desde que o mais nobre mandamento é o amor de Deus e do próximo; mas, por outro lado, a fé tem primazia, desde que ela é a chave para tudo e é a fé que salva. O místico de Wittemberg diria mesmo que, na prática — não em princípio —, a fé é maior, porque o amor, sendo tão grande, é impraticável e não pode ser conquistado exceto por e em Cristo e através da fé. Que o amor é tão grande segue-se precisamente da passagem da Epístola aos Coríntios, onde o apóstolo considera ser necessário invocar a intercessão da "língua dos anjos", o "dom da profecia", a compreensão "de todos os mistérios e todo conhecimento" e a fé que "remove montanhas". Lutero, não irrazoavelmente — e baseando-se na doutrina da Epístola aos Romanos — deduz que o amor é realizável apenas indiretamente ou virtualmente pela e na fé, exceto pelo nível que é acessível a nós naturalmente, a saber, a caridade para com nosso próximo. Numa palavra, afirmar que o amor é a maior coisa não é o mesmo que dizer que é o mais imediatamente essencial; geralmente é necessário interpretar uma passagem em particular das Escrituras à luz de outra determinada passagem, a qual, mesmo parecendo contradizê-la, na realidade a define e a torna concreta.

Há, ademais, nesta famosa passagem aos Coríntios, um elemento de estilização semítica, no sentido de que o exagero, levado ao ponto da absurdez, serve para indicar a grandeza da coisa da qual se está falando; é a lógica "henoteísta", por assim dizer, uma lógica que empresta um caráter absoluto à coisa cuja excelência se quer demonstrar, em detrimento da outra coisa, também apresentada numa luz quase absoluta, em outro momento. Tomada literalmente, contudo, é claramente absurdo sustentar que aquela fé que pode remover montanhas, *et cetera*, não é nada se não se tem amor, pois a uma fé de tal força nada poderia faltar, ou então não seria tão poderosa, precisamente; isto Lutero notou corretamente à sua própria maneira. [27]

Poderíamos também dizer que o apóstolo deslizou de uma perspectiva para outra, a saber, da fé para o amor; ou, antes, que ambos os pontos de vista se forçaram sobre sua mente sucessivamente, independentemente um do outro. Ora, uma escolha tem de ser feita: o Catolicismo e a Ortodoxia - unidos por mais de mil anos — estavam de acordo quanto à preeminência do amor, enquanto o Evangelismo queria enfatizar a fé; amor com fé no primeiro caso, fé com amor no segundo. Com toda justiça, ambas as acentuações deveriam sempre ter coexistido e, de fato, foi assim frequentemente antes da Reforma; mas, de fato, a ideia abraâmica e algo "quietista" da fé que salva ficou em repouso durante aquele período de heroísmo místico e abuso supersticioso que chamamos de Idade Média.

A prova da primazia do amor é que o mandamento supremo é o amor de Deus e do próximo; e a prova da primazia da fé é que o credo é na prática mais essencial que a caridade, já que é melhor acreditar em Deus sem caridade do que exercitar a caridade sem crer em Deus. O Catolicismo parte da ideia do primado do amor e do fato de nossa liberdade, e requer zelo ascético; o Protestantismo, por seu turno, parte da primazia da fé e do fato de nossa fraqueza, e requer firmeza na confiança.

Poderíamos também mencionar uma analogia que nos leva de volta às nossas considerações sobre os arquétipos religiosos: o vishinuísmo distingue entre *bhakti*, amor propriamente dito, e heróico se necessário, e *prapatti*, o abandono confiante à divina misericórdia; estas são as duas vias propostas ao fiel. Ora, a via do amor corresponde analogicamente à perspectiva sacerdotal e monástica da Cristandade antiga e patrística, enquanto a via da confiança ou fé é encontrada no Evangelismo; analogia não é identidade, mas em última análise as atitudes fundamentais e os arquétipos celestiais dos quais eles derivam são os mesmo em ambos os lados.

O amor é, por um lado, nossa tendência para Deus — a tendência do acidente para a substância - e, por outro, nossa consciência do "eu" no "outro", e do "outro" em nós mesmos; é também o senso da beleza, acima de nós e ao redor de nós e em nossa própria alma. A fé é dizer "sim" à verdade de Deus e da imortalidade — esta verdade que carregamos nas profundezas de nosso coração —, e é ver concretamente o que aparece como abstrato; é, para falar em termos islâmicos, "servir a Deus como se o víssemos, pois, mesmo que não O vejamos, Ele não obstante sempre nos vê" ; e é também o senso da bondade de Deus e de confiança na misericórdia. Aquele que tem fé, tem bondade; e aquele que tem amor, tem beleza; mas, ao mesmo tempo, cada um dos polos contém o outro. Nós somos os acidentes, e a Substância é Beleza, Bondade e Beatitude.

Amor e fé: um e outro são uma porta para o conhecimento; e o conhecimento, por seu turno, dá origem tanto à fé como ao amor. O amor se abre para a *gnosis* porque tende à união; a fé se abre para ela porque é fundada na verdade; amar é querer estar unido, e crer é reconhecer o que é verdadeiro e se tornar o que se conhece.

*

Ao debulharem as espigas de milho, os apóstolos violaram o *Sabbath*; mas é o *Sabbath* interior que conta e tem primazia sobre o exterior. São Paulo suprimiu a "circuncisão da carne" em nome da "circuncisão do espírito" ; mestre Eckhart ensina que se soubéssemos que Deus está em todas as partes, receberíamos a Comunhão mesmo comendo pão comum. Tudo isto se torna claro à luz deste princípio: meios exteriores são necessários apenas porque — ou na medida em que — perdemos acesso a seus arquétipos interiores; um sacramento é a exteriorização de uma fonte de graça imanente — a "água viva" do Cristo —, exatamente como a Revelação é uma manifestação exterior e macrocósmica da Intelecção. Lutero certamente não era consciente deste princípio ou mistério; não obstante, seu recurso exclusivo à fé, sua tendência de interiorizar tudo em nome do "espírito", e contra a "carne", portanto também sua redução dos sacramentos com respeito à forma e ao número, tudo se refere lógica e misticamente ao princípio da interioridade ou imanência do qual acabamos de falar. [28]

O Corão dá mais de um exemplo do princípio da ab-rogação (*naskh*): há versos que anulam outros e, na maioria dos casos, o significado de um — seja o verso "nulificado" (*nâsikh*) ou o "anulado" (*mansûkh*) — é mais universal do que do outro. O significado profundo deste fenômeno é que toda forma pode ser ab-rogada por uma forma mais essencial e, com ainda mais razão, por sua essência comum; uma forma nunca é um puro absoluto, embora possa ser "relativamente absoluta", como é precisamente o caso das formas sagradas. Em clima hindu e budista, esta passagem - gradual ou abrupta - do formal ao essencial é uma possibilidade reconhecida, enquanto no Ocidente semita ela é excluída; a noção de heresia não admite reservas relativizantes, ou mesmo justificantes; este é o espírito do alternativismo, que em muitos casos é justificado — no Oriente bem como no Ocidente —, mas não em todos os casos. Quanto ao princípio da ab-rogação, tivemos que mencioná-lo no contexto das audácias de Lutero, a fim de demonstrar, indiretamente ao menos, que se uma perspectiva espiritual é de fato possível, ela pode bem sacar conclusões que excedem o que normalmente se esperaria, ou que solapem as bases usuais de uma determinada criteriologia tradicional.

Se Lutero rejeita tudo o que o Catolicismo entende por "tradição", é em razão de uma associação de ideias relacionadas com as "prescrições de homens" mencionadas no Evangelho, como já assinalamos anteriormente; ele permite que apenas a "Escritura" permaneça, e isto se torna tudo; a bibliolatria é o pivô de sua religião, como também é o caso no Judaísmo e no Islã.

*

A teologia escolástica ensina que o homem pode – e, consequentemente, deve – obter a graça não apenas através de um dom supranatural de Deus, mas também por meios naturais, como as virtudes e as obras. Lutero era bem consciente de que não podemos produzir a graça de Deus – e, ademais, ninguém havia dito o contrário —, mas ele parece não ter tido consciência de que podemos remover os obstáculos que nos separam da graça, assim como é o bastante abrir uma persiana para deixar a luz do sol entrar; não se atrai luz por mágica, menos ainda se a cria, mas se remove o que a torna invisível.

O místico de Wittenberg é "mais católico que o Papa" quando sente que é pretensão da parte do homem acreditar na virtude quase teúrgica de certas ações: acreditar que um bom ato pode *ipso facto* conferir uma graça concordante, como se o homem tivesse o poder de determinar a vontade divina; e este sentimento fornece a Lutero uma razão, talvez a principal, para rejeitar a Missa. Na realidade, acreditar que podemos determinar a Vontade divina por nosso comportamento — *Deo juvante* — não é de maneira nenhuma pretensioso, dado que Deus nos criou para isto; é o efeito normal ou "sobrenaturalmente natural" de nosso teomorfismo; portanto, não há dano na ideia de que nossas ações possam ser meritórias ante Deus; e ninguém nos obriga a nos tornar orgulhosos delas. Uma boa consciência é um fenômeno normal; é o clima normal dentro do qual o homem se move para Deus; não há nada na boa consciência que nos atraia para o mundo, sendo perfeitamente neutra a este respeito, a menos que sejamos hipócritas. Ao contrário, ela nos atrai para o Céu, já que por sua própria natureza é um antegosto do Céu.

O que constitui fundamentalmente a mensagem luterana é a acentuação da fé dentro da consciência de nossa miséria; ou por esta própria consciência, mas também a despeito dela. Todas as limitações deste ponto de partida tem indiretamente a função de chave ou símbolo e são compensadas, além das palavras, pela inefável resposta da Misericórdia; o tormento inicial é resolvido em última análise na experiência quase-mística da fé que apazigua, vivifica e libera.

*

A ideia de que nenhuma obra pode ser "justa" ante Deus, porque toda obra humana é maculada pelo pecado— primeiramente pela concupiscência e depois pelo orgulho, como resultado do pecado de Adão e Eva —, tem sua base lógica na limitação do "Eu" humano em face do "Si" divino, e na impossibilidade do "Eu" libertar-se sem a decisiva conformidade do "Si". Certamente, analogia não é identidade, e a teologia não é metafísica, a despeito dos pontos onde elas se encontram; mas lá onde há analogia, pode sempre haver identidade, por exceção e em certo grau, como a centelha pode sempre surgir da pedra. As denominações cristãs enquanto tais nunca poderiam ser da mesma ordem da *gnosis*, mais do que qualquer outro exoterismo poderia; ainda que um mestre Eckhart e um Jacob Boehme manifestem esta perspectiva a seu próprio modo, o primeiro no arcabouço do Catolicismo e o segundo do Protestantismo.[29] Ambos viam a "transcendência imanente" do intelecto puro: Eckhart ao reconhecer o caráter *increatus et increabilis* do núcleo da inteligência humana, e Boehme ao se referir às "iluminações interiores" (*innere Erleuchtungen*) de uma natureza sapiencial, e portanto intelectiva. Similarmente, cada um foi capaz de levar em conta *Mâyâ*, o princípio da relatividade universal: Eckhart ao estabelecer a distinção entre diferenciação hipostática e "Profundidade inefável" (*der Ungrund*), e Boehme ao posicionar o princípio de oposição ou contrastes, enraizado em Deus e operando no mundo a fim de fazer Deus cognoscível num modo objetivo e distintivo. [30]

Reconhecem-se em Lutero tendências bem similares àquelas dos "amigos de Deus" (*die Gottesfreunde*), sociedade mística que floresceu no século XIV na Renânia, [31] na Suábia e Suíça, e cujos representantes mais eminentes foram Tauler e o bem-aventurado Suso. O primeiro — conhecido de Lutero — fez a si mesmo o porta-voz da doutrina eckhartiana da "quietude" (*gelassenheit*) e lutou contra a "justiça pela obras" (*Werkgerechtigkeit*) e contra a religiosidade exterior.

Segundo Tersteegen[32] — um dos santos homens da igreja protestante — "os verdadeiros teósofos, de quem sabemos muito pouco depois do tempo dos Apóstolos, foram todos místicos, mas está muito longe de ser o caso que todos os místicos sejam teósofos; nem um entre milhares. Os teósofos são aqueles cujo espírito (não a razão) explorou as profundezas da

Divindade sob guiamento divino e cujo espírito conheceu tais maravilhas graças a uma visão infalível." [33]

O que o exoterismo não diz e não pode dizer – nem o católico, nem o ortodoxo, tanto quanto o protestante – é que o mistério paulino ou bíblico da fé não é outro em sua raiz do que o mistério da gnose: isto significa dizer que a gnose é o protótipo e a essência subjacente da fé. Se a fé pode salvar, é porque o conhecimento intelectivo liberta – um conhecimento que é imanente mesmo sendo transcendente, e inversamente. Os teósofos luteranos foram gnósticos dentro do arcabouço da fé, e os sufis mais metafísicos acentuaram a fé sob a base do conhecimento; sem dúvida há uma fé sem gnose, mas não há gnose sem fé. A alma pode ir a Deus sem assistência direta do puro Intelecto, mas o Intelecto não pode se manifestar sem dar paz e vida à alma, e sem exigir dela toda a fé de que é capaz.

O VÉU DO TEMPLO: UM ESTUDO DA INICIAÇÃO CRISTÃ

Marco Pallis

"E Jesus, clamando outra vez em voz alta, expirou... E eis que o véu do templo se rasgou em duas partes, de alto a baixo."(Mt. 27, 50- 51) Este evento, atestado pelos três Evangelhos sinópticos, marca o fim do ministério humano do Cristo, no sentido comum da palavra, uma vez que tudo o que se seguiu, da Ressurreição até sua Ascensão final, é de ordem milagrosa. Como todos os eventos sagrados, o prodígio no momento da morte do Cristo pode ser considerado tanto de um ângulo histórico como simbólico, dado que as duas visões não se excluem uma à outra; no presente caso, é o simbolismo do acontecimento que será considerado principalmente aqui.

Vale lembrar que o véu do templo de Jerusalém servia para marcar a fronteira entre a porção principal do edifício sagrado, onde todos os judeus eram admitidos e que continha o candelabro de sete braços e o altar para sacrifícios, e o Santo dos Santos, que ficava totalmente vazio e ao qual somente o sacerdote oficiante tinha acesso. Quando nele adentrava, o sacerdote tinha de se despir de suas vestes. Vazio espacial e nudez humana são duas indicações altamente significativas do que o Santo dos Santos representava na tradição judaica, a saber, "os mistérios" ou, em outras palavras, *aquilo* a que o conhecimento, sem forma e inexpressável, pode ser simbolizado apenas "apofaticamente", por um esvaziamento ou despojamento, como no presente caso. Esotericamente falando, este conhecimento pode referir-se apenas a Deus em Sua ipseidade, o Si divino que transcende até mesmo o ser.

Tudo o que ficava do lado de cá do véu, de outra parte, representava a tradição em seus aspectos mais exotéricos, que são múltiplos e formalmente exprimíveis em várias maneiras.

Todos os três evangelistas salientam o fato de que o véu se partiu "de alto a baixo", como se para indicar que a separação foi completa e irremediável, e que daí em diante nenhum limite passível de definição existiria entre o lado "religioso" da tradição e o mistério ou, se se preferir, entre os domínios exotéricos e esotéricos. Tanto quanto o olho humano é capaz de discernir, os dois domínios seriam fundidos ou mesclados — o que não significa certamente que sua interpenetração prejudicaria de qualquer maneira a realidade de cada domínio em sua própria ordem, mas que qualquer expressão formal de sua separação estaria excluída de uma vez por todas. Para que isso fosse verdadeiro, seria preciso, entre outras coisas, que os ritos centrais da tradição deveriam ser tais de modo a servir a este propósito abrangente e que, com qualquer "apoio" espiritual, seu contexto apenas, e não sua forma, forneceria a pista quanto ao domínio visado em determinadas circunstâncias.

Isto fornece a chave para a espiritualidade cristã como tal; ela começa daí. Ademais, pode ser visto que, se a unicidade da Revelação tinha necessidade de receber expressão cada vez mais diversificada, em paralelo com a marcha descendente de um ciclo cósmico, cada forma tradicional que deriva desta necessidade deve se afirmar a si mesma, sobretudo naquelas particularidades que a distinguem de outras formas comparáveis. Assim, o Islã segue sendo a tradição profética por excelência; embora a função profética em si seja universal e embora em outros casos poder-se-ia falar de tal e tal profeta ou profetas, sempre que se refere a "o" Profeta sem epíteto, está-se referindo a Maomé, e a mais ninguém. De modo similar, se se fala de Iluminação com "I" maiúsculo, é no Buda que se está pensando; o que não significa, contudo, que a iluminação não pertença a cada fundador avatárico de uma religião – obviamente, esta função sempre implica o supremo conhecimento —, mas a sua apresentação sob a forma do "supremo despertar", *samma sambhodi*, no entanto, continua a ser a tônica do Budismo em um sentido não compartilhado por outras tradições. Com o Cristianismo é "a" Encarnação que dá sua nota específica; em todos os outros casos, só se pode falar desta ou daquela encarnação; ênfase na palavra será relativamente mais difusa. A particularidade da tradição cristã, em especial a sua estrutura *eso-exotérica*, está intimamente ligada a esse papel totalmente absorvente de Cristo como o Verbo encarnado, no qual todas as funções essenciais estão sintetizadas sem distinção de níveis.

Além deste caráter especial que se vincula ao Cristianismo, é evidente que uma tradição autêntica e integral não pode em nenhum momento ser equiparada somente com seus aspectos coletivos e exotéricos. Seja qual for a natureza da estrutura formal, a presença (latente ou explícita) do elemento esotérico é necessária; caso contrário, a tradição em questão ficaria, para usar uma expressão comum tibetana, "sem um coração". De modo similar, a tradição nunca é redutível somente a um esoterismo: daí a necessidade de ser firmemente ancorada em um exoterismo ortodoxo, que fala sua linguagem escritural e faz uso de apoios rituais e simbólicos que ele proporciona; um esoterismo que tenta funcionar sem seu quadro exotérico normal seria como um coração sem um corpo, para usar a mesma comparação de antes. Crença na possibilidade de uma vida espiritual quase-abstrata e totalmente subjetiva, na qual a tradição e as expressões formais da verdade revelada não contam, constitui um erro típico de vários movimentos neo-vedantistas e outros afins que têm surgido na Índia e em outros lugares nos últimos tempos.

Diferentes maneiras em que a relação "mistérios - religião", ou dos planos "esotérico - exotérico", pode ser posta em prática pode ser proveitosamente estudada comparando-se algumas das principais tradições a este respeito. Por exemplo, na tradição islâmica, onde os dois domínios estão definidos com particular clareza, "o véu do templo" existe desde suas origens e permanece intacto até os dias de hoje; tanto a lei (*Sharia*) como o esoterismo (*Tassawuf*) remontam ao próprio Profeta. É por isso que os arranjos islâmicos têm sido tantas vezes citados como um modelo quando o assunto é posto em consideração.

Com o Cristianismo, como já vimos, o rasgar do véu anteriormente existente no Judaísmo marca a afirmação definitiva da Nova Aliança em face da Antiga Aliança e, com ela, o nascimento de uma tradição totalmente independente. No caso do Budismo, por outro lado, a inexistência de qualquer véu está dada desde as origens. O dito do Buda de que "eu não guardei nada em meu punho fechado" significa que, em sua tradição, o interesse puramente espiritual é o único que realmente conta. Embora no Budismo, como em outras partes, uma organização exotérica torna-se inevitável a partir do momento em que o número de adeptos começa a aumentar, este fato em si permanecerá para sempre, do ponto de vista budista, algo a se lamentar — algo a ser aceito *contre coeur*, sob a compulsão de eventos, mas nunca algo aceito por princípio.

Algo semelhante pode ser dito do Cristianismo: se o reino do Cristo, por sua própria definição, "não é deste mundo" [34] e se a punição por lançar a "pérola de grande valor aos porcos" é que estes últimos "se voltarão e vos atacarão", então uma das consequências da remoção do véu entre o Santíssimo e a parte mais acessível do templo (para voltar ao nosso simbolismo original) tem sido um certo embaçamento da distinção entre os dois domínios, mesmo quando ele realmente se aplica – a sombra, por assim dizer, de uma graça avassaladora. Essa confusão se manifestou na vida da igreja cristã sob a forma dupla de minimização do que, em espiritualidade, é mais interior, e de uma excessiva focalização da atenção em manifestações mais exteriores e periféricas da tradição e, especialmente, no interesse coletivo tratado quase como um fim em si mesmo. Levado aos extremos, esta tendência responde em ampla medida ao fato de que foi no seio do mundo cristão, e não em outro lugar, que a grande profanação conhecida como "a mentalidade moderna" primeiro tomou forma e se tornou, com a passagem do tempo, o veículo de "escândalo" entre todo o restante da humanidade. Se este acontecimento, como tudo o mais de um tipo desastroso ademais, compreende o seu aspecto providencial, trazendo para mais perto o negro fim de um ciclo e a radiante alvorada de outro, ele não obstante não escapa – pela força do carma, como os budistas diriam - da maldição lançada pelo próprio Cristo sobre todos "aqueles por meio de quem o escândalo vem". A dor da cruz, na qual todos devem estar envolvidos, está lá, em antecipação ao seu triunfo.

Para voltar à nossa tese original: a atenção especial dada pelos evangelistas para o fato de que o véu do templo foi partido "de alto a baixo" mostra que esta característica do grande prodígio foi um elemento essencial; uma vez rasgado, o véu *jamais* poderá ser costurado novamente. Tentar fazê-lo, sob qualquer fundamento que seja, equivaleria a um procedimento arbitrário, merecedor do epíteto de "herético "no sentido mais estrito do termo. A condenação de "gnosticismo" pela Igreja não tem outro sentido. [35]

Além disso, o fato de que a revelação cristã constituía, antes de tudo, um desnudamento dos mistérios tinha sido amplamente reconhecido mesmo por teólogos sem pretensões a uma visão particularmente interior das coisas. Nós mesmos conhecemos um sacerdote grego comum que diz à sua congregação que "toda a liturgia é uma mistagogia", valendo-se aqui de uma palavra que pertence ao vocabulário dos antigos mistérios helênicos, e que também figura no texto da própria liturgia, o que não quer dizer, contudo, que o próprio sacerdote tivesse noções claras do que isto representa; não obstante, mesmo tal referência de passagem é significativa. Tampouco é desprovido de interesse apontar na mesma conexão que a Igreja do Oriente, em comparação com a Igreja Latina, preservou tanto em seus rituais como em seu modo habitual de expressão um certo "arcaísmo" que qualquer um que tenha participado de uma celebração da liturgia em uma igreja grega ou russa não poderia deixar de notar; não surpreende, então, que, no rito oriental, os sacramentos sejam referidos como "os mistérios", uma palavra, mais uma vez, carregada de associações tiradas do lado esotérico da tradição pré-cristã no mundo antigo.

Por uma questão de maior precisão, talvez seja útil neste ponto refrescar a mente quanto às características que servem para delinear o domínio esotérico e distingui-lo do exotérico. Poder-se-ia também ter dito: aqueles que delineiam o campo iniciático, uma vez que em princípio as duas coisas são apenas uma; o segundo termo, no entanto, representa um aspecto um pouco mais particularizado da mesma realidade, uma vez que diz respeito à realização metódica daquilo que o esoterismo representa no domínio da teoria. [36]

Na busca de uma definição adequada, pode-se voltar em segurança para René Guénon, que disse que enquanto uma visão exotérica das coisas toca o interesse individual humano no sentido mais amplo da palavra, mas pára aí, uma visão esotérica vai além da individualidade, a fim de abarcar todos os estados superiores do ser, e ainda aspira ao supremo estado — se o que realmente transcende todas as possibilidades de comparação pode ser assim descrito, por uma inevitável concessão à insuficiência da linguagem humana.

Se aceitarmos a definição acima, então a pedra de toque de discernimento, no presente caso, é a *finalidade* prevista, respectivamente, se individual e limitada, ou então universal e ilimitada por qualquer condição que seja. Em outras palavras, a finalidade de um exoterismo religioso será a realização (ou "recuperação", se levarmos em conta a doutrina adâmica da Queda) do estado do "homem verdadeiro", o *Chen-jen* dos taoístas, [37] enquanto o esoterismo, por sua vez, conceberá como sua aspiração suprema a realização do "homem transcendente", objetivo da via taoísta, ou o Homem Universal, se se prefere o termo mais familiar derivado do Sufismo. Vale ressaltar que a realização das Duas Naturezas, que é o objetivo do esforço cristão, para ser verdadeiramente completa, teria de incluir ambas as finalidades acima, segundo o modelo do próprio Cristo, "homem verdadeiro", ou "segundo Adão", ao mesmo tempo que "verdadeiro Deus" ; o termo "cristificação" pode bem ser usado para expressar esse ideal supremo.

Quando se trata de "método iniciático", destinado a promover a realização espiritual em todos os seus graus, é importante não perder de vista a gama muito ampla de variação na prática iniciática, como a que existe entre diferentes tradições. Neste campo, não menos do que em outros, cada tradição exibe suas próprias peculiaridades, um fato que não afeta os princípios gerais que regem a vida iniciática, mas que não obstante proíbe levar a analogia demasiado longe; e ainda menos encoraja a sistematização de um determinado padrão de iniciação ao ponto de fazer deste padrão um teste absoluto de autenticidade ou não. Desde que não sejam excedidos os limites de comparação justa, no entanto, há sem dúvida ganhos a serem derivados de um estudo paralelo de procedimento iniciático como encontrado em diferentes tradições; quando o fazemos, devemos principalmente focar naqueles aspectos que têm uma ligação direta ou indireta com a questão da iniciação cristã, para a qual temos gradualmente dirigido a atenção.

Voltando primeiramente ao mundo budista: no Tibete pode-se dizer que praticamente toda atividade espiritual, até ao mais ínfimo pormenor, é voltada para uma finalidade iniciática, quer diretamente ou então indiretamente, como no caso dos estudos "escolásticos" na Ordem Gelugpa, por exemplo, ordem a qual o Dalai Lama pertence. Qualquer coisa diretamente relacionada com método, no entanto, implicará um ato iniciático de algum tipo; mesmo abrir um livro focado no método requer um *lung*, ou autorização ritual, dada por um lama da família espiritual a que o futuro iniciado pretende se ligar, e cada uma das fases subsequentes no processo será igualmente marcada por seu *lung* apropriado. No Tibete tradicional, tudo é calculado para promover e facilitar a vida iniciática para aqueles que aspiram a ela; a supremacia deste ideal é reconhecida por todos, desde o chefe do governo até o mendigo na esquina da rua.

Para além das disposições iniciáticas normais, cujos pontos essenciais não diferem do que se encontra na Índia ou outros lugares, a espiritualidade tibetana inclui um grande número de iniciações especiais conhecidas como *wang-kur* (de wang = poder e kur-wa = conferir), cada uma das quais dá acesso a uma forma particular de meditação metódica focada em uma mandala, ou diagrama simbólico disposto em torno de uma divindade central, uma combinação de geometria sacra e iconografia tradicional de formas, cores, gestos, letras e similares. Visualização de uma mandala como esta, sob a direção do próprio guru, é uma das características comuns da técnica tântrica; não são todos, no entanto, que, após receber o *wang* capacitando-o a meditar sobre esta ou aquela mandala, que ativamente o coloca em vigor. Muitos procuram acumular *wangs* simplesmente como um meio de estimular seu próprio fervor piedoso; tal atitude "quantitativa" na aquisição de *wangs*, a despeito de não ser contrária à letra das regras tradicionais, evidentemente escapa do espírito da instituição, e por esta razão é condenada pela opinião informada, tanto no que diz respeito a pontuação de "difusão espiritual", como também como susceptíveis de produzir, em casos extremos, dissonâncias de uma ordem imprevisível.

De qualquer forma, isso mostra que, no Tibete, como em outros lugares, uma nítida distinção tem de ser feita entre o *mutabarrik* (para usar um conveniente termo sufi, que significa "abençoado"), aquele homem que recebe iniciação por motivos variados não em plena sintonia com sua finalidade intrínseca, e o *salik* (viajante), ou seja, o homem que procede com intenção completa, tendo em vista o fim da via. Tudo o que se pode dizer é que, no Tibete, antes da irrupção do comunismo chinês, o número de *salikun* era relativamente alto se comparado com a maioria dos outros lugares; havia pouco sinal de decadência a este respeito.

Voltando para o tipo *mutabarrik* como comumente encontrado no mundo tibetano, algo importante a ser observado é que o ato iniciático, embora claramente reconhecido como tal e apesar de sua virtualidade sempre permanecer o que é em um sentido objetivo, ele é não obstante encarado subjetivamente em um sentido quase exotérico e com vista a benefícios que não ultrapassam a esfera individual — como piedade nesta vida e um "feliz renascimento" na vida futura —, fato que por definição proíbe aplicar o epíteto de "esotérico" às manifestações religiosas em questão. Mesmo assim, a possibilidade iniciática está inegavelmente lá, ainda que inexplorada.

Esta discrepância de atitude é levada ao ponto máximo nos grandes *wang-kurs* de massa que ocorrem de tempos em tempos. Nesses encontros, dos quais milhares de pessoas podem participar, o Lama iniciante faz os movimentos de conferir o *wang* e prega a doutrina apropriada diante da multidão, embora poucos dos participantes lhe sejam conhecidos pessoalmente, nem o serão depois do evento; nenhuma questão de "qualificação iniciática" pode eventualmente surgir sob estas circunstâncias. Um caso em foco foi a atribuição, pelo Dalai Lama, quando ele estava habitando próximo da fronteira com a Índia, em 1950, da "iniciação do Grande Compassivo", o *Avalokitesvara* de onze faces, cuja mandala é especialmente associada com a Ordem Gelugpa, também conhecida como a ordem dos monges tibetanos dos "chapéus amarelos". Grande número de pessoas de todo o país, e de ambos os lados da fronteira, viajou para o Mosteiro de Dung-kar ("concha branca"), onde o sacro soberano estava hospedado, para receber o *wang* em questão – eu mesmo de bom grado os teria acompanhado, mas naquele momento os obstáculos políticos haviam se tornado intransponíveis. O fervor despertado entre o povo era enorme, e, neste sentido, a ocasião espiritual não era de pouca importância. Não obstante, deve ser admitido que aqueles que receberam a iniciação eram, quase sem exceção, *matabarrikun* simples; se um ocasional *salik* fosse encontrado ali, sua presença não poderia ter sido detectada por qualquer sinal reconhecível.

Mas, mesmo assim, a própria iniciação era perfeitamente regular de acordo com todos os cânones tradicionais; era aberta a qualquer um daqueles que, na ocasião, recebeu o *wang* do Grande Compassivo para se apresentar então, ou em qualquer período subsequente, a um lama competente, a fim de pôr em prática o método pertencente a essa mandala em particular. Nenhuma questão de validade poderia surgir a este respeito, nem estava o mais humilde *mutabarrik* na multidão desinformado do fato de que aquela era uma iniciação, e não coisa diferente, e que a possibilidade existia de que ela um dia viesse a ser mais plenamente realizada. Descrevemos este evento numa certa extensão para lançar luz sobre o uso ambivalente de um ato indubitavelmente iniciático e, portanto, também sobre certos aspectos da tradição cristã.

Devemos considerar a seguir uma ou duas características do Budismo japonês que são de interesse especial do ponto de vista que nos interessa aqui; mas, primeiramente, temos de observar um fato de natureza geral, ou seja, que no Japão, apesar do caráter obviamente iniciático de tanto que é lá encontrado, é somente nas seitas tântricas, [38] das quais Shingon e Tendai são as principais, que administram uma iniciação sob a forma mais familiar a nós, determinável em termos de tempo e de ocasião, a "antes da "iniciação" e "depois". Quanto ao método, Shingon é muito próxima da prática espiritual tibetana, uma característica comum sendo o uso de mandalas compostas de retratos divinos, letras em sânscrito, e outros símbolos também encontrados no Tibete. Além dos casos já mencionados, as demais seitas japonesas não conferem uma iniciação formal ao integrarem um novo discípulo; um mestre espiritual pode admitir ou rejeitar um discípulo prospectivo, e ele também pode dar cabo de seu discipulado a qualquer momento se insatisfeito com o progresso do neófito. Caso contrário, o discípulo, uma vez aceito, será absorvido, por assim dizer, pela corrente espiritual de modo mais ou menos rápido e completamente, mas sem que este fato tenha de ser confirmado por um ato ritual estabelecido de qualquer tipo. É o processo como um todo que constitui a participação iniciática, o resto depende da aptidão do discípulo e da graça de seu mestre, em cujo aspecto a prática japonesa não difere de outras tradições.

Avançando agora para a mais conhecida (e menos compreendida pelos europeus) das seitas japonesas, ou seja, o Zen, encontramos um método em que extremo rigor e disciplina e uso de enigmas aparentemente sem sentido (*koans*) se combinam com a finalidade de libertar a mente do hábito de construções conceituais, permitindo assim à faculdade intuitiva operar. Que um treinamento espiritual realizado segundo tais linhas constitui um processo iniciático, no sentido mais rigoroso da palavra, terá se tornado claramente aparente a qualquer pessoa que tenha lido, por exemplo, o relato de Eugen Herrigel de sua formação no arco e flecha sob um mestre Zen.[39]

O mesmo se aplica a outras formas de treinamento Zen, como descrito em vários livros; eles todos exibem um caráter que não poderia ser descrito como "exotérico", mas sem que isto implique um rito de acesso do tipo que seria considerado indispensável em outro lugar – a menos que se esteja a considerar a aceitação por parte do mestre e sua transmissão ao discípulo de seu primeiro *koan* como equivalente a "iniciação" tal como a conhecemos; esta, contudo, não foi a opinião de meu informante. Antes, parece que todo o processo está a ser descrito como "iniciático", sem qualquer incidente particular no curso de ele ser escolhido como sendo mais essencial do que outros. Em certo sentido, essa ausência de uma iniciação específica acompanha a atitude de extremismo *jiriki* ("poder próprio") aparente no Zen. [40]

Apesar de o mestre espiritual e o método que ele transmite constituírem, de fato, tudo, a ênfase teórica permanece sempre no esforço pessoal do aluno, daí os equívocos abismais aos quais o Zen tão prontamente se presta nas mentes de ocidentais, com seu viés habitualmente individualista. Privilegiados são aqueles poucos que encontraram o caminho de se tornarem "naturalizados" na sabedoria japonesa ao ponto de superar a sua auto-obsessão congênita, bem como o hábito raciocinativo que o Zen, em particular, se propõe a erradicar. Não estamos entre aqueles que acreditam que o "Zen para o Ocidente" corresponde a uma possibilidade generalizada. As tentativas de divulgar métodos zen, por parte de japoneses ocidentalizados, só têm resultado, na maioria dos casos, em um aumento da desordem intelectual existente no Ocidente; enquanto um número de almas sinceras, atraídas para a busca de um ideal para eles irrealizável, têm sido assim dissuadidas de procurar outras vias, no Budismo ou em tradições mais familiares, mais adequadas para as sua próprias necessidades de temperamento.

Devemos agora considerar o caso de outra seita japonesa, que tem ainda mais a nos dizer do que o Zen em relação ao tema deste artigo. Estamos nos referindo à Jodo (Terra Pura) e suas seitas associadas, em que a Invocação do Buda da Luz, *Amitabha* (*Amida* em japonês) é o principal, e, de fato, o único suporte espiritual essencial utilizado. Aqui, novamente, não há iniciação formal, embora houvesse a expectativa de que a atribuição da fórmula a ser invocada, conhecida como *Nembutsu* e contendo o Nome de Amida, seria justamente a ocasião para tal rito iniciático. Na realidade, contudo, qualquer pessoa pode invocar esta fórmula à vontade, quer seja recorrendo a um guru para instrução ou não. No lado doutrinal, vale dizer que a *Jodo*, estabelecida por Hônen, e sua escola irmã, a *Jodo Shinshu* ("verdadeira terra pura"), da qual Shinran foi o patriarca, têm sido frequentemente comparadas ao Cristianismo em razão de seu caráter devocional e do papel de salvador atribuído a Amida, graças a cuja "promessa", ou voto, e por cuja graça apenas o discípulo tem a esperança de entrar na Terra Pura depois que sua vida terrena tenha passado. Rolos pintados que mostram o Buda Amida e seus auxiliares celestes descendo para dar as boas-vindas no Paraíso a seu devoto estão entre os exemplos mais tocantes da arte japonesa.

A despeito do fato de as escolas da Terra Pura exibirem este caráter fortemente devocional, seria um erro rotulá-las sem mais preocupações de vias *bhákticas* (para usar um conhecido termo hindu), e isto não apenas porque todos os ramos do Budismo, seja qual for sua forma exterior, seguem em princípio sendo vias de conhecimento, como estabelecido no princípio, mas também porque os ensinamentos da Terra Pura, se os estudamos de perto, representam uma síntese de elementos devocionais e sapienciais que satisfazem plenamente as necessidades de uma espiritualidade que tem uma meta intelectual em vista.[41]

A própria Terra Pura, simbolizando a meta, admite interpretação em dois planos: em um senso mais exterior, é o Paraíso Ocidental de *Amitabha*, no qual a estadia é bem-aventurada e não implica mais errância pela Roda da Existência, *Samsara*; o que ele considera é uma "libertação diferida", ou adiada, comparável ao *krama-mukti* do Hinduísmo. Mas, o próprio nome Terra Pura e o fato de que ele foi substituído pelo termo mais usual de "Paraíso Ocidental", mostram que há algo mais além desta primeira interpretação, pois onde a pureza total é encontrável, lá está a *ipseidade* (o Si mesmo)—as duas coisas são de fato idênticas. É a mistura com suas resultantes tensões internas que necessitam de existência samsárica. Nesta demonstração, Terra Pura só pode significar Nirvana - qualquer coisa a menos está excluída pela própria forma do termo.[42] Em outras palavras, pode-se dizer que o "Paraíso Ocidental" representa uma pureza relativa, que, do ponto de vista da impureza do mundo, aparece como quase-absoluta, enquanto a Terra Pura em si é pura num sentido irrestrito.

Esta interpretação dual implícita no nome Terra Pura inevitavelmente evoca uma possibilidade similar de transposição com relação ao termo cristão "salvação", dado que este também é habitualmente descrito como uma passagem para o Paraíso; este estado além de todo sofrimento e na "proximidade" do Divino corresponde muito proximamente ao "Paraíso Ocidental" dos budistas. Não obstante, no caso cristão, como no outro e com lógica igual, a "salvação" que é oferecida admite duas interpretações, uma indicando um estado que é mais ou menos condicionado (dependendo do paraíso que a alma que foi "salva" é chamada a ocupar) e a outra interpretação referindo-se a uma realização espiritual inteiramente incondicional, na qual não é mais possível pensar em um ser individual, mas apenas em ipseidade no sentido transcendente; isto já foi apontado anteriormente por outros autores. Reconhecidamente, a palavra "salvação" implica um sentido mais ou menos restrito *de fato* para praticamente todo mundo hoje em dia, e provavelmente para a maioria mesmo em épocas antigas, mas isto não autoriza a concluirmos que a coisa seja *de princípio* também. Deve-se lembrar que "salvação" é o termo que os cristãos sempre usaram; sua autoridade remonta à Escrituras e ao Cristo mesmo. Seria realmente surpreendente se ele implicasse qualquer restrição de finalidade em um senso absoluto. Na verdade não há nada que possa nos surpreender no uso equívoco que foi dado à ideia de "salvação", dado que isto concorda com a bivalência da linguagem espiritual cristã sob todas as suas formas em consequência do rasgamento do véu do templo.

Falamos de épocas antigas, mas mesmo em tempos mais tardios poder-se-ia imaginar alguém como Mestre Eckhart usando o termo "salvação" num sentido que não seja o transcendente? Para alguém como ele, um paraíso seria como que a "prisão do sábio", como alguns sufis dizem. Aqueles que chegaram tão longe como Eckhart podem ser comparativamente poucos, mas sua mera existência é suficiente para provar o caso. Tudo o que é preciso dizer a este respeito é que para aqueles que tem o véu como realmente partido "de alto a baixo", a salvação terá o significado de libertação total, enquanto para aqueles (muitos) cujas mentes mais ou menos obscurecidas ainda os levam a imaginar um véu aonde não existe nenhum, a mesma palavra "salvação" evidentemente terá a conotação limitada que nós nos acostumamos a tomar por assente como a única possível – abusivamente, contudo, porque isto restringe o uso escritural e tradicional, e também porque fomos levados a sistematizar o que por direito deveria permanecer indefinido, ao invés de permitir que o contexto nos diga qual é o sentido almejado. Espiritualmente, esta oportunidade para discernimento é benéfica em razão da maior plena atenção" que ela desenvolve (para usar um termo favorito do Budismo) em comparação com uma solução mais convencional.

Com o Hesicasmo nós nos encontramos, enfim, no limiar da iniciação cristã – com isto queremos dizer, não que esta forma esgote as possibilidades implicadas no nome, na medida em que fornece um único tipo ao qual tudo o mais pode ser referido, mas que esta corrente espiritual da Igreja Oriental representa uma "especificação" perfeitamente normal de atividade iniciática segundo o idioma cristão, a qual não deriva nem da absorção de elementos de origem estrangeira, como é o caso do Hermetismo, por exemplo, nem está confinada a alguma organização excepcionalmente fechada, como a *Fede Sancta* e algumas outras iniciações medievais, nem é o apanágio de uma instituição vocacional, como as corporações de construtores de catedrais ou as ordens cavalheirescas. Todas estas coisas existiram no mundo cristão, mas nenhuma se conforma a condições, em termos de finalidade, doutrina e método, que permitiria que as identificássemos sem qualificações suplementares com a "iniciação cristã" num sentido totalmente inclusivo. Constatando que o Hesicasmo é o único exemplo vigente de algo que satisfaz as condições requeridas em um grau suficiente para responder nosso propósito atual, não nos resta alternativa senão tomá-lo como nosso ponto de partida, e depois prosseguir a partir dele.

Os principais pontos sobre o Hesicasmo são os seguintes: 1. Seu fundamento nas Escrituras e nos Padres da Igreja; 2. Sua fórmula invocatória; 3. A posição do "*geront*" (ou *staretz,* em eslavônico); 4. Sua meta declarada; 5. A ausência de qualquer rito especificamente iniciático.[43]

Consideremos estes pontos em ordem e ampliemos onde necessário em diversos aspectos de detalhe técnico.

1. Autoridade escritural e patrística: isto sempre foi estritamente sustentado, fornecendo assim tudo que era necessário em termos de fundamentos teóricos para as práticas do Hesicasmo desde os primeiros tempos de sua existência sob este nome até os dias de hoje. No século 18, uma antologia de extratos dos Padres Gregos foi compilada, conhecida como Filocalia, e se considera que ela contenha todo o material doutrinal essencial requerido para um adepto desta via. Esta coletânea existe tanto em grego como em russo.[44]

2. A breve sentença conhecida como Prece de Jesus fornece a fórmula a ser invocada, a despeito de haver ainda muito a dizer sobre a maneira de usá-la. A sentença é a seguinte: "*Senhor Jesus Cristo, Filho de Deus, tem piedade de mim*". Ficará imediatamente aparente que tais palavras, em seu entendimento racional pelo menos, são propriedade comum de todos os cristãos sem distinção; nenhuma autorização ritual é exigida, e seria de fato surpreendente se este fosse o caso. Um caso comparável com precisão é o *Nembutsu* no Budismo da Terra Pura, que tampouco se tornou objeto de comunicação ritual para o discípulo.

Quando se trata do uso da Prece de Jesus como *mantram,* em virtude da presença nela do Nome Santo, sua conotação racional, ainda que evidente, assume lugar secundário. No Hesicasmo, como em outras tradições nas quais o poder inerente de um nome se torna o fator operativo de um método, o noviço é avisado desde o começo contra usar a fórmula exceto sob a direção de um mestre qualificado. Encontrar seu mestre espiritual se torna então para ele uma tarefa urgente. Se, contudo, após busca persistente, ele for incapaz de encontrar tal mestre, permite-se que o aspirante a discípulo ponha em prática o método prescrito o melhor que ele puder, com a ajuda de livros, suplicando ao mesmo tempo a misericórdia do Cristo como a fonte infalível de instrução. O método é muito próximo do *japa-yoga* hindu e do *dhikr* sufi; se alguns apologistas ortodoxos, motivados por um desejo desnecessário de salvaguardar uma originalidade cristã que ninguém ameaça, tentaram negar esta analogia, isto apenas serve para mostrar a que posições contraditórias um senso desviado de lealdade pode levar, mesmo pessoas de outro modo bastante inteligentes.

3. Quando encontrado, o "*geront*" (*staretz*) hesicasta irá desempenhar todas as funções normais de um guru segundo a concepção indiana do termo. No Hinduísmo, o próprio mestre espiritual é visto como o representante direto do supremo *Sad-guru*, o Si divino. No Budismo é a mesma coisa. Este autor foi repetidamente informado, no Tibete, que ele deveria encarar seu lama como se fosse "o próprio Buda". O Hesicasmo diz o mesmo: o discípulo deve se portar diante de seu *staretz* como se estivesse na presença do Cristo. Somente uma função o *staretz* não assumirá: a de "iniciador". Segundo a economia espiritual cristã, o Cristo, sintetizando exclusivamente em sua pessoa a função avatárica, é o único iniciador possível [45]– daí os sacramentos que o Cristo instituiu constituírem os únicos apoios concebíveis na via iniciática, bem como também no caminho exotérico, desde seu início até que a meta seja atingida. Um homem pode encarar tais apoios com maior ou menor entendimento –ele pode usar a oportunidade que eles oferecem plenamente, ou apenas em parte –, mas em princípio eles seguem objetivamente suficientes e indivisíveis no plano da forma, e nenhuma qualificação subjetiva ou sua ausência pode modificar o fato. Um guia humano, deste modo, a despeito de representar de certa maneira o Cristo, sempre se apagará em princípio ao enfatizar o caráter indireto da função que ele exerce.

4. Quanto ao propósito último do esforço espiritual, o Hesicasmo faz uso de uma palavra encontrada nos Padres da Igreja, isto é, " *deificatio*". Este termo representa claramente algo que transcende de muito o campo individual e suas possibilidades; estamos sem dúvida em território esotérico aqui. Não se deve supor, contudo, que a deificação se opõe em princípio ao termo mais usual de "salvação", por razões já explicadas; ele deve antes ser tomado como algo que lança luz sobre as possibilidades mais elevadas que a salvação inclui intrinsecamente.

5. Quanto à ausência de qualquer rito iniciático especial no Hesicasmo, e no Cristianismo enquanto tal, já comentamos sobre isto suficientemente. Tudo que podemos acrescentar agora é que aqueles que têm buscado um rito iniciático, que supostamente operaria acima dos sacramentos, perdem

seu tempo. No que diz respeito ao Cristianismo, o momento em que o véu do templo se rompeu representou o fim desta possibilidade para sempre. [46]

Para completar este texto, uma breve discussão sobre a natureza dos sacramentos cristãos será feita do ponto de vista iniciático.

Dois dos sacramentos, Batismo e Confirmação (este último denominado "Crisma" no rito oriental), podem de forma conveniente ser agrupados conjuntamente neste contexto, [47] quanto mais não seja porque ambos são os sacramentos que mais evidentemente exibem o caráter de ritos iniciáticos. No Batismo há dois aspectos a serem notados, o primeiro essencial e o segundo, acessório. O propósito essencial do Batismo é conceder novamente ao homem "decaído" a virtualidade do "homem verdadeiro", ou de Adão quando ainda no Éden. Tal finalidade dificilmente pode ser contada como de interesse puramente exotérico, a despeito de assim tratada na prática, e ainda que admitidamente não aponte para além da plenitude da possibilidade individual representada pelo estado de inocência adâmica, a qual, ademais, corresponde à natureza humana do Cristo, o segundo Adão. O aspecto acessório do Batismo, que também pode ser chamado de aspecto "agregatório", é seu efeito de fazer um homem membro da comunidade cristã, um propósito claramente exotérico quando considerado separadamente da possibilidade mais elevada que o acompanha.

O Crisma, por outro lado, a graça pentecostal, apesar de incluir o propósito geral de confirmar um ser humano em todas as funções pertencentes à vida cristã (questões de vocação especial à parte), é mais predominantemente voltado na direção de intuitos supra-individuais; o dom do Espírito Santo não poderia em princípio considerar apenas uma realização individual, mesmo se ele é tratado superficialmente na maioria dos casos, como um meio de intensificar a piedade e nada mais. Se se pode dizer que a Confirmação "amplia" a graça já recebida no Batismo, seria ainda mais verdadeiro dizer que ela transpõe esta graça no sentido da "exaltação"; em outras palavras, sua finalidade normal, apesar da miopia exotérica, não pode senão constituir o estado do "homem transcendente" ou da "deificação", para lhe dar seu rótulo cristão. Desta forma, as duas naturezas do Cristo são cobertas, na intenção, pelos dois sacramentos em conjunto; a Eucaristia está aí para tornar operativa esta dupla realização.

Neste ponto é aconselhável responder a uma possível objeção: como o Batismo é há muito tempo administrado a todos sem distinção e mesmo imposto na infância, quer se queira quer não, pode-se questionar se isto não seria contrário ao princípio iniciático, dado que este normalmente implica uma "qualificação" naquele que o recebe, portanto também um caráter seletivo ao conferente; a mesma objeção aplicar-se-ia ao Crisma.

Pensamos que o bastante já foi dito para mostrar a razão pela qual esta objeção não se aplica no caso presente, por causa do caráter bivalente que, por definição, se liga a todos os elementos essenciais na tradição cristã desde seus primórdios. Uma pessoa batizada pode seguir inconsciente do fato de que o rito pelo qual ela passou tem um sentido mais do que meramente agregatório; o ensinamento que ele recebe sobre o poder do Batismo de neutralizar o pecado original pode significar para ele pouco mais que um benefício quase moral, em cujo caso – é o que sucede com a maioria – sua participação nos frutos do Batismo seguirá sendo necessariamente exotérica e largamente passiva. Se, contudo, uma conscientização de possibilidades mais elevadas também incluídas no sacramento que ele recebeu frutificarem em sua mente, esta mesma pessoa será capaz de conceber retrospectivamente seu Batismo e sua Confirmação como tendo aberto a porta para uma realização que em muito supera o campo exotérico. Ninguém será obrigado a fazê-lo, nem há qualquer presunção de quantas outras pessoas irão ou não seguir seu exemplo, de modo que distinções de qualificação, como mencionado acima, não terão sido desconsideradas de qualquer forma essencial, nem será a condição de aptidão intelectual para tal caminho descartada igualmente. A posição teórica deve ser clara o suficiente; quanto a uma efetiva realização de tudo o que o Batismo e o Crisma oferecem, esta é outra questão, e isso é o que constitui a vida iniciática no sentido cristão.

Três dos sacramentos restantes, Matrimônio, Ordenação sacerdotal e Unção não precisam nos deter demasiado; na verdade, o único destes três que pode nos dizer respeito aqui é a Unção, ao qual a Igreja latina acrescenta o epíteto "Extrema", desde que os outros dois se explicam suficientemente por sua forma. A natureza da Unção, por outro lado, parece bastante difícil de definir a partir de nosso atual ponto de vista. Na medida em que ela é concebida como um instrumento de cura divina, pode ser colocada em uma classe própria. No Cristianismo oriental, não só os doentes, mas todos os fiéis, estão gabaritados(mas não obrigados) a receber tal sacramento. Isto acontece uma vez por ano, na Quarta-Feira de Cinzas da Semana Santa, quando todos os que assim o desejarem podem receber este medicamento para suas almas.

Isto nos conduz aos dois sacramentos restantes, Penitência (ou Confissão) e Eucaristia. Como o Batismo e o Crisma, eles pertencem um ao outro, uma sendo preparação para a outra. A única descrição que parece se encaixar no sacramento da Penitência é chamando-a um rito de purificação psíquica, no sentido mais elevado da palavra, e este é, sem dúvida, como um hindu, por exemplo, o classificaria. A Eucaristia, por outro lado, iria representar para este hindu como que um rito sacrificial (*yajña*), o qual é de fato em primeira instância, mas é também muitas outras coisas — todos os aspectos da espiritualidade cristã encontram seu foco aqui, de modo que a Eucaristia pode ser justamente considerada "o mistério axial ", o mistério que sintetizas tudo o que os outros mistérios tem a oferecer. Este não é "um rito exotérico" (por mais que a ignorância humana possa tratá-lo como tal de vez em quando), isto é certamente óbvio — algo poderia ser mais "interior" do que o Corpo e o Sangue do *Avatara*? Participação na Eucaristia é, para um cristão, o que os tibetanos descrevem como *Lamai nendjor* = união (yoga) com o "guru", um sentido que a palavra "comunhão" também tem a intenção de transmitir.

Os dois elementos, pão e vinho, que figuram no rito, correspondem às duas grandes "dimensões" da vida espiritual, o "exterior" e o "interior" ; [48] correspondem também, portanto, às duas naturezas do Cristo, a humana e a divina, cuja realização a Eucaristia visa acima de tudo engendrar. Quando o pão é partido, o sacrifício é realizado. Quando os elementos são mesclados no cálice, exterior e interior se fundem em um único transbordamento de compaixão divina – fundidos, mas não confundidos, para citar a palavra inventiva de Mestre Eckhart. A mensagem simbólica é exatamente a mesma daquela do véu do templo e sua separação, algo que a mistura dos elementos consagrados reproduz aqui. É por isso que a Eucaristia é alimento e bebida para a salvação, tomando esta palavra não apenas em seu habitual sentido restrito, mas também naquele sentido irrestrito que todas as autênticas tradições dão a toda palavra que usam para indicar o objetivo final da jornada espiritual do homem.[49]

Isto completa nossa recapitulação da evidência relacionada à "iniciação cristã" dentro da estrutura "eso-exotérica" que a forma cristã da tradição exibe de forma característica. As ambiguidades que se revelaram no curso da história cristã são em larga medida capazes de serem rastreadas de volta a esta ambivalência de estrutura; este fato não deve, contudo, ser tomado como mera censura, uma vez que também traduz um valor positivo, na medida em que significou o "rompimento de todos os limites" pelos mistérios, algo que o descenso de Cristo ao mundo marcou desde o início. Os seus efeitos negativos são também aparentes o bastante, na extrema exteriorização que teve lugar mais tarde; pois se o Santo dos Santos, com o rompimento da cortina, transbordou para a porção externa do templo, o inverso também foi verdadeiro. É um preço que tinha de ser pago na prática, mas que ainda pode ser neutralizado pela realização espiritual, e por ela apenas.

Uma mensagem final deve ser dirigida ao aspirante cristão que, mesmo fortalecido com a garantia de que sua tradição conservou a virtualidade de sua vida interior (a despeito da obtusidade humana), não terá seu problema espiritual resolvido da noite para o dia — longe disso! A via cristã, nas condições de hoje, é repleta de dificuldades para aqueles que não se contentam em aceitar qualquer participação exotérica que lhes é oferecida; dessas dificuldades, a não menos importante é uma ausência aparentemente total de instrução espiritual qualificada - capaz de explorar quaisquer recursos fornecidos pela tradição a serviço de um método iniciático. Num retrato monotonamente geral de indigência espiritual, o Hesicasmo constitui notável exceção, mas esta fonte de orientação também poderia um dia secar (que Deus não permita isso), como resultado da crescente alienação do ideal contemplativo que sucedeu à propagação do moderno secularismo nos países ortodoxos, especialmente entre os jovens. [50]

No Ocidente católico, apesar da relativa popularidade de instituições monásticas, a situação é ainda mais difícil, já que o que hoje passa por"vida contemplativa "dificilmente ganharia tal epíteto da boca de, digamos, um *lama* tibetano ou um *sannyasin h*indu. Dizemos isto, não para desencorajar o devoto dedicado a obter sua virtualidade cristã transformada em uma realidade *de facto* - na verdade, o oposto é o nosso propósito —, mas porque, quando o homem está comprometido em sua intenção com a "guerra invisível ", sob qualquer forma que seja, subestimar a extensão das forças de oposição significa para ele um perigo. Há que se classificar uma situação desafiadora com precisão, mas sem desânimo. Esta é uma condição prévia para qualquer vitória espiritual.

Sem nos aventurar a sugerir qualquer solução escorregadia para esta questão controversa de método espiritual e sua comunicação adequada no bojo do mundo cristão, pode-se ao menos dizer uma coisa (sem aqui levar em conta oHesicasmo, nem tampouco qualquer possibilidade ainda não verificada na própria tradição ocidental), ou seja, que um aspirante cristão goza de vantagem particular na medida em que ele é capaz de se beneficiar de qualquer oportunidade inesperada de orientação espiritual, sem a necessidade de receber, mesmo ao adentrar na busca mais interior, qualquer "apoio" espiritual além daqueles que ele já possui por direito. Está-se a pensar aqui no Cristianismo em sua forma ainda tradicional, e não nos vários resíduos de sua fragmentação, onde os indispensáveis meios de graça estão claramente em falta. Se, por um lado, o cristão tem um número de dificuldades especiais com as quais lidar — e nenhuma forma religiosa está totalmente isenta dessas dificuldades —, por outro lado, ele pode reivindicar com confiança para si mesmo este fruto inesperado amadurecido desde a separação inicial do véu do templo, um estranho paradoxo, mas então a vida espiritual é repleta de acontecimentos paradoxais. Não há realmente nada com o que se surpreender aqui.

MÍSTICA

William Stoddart

Com exceção daqueles que a rejeitam ou a ignoram totalmente, as pessoas em geral dão como certo que a mística reivindica referir-se à "Realidade Suprema". A relação em questão é na maior parte considerada como sendo do tipo "experiencial", e é usada com frequência a frase "experiência mística" — assumindo-se que o objeto de tal experiência é, precisamente, a "Realidade Suprema", a qual é declarada transcendente e oculta em relação à nossa percepção comum. Essa experiência mística é tida como "incomunicável" e é frequentemente dita puramente "subjetiva", no sentido pejorativo, particularmente quando se lança alguma dúvida sobre o alegado objeto da experiência.

Entretanto, admitir-se-á em geral que, assim como há uma "experiência mística", há também uma "doutrina mística". Consequentemente, há ao menos algo a ser comunicado (pois este é o significado de doutrina), e ao mesmo tempo algo que é "objetivo", dado que tudo o que pode ser transmitido precisa ser objetivo, mesmo que o objetivo venha a se mostrar ilusório. O subjetivo em si não pode ser transmitido[51], mas seu objeto pode — ao menos em termos conceituais. Dizer: "Passei por uma experiência indescritível" já é uma descrição e uma comunicação. Enquanto tal, ela pode ser considerada objetivamente por terceiros e, dependendo de sua adequação, da sensibilidade do ouvinte e da realidade do objeto, ela pode mesmo fazer vibrar nele uma corda respondente. Isto significa que, em circunstâncias favoráveis, ela pode em maior ou menor grau estimular no ouvinte uma intuição ou "experiência" similar.

O alegado objeto tanto da "experiência mística" quanto da "doutrina mística" é a Realidade Suprema. A doutrina mística pode chamá-la de Um, Si, Puro Ser, ou outro nome, e a experiência mística é considerada como sendo a união com ela, em qualquer grau e de qualquer modo que seja. Com este fim, fala-se também de "via mística" ou "caminho místico". Este é o processo de "unificação" com o Um, o Si, o Puro Ser — todos esses sendo nomes para a Realidade Suprema.

De tudo isso resulta claramente que a mística ou a experiência mística tem dois polos, a saber a doutrina mística e a via ou caminho místico. Portanto, na mística, assim como em outras esferas, é uma questão de doutrina e método, ou teoria e prática. Estes elementos gêmeos do misticismo serão examinados em detalhe neste ensaio. A validade e justificabilidade da mística, seja dito de imediato, depende da validade e justificabilidade de seu objeto. Se este for uma realidade, a experiência é válida e, da maneira descrita, capaz de ser comunicada a terceiros e neles evocada.Como em geral ocorre, falei da mística de uma forma que poderia dar a impressão de ela ser uma entidade independente capaz de existir em um vácuo. No entanto, esta impressão seria inteiramente falsa, visto que, na prática, o misticismo só surge dentro do arcabouço de uma das religiões reveladas. De fato, seria justo dizer que a mística constitui a dimensão interior ou espiritual de toda religião. Misticismo é esoterismo, enquanto o arcabouço religioso exterior é o respectivo exoterismo. O exoterismo é para todos, ao passo que o correspondente esoterismo é somente para aqueles que a ele se sentem chamados. O esoterismo, diferentemente do exoterismo, não pode ser imposto. Ele é estritamente uma questão de vocação.

Já se disse que "todos os caminhos levam ao mesmo topo". Neste símbolo, a variedade das religiões é representada pela multiplicidade dos pontos de partida ao longo da base circunferencial da montanha. Os caminhos radiais ascendentes são os caminhos místicos. A unicidade do misticismo é uma realidade somente no topo único. Os caminhos são muitos, mas seu destino é um. À medida em que se aproximam deste destino, os vários caminhos cada vez mais se assemelham, mas somente no topo é que eles realmente coincidem. Até lá, apesar de semelhanças e analogias, eles permanecem separados, e de fato cada caminho é imbuído de um perfume ou uma cor bem definidos — o misticismo islâmico é claramente diferente do misticismo cristão — mas no topo estas várias cores são (ainda falando simbolicamente) reintegradas na Luz incolor. Os misticismos islâmico e cristão são um somente em Deus.É este ponto de "Luz incolor", onde as diferentes religiões se encontram, que torna possível a *philosophia perennis* ou *religio perennis*. Esta é a verdade divina, supra-formal, que é a fonte de cada religião, e que cada religião incorpora. O coração de cada exoterismo é seu esoterismo correspondente, e o coração de cada esoterismo (ou o esoterismo em estado puro) é a *religio perennis*.Em todas as religiões, a meta do misticismo é Deus, que pode também receber atributos como o Um, o Absoluto, o Infinito, o Si, o Puro Ser[52]. Em muitas variedades de misticismo diz-se que a meta é a Verdade, concebida como uma Realidade viva capaz de ser vivenciada. O misticismo tem, portanto, três elementos: a doutrina referente a Deus e à Realidade Suprema (doutrina mística), a unidade com Deus ou Realidade Última (experiência mística), e o movimento que leva da primeira à segunda (caminho místico). Em outras palavras: a doutrina da Unidade, a experiência da União, e o caminho de Unificação.A doutrina mística e a metafísica ou teologia mística são uma única e mesma coisa. A experiência mística, quando num grau total ou ao menos suficiente, é a salvação ou liberação. E o propósito do caminho místico é a "realização espiritual", isto é, a progressão do exterior ao interior, da crença à visão, ou, em termos escolásticos, da Potência ao Ato.

*

Muitas pessoas estão familiarizadas com as três modalidades fundamentais da realização espiritual proclamadas pelo Hinduísmo: *karma-mârga* (a "Via da Ação"), *bhakti-mârga* (a "Via do Amor") e *jñâna-mârga* (a "Via do Conhecimento"). Estas correspondem aos três graus ou dimensões do Sufismo: *makhâfah* ("Temor"), *mahâbha* ("Amor") e *marifa* ("Conhecimento" ou "Gnose" [53]).Estritamente falando, somente *bhakti* e *jñâna* (isto é, *mahâbha* e *ma'rifa*) constituem o misticismo: o misticismo é uma via de Amor, uma via de conhecimento, ou uma combinação de ambas. Que se recorde aqui a ocasião na vida de Cristo quando ele foi recebido na casa das irmãs Marta e Maria. O que ficou conhecido no Cristianismo como a "Via de Marta" equivale ao *karma-mârga* do Hinduísmo, a via da observância religiosa e das boas obras. A via contemplativa ou mística, por outro lado, é a "Via de Maria", que compreende duas modalidades, a saber *bhakti-mârga* (a "Via do Amor") e *jñâna-mârga* (a "Via do Conhecimento"). *Karma* enquanto tal é puramente exotérico, mas é importante enfatizar que há sempre um elemento kármico tanto em *bhakti* quanto em *jñâna*. Tanto a Via do Amor quanto a Via do Conhecimento contêm necessariamente um elemento de Temor ou conformidade. Do mesmo modo, a Via do Conhecimento contém invariavelmente a realidade do Amor. Quanto à Via do Amor, que é composta de fé e devoção, ela contém um elemento indireto de *jñâna* na forma da teologia dogmática e especulativa. Este elemento está na especulação intelectual em si, não em seu objeto, o qual é limitado por definição, caso contrário não se trataria de *bhakti*. A despeito da presença em cada uma das Vias de elementos das duas outras, as três Vias *karma*, *bhakti* e *jñâna* (ou *makhâfah*, *mahâbha* e *ma'rifa*) representam três modos de aspiração religiosa específicos e facilmente distinguíveis. Quanto à questão de a qual destes caminhos um determinado devoto se liga, trata-se de uma questão de temperamento e vocação. É um caso em que a Via escolhe o indivíduo, não o indivíduo a Via. Historicamente falando, o misticismo cristão caracteriza-se principalmente pela Via do Amor, ao passo que os misticismos hindu e islâmico comportam tanto a Via do Amor quanto a Via do Conhecimento. A linguagem da Via do Amor tem ressonâncias notavelmente semelhantes em qualquer misticismo em que aflore, mas as formulações jñânicas do hinduísmo ou gnósticas do Sufismo tendem a soar estranho aos ouvidos dos que estão familiarizados apenas com a forma cristã, ou em todo caso bháktica, de espiritualidade.[54]

*

A meta da religião, em toda sua diversidade, é a salvação. Qual é então a diferença entre exoterismo e esoterismo? O exoterismo é formalista, mas a fé e a devoção podem dar-lhe profundidade. O esoterismo é profundo — supra-formal — por definição, e é o apanágio somente daqueles que possuem vocação. Neste caso as formas são transcendidas no sentido de que são vistas como expressões simbólicas da essência. Também no esoterismo a fé é essencial, mas ela significa sinceridade e compromisso total—um esforço em direção à realização. Metafisicamente, a diferença entre exoterismo e esoterismo (entre formalismo e misticismo sapiencial) reside na maneira como se encara a Meta final: no exoterismo, Deus é encarado no nível do "Ser" (o Criador e Juiz): não importa quão profundo ou sublime o fervor do exoterista, o Senhor e o fiel permanecem sempre distintos. No esoterismo, por outro lado, Deus é encarado no nível do "Supra-Ser" (a Essência Divina). Neste nível percebe-se que Senhor e fiel (este criado à imagem daquele) compartilham uma essência comum, e isto revela a possibilidade da União Divina suprema.

*

Fez-se referência acima aos termos "subjetivo" e "objetivo", e alguns podem ter dificuldade para conceber a definição exata destes dois conceitos. A melhor chave para esta questão é a fornecida pelo epíteto hindu para a Divindade, *Sat-Chit-Ânanda*. Os três elementos constitutivos desta designação Divina são geralmente traduzidos por Ser (infinito), Consciência (infinita) e Beatitude (infinita). Esta tradução é precisa e permite ver que o Ser é o Objeto Divino e a Consciência é o Sujeito Divino, enquanto a Beatitude — a fusão harmônica dos dois — é a União Divina. A tradução mais "essencial" de *Sat-Chit-Ânanda* é, portanto, "Objeto-Sujeito-União". Este é o modelo ou origem de todos os objetos e sujeitos possíveis, e do anseio destes por aqueles.[55]Este aspecto "trinitário" da Divindade é universal, e é encontrado em todas as religiões. No Cristianismo ele é o dogma central: Deus Pai, Deus Filho e Deus Espírito Santo. A analogia entre a Trindade cristã e "Ser-Consciência-Beatitude" pode ser vista a partir das exposições doutrinais da patrística grega e também na designação da Trindade cristã por Santo Agostinho como "Ser-Sabedoria-Vida". No Islã, apesar de ele ser sobre tudo a religião do monoteísmo estrito, algumas formulações sufis evocam exatamente o mesmo aspecto trinitário da Divindade. Mais tarde falar-se-á sobre "realização espiritual", mas no sufismo esta é essencialmente a invocação (*dhikr*) do Nome de Deus. Neste sentido, diz-se que Deus é não somente Aquilo que é invocado (*Madhkûr*), mas também, em última análise, Aquilo dentro de nós que invoca (*Dhâkir*) e, mais ainda, que o próprio *Dhikr*, enquanto Atividade interna de Deus[56], é também Divino. Temos portanto o ternário *Madhkûr-Dhâkir-Dhikr*, "Invocado-Invocador-Invocação", a relação entre estes três elementos sendo precisamente a de "Objeto-Sujeito-União". Esta é a essência mesma da teoria e da prática do misticismo, pois esta "União" *in divinis* é a prefiguração e o modelo da união do homem com Deus. As doutrinas hindu, cristã e sufi coincidem na elucidação de por que isso é assim.

*

Uma das características mais importantes da doutrina mística que deriva de várias das grandes religiões — explícita, por exemplo, nos tratados de grandes místicos jñânicos ou gnósticos como Shankara, Eckhart e Ibn 'Arabî— é a distinção feita, em Deus mesmo, entre Deus e Divindade, ou entre "Ser" e "Essência" [57]. Na doutrina religiosa comum, a distinção fundamental é entre Deus e o homem, ou entre o Incriado e o criado. A doutrina mística ou esotérica, por outro lado, faz uma distinção em cada uma dessas categorias. Assim, no Incriado há uma prefiguração da criação, que é Deus enquanto Ser — em contraposição à essência Divina ou Divindade, que é "Supra-Ser". Deus enquanto "Ser" é o criador imediato do mundo. Com relação à criação — em si relativa —, há nela um reflexo do Incriado (o Absoluto) na forma de Verdade e Virtude, Símbolo e Sacramento. Mais uma vez a doutrina mística torna explícita a realidade da união mística, pois é unindo-se com o Sacramento criado (por exemplo, na Eucaristia ou na Invocação de um Nome Divino) que o místico realiza a sua união com, ou reintegração na, Divindade incriada. Esta exposição é tirada dos escritos de Frithjof Schuon[58], que explicou como o Ser (a prefiguração do relativo no Absoluto) é o Logos incriado, ao passo que a reflexão do Absoluto no relativo (o Profeta, o Redentor, o *Tathâgata*, o *Avatâra*) é o logos criado. Sem esta ponte (o Logos com seus aspectos criado e incriado), nenhum contato entre o criado e o Incriado, entre o homem e Deus, seria possível. O abismo entre os dois seria intransponível. Isto seria "dualismo", não Não-Dualidade (ou *Advaita*, usando o termo da metafísica de Shankara), e inteiramente oposto ao misticismo. Em cada religião, o Fundador é a personificação do Logos, e seu papel enquanto tal é sempre explicitado. Cristo disse: "Aquele que me viu, viu a Deus". E nas palavras do Buda: "Aquele que vê o *Dharma* me vê; aquele que me vê, vê o *Dharma*".[59] A união mística é realizada apenas por intermédio do Logos.

*

Como vimos, o misticismo inclui tanto a doutrina mística quanto a experiência mística. A experiência mística é a "realização" interior e unitiva da doutrina. Este campo é o do método espiritual. No hinduísmo, o método espiritual é representado pelo *Yoga* — não os exercícios físicos derivados do *hatha-yoga* hoje amplamente praticados no Ocidente, mas *raja-yoga*, a arte "régia" de união. Se no hinduísmo o *veda* (conhecimento) é a *scientia sacra*, então o *yoga* (união) é a *ars sacra* ou *operatio sacra* correspondente. Neste sentido foi dito na idade média: *ars sine scientia nihil*: não se pode praticar racionalmente um método espiritual a não ser com base numa doutrina espiritual previamente compreendida que é tanto a motivação quanto o paradigma do trabalho espiritual a ser empreendido. Se doutrina sem método é esterilidade, método sem doutrina é perdição. Isto deixa claro por que a doutrina precisa ser "ortodoxa" — isto é, em conformidade sutil com a verdade divina. Uma pseudo-doutrina, tendo como origem apenas invenções humanas arbitrárias, é a mais poderosa de todas as causas de perdição.Estes pontos devem ser enfatizados, porque nos dias de hoje muitos daqueles que se sentem atraídos pelo misticismo anseiam por "experiências" a todo custo — sem se preocuparem em se perguntar: experiência de quê, e sem as salvaguardas seja da conformidade à disciplina de uma tradição religiosa, seja da permissão e da direção de uma autoridade espiritual. É precisamente esta separação ilegítima do método da doutrina que pode ser prejudicial. Quanto mais real e eficaz um método espiritual, tanto maior o perigo para quem dele se apropria ilegitimamente. Há muitos registros de casos de danos psicológicos e espirituais resultantes de um uso não-autorizado (ou seja, de uma profanação) de ritos e sacramentos religiosos.

No passado, era a falta inversa que era mais comum: saber a verdade, mas — por fraqueza, paixão ou malícia — deixar de colocá-la em prática; em outras palavras, era uma questão de hipocrisia, não a heresia — a "falsa sinceridade" — característica dos tempos modernos. Quão característico de nossa era o estar de ponta cabeça, neste caso como em outros! A nova falta é infinitamente mais profunda que a anterior. Esquece-se que toda "busca" tem inevitavelmente um objeto e que, quer se queira, quer não, o objeto de um método místico ou espiritual é a Realidade Suprema ou Deus. Não se pode brincar com o objeto impunemente.O *yoga* é união com Deus (ou com o Princípio Divino) por meio da concentração nele, e uma forma particularmente bem conhecida é o *japa-yoga*, que compreende a invocação continuada de um *mantra* (um Nome Divino ou uma fórmula contendo um Nome Divino). *Mutatis mutandis,* este método espiritual desempenha um papel central em todos os misticismos. No Budismo *Mahâyâna*, por exemplo, ele aparece sob a forma do *Mani* tibetano e do *Nembutsu* japonês. No Islã, nada é mais recomendado ao aspirante espiritual do que *dhikr Allâh,* a "recordação de Deus" por meio da invocação de Seu Nome. No hesicasmo (o misticismo do Cristianismo oriental), a invocação do Nome Divino toma a forma da "Prece de Jesus", uma prática vividamente descrita n'*O Peregrino Russo.* O método análogo no cristianismo ocidental é o culto do Santo Nome. Este floresceu na Idade Média, e foi pregado com pungência e determinação no século XV por S. Bernardino de Siena: "Tudo o que Deus criou para a salvação do mundo está oculto no Nome de Jesus". A prática foi revivificada na forma da invocação *Jesu-Maria*, nas revelações feitas na primeira metade deste século a Irmã Consolata, uma freira capuchinha italiana.Este método de concentração em um Nome Divino indica claramente que misticismo é exatamente o oposto do dar liberdade total à subjetividade não-regenerada do homem. De fato, ele é a exposição dessa subjetividade não-regenerada à influência normativa e transformante do Objeto revelado, o Sacramento ou Símbolo da religião em questão. Foi neste sentido que São Paulo pôde dizer: "Não eu, mas o Cristo em mim". Ao mesmo tempo, e mesmo mais esotericamente, o misticismo é a exposição de nosso egoísmo mesquinho, visto por sua vez como um "objeto", à influência aniquiladora e no entanto vivificante do Sujeito divino, do Si imanente[60]. Esta possibilidade é vista no Islã no *hadîth qudsi*: "Eu (Deus) sou a audição pela qual ele (o escravo) ouve" [61]. O veículo de ambos os processos é a invocação de um Nome Divino (que é tanto Sujeito quanto Objeto) num arcabouço estritamente tradicional e ortodoxo, e com a autorização e supervisão de um mestre espiritual autêntico. Nesse campo, não há lugar para curiosidade e experimentos.

*

Nos misticismos de várias religiões, a busca de Deus pela alma é simbolizada em termos do mútuo desejo ardente entre amante e amada. São João da Cruz, por exemplo, usa este simbolismo em sua poesia mística, da qual são tirados os seguintes versos:

¡Oh noche, que guiaste
Oh noche amable mas que el alborada:
Oh noche que juntaste
Amado con amada
Amada en el Amado transformada!

*

Descubre tu presencia,
Y mátame tu vista y hermosura;
Mira que la dolencia
De amor, que no se cura
Sino con la presencia y la figura.

Como homem do século XVI, São João da Cruz buscou transmitir mais suas experiências "subjetivas" que uma doutrina objetiva, como os místicos de alguns séculos antes haviam feito. E, no entanto, ele nunca se afastou do Objeto Divino de todo esforço místico. No nível prático, instruindo aspirantes, ele disse, por exemplo: "Toda qualidade é um empréstimo de Deus". A subjetividade da alma é incerta; somente a realidade objetiva, que origina-se além dela, é absolutamente certa.

O misticismo foi definido acima como a dimensão interior ou espiritual contida em todas as religiões — cada religião sendo entendida como uma Revelação Divina separada e específica. A religião compreende uma "periferia" e um "centro" ; em outras palavras, um exoterismo e um esoterismo. O exoterismo é a expressão ou veículo providencial do esoterismo interno a ele, e o esoterismo é a essência supra-formal do exoterismo correspondente. É por isso que o misticismo ou esoterismo — erroneamente visto por alguns como não-ortodoxo — não pode de forma alguma subverter o formalismo religioso do qual ele é a seiva.Por outro lado, a essência transcende a forma de tal maneira que por vezes inevitavelmente a "quebra". Conflitos ocorreram entre o misticismo mais puro e a respectiva autoridade exotérica; os casos de Mestre Eckhart no Cristianismo medieval e de al-Hallaj no Islã — resultando um em condenação e o outro em martírio — são exemplos notáveis. Contudo, Eckhart enunciou este romper da forma de maneira positiva ao dizer: "Se quiseres chegar ao âmago, deves romper a casca". Não é necessário acrescentar que tal "transcendência" com relação às formas é o antípoda mesmo da heresia intrínsica, que não é nada mais que uma violação grosseira da estrutura formal (revelada) das religiões.As formas podem ser transcendidas somente "a partir do alto" (ou "de dentro"). Negligenciar as formas "desde baixo" (ou "desde fora") é o oposto mesmo de transcendê-las. Exteriormente o homem precisa observar as formas tradicionais tão perfeitamente quanto possível. O homem pode oferecer a Deus — e assim transcender — apenas aquilo em que atingiu a perfeição.O misticismo é a realidade do amor do homem por Deus e da união do homem com Deus. É um hino à Subjetividade, um hino à Objetividade e um hino à Felicidade ou União — estas três Hipóstases Divinas sendo uma.

Foi enfatizado como o misticismo, ao contrário de certas aparências e de opiniões comumente ouvidas, é sempre um florescimento dentro de um arcabouço ortodoxo. Mas como o misticismo transcende as formas "desde cima" (ou "desde dentro"), ele não conhece fronteiras. Sua essência é uma com o Absoluto e o Infinito. Concedamos então a última palavra a Jalal-ad-Din Rumi, um dos maiores místicos do Islã e um dos maiores poetas místicos de todos os tempos:

Não sou nem cristão, nem judeu, nem parse, nem muçulmano. Não sou nem do Oriente, nem do Ocidente, nem da terra nem do mar... Deixei de lado a dualidade e vi que os dois mundos são um. Busco o Um, conheço o Um, vejo o Um, invoco o Um. Ele é o Primeiro, Ele é o Último, Ele é o Exterior, Ele é o Interior.

II - ESPIRITUALIDADE

"Os homens devem sempre rezar e nunca fraquejar. "Lucas 18:01

"Orai sem cessar. "I Tessalonicenses 5:17

"Como é grande o poder da oração ! Ela pode ser comparada a uma rainha, que tem acesso constante ao rei, e que pode obter dele qualquer coisa que ela pedir!" Santa Teresa de Lisieux (1873-1897)

"Bendize, ó minha alma, e tudo o que há em mim bendiga o seu santo Nome. "Salmo 103:1

"Foi ordenado que o homem deve colocar antes de todas as coisas o mandamento universal de lembrar-se de Deus, que diz: 'Deveis lembrar do Senhor teu Deus "(Dt 8:18). Pois nós podemos estar seguros no que é contrário ao que nos destrói. E o que nos destrói é o esquecimento de Deus, que cobre os mandamentos de trevas e nos despoja de todo o bem." São Gregório do Sinai (1265-1346)

"Que ninguém pense, meus irmãos cristãos, que orar sem cessar é dever somente de sacerdotes e monges, e não de leigos. Não, não, é dever de todos nós, cristãos, permanecer sempre em oração. "São Gregório Palamas (1296-1359)

"Pela salvação de vossas almas, não negligenciem a prática da oração incessante. A princípio ela pode parecer difícil, mas pode ter certeza que este mesmo Nome de Nosso Senhor Jesus Cristo, constantemente invocado por vós, ajudar-vos-á a superar todas as dificuldadese, ao longo do tempo, vós vos acostumarei a esta prática e provareis o quão doce é o Nome do Senhor. "São Gregório Palamas (1296-1359)

"Uma mente que não se dispersa entre as coisas exteriores, retorna a si mesmo, e a partir de si mesma ascende a Deus por um caminho infalível." São Basílio Magno (329-379)

"Um homem profundamente ferido em seu coração por provocações e abusos mostra com isso que, no fundo, ele abriga a velha serpente. Se ele suporta os golpes em silêncio ou responde com grande humildade, ele tornará esta serpente débile impotente. Mas, se ele discute com amargura ou fala com arrogância, dará à serpente força extra para instilar veneno em seu coração e devorar suas entranhas sem piedade." São Simeão o Novo Teólogo (949-1022)

"Temos que entender que, apesar de Deus nem sempre nos dar o que queremos, Ele nos dá o que precisamos para a nossa salvação." Santo Agostinho (354-430)

"Eu não posso comungar continuamente, como é minha necessidade, mas entendi que um ato de amor [a invocação] traz Jesus até a alma, ou seja, incrementa a graça e é como uma Comunhão. A vontade de Deus, minha vocação para alcançar a santidade, é um contínua [invocação] 'Jesus-Maria, eu vos amo, salvai almas! ' [Jesu- Maria, vos amo, salvate animas!] Todo esforço, toda força e atividade da alma devem visar o não interrompimento do ato de amor. Nada mais, só isso ! Pois este é o caminho. Espiritualmente, Jesus exigiu de mim um silêncio absoluto de pensamentos e palavras, e, do coração, um incessante 'Jesus-Maria, eu vos amo, salvai almas!'

Quanto mais fiel eu sou a este pequeno caminho de amor, mais a minha alma é inundada de alegria e de uma paz verdadeira que nada é capaz de perturbar, nem mesmo minhas seguidas quedas. Pois, quando eu apresento tais quedas a Jesus, Ele me faz corrigi-las por meio de atos de humildade, e estes por sua vez aumentam a paz e alegria em meu coração.

Quão feliz, ativa e vigilante deve me tornar a certeza de saber que meu ato de amor perdurará por toda a eternidade!

"Oh Jesus, fazei com que eu possa viver inteiramente oculta em Ti, em completa auto-anulação, de modo que possas sempre fazer comigo o que Tu queres. Tu só deve permanecer, e uma incessante invocação 'Jesus-Maria, eu vos amo, salvai almas!'. Concedei-me que, nas 17 horas de meu dia, eu não perca nem uma única invocação!

"O ato incessante de amor [a invocação] mantém a alma sempre em paz. Acredito que ele tenha uma forte ascendência sobre o sofrimento e que nos ajude a sofrer com alegria... O ato de amor é mais forte do que qualquer dor.... Eu sinto que o ato incessante de amor mantém e continuará a manter meu pequeno grito firme em meio a toda confusão, tédio e enfado.

"Diga a todas as almas, Consolata, que eu [Jesus] prefiro um ato de amor e uma comunhão de amor a qualquer outro dom que elas possam me oferecer! Sim, um ato de amor é melhor do que a disciplina, pois tenho sede de amor, pobres almas! Elas crêem que, para chegar a Mim, é preciso viver uma vida austera e penitencial! Veja como me falseiam. Tornam-Me como um ser temido, ao passo que sou a própria bondade! Veja como esquecem o preceito que eu lhes dei, que é a própria essência de toda a Lei: 'Amarás o Senhor teu Deus de todo o teu coração, com toda a tua alma, com toda a tua mente e com toda a tua força.' (Marcos 12:30)" – Irmã Consolata Betrone(1903-1946)

O PODER DO NOME: A ORAÇÃO DE JESUS NA ESPIRITUALIDADE ORTODOXA

BISPO KALLISTOS WARE

Oração e silêncio

"Quando rezares", disse sabiamente um escritor ortodoxo, "tu mesmo deve ser silente... Tu deves ficar em silêncio, e deves deixar a própria oração falar." Alcançar o silêncio: de todas as coisas, esta é a mais difícil e a mais decisiva na arte da oração. O silêncio não é meramente negativo, uma pausa entre as palavras, a cessação temporária da fala, mas, propriamente compreendido, o silêncio é altamente positivo: ele é uma atitude de atenção, de vigilância e, sobretudo, de *escuta*. O hesicasta, o homem que alcançou o estado de *hesychia* (quietude interior ou silêncio), é por excelência aquele que escuta. Ele escuta a voz da oração em seu próprio coração, e ele entende que essa voz não é sua, mas a de Outro que fala dentro dele.

A relação entre rezar e manter o silêncio se tornará mais clara se considerarmos quatro definições curtas. A primeira é a do Dicionário Conciso Oxford, que descreve a oração como "um pedido solene a Deus... uma fórmula utilizada na oração ".A oração é aqui encarada como algo expresso em palavras e, mais especificamente, como um ato de pedir que Deus nos conceda algum benefício. Aqui, estamos ainda no nível exterior, não no da oração interior. Poucos de nós podemos nos satisfazer com tal definição.

Nossa segunda definição, de um *staretz* russo do século passado, é muito menos exterior. Na oração, diz o bispo Teófano, o Recluso, (1815-94) "o principal é colocar-se diante de Deus com a mente no coração, e permanecer diante dele incessantemente, dia e noite, até o fim da vida". Rezar, definido dessa forma, não é mais apenas pedir coisas, e a oração pode realmente existir sem o emprego de qualquer palavra. Não é tanto uma atividade momentânea, mas um estado contínuo. Rezar é colocar-se diante de Deus, para entrar em uma relação imediata e pessoal com Ele; é saber, em todos os níveis de nosso ser, do subconsciente ao supraconsciente, que estamos em Deus e Ele está em nós. Para afirmar e aprofundar nossas relações pessoais com outros seres humanos, não é necessário apresentar continuamente solicitações ou usar palavras; quanto melhor viermos a conhecer e a amar uns aos outros, menor a necessidade de expressar nossa atitude mútua verbalmente. O mesmo se dá com nosso relacionamento pessoal com Deus.

Nestas duas definições iniciais, a ênfase está naquilo que é feito pelo homem, e não por Deus. Mas, na relação pessoal de oração, é o parceiro divino, e não o ser humano, quem toma a iniciativa e cuja ação é fundamental. Este aspecto aparece em nossa terceira definição, extraída de São Gregório do Sinai (+ 1346). Em uma passagem elaborada, na qual ele usa epíteto após epíteto num esforço para descrever a verdadeira realidade da oração interior, ele termina de repente, com inesperada simplicidade: "Por que falar extensamente? A oração é Deus, que opera todas as coisas em todos os homens". *Oração é Deus*, não é algo que eu inicio, mas algo que eu compartilho; não é primariamente algo que eu faço, mas algo que Deus está fazendo em mim: na frase de São Paulo, "Não eu, mas o Cristo em mim" (Gl. 2:20). O caminho da oração interior é indicado com precisão nas palavras de S. João Batista sobre o Messias: "Ele deve aumentar, e eu diminuir" (João 3:30). É neste sentido que orar é ser silencioso.

"Tu mesmo deves ficar em silêncio; deixe a oração falar" — mais precisamente, deixe Deus falar. Oração interior verdadeira é parar de falar e ouvir a voz sem palavras de Deus em nosso coração; isso é deixar de fazer as coisas por nossa conta, e celebrar a ação de Deus. No início da liturgia bizantina, quando os preparativos preliminares são concluídos e está tudo pronto para o início da Eucaristia, o diácono aproxima-se do sacerdote e diz: "É tempo para o Senhor agir." [62] Tal é exatamente a atitude do adorador não só na Liturgia Eucarística, mas em toda a oração, pública ou privada.

Nossa quarta definição de oração, extraída mais uma vez de São Gregório do Sinai, indica definitivamente o caráter dessa ação do Senhor em nós. "A oração", diz ele, "é a manifestação do Batismo". A ação do Senhor não é, naturalmente, limitada exclusivamente ao batizado; Deus está presente e operando dentro de todos os homens, em virtude do fato de que cada um é criado de acordo com a Sua imagem e semelhança divina. Mas, esta imagem tem sido obscurecida e nublada, embora não totalmente obliterada, pela queda do homem no pecado. Esta imagem é restaurada em sua beleza e seu esplendor primitivos pelo sacramento do Batismo, pelo qual o Cristo e o Espírito Santo vêm habitar no que os Padres chamam de "a mais íntima e secreta câmara de nosso coração". Para a grande maioria, no entanto, o batismo é algo recebido na infância, algo de que não têm memória consciente. Apesar de o Cristo batismal e de o Paráclito nunca cessarem por um momento de operar em nós, a maioria de nós permanece virtualmente inconsciente dessa presença e atividade interiores, salvo em raras ocasiões. A verdadeira oração, então, significa a redescoberta e a "manifestação" desta graça batismal. Rezar é passar do estado no qual a graça está presente em nossos corações de forma secreta e inconsciente, ao ponto da percepção interior plena e consciência quando experimentamos e *sentimos* a atividade do Espírito direta e imediatamente.

"Em meu começo está meu fim." O propósito da oração pode ser resumido na frase: "Torne-se o que tu és." Tornar-se, consciente e ativamente, o que você já é potencial e secretamente, em virtude de sua criação segundo a imagem divina e sua re-criação no Batismo. Torne-se o que tu és: mais exatamente, retorne para si mesmo; descubra Aquele que já é seu; ouça Aquele que não cessa de falar dentro de ti; possua Aquele que agora mesmo lhe possui. Esta é a mensagem de Deus para quem deseja rezar: "Tu não Me procuraria se não tivesse já Me encontrado".

Mas, como vamos começar? Como podemos aprender a parar de falar e começar a ouvir? Em vez de simplesmente falar com Deus, como podemos fazer nossa a oração em que Deus nos fala? Como passamos da oração expressa em palavras para a oração do silêncio, da prece "extenuante" para a prece "auto-operante", de "minha" oração para a oração do *Cristo em mim*?

Uma maneira de embarcar nesta viagem para o interior é mediante a Invocação do Nome.

"Senhor Jesus... "

Esta não é, evidentemente, a única maneira. Nenhuma relação autêntica entre pessoas pode existir sem liberdade mútua e espontaneidade, e isso é verdade particularmente no que diz respeito à oração interior. Não há regras fixas e invariáveis, necessariamente impostas a todos os que buscam rezar; e, igualmente, não há uma técnica mecânica, seja física ou mental, que pode obrigar Deus a manifestar Sua presença. Sua graça é conferida sempre como um dom gratuito, e não pode ser adquirida automaticamente por qualquer método ou técnica. O encontro entre Deus e o homem no reino do coração é, portanto, marcado por uma variedade inesgotável de padrões. Há mestres espirituais da Igreja Ortodoxa que dizem pouco ou nada sobre a Oração de Jesus. Mas, mesmo que ela não desfrute de monopólio exclusivo no campo da oração interior, a Oração de Jesus tornou-se para inúmeros cristãos orientais, ao longo dos séculos, o caminho padrão, a estrada real. E não somente para os cristãos orientais: [63] no encontro entre a Ortodoxia e o Ocidente que tem ocorrido nas últimas décadas, provavelmente nenhum elemento da herança ortodoxa tem despertado interesse tão intenso como a Oração de Jesus, e nenhum livro tem exercido apelo mais abrangente do que *O Peregrino Russo*. Este livro enigmático, praticamente desconhecido na Rússia pré-revolucionária, tem tido um êxito surpreendente no mundo não–ortodoxo e, desde a década de 1920, foi lançado em uma grande variedade de idiomas. Os leitores de J. D. Salinger lembrarão do impacto deste "pequeno livro de capa verde" sobre Franny.

Em que precisamente, perguntamos, encontra-se o apelo distintivo e a eficácia da Oração de Jesus? Talvez em quatro coisas acima de tudo: em primeiro lugar, em sua simplicidade e flexibilidade; em segundo lugar, em sua integralidade; em terceiro, no poder do Nome; e em quarto, na disciplina espiritual da repetição persistente. Analisemos esses pontos em ordem.

Simplicidade e Flexibilidade

A invocação do Nome é uma oração de extrema simplicidade, acessível a todos os cristãos, mas ao mesmo tempo conduz aos mais profundos mistérios da contemplação. Quem se propõe a dizer a Oração de Jesus por longos períodos de tempo, diariamente, necessitará sem dúvida de um *staretz*, um guia espiritual experiente. Esses guias são extremamente raros em nossos dias. Mas, aqueles que não têm contato pessoal com um *staretz* ainda assim podem praticar a oração sem receio, desde que o façam apenas por períodos limitados – inicialmente, por não mais do que dez ou quinze minutos por vez – e desde que não façam nenhuma tentativa de interferir com os ritmos naturais do corpo.

Nenhum conhecimento ou treinamento especializado é necessário antes de começar a Oração de Jesus. Para o iniciante, é suficiente dizer: Basta começar. "Para caminhar, é preciso dar o primeiro passo; a fim de nadar, é preciso atirar-se na água. Ocorre o mesmo com a invocação do Nome. Comece a pronunciar o Nome com sentimento de adoração e amor. Apegue-se a Ele. Repita-O. Não pense que está invocando o Nome, pense somente em Jesus. Diga o Nome, lentamente, suavemente e em voz baixa. "[64]

A forma exterior da oração é facilmente aprendida. Basicamente, consiste das palavras "Senhor Jesus Cristo, Filho de Deus, tem misericórdia de mim." Não há, contudo, uma uniformidade rigorosa. A fórmula verbal pode ser encurtada, e desta maneira se pode dizer: "Senhor Jesus Cristo tem piedade de mim", ou ainda "Senhor Jesus", ou mesmo apenas o Nome de Jesus e nada mais. Alternativamente, a fórmula pode ser expandida, adicionando-se um "pecador "ao final da fase, algo que evidencia seu aspecto penitencial. Às vezes, a invocação da Mãe de Deus, ou de santos, é inserida. O único elemento essencial e invariável é a inclusão do Nome Divino "Jesus".

Há uma flexibilidade semelhante no que respeita às circunstâncias exteriores nas quais a oração é recitada. Podemos distinguir duas maneiras de usar a oração, a "livre" e a "formal". Por "livre" entendemos a recitação da Oração enquanto estamos envolvidos em nossas atividades habituais durante todo o dia. Pode-se invocar o Nome ou a fórmula sacra uma vez ou várias vezes, em momentos que de outra forma seriam desperdiçados espiritualmente; quando estamos ocupados com alguma tarefa familiar ou quase automática, como vestir-se, lavar-se, ou cortar a grama no jardim; ao caminhar ou dirigir um automóvel, ao aguardar na fila de ônibus ou num engarrafamento; em um momento de espera antes de algum encontro ou conversa doloroso ou difícil; quando não conseguimos dormir, ou antes de termos ganho plena consciência ao despertar de manhã. Parte do valor distintivo da Oração de Jesus reside precisamente no fato de que, devido à sua simplicidade radical, ela pode ser rezada em condições de distração, quando formas mais complexas de oração são impossíveis. É especialmente útil em momentos de tensão e grave ansiedade.

Este uso "livre" da Oração de Jesus nos permite fazer a ponte entre nossos "momentos de oração "explícitos — seja em cerimônias na igreja, seja em nosso quarto – e as atividades normais da vida diária. "Orai sem cessar", São Paulo insiste (1 Tessalonicenses 5:17): mas, como isso é possível se temos muitas outras coisas para fazer também? O bispo Teófano indica o método verdadeiro em sua máxima: "As mãos no trabalho, a mente e o coração em Deus". [65] A Oração de Jesus, ao se tornar quase habitual e inconsciente pela repetição frequente, ajuda-nos estar na presença de Deus onde quer que estejamos. Assim, tornamo-nos como Irmão Lawrence, que "estava mais unido a Deus em suas atividades comuns do que em exercícios religiosos". "É um grande engano", ele observou, "imaginar que o tempo de oração deve ser diferente de qualquer outro, pois nós estamos igualmente obrigados a estar unidos a Deus no trabalho em tempo de trabalho e na oração em tempo de oração ".[66]

A recitação "livre" da Oração de Jesus é complementada e reforçada pelo uso "formal", quando concentramos toda a nossa atenção nas palavras da Oração, à exclusão de toda atividade externa. Aqui, mais uma vez, não há regras rígidas, mas variedade e flexibilidade. Nenhuma postura determinada é essencial. Na prática ortodoxa, a oração é mais geralmente recitada quando estamos sentados, mas também pode ser feita de pé ou ajoelhado e até mesmo, em casos de fraqueza e exaustão física, deitados. Normalmente, ela é recitada em ambiente de completa escuridão, ou com os olhos fechados, e não com os olhos abertos, diante de um ícone iluminado por velas ou uma lâmpada votiva, por exemplo. Quando o *staretz* Siluan do Monte Athos (1866-1938) dizia a oração, costumava guardar seu relógio em um armário para não escutar seu tic-tac, e depois cobria olhos e ouvidos com seu capuz monástico.

A obscuridade, no entanto, pode ter um efeito sonífero! Se ficarmos com sonolência ao nos sentar ou ajoelhar para recitar a Oração, então devemos ficar de pé por um tempo. Podemos até fazer uma prostração de vez em quando, tocando o chão com a testa. A oração também pode ser recitada de pé. Um rosário ou terço, em geral com uma centena de contas, muitas vezes é usado em conjunto com a oração, não prioritariamente para contar o número de vezes que a oração é dita, e mais como uma ajuda à concentração e para fixação de um ritmo regular. Contar o número de preces feitas não é algo incentivado. É verdade que, na primeira parte de *O Peregrino Russo*, grande ênfase é colocada pelos *staretz* no número preciso de vezes que a oração deve ser dita diariamente. Possivelmente, a questão aqui não é a mera quantidade, mas a atitude interior do Peregrino: o *staretz* quer testar sua obediência e prontidão para cumprir uma regra sem desvios. Mais típico é o conselho do bispo Teófano: "Não se incomode com o número de vezes que diz a Oração. Que sua única preocupação seja que ela brote de seu coração com poder vivificador, como uma fonte de água viva. Afaste inteiramente da mente todo pensamento de quantidade".

A oração por vezes é recitada em grupo, mas, mais comumente, o é de forma solitária; as palavras podem ser expressas em voz alta ou de forma silenciosa. Não deve haver nada forçado ou trabalhoso na recitação. As palavras não devem ser formadas com ênfase excessiva, nem com violência interior, mas deve-se permitir à Oração que ela estabeleça seu próprio ritmo e ênfase, de maneira que, com o tempo, ela passe a "cantar" dentro de nós, em virtude de sua própria melodia intrínseca. O *staretz* Parfeni, de Kiev, comparou o movimento que flui da Oração a um riacho que murmura suavemente.

De tudo isto, pode-se concluir que a invocação do Nome é uma oração para todas as estações do ano. Ela pode ser usada por todos, em todos os lugares e a todo o momento. É apropriada tanto para o "iniciante" como para a pessoa mais experimentada; pode ser oferecida na companhia de outros ou solitariamente; é igualmente apropriada no deserto ou na cidade, num entorno tranquilo ou em meio a ruído e agitação. Ela nunca está fora de lugar.

Plenitude

Teologicamente, como o peregrino russo afirma com razão, a Oração de Jesus "leva em si toda a verdade do Evangelho" ; ela é "um resumo dos Evangelhos". Em uma curta sentença, ela incorpora os dois principais mistérios da fé cristã, a Encarnação e a Trindade. Ela fala, primeiramente, das duas naturezas de Cristo, o homem-Deus (*Theanthropos*): fala de Sua humanidade, pois Ele é invocado pelo nome humano, "Jesus", que Sua Mãe, Maria, deu-lhe após seu nascimento em Belém; e fala de Sua eterna Divindade, pois Ele também é denominado "Senhor" e "Filho de Deus". Em segundo lugar, a oração fala por implicação, ainda que não explicitamente, das três Pessoas da Santíssima Trindade. Embora dirigida a Segunda Pessoa, Jesus, também aponta para o Pai, porque Jesus é chamado "Filho de Deus" ; e o Espírito Santo está igualmente presente, pois "ninguém pode dizer: 'Senhor Jesus' senão pelo Espírito Santo" (1 Coríntios 12:3). Assim, a Oração de Jesus é tanto cristocêntrica como trinitária.

Do ponto de vista devocional, não é menos abrangente. Abarca os dois principais "momentos" da devoção cristã: o "momento" de adoração, de olhar para a glória de Deus e chegar a Ele em amor; e o "momento" da penitência, o senso de indignidade e pecado. Há um movimento circular na Oração, uma sequência de ascensão e retorno. Na primeira metade da oração, elevamo-nos a Deus: "Senhor Jesus Cristo, Filho de Deus... "; e depois, na segunda parte, voltamos a nós mesmos em compunção: "... tem misericórdia de mim, pecador".

Estes dois "momentos" – a visão da glória divina e a consciência do pecado humano –estão unidos e reconciliados em um terceiro "momento", quando pronunciamos a palavra "misericórdia".Misericórdia denota a superação do abismo entre a justiça de Deus e a criação decaída. Aquele que diz a Deus: "Tem misericórdia ", lamenta o seu próprio desamparo, mas lança ao mesmo tempo um grito de esperança. A Prece de Jesus não só contém um chamado ao arrependimento, mas uma convicção de perdão e salvação. O coração da Oração – o nome "Jesus" – carrega precisamente o sentido de salvação: "Seu Nome será Jesus, pois ele salvará o seu povo de seus pecados "(Mt 1: 21).

Estas são algumas das riquezas, tanto teológicas como devocionais, presentes na Oração de Jesus; presentes, ademais, não apenas em abstrato, mas de uma forma dinâmica e vivificante. O valor especial da Oração de

Jesus está no fato de que ela faz essas verdades viverem, de modo que elas são captadas não apenas externa e teoricamente, mas com a plenitude de nosso ser. Para entender por que a Oração de Jesus possui tal eficácia, devemos nos voltar para outros dois aspectos: o poder do Nome e a disciplina da repetição.

O Poder do Nome

"O Nome do Filho de Deus é grande e ilimitado, ele sustenta todo o universo", como se afirma em *O Pastor de Hermas*. Não apreciaremos o papel da Oração de Jesus se não tivermos senso do poder e da virtude intrínsecos do Nome Divino. Se a Oração de Jesus é mais eficaz do que outras invocações, é porque contém o Nome de Deus.

No Antigo Testamento, como em outras culturas antigas, há uma identidade virtual entre a alma de um homem e o seu nome. Toda a sua personalidade, com todas as suas peculiaridades e toda a sua energia, está presente em seu nome. Conhecer o nome de uma pessoa é ganhar uma visão clara acerca de sua natureza e, assim, adquirir um relacionamento com ela – e mesmo, talvez, ter certo controle sobre ela. É por isso que o misterioso mensageiro que luta com Jacó recusa-se a revelar seu nome (Gn 32:29). A mesma atitude se reflete na resposta do anjo a Manoah: "Por que perguntas assim pelo meu nome, visto que é secreto? "(Jz 13:18). Uma mudança de nome indica uma mudança decisiva na vida de um homem, quando Abrão se torna Abraão (Gn 17:5), ou Jacó se torna Israel (Gn 32:28). Da mesma forma, após sua conversão, Saulo se torna Paulo (Atos 13:09).E um monge, quando faz sua profissão, recebe um novo nome, normalmente não de sua própria escolha, e isto para indicar a renovação radical pela qual ele passa.

Na tradição hebraica, fazer uma coisa em nome de outra, ou *invocar* e *chamar seu nome*, são atos de extrema gravidade e poder. Invocar o nome de uma pessoa é tornar tal pessoa efetivamente presente. Tudo o que vale para os nomes humanos vale num grau incomparavelmente maior para o Nome Divino. O poder e a glória de Deus estão presentes e ativos em Seu Nome. O Nome de Deus é *numem praesens*, Deus conosco, Emanuel. Invocar atenta e deliberadamente oNome de Deus é se colocar em Sua presença, é abrir-se a Sua energia, é oferecer-se como um instrumento e um sacrifício vivo em Suas mãos. Tão agudo era o sentido da majestade do Nome Divino no Judaísmo tardio que o *tetragrama* não era pronunciado em voz alta no culto da sinagoga: o Nome do Altíssimo era considerado demasiado avassalador para ser dito.[67]

Este entendimento hebraico do Nome passa do Antigo para o Novo Testamento. Demônios são expulsos e homens são curados por intermédio do Nome de Jesus, pois o Nome é poder. Assim que este poder do Nome é devidamente apreciado, muitas passagens familiares adquirem maior significado e força:

- a cláusula "Santificado seja o Vosso Nome", na Oração do Senhor;
- a promessa do Cristo na Última Ceia, "Tudo o que pedirdes ao Pai em meu Nome, Ele vo-lo concederá" (João 16:23);
- Seu último mandamento aos Apóstolos, "Ide, portanto, e fazei discípulos em todas as nações, batizando-os em Nome do Pai, do Filho e do Espírito Santo "(Mateus 28:19);
- a Proclamação de São Pedro de que não há salvação senão no "Nome de Jesus Cristo de Nazaré" (Atos 4:10-12);
- as palavras de São Paulo, "ao Nome de Jesus, todo joelho se dobre "(Fp 2:10) ;
- o Nome novo e secreto escrito na pedra branca que nos é dado na Era que está por vir (Ap 2:17).

É essa reverência bíblica pelo Nome que forma a base e o fundamento da Oração de Jesus. O Nome de Deus está essencialmente ligado a Sua Pessoa e, assim, a invocação do Nome Divino possui um caráter genuinamente sacramental, servindo como um sinal efetivo de Sua presença invisível e de sua ação. Para o cristão de hoje, como em tempos apostólicos, o Nome de Jesus significa poder. Nas palavras de dois sábios de Gaza, São Barsanúfio e São João (século VI): "A Lembrança do Nome de Deus destrói completamente tudo o que é mal. "Açoite seus inimigos com o Nome de Jesus", exorta São João Clímaco, "pois não há arma mais poderosa no Céu ou na Terra.... deixe a lembrança de Jesus se unir à sua respiração, e em seguida conhecerás o valor do silêncio."

O Nome é poder; contudo, uma repetição puramente mecânica não obterá nada por si mesma. Como em todas as operações sacramentais, o homem é levado a cooperar com Deus por meio de sua fé ativa e seu esforço ascético. Somos chamados a invocar o Nome com recolhimento e vigilância interior, focando nossas mentes nas palavras da Oração, conscientes de com quem lidamos e quem nos responde em nossos corações. São Gregório de Sinai fala repetidamente da "restrição e do labor" por que passam aqueles que seguem o Caminho do Nome ; um "esforço contínuo" é necessário.

Esta perseverança fiel toma, sobretudo, a forma de atenção e repetição frequente. Cristo disse a seus discípulos para não usar "vãs repetições" (Mateus 6, 7); mas a repetição da Oração de Jesus, quando realizada com sinceridade e concentração interiores, não tem nada de "vã". O ato de invocar repetidamente o Nome tem um efeito duplo: torna nossa oração mais unificada e, ao mesmo tempo, mais interior.

Unificação

Assim que fazemos uma tentativa séria de rezar em espírito e em verdade, imediatamente nos tornamos agudamente conscientes de nossa desintegração interior, de nossa falta de unidade e totalidade. A despeito de todos os nossos esforços para nos colocar diante de Deus, os pensamentos continuam a zanzar sem descanso e sem rumo em nossa cabeça, como o zumbido de moscas (Bispo Teófanes), ou os pulos caprichosos dos macacos entre os galhos das árvores (Ramakrishna). Contemplar significa, antes de tudo, estar presente onde nós estamos – estar *aqui* e *agora*. Mas, geralmente, somos incapazes de impedir nossa mente de vaguear ao acaso ao longo do tempo e do espaço. Recordamos o passado, antecipamos o futuro, planejamos o que fazer; pessoas e lugares surgem diante de nós em uma sucessão interminável. Não temos o poder de nos concentrar num lugar aonde deveríamos estar – *aqui*, na presença de Deus; somos incapazes de viver plenamente no único momento de tempo que realmente existe, o agora, o presente imediato. Esta desintegração interior é uma das consequências mais trágicas da Queda. As pessoas que conseguem fazer as coisas são aquelas que fazem uma coisa de cada vez. Mas, fazer uma coisa de cada vez não é uma conquista pequena. Embora já bastante difícil num trabalho externo, é ainda mais difícil quando se trata do trabalho de oração interior.

O que deve ser feito? Como aprender a viver no presente, no Agora intemporal? Como podemos aproveitar o *kairos*, o momento decisivo, o momento de oportunidade? É justamente nisso que a Oração de Jesus pode ajudar. A invocação do Nome pode nos levar, pela graça de Deus, da divisibilidade para a unidade, da dispersão e da multiplicidade para a unicidade. "A fim de deter as contínuas sacudidas de seus pensamentos", diz o bispo Teófanes, "deves vincular a mente a um só pensamento, ou ao pensamento do Um."

Os Padres ascéticos distinguem duas formas de combater os pensamentos. O primeiro método é para os "fortes" ou os "perfeitos". Estes podem "contradizer" seus pensamentos, ou seja, enfrentá-los cara a cara, e repeli-los num combate direto. Mas, para a maioria de nós, um método assim é muito difícil e pode, de fato, engendrar dificuldades. O confronto direto, a tentativa de arrancar e expulsar pensamentos por um esforço da vontade, muitas vezes serve apenas para dar mais força à nossa imaginação. Violentamente suprimidas, nossas fantasias tendem a voltar com mais força. Em vez de combater nossos pensamentos de modo direto e tentar eliminá-los por um esforço da vontade, o mais sensato é virar de lado e fixar nossa atenção em outro lugar. Ao invés de olhar para baixo, em nossa imaginação turbulenta e em concentrar-se em opor-se a nossos pensamentos, devemos olhar para cima, para o Senhor Jesus, confiando-nos a Suas mãos por meio da invocação de Seu Nome; e a graça que age através de seu Nome vencerá os pensamentos que não podemos obliterar por nossa própria força. Nossa estratégia espiritual deve ser positiva, não negativa: em vez de tentar esvaziar nossa mente do que é mau, devemos ocupá-la com o pensamento de que é bom. "Não contradiga os pensamentos sugeridos por seus inimigos", aconselham Barsanúfio e João, "pois isto é exatamente o que eles querem, e eles não deixarão de lhe incomodar. Mas, volte-se para o Senhor em busca de ajuda contra eles, colocando diante Dele sua própria impotência; Ele é capaz de expulsá-los e reduzi-los a nada."

A Oração de Jesus, então, é uma forma de virar de lado e procurar em outro lugar. Pensamentos e imagens inevitavelmente nos ocorrem durante a oração.

Nós não podemos deter seu fluxo por um mero esforço de nossa vontade. Tem pouco ou nenhum valor dizer para nós mesmos: "Pare de pensar". Seria o mesmo que dizer: "Pare de respirar". "A mente racional não pode ficar ociosa", diz São Marcos, o Monge; os pensamentos continuam enchendo-a de conversa fiada incessante. Mas, se não podemos fazer essa conversa fiada desaparecer de repente, podemos nos separar dela por meio da vinculação de nossa mente sempre ativa "com um pensamento, ou o pensamento do Um apenas" – o Nome de Jesus. Nas palavras de São Diadocos (século V), "quando bloqueamos todas as saídas da mente por meio da Lembrança de Deus, então ela exige de nós a todo custo alguma tarefa que irá satisfazer sua necessidade de atividade. Vamos dar-lhe, então, como sua única atividade, a invocação *Senhor Jesus...*"

"Por meio da lembrança de Jesus Cristo", nota Filoteus do Sinai (século IX ou X DC), "reúna sua mente desintegrada que está dispersa no exterior." Ao invés de tentar deter a sequência de pensamentos mediante nosso próprio poder, *contamos* com o poder que age através do Nome.

De acordo com Evágrio Pôntico (m. 399), "rezar é deixar os pensamentos de lado." É um *deixar de lado*, não um conflito selvagem, não uma repressão furiosa, mas um ato suave e persistente de desapego. Mediante a repetição do Nome, somos auxiliados a "deixar de lado", a "deixar ir", nossa imaginação trivial ou perniciosa, substituindo-a pelo pensamento em Jesus. Mas, embora a imaginação e o raciocínio discursivo não devam ser violentamente reprimidos quando se reza a Oração de Jesus, eles certamente não devem ser ativamente estimulados.

A Oração de Jesus não é uma forma de meditação sobre incidentes específicos da vida de Cristo, ou sobre algum provérbio ou parábola nos Evangelhos; menos ainda é uma forma de raciocínio ou debate interior sobre alguma verdade teológica, como o significado de *homoousios* ou a Definição de Calcedônia.

À medida que invocamos o Nome, não devemos formar deliberadamente em nossas mentes qualquer imagem visual do Salvador. Esta é uma das razões pelas quais dizemos a oração na obscuridade, e não com os olhos abertos em frente de um ícone. "Mantenha a mente livre de cores, imagens e formas", exorta São Gregório do Sinai; cuidado com a imaginação (*phantasia*) na oração, caso contrário você pode achar que se tornou um *phantastes*, ao invés de um *hesychastes*!"[68]

Interioridade

A invocação repetida do Nome, ao tornar nossa oração mais unificada, torna-a ao mesmo tempo mais interiorizada, mais uma parte de nós mesmos – não é algo que fazemos em momentos particulares, mas algo que somos o tempo todo; não constitui um ato ocasional, mas um estado contínuo. Tal oração torna-se verdadeiramente a oração do homem inteiro, onde as palavras e o significado da oração são totalmente identificados com aquele que reza. Tudo isso é bem expressado por Paul Evdokimov (1901-1970) : "Nas catacumbas, a imagem que se repete com mais frequência é a figura de uma mulher em oração, a *Orans*. Ela representa a única verdadeira atitude da alma humana. Não basta *possuir* a oração: devemos nos *tornar* oração, oração encarnada. Não é o bastante praticar momentos de louvor; toda a nossa vida, cada ato e cada gesto, mesmo um sorriso, deve tornar-se um hino de adoração, uma oferta, uma oração. Devemos oferecer não o que temos, mas o que nós somos. "[69] Isso é o que o mundo precisa acima de tudo: não indivíduos que *dizem* orações com maior ou menor regularidade, mas pessoas que *são* orações.

O tipo de oração que Evdokimov descreve aqui pode ser definida mais precisamente como "oração do coração". No Cristianismo Ortodoxo, como em outras tradições, a oração é comumente separada em três categorias, que devem ser consideradas como níveis que se interpenetram, ao invés de etapas sucessivas: a oração dos lábios (oração oral); a oração da mente (oração mental); e a oração do coração (ou da mente no coração). A invocação do Nome começa, como qualquer outra oração, como uma oração oral, em que as palavras são expressas pela língua mediante um esforço deliberado de vontade. Ao mesmo tempo, mais uma vez por meio de um esforço deliberado, concentramos nossa mente no significado do que a língua diz. No decorrer do tempo, e com a ajuda de Deus, nossa oração torna-se mais interior. A participação da mente torna-se mais intensa e espontânea, enquanto os sons proferidos pela língua tornam-se menos importantes; talvez por um momento, eles cessam por completo e o Nome é invocado em silêncio, sem nenhum movimento dos lábios, pela mente apenas. Quando isso ocorre, nós passamos, pela graça de Deus, do primeiro para o segundo nível. Não que a invocação vocal cesse por completo, pois haverá momentos em que mesmo o mais "avançado" na oração interior desejará invocar o Senhor Jesus em voz alta. (E quem, de fato, pode pretender ser um "avançado" ? Somos todos "novatos" nas coisas do Espírito.)

Mas a viagem rumo ao interior ainda não está completa. Um homem é muito mais que sua mente consciente; além de seu cérebro e das faculdades de raciocínio, há as emoções e os afetos, a sensibilidade estética, juntamente com as camadas instintivas profundas de sua personalidade. Tudo isso tem uma função a desempenhar na oração, pois é o homem inteiro que é chamado a participar do ato total de adoração. Como uma gota de tinta que cai sobre o papel, o ato de oração deve espalhar-se constantemente para o exterior do centro consciente e do centro raciocinante do cérebro, até que abrace cada parte de nós mesmos.

Em termos mais técnicos, isso significa que somos chamados a avançar do segundo nível para o terceiro: da "oração da mente" para "oração da mente no coração". "Coração" neste contexto deve ser entendido no sentido semita e bíblico, ao invés do moderno, como significando não apenas emoções e afetos, mas a totalidade da pessoa humana. O coração é o principal órgão do ser do homem, o homem mais íntimo, o si mais profundo e mais verdadeiro, não alcançável senão mediante sacrifício, através da morte. Segundo Boris Vysheslavtsev, ele é "o centro não só da consciência, mas do inconsciente, não só da alma, mas do espírito, não só do espírito, mas do corpo, não só do compreensível, mas do incompreensível; em uma palavra, é o centro absoluto".[70]

Interpretado desta maneira, o coração é muito mais do que um órgão material no corpo ; o coração físico é um símbolo externo das potencialidades espirituais ilimitadas da criatura humana, feita à imagem e semelhança de Deus.

Para realizar a viagem interior e alcançar a verdadeira oração, é necessário entrar neste "centro absoluto", isto é, descer da mente para o coração. Mais exatamente, somos chamados a descer não da mente, mas *com* ela. A meta não é apenas a "oração do coração", mas a "oração da mente no coração", pois nossas formas conscientes de compreensão, incluindo nossa razão, são um dom de Deus e devem ser usadas em Seu serviço, e não rejeitadas. Esta "união da mente com o coração" significa a reintegração da natureza do homem caído e fragmentado, sua restauração à plenitude original. A oração do coração é um retorno ao Paraíso, uma reversão da Queda, a recuperação do *status ante peccatum*. Isso significa que ela é uma realidade escatológica, uma promessa e uma antecipação da Idade por Vir— algo que, na presente época, nunca é completa e totalmente realizado.

Aqueles que, ainda que imperfeitamente, atingiram alguma medida de "oração do coração" começaram a fazer a transição sobre a qual falamos anteriormente, a transição da prece "árdua" para oração "auto-operante", da oração que "eu digo" para a oração que "se diz a si mesma", ou melhor, que Cristo diz em mim. Pois o coração tem um duplo significado na vida espiritual: ele é tanto o centro do ser do homem como o ponto de encontro entre o homem e Deus. É tanto o lugar de auto-conhecimento, onde o homem se vê como ele realmente é, como o lugar de auto-transcendência, onde o homem compreende a sua natureza como um templo da Santíssima Trindade, onde a imagem se vê face a face com o Arquétipo. Na "câmara interior" de seu próprio coração, ele encontra o solo de seu ser e, assim, atravessa a misteriosa fronteira entre o criado e o Incriado. "Há profundezas insondáveis dentro do coração ", dizem as Homilias de Macário. "... Deus lá está com os anjos, a luz e a vida lá estão, o reino e os apóstolos, as cidades celestes e os tesouros da graça: todas as coisas estão lá." [71]

A oração do coração, assim, designa o ponto em que a "minha" ação e "minha" prece tornam-se explicitamente identificadas com a ação contínua de Outro em mim. Já não é a oração para Jesus, mas a oração do próprio Jesus. Esta transição da prece "árdua" para a prece "auto-operante" é indicada de maneira contundente em *O Peregrino Russo*: "Uma manhã, a Oração me despertou, por assim dizer." [72]

Até aqui, o Peregrino estava "dizendo a oração" ; agora, ele descobre que a oração "diz a si mesma", até quando ele está dormindo, pois se uniu com a prece de Deus em seu interior.

Leitores de *O Peregrino Russo* podem ficar com a impressão de que esta passagem da oração oral para a oração do coração é alcançada facilmente, quase de forma mecânica e automática. Deve ser enfatizado que sua experiência, embora não única, [73]é totalmente excepcional. Mais usualmente, a oração do coração só surge, quando surge, depois de uma vida inteira de esforço ascético. Ela é um dom gratuito de Deus, concedido como e quando Ele quer, e não o efeito inevitável de alguma técnica. Santo Isaque, o Sírio (século VII), sublinha a extrema raridade do dom ao dizer que "dificilmente uma pessoa em dez mil" é contada entre as dignas do dom da oração pura; ele acrescenta: "Quanto ao mistério que está para além da oração pura, dificilmente será encontrado um único homem em uma geração que chegou perto deste conhecimento da graça de Deus." [74] Um em dez mil, um em uma geração: ainda que contidos por este alerta, não devemos nos desanimar demasiadamente. A via para o reino interior se acha aberta diante de todos, e todos podem igualmente viajar por ela de alguma forma. Na época atual, poucos experimentam em qualquer plenitude os mistérios mais profundos do coração, mas muitos recebem de modo mais humilde e intermitente sinais verdadeiros do que significa a oração espiritual.

O Fim da jornada

O objetivo da Oração de Jesus, como de todas as orações cristãs, é que nosso rezar deve se tornar cada vez mais identificado com a oração oferecida por Jesus, o Sumo Sacerdote dentro de nós, para que nossa vida se torne uma com a Sua vida, e nossa respiração se una ao Sopro Divino que sustenta o universo. O objetivo final pode ser bem descrito pelo termo patrístico *theosis*, deificação ou divinização. Nas palavras do arcipreste Sergei Bulgakov, "O Nome de Jesus, presente no coração humano, confere a este o poder de deificação". "O Logos se fez homem", diz Santo Atanásio, "para que possamos nos tornar Deus". Aquele que é Deus por natureza assumiu nossa humanidade, para que nós homens possamos compartilhar pela graça sua divindade, tornando-nos "participantes da natureza divina "(2 Pedro 1:4). A Oração de Jesus, dirigida ao Logos encarnado, é um meio de realizar em nós este mistério de *theosis*, pelo qual o homem alcança a verdadeira semelhança de Deus.

A Oração de Jesus, unindo-nos ao Cristo, ajuda-nos a compartilhar a morada mútua ou *perichoresis* das três Pessoas da Santíssima Trindade. Quanto mais a oração torna-se parte de nós mesmos, mais entramos no movimento de amor que passa incessantemente entre Pai, Filho, e Espírito Santo. Na tradição hesicasta, o mistério da *theosis* tomou na maioria das vezes a forma exterior de uma visão de luz. Esta luz que os santos contemplam na oração não é nem a luz simbólica do intelecto, nem a luz física e criada dos sentidos. Não é nada menos que a Luz divina e incriada da Divindade, que brilhou no Cristo em Sua Transfiguração no Monte Tabor, e que irá iluminar o mundo inteiro em sua Segunda Vinda, no

Último Dia. Aqui está uma passagem característica na Luz Divina extraída de São Gregório Palamas. Ele está descrevendo a visão do Apóstolo Paulo ao ser arrebatado ao Terceiro Céu (2 Coríntios 12:2-4) : "Paulo contemplou uma luz sem limites, tanto para baixo como para cima ou para os lados; não viu nenhum limite para a luz que lhe apareceu e brilhou ao seu redor, e ela era como um Sol brilhante e infinitamente mais vasto do que o universo; e ele mesmo se achava em meio a esse Sol, tendo ele mesmo se tornado puro olho." [75] Tal é a visão da glória da qual podemos nos aproximar mediante a invocação do Nome.

A Oração de Jesus faz com que o brilho da Transfiguração penetre em todos os cantos da nossa vida. A repetição constante tem dois efeitos sobre o autor anônimo de *O Peregrino Russo*. Em primeiro lugar, transforma sua relação com a criação material em seu entorno, fazendo todas as coisas transparentes, transformando-as em um sacramento da Presença de Deus. Ele escreve: "Quando eu rezei com o meu coração, tudo a minha volta parecia encantador e maravilhoso. As árvores, a relva, os pássaros, a terra, o ar, a luz pareciam me dizer que todos eles existiam para o homem, que elas davam testemunho do amor de Deus para o homem, que tudo provava o amor de Deus pelo homem, que todas as coisas oravam a Deus e lhe cantavam louvores. Foi assim que eu vim a entender o que a Filocalia chama de 'o conhecimento do discurso de todas as criaturas'... Senti um amor ardente por Jesus Cristo e por todas as criaturas de Deus." [76] Nas palavras do padre Bulgakov, "brilhando através do coração, a luz do Nome de Jesus ilumina todo o universo".[77]

Em segundo lugar, a oração transfigurou a relação do Peregrino não só com a criação material, mas com os outros homens. "Mais uma vez eu inicio minhas andanças, mas agora não caminho como antes, cheio de preocupações. A invocação do Nome de Jesus alegrou o meu caminho. Todos eram bons para mim, como se todos me amassem... Se alguém me prejudica, tenho só de pensar, 'Como é doce a Oração de Jesus!', e a injúria e raiva passam, e esqueço de tudo". "Tudo o que fizerdes aos menores entre Meus irmãos, é a Mim que o fazes" (Mt 25:40): a Oração de Jesus nos ajuda a ver o Cristo em todos os homens, e todos os homens em Cristo. A Oração de Jesus, portanto, não é escapista e não nega o mundo; pelo contrário, ela é intensamente afirmativa. Ela não implica uma rejeição da criação de Deus, mas a reafirmação do valor final de tudo e de todos em Deus.

"Oração é ação; rezar é ser altamente eficaz. "[78] De nenhuma oração se pode dizer isso tanto quanto da Oração de Jesus. Embora seja escolhida para uma menção particular no ofício de profissão monástica, como prece para monges e monjas, [79] ela é igualmente uma oração para os leigos, para os casais, para médicos e psiquiatras, para assistentes sociais e motoristas de ônibus. A invocação do Nome, praticada corretamente, envolve cada qual mais profundamente em sua tarefa, tornando cada um mais eficiente em suas ações, não os separando dos outros, mas vinculando-o a eles, tornando-os sensíveis aos seus temores e ansiedades de uma maneira totalmente diferente de antes. A Oração de Jesus faz com que cada um seja um "homem que vive para os outros", um instrumento vivo da paz de Deus, um centro dinâmico de reconciliação.

O ROSÁRIO COMO VIA ESPIRITUAL

Jean Hani

Para uma maioria de cristãos hoje, há uma inegável insatisfação e às vezes até mesmo desdém pela prática do Rosário. A razão é que, ao longo dos anos, seja por negligência ou ignorância, seu verdadeiro significado e importância foram sendo tão obscurecidos a ponto de se tornar uma devoção anódina e, suprema desqualificação para a mentalidade moderna, uma prática "superada"— pelo menos na aparência, pois o Rosário em si mesmo continua sendo o que sempre foi.Assim, perde-se de vista um dos mais poderosos meios rituais dos cristãos, que é de fato retirado de seu alcance. Mas a prática do Rosário constitui, e não deve haver nenhuma hesitação aqui, uma forma autêntica de realização espiritual;ela na verdade está baseada, como veremos, no que é o exercício operativo essencial de todas as vias. [80]

O objeto utilizado, um rosário ou terço, é basicamente um "contador de orações". E, no entanto, como qualquer instrumento tradicional, ele tem um significado simbólico, que será mostrado a seguir. Sua forma mais simples é um cordão formado com pequenos nós. Onde quer que haja orações "repetitivas", há rosários ou terços para este uso. Conheço um terço brâmane, o *Aksha-mala*, com o qual se repete a fórmula sagrada *AUM*, ou então uma ladainha de Nomes Divinos, os de Vishnu, por exemplo; os budistas recitam, com um rosário de 108 contas, a fórmula *Namomitabhaya Budhaya* (no Japão, *Namu Amida Butsu*), que significa: "Saudação ao Buda Amida ". No Islã, há dois tipos de rosário, ambos formados de 99 contas. O do primeiro tipo tem três séries de 33 contas, para a primeira série se diz: *Subhan Allah*: "Glória a Deus", para a segunda: *li'Llah al- hamdu* : "Deus seja louvado", e para o terceiro : *Allahu akbar*, "Deus é grande ". Com o segundo tipo é recitada, em sequência, a ladainha dos 99 Nomes Divinos: o Compassivo, o Misericordioso, o Rei, o Santo, o Pacificador, o Poderoso, o Criador, etc.

No caso do Cristianismo, a origem do rosário remonta a um passado longínquo. O terço grego, que é chamado de *kombologion*, uma palavra composta por *logos*, "palavra ", e *kombos*, "nó", remonta a São Pacômio e São Basílio. No Ocidente, o termo "Rosário", que significa "jardim de rosas", data da Idade Média; na origem, designava a coroa ou chapéu de rosas usados em procissões da Virgem Maria, e se relaciona com o costume de arrancar rosas enquanto se recitava a *Ave Maria*, ou com o costume de coroar estátuas da Virgem. O rosário do Oriente cristão tem 100 contas e serve para recitar a fórmula "Senhor Jesus Cristo, Filho de Deus, tem misericórdia de mim", ou simplesmente "Jesus".

A recitação do Terço constitui uma oração de determinada natureza, a da oração repetitiva, a qual é definida por dois elementos básicos: o Nome Divino, só ou em uma fórmula consagrada, e a repetição rítmica deste Nome; correlativamente, mas como consequência natural e quase indispensável, uma atividade de meditação é adicionada.

O primeiro elemento, que é também o essencial, é o Nome Divino. A oração do Rosário pode ser definida como uma invocação do Nome Divino. Por isso mesmo, deve ser distinguida de oração como entendida usualmente, ou seja, a oração de pedido ou petição. Ela de fato pertence à categoria de oração encantatória ou recitação ritual, que também enfatiza, como veremos, o aspecto repetitivo. A prece encantatória segue um movimento que difere da oração comum de petição; esta última pede que uma graça do Alto seja concedida à pessoa que reza, com vistas a obter um objeto claramente definido, seja ele material ou espiritual. A prece encantatória é um pouco como a oração de louvor, um movimento de elevação da alma rumo a Deus com a intenção de também louvar, mas igualmente e, acima de tudo, com uma intenção meditativa, com vistas à união da alma com Deus. É uma aspiração do ser em direção ao universal para obter uma graça toda espiritual e, portanto, uma iluminação interior. É também um trabalho interior, mas mais frequentemente expressado por palavras que lhe servem de suporte e foram formadas, na grande maioria dos casos, como já disse, por uma fórmula consagrada de Nome Divino, chamada "mantra" na Índia. Eu uso essa palavra deliberadamente, uma palavra que não tem termo correspondente entre as línguas ocidentais, pois tem um significado muito preciso ao também incluirem si a ideia de repetição rítmica.

O elemento essencial desta oração é, portanto, o próprio Nome Divino, de tal maneira que muitas vezes ela se reduz à elocução deste Nome. Nome que na verdade possui um poder ilimitado, pois é idêntico a Deus mesmo. De fato, como diz Mestre Eckhart, "o Pai não vê, não ouve, nem fala, nem deseja nada senão seu próprio Nome. É por meio de Seu Nome que o Pai vê, ouve, e se manifesta a Si mesmo. O Nome contém todas as coisas. Essência da Divindade, ele é o próprio Pai... "[81] Nessas condições, vemos toda a importância e eficácia do Nome Divino, aquilo que é chamado de "Lembrança de Deus "e a "lembrança de Seu Nome", tantas vezes mencionada nos Salmos: "A razão suficiente para a invocação do Nome", escreve Frithjof Schuon, "é a lembrança de Deus, e isso, em última análise, não é outra coisa que a consciência do Absoluto. O Nome atualiza esta consciência e ao final a perpetua na alma e a fixa no coração, de modo que ela penetra todo o ser e, ao mesmo tempo, transmuta-o e o absorve. A consciência do Absoluto é a prerrogativa da inteligência humana, e também a sua meta". [82]

Mestre Eckhart também acrescenta, logo após suas linhas citadas acima: "O Pai vos oferta o Seu Nome eterno, e é a Sua própria vida, Seu ser e Sua divindade que Ele lhe dá em um único instante por meio de Seu Nome."

Na recitação do Rosário, o Nome Divino é invocado sob duas formas diferentes no *Pater Noster* e na *Ave Maria*, ou seja, em orações reveladas. Isto é de suma importância, pois Nomes e fórmulas revelados são dotados de um poder que aqueles inventados pelo homem não podem possuir naturalmente. No *Pater*, a fórmula é: "Santificado seja o Vosso Nome "("santificado "no sentido bíblico, i.e., "proclamado santo "); na *Ave*, o Nome é o de Jesus, e a primeira parte, a única parte revelada, constitui a fórmula básica, pois a segunda parte, composta de uma prece de petição, constitui uma adição feita na Idade Média. A primeira parte é composta da saudação do anjo Gabriel, o que equivale a dizer que é pronunciada por Deus: "Ave Maria, cheia de graça, o Senhor é convosco "(Lucas 1:28) e a saudação dirigida à Virgem por sua prima Isabel: "Bendita sois vós entre as mulheres, e bendito é o fruto de vosso ventre, Jesus" (Lucas 1:42); uma saudação que também pode ser considerada como dirigida a Deus, uma vez que, quando Isabel a pronuncia, ela está, como o Evangelho nos diz, "cheia do Espírito Santo".

O nome de Jesus em hebraico — *Yeshou'a*, para *Yehoshou'a* – claramente significa "Salvador" ; mas, se examinarmos a maneira em que ele é escrito, na qual, como se sabe, apenas consoantes e semi-consoantes aparecem, temos *YHShW* ' (a), e imediatamente vemos que esta palavra secretamente contém o divino Nome *YH*, pronunciado *Yah*, que em breve encontraremos novamente, e que é o primeiro elemento e a base para o grande Nome Divino *YHWH*. Todos os cristãos o pronunciam, muitas vezes inconscientemente, quando cantam *Alleluia*, isto é *Hallelu - Yah*, "Louvai ao Senhor".

Por outro lado, e de capital importância, há o Nome de Maria na *Ave*. Mas, permitam-me imediatamente apontar que, embora os dois nomes, Jesus e Maria, tenham sido inseridos pela Igreja no texto definitivo da *Ave Maria*, eles foram, na verdade, reintroduzidos, pois se encontram no mesmo contexto do Evangelho, Maria uma linha antes e Jesus algumas linhas depois (Lucas 1:28 e 31). O fato de que eles foram reinseridos para recitação, não sem inspiração do Alto, mostra a grande importância que a Igreja atribui à invocação do Nome. Uma variedade de interpretações foi dada para o nome de Maria; segundo alguns, ele teria um significado reverencial, o de "Dama", ou "Senhora"; de acordo com São Jerônimo, significava *stella maris*, "estrela do mar ", [83] adotada pela liturgia latina no hino *Ave Maris Stella*. Mas esses significados não são o mais importante. Seu significado mais importante está oculto e é revelado ao mesmo tempo pela forma em que é escrito em hebraico. Em hebraico, este nome é *Mariam*, que foi mantido intacto no grego de São Lucas (1:28 e 30), e é uma pena que esta maneira de escrever tenha sido posteriormente abandonada, pois seu já mencionado significado oculto só se torna aparente na forma hebraica. *Mariam*, em hebraico, é escrito *mrim*, uma vez que as vogais são omitidas (I, ou Y, é uma semi -consoante). A própria palavra é decomposta da seguinte forma: *MIM*, por um lado, e *R*, por outro. Ao articular a vogal *A* no primeiro componente, nós obtemos *Maim*, que significa "as águas". O "M"(*Mem*)é o hierograma para a passividade universal, pura receptividade, simbolizada pela água e as águas na cosmogonia judaica, como em quase todas as tradições; o I ou Y (*yod*) é o hierograma para a atividade divina, o princípio da atividade manifestada, e o R (*resh*), o desdobramento de energia, energia em movimento. O caractere hebraico correspondente a R foi, originalmente, o hieróglifo de uma serpente postada para atacar. Assim, o nome *MaRIaM* é nada menos que uma tradução do ato criativo: RI é a emissão *ad extra* da energia criativa divina que é desencadeada sobre a Substância cósmica, ou seja, sobre a totalidade das potencialidades e seus entornos receptivos, representados pelas Águas primordiais como nos primeiros versículos do Gênesis : "O Espírito de Deus se movia sobre a face das águas. "E assim o nome de Maria é, a seu modo, um Nome Divino, conectado com a atividade divina *ad extra*, o que significa que Maria é uma manifestação do que este Nome Divino representa. Maria é a manifestação humana da Possibilidade universal, isto é, no mais alto nível, uma *concepção* da essência divina, uma concepção *per force* "imaculada", e com a qual a Virgem é identificada, como ela mesma disse a Bernadette Soubirous.[84] No nível do Ser, a Possibilidade universal se torna Substância universal (*Prakriti*), a *Materia prima* ou "Mãe universal", da qual se desdobram as possibilidades de manifestação no âmbito da atividade do divino Espírito (*Purusha*); no nível cósmico, este é o Espírito de Deus sobre as águas primordiais (um símbolo "maternal"); no nível humano primordial, é o casal Adão-Eva, o andrógino primordial e, no nível humano corrente, o homem e a mulher.

A concepção de Deus encarnado, a manifestação terrena do Verbo divino, o arquétipo da Criação e o Homem Universal, não poderiam ter acontecido de acordo com qualquer outro processo senão o da própria Criação. É por isso que a Mãe do Deus encarnado não poderia constituir outra coisa senão a manifestação humana da Toda-Possibilidade e da Substância universal, a Mãe universal e a *Materia prima* vivificada, como as Águas primordiais, pelo Espírito divino. [85]

A este respeito, é notável que as palavras do anjo Gabriel, "O Espírito Santo virá sobre ti e o poder do Altíssimo lhe cobrirá" (Lucas 1:35), sejam quase uma cópia carbono do texto de Gênesis: "O Espírito de Deus cobria as águas com a sua sombra." (Aqui, eu modifiquei a tradução costumeira, pois o termo usado pelo anjo (*episkiasei*) tem o sentido de "cobrir", com a conotação de "incubar" ou "fecundar", assim como o verbo *merakhepheth* no texto de Moisés, um termo equivocadamente traduzido por "pairar" ; o versículo completo é : *Rouah elohim merakhepheth 'al phenel ha -Maim.*)

É no plano do Homem-Deus, do Homem Universal, que o "mistério da Virgem Mãe "tem sua raiz. Mas é lá, do mesmo modo, que o mistério da reintegração do homem caído também tem sua raiz; o homem caído: aquele que, por sua própria conta, deve viver o "mistério da Virgem". Na verdade, para redescobrir seu arquétipo eterno, a sua "possibilidade principial" e sua realidade mais pura *in divinis*, o ser manifestado tem de realizar em si mesmo este "mistério da Virgem" ; a Toda-Possibilidade constitui uma isenção ou dispensa do ser manifestado de todos os limites, permitindo-lhe redescobrir a Pureza, Beleza, Pobreza e Bondade, as qualidades principiais da Virgem em sua indiferenciação primordial, aquelas qualidades que reluziram com grande brilho em sua manifestação terrena. Neste retorno ao arquétipo, o "mistério da Redenção ", ou a "regeneração espiritual", o par "Espírito/Virgem Maria", ou ainda o "Novo Adão/Nova Eva", ou "Cristo/ Igreja", faz a sua aparição, um par que governa este novo nascimento, assim como o fazem Adão e Eva sobre o nascimento comum. Desta maneira, vemos como títulos como os dados a Maria como "corredentora", "medianeira de graças" e "mãe dos homens" devem ser explicados.

Para entrar neste processo de reintegração, a tarefa posta diante da alma individual é uma auto-transformação identificando-a com a Alma universal, pois o Espírito Santo só pode agir na alma que participa das qualidades da Substância, como no padrão da Encarnação. [86] Esse tipo de alquimia espiritual é realizado pelos sacramentos e a contemplação. E com isso voltamos à nossa linha de pensamento sobre a oração e a recitação ritual, cujo papel é criar na alma um estado de submissão total, um estado de plasticidade ontológica que coloca a alma em harmonia com a Virgem e suas virtudes.

Esse é o objetivo da recitação do Rosário. Durante este exercício, a alma, como observa Frithjof Schuon, aplica a si mesma as palavras do anjo a Maria; ela se identifica com o seio virginal, a fim de tornar-se um lugar para a geração do Verbo em si mesmo. Na medida em que a alma é identificada com a Virgem, o mistério microcósmico da Encarnação é realizado nela. A repetição das palavras do anjo acaba por transformar a alma em seu arquétipo virginal. [87] Na verdade, as palavras da recitação são pronunciadas por Deus, e seu poder é tal que, quando Maria dá o seu consentimento, ou seja, quando ela aquiesce ao seu significado, ela concebe. O Nome Divino é o veículo de graça, tornando real uma presença na alma que é um poder para a transformação.

Para aqueles que objetariam que isto é somente autossugestão, respondo que não se trata disso, pois nenhum ato puramente pessoal da imaginação está envolvido aqui. Este exercício é realizado no âmbito da Igreja e só é efetivado pela graça divina; ainda assim, nossa atividade mental tem um papel a desempenhar: ao retratar para nós mesmos a condição virginal, criamos um ambiente psíquico propício à atividade da graça, aproximamo-nos do estado considerado infundindo, de alguma maneira, sua imagem mariana em nós mesmos. Além disso, permitam-me descrever em que espírito aquele que recita o Rosário deve aplicar as palavras do anjo, isto é, de Deus, para si mesmo. Isso envolve o que eu gostaria de chamar de "afirmação profética ", na qual afirmamos, "por antecipação", que o que deve ser realizado seja realizado, forçando de alguma forma, com a ajuda de Deus, sua realização. Este é um método encontrado em todas as vias espirituais: assim, na prática encantatória hindu, a repetição do mantra "Eu sou *Isso* [significando *Atma*]" procede da mesma maneira. Podemos ver, então, quão apropriado é recitar com sentimentos de profunda humildade e autodesapego. Isto explica também porque, para evitar qualquer convicção prematura naquele que recita, a Igreja acrescentou, depois da saudação angélica, a segunda parte da *Ave*, na qual o indivíduo se confessa um "pecador", termo que se refere, não tanto a um estado particular de culpabilidade, mas ao estado de "criatura" e de "nada criaturial".

A recitação do Rosário não é apenas uma devoção entre outras devoções mais ou menos anódinas; ela é, como Frithjof Schuon observou, "a Oração de Jesus da Igreja ocidental. "Desta maneira, começamos a compreender a importância dada aos nomes de Jesus e de Maria, com a invocação "*Iesu-Maria*" frequentemente mencionada em vários textos místicos, mas cuja imensa importância nem sempre é percebida. Ela é um autêntico mantra e poderia, por si só, desempenhar o mesmo papel que a *Ave*, da qual constitui tanto o núcleo como o sumário.

A eficácia do Rosário repousa essencialmente na virtude operativa desses dois Nomes Divinos. No entanto, seria equivocado considerar a forma de recitação como algo secundário, forma que é repetitiva e que, sem ser essencial, não deixa por isso de ser vital. Além disso, e como já mencionado, é comum a todas as recitações análogas contidas na categoria do que é chamado de *japa yoga* ou *mantra yoga*, a primeira designação significando justamente "yoga da repetição", que é a repetição de fórmulas sacras por meio de um terço; esta definição já mostra a importância do caráter repetitivo, uma vez que está relacionado com a própria palavra "yoga", que significa "união ", indicando que esta união é de alguma maneira realizada mediante a repetição.

E mais, sem repetição não há encantação, este último termo implicando, além da invocação do Nome, a ideia de condicionamento do psiquismo, tornando-o apto a receber uma influência espiritual do Alto. Ora, é precisamente a função da repetição que pode ser tradicionalmente referida à oração da "viúva inoportuna" da parábola evangélica. Repetição constitui um automatismo salutar como uma disciplina imposta com palavras e gestos; seu ritmo regular canaliza os sentimentos, reduz a dispersão mental, facilita a atenção, a memória e a concentração, criando, assim, um ambiente necessário para a recepção de energia espiritual. É também uma espécie de "ruminação" das palavras da prece, uma ruminação que facilita sua absorção total.

O ritmo tem um papel importante a desempenhar nesse processo. Alguém já comparou o movimento repetitivo de recitação do Rosário a uma espiral, os elementos variáveis situados no exterior, nas voltas da espiral, e os Nomes Divinos identificados ao eixo imóvel em torno do qual a espiral se difunde ou propaga.

Mas é preciso ir ainda mais longe. Se levarmos em conta não só a recitação da própria *Ave Maria*, mas todo o terço, notamos que seu ritmo é profundamente estruturado por um simbolismo numérico significativo. Ainda assim, o que há de tão surpreendente nisso? O Rosário, como se sabe, tem uma origem sobrenatural, e Deus dispõe tudo "com medida, conta e peso" (Sabedoria de Salomão, 11: 21), e Ele tem mesmo uma "sabedoria contada").

Não apenas os números fazem do Rosário um símbolo da Criação em seu duplo movimento de saída de Deus e retorno a Ele. Este simbolismo também está vinculado à própria forma do Terço, composto como ele é de pequenas esferas — as contas dispostas em círculo em torno do fio que as mantêm unidas. René Guénon descreveu este simbolismo referindo-se ao texto hindu que define o significado de cada tipo de rosário. Este texto é retirado do *Bhagavad-Gita* (VII, 7), onde Krishna, que é aqui o Deus supremo (*Atma*), diz: "Sobre Mim (*Atma*), todas as coisas foram amarradas como uma coleção de pérolas presas num colar". Aqui temos o *sutratma*, isto é *Atma* visto como um "colar" que penetra e liga todos os seres e todos os mundos uns aos outros, ao mesmo tempo que é o "sopro" que os faz subsistir. Cada mundo, cada estado de existência pode ser representado por uma esfera atravessada por este fio, de modo a formar um eixo unindo os polos desta esfera. A "cadeia dos mundos" seria, então, uma série de esferas enfiadas como pérolas em um colar;esta "cadeia" é geralmente retratada como tendo forma circular, cada mundo constituindo um ciclo e o conjunto da cadeia sendo o ciclo dos ciclos. O rosário é um símbolo dessa "cadeia dos mundos", um símbolo onde o fio é em última análise o componente essencial, uma vez que representa a Divindade. Nem é esse simbolismo sem relação com a "respiração" (*atma*): a fórmula pronunciada sobre cada conta corresponde em princípio a uma espécie de respiração. Ora, a respiração inclui duas fases que simbolizam a produção e a reabsorção de um mundo; o intervalo entre duas respirações, a passagem de uma conta para a seguinte, constitui um silêncio que simboliza *pralaya*, ou um estado de vazio entre duas manifestações universais.[88]

Assim, o rosário, um símbolo cósmico estático em sua forma básica, torna-se, pela recitação, um símbolo dinâmico, e esta observação nos leva à imagem da espiral, outra versão do simbolismo circular do rosário, uma versão na qual os diferentes círculos ou espirais descritos correspondem às contas esféricas e ao eixo imóvel com o fio ou *sutratma*. Estes dois símbolos são tanto mais congruentes quando se percebe que a espiral em questão é uma das mais notáveis representações da totalidade do vórtice universal da criação, começando com o Princípio divino.[89]

E assim vemos que extraordinária *subestrutura* para invocação, se é que podemos chamá-la assim, o instrumento do Rosário representa. Por meio de seu duplo simbolismo, ele coloca quem recita em harmonia com o universo inteiro, com o movimento da totalidade da Criação divina na qual quem recita é integrado a ela; ela nos "submerge", por assim dizer, no processo divino que sustenta o mundo, reconciliando o ritmo da alma individual com o ritmo da "Alma do Mundo", para usar uma expressão platônica, aquela Alma na qual a Palavra criada ressoa e finalmente conduz a alma em um movimento ascensional que leva da multiplicidade à Unidade.

A recitação das *Aves Marias* com este ritmo sagrado que acabamos de descrever já deve ser o bastante para fazer do Rosário uma "via espiritual". A tradição ocidental tem, desde seus primórdios, enriquecido-a ainda mais, propondo, para cada década do Rosário, uma meditação suplementar que tem relação com o que é chamado de "Mistérios da Virgem" : os "Mistérios Gozosos" para o primeiro terço, os "Mistérios Dolorosos" para o segundo, e os "Mistérios Gloriosos" para o terceiro. Apesar de bem conhecidos, vou enumerá-los aqui de modo a facilitar a compreensão do que estou dizendo :

1. Os Mistérios Gozosos: Anunciação, Visitação, Natividade, Apresentação no Templo, e Encontro no Templo.
2. Mistérios Dolorosos : Agonia no Horto das Oliveiras, Flagelação de Cristo, Coroação de espinhos, Transporte da Cruz e Crucificação.
3. Mistérios Gloriosos : Ressurreição, Ascensão, Pentecostes, Assunção da Santíssima Virgem, e Coroação da Virgem no Céu.

Estes "mistérios" são etapas na vida da Virgem Santíssima; mas esta vida é o modelo para a vida do cristão que, portanto, tem de seguir estas etapas, que são como diversas "estações" espirituais; pois a "Bem-aventurada Virgem é o símbolo e o protótipo da alma humana, é aquele espelho puro onde Deus pode ser refletido, o 'Espelho de Justiça', que também é a 'Porta do Céu'." [90] Estes "mistérios" estão de fato contidos nos Nomes de Jesus e Maria, e sua meditação acompanha a invocação destes Nomes, uma meditação que exibe, por assim dizer, as riquezas interiores destes Nomes diante dos olhos da alma. Meditação e invocação sustentam-se mutuamente uma à outra: assim, a alma tende a "realizar" os mistérios daquilo que deve ser a sua própria vida espiritual do começo ao fim.

Nos Mistérios Gozosos, diz François Chenique, a alma se abre para o Divino: na Anunciação, ela recebe a semente do Verbo; na Visitação, ela foca na presença divina e age em conformidade com ela; na Natividade, a alma dá à luz ao Verbo e o expressa. A Santíssima Virgem, escreve Frithjof Schuon a este respeito, tem o Verbo saído de seu ventre, enquanto aquele que reza O profere mediante a fórmula pela qual o Verbo se encarnou. Na Apresentação no Templo, a alma declara-se sujeita à lei exterior, uma pré-condição para qualquer realização da ordem espiritual; no Encontro no Templo, encontramos a alegria de Deus no templo de nosso coração. Os Mistérios Dolorosos recordam as atribulações do Verbo Encarnado, nos quais a Santíssima Virgem participou diretamente e que nós mesmos deveremos participar pessoalmente, seguindo ao Cristo e Maria. Para que Deus cresça em nós de modo que possamos ser ressuscitados, temos de "flagelar" o nosso próprio eu, "coroá-lo de espinhos", para que possamos fazê-lo "carregar a cruz" e, finalmente, "crucificá-lo", condenando à morte o "homem velho". Chenique afirmou acertadamente que isso envolve o que a mística islâmica chama de "extinção" (*al- fanâ*). Os Mistérios Gloriosos descrevem a transformação da alma. Na Ressurreição, a alma "mortificada "é revivida após a sua "extinção" e redescobre a vida verdadeira; na Ascensão, ela é elevada no ar, deixa o criado para se unir com a natureza divina; com Pentecostes, ela é deificada pelo poder do Espírito Santo; na Assunção ela é, como Maria, elevada através de "todos os céus ", isto é, através dos estados superiores do ser e, finalmente, na Coroação, ela alcança a Divindade no interior da qual torna-se "aquilo que é "para toda a eternidade, o aspecto divino do qual se tinha separado, o seu arquétipo.

Esta meditação dos Mistérios, que é uma travessia das estações da via espiritual, pode ser desenvolvida de acordo com diferentes modalidades formais, mantendo-se ao mesmo tempo, naturalmente, idêntica em sua profundidade.

A VIRGEM

James S. Cutsinger

A causa do que a precedeu, a protetora do que veio depois dela, e a padroeira das coisas eternas.
—São Gregório Palamas

Sabe-se hoje em dia que Frithjof Schuon, reconhecido na segunda metade do século XX como um dos mais prolíficos e autorizados escritores do mundo em matéria de religião e espiritualidade, e como o mais importante expositor da *Sophia Perennis*, foi, em sua vida privada, um mestre sufi, o Cheique 'Isa Nur al- Din Ahmad al- Shadhili al-' Alawi al- Maryamî. Também se tornou de conhecimento público que a tarica ou ordem espiritual que Schuon fundou e dirigiu, um ramo da linhagem *Shadhiliyyah*, é de proveniência mariana, fato indicado pelo último de seus nomes islâmicos. Conhecida como a *Tarica Maryamîyah*, esta ordem foi abençoada com o patrocínio celeste da Virgem Maria, *Sayidatnâ Maryam* no Islã – um patrocínio, Schuon explicou, gratuitamente concedido pelo Céu, e não em virtude de qualquer iniciativa ou intenção sua. "O advento de *Sayyidatnâ Maryam* não dependeu de minha vontade", escreveu ele, "mas da vontade do Céu; foi um dom totalmente inesperado e inimaginável".[91]

Esta informação não constituirá grande surpresa para os leitores atentos dos livros de Schuon, especialmente aqueles escritos a partir de 1965, quando pela primeira vez experimentou o que, anos mais tarde, ele se referirá como a "graça mariana". Aqueles que são sensíveis a tais coisas devem ter notado que há algo quase palpável de feminino ou *shâktico* na substância de muito de seu trabalho, uma qualidade que pode ser sentida mesmo em seu modo de expressão. É difícil dizer exatamente em que esta qualidade consiste. Um comentarista sugeriu que seus escritos exibem uma "qualidade esférica", no sentido de que a esfera contém o maior volume para uma determinada área, e eu mesmo observei que as palavras de Schuon parecem "ligadas de alguma forma, como se organicamente, às realidades que ele descreve". [92] A forma e a textura distintiva de seu estilo são algo que deve ser percebido por cada leitor, mas espero oferecer no que segue uma oportunidade, para aqueles que não estão ainda familiarizados com Schuon, de experimentar essas qualidades por si mesmos. Mas, quaisquer que sejam as impressões de cada um em relação à forma de seus escritos, e seja qual for a melhor maneira de descrevê-la, logo se descobre que, no que tange à matéria de seus escritos, eles contêm numerosas referências explícitas à Santíssima Virgem, com alusões adicionais e indicações muitas vezes escondidas em notas de pé de página. Em uma recente revisão de toda a sua obra, não consegui encontrar um único livro que não contivesse menção da Virgem, e muitos dos livros pareciam repletos de sua presença. No entanto, como costuma acontecer com o ensinamento de Schuon sobre determinado assunto, essas referências são, na maior parte, de natureza ocasional, sendo quase sempre bastante breves; na verdade, apenas dois capítulos de seus escritos publicados estão especificamente dedicados a tópicos marianos. [93] O que isto significa é que temos de ler com persistência e extensivamente para reunir os elementos de uma Mariologia distintamente schuoniana.

Este foi precisamente o meu objetivo na preparação deste artigo. Desde o início de minha convivência com os livros de Schuon, e depois mais profundamente, quando tive o privilégio de conhecê-lo e ler documentos de natureza mais pessoal, fui profundamente tocado pelas "dimensões virginais" de seu ensinamento, tanto doutrinário como metódico, e me pareceu há algum tempo que eu poderia prestar um serviço útil a outros leitores e amigos de ideias afins se me esforçasse por seguir o fio que liga uma amostragem representativa de citações marianas, recolhidas de uma ampla variedade de seus escritos. Disto deve ser entendido, assim espero, que em hipótese nenhuma pretendo ter esgotado um tema tão infinitamente rico em implicações e ressonâncias, nem o espaço me permite citar explicitamente mais do que um pequeno número de passagens. O que segue são, portanto, sugestões, indiretas, aberturas.

Outra ressalva, bem diferente, deve ser inserida antes de começarmos, e isso significa que este artigo não está dirigido a todo tipo de leitor. Certamente que não está destinado a céticos ou cínicos – para aqueles que gostariam de por em xeque a própria legitimidade da vida espiritual, ou que podem ter querelas mais particulares sobre o papel da Virgem, ou o temperamento daqueles que são atraídos para ela. Atender suas queixas é uma tarefa para outra ocasião; tudo que posso fazer aqui é registrar minha concordância com Schuon no que diz respeito aos mistérios marianos: eles não têm "absolutamente relação com os contos de fadas, e muito menos com a 'psicologia profunda.'" [94] Se um crítico objeta que as meditações seguintes são apenas "romantismo" ou "esteticismo", ou mesmo "folclore", de bom grado respondo com as palavras do próprio Schuon que:

> "Longe de desmentir qualquer afinidade com essas coisas, nós as adotamos na medida exata em que elas têm uma relação com a tradição ou com a natureza virgem, restituindo-lhes, em consequência, seus sentidos legítimos e, no mínimo, inocentes. Pois 'a beleza é o esplendor da verdade', e já que é possível ser capaz de perceber isso sem falta de 'seriedade', para dizer o mínimo, não nos sentimos obrigados a oferecer desculpas por sermos particularmente sensíveis a este aspecto do Real." [95]

Devo explicar aqui inicialmente que, apesar de eu mesmo ser cristão, e por profissão teólogo cristão, não estou de fato escrevendo para cristãos *per se*. Protestantes, em particular, não receberão muita ajuda desses comentários; se este artigo fosse principalmente para eles, então outro conjunto de explicações e defesas, muito diferente deste, seria necessário, defesas para justificar, com base escritural, a posição e o papel da Santíssima Virgem na vida e no ensinamento de Schuon, bem como o grau extraordinário de veneração que ele mostra em relação a ela. Há por acaso várias passagens na Bíblia que provaram ser chaves importantes para sua Mariologia, e examiná-la-emos em breve. Mas Schuon seria o primeiro a admitir que tomados em si mesmos, para além do contexto fornecido por seu uso nas liturgias tradicionais e exposições oferecidas em comentários ortodoxos, esses textos não fornecem apoio decisivo para seu ensinamento.[96]

Quanto àqueles cristãos, por outro lado, que celebram estas liturgias e que se fiam nesses comentários – cristãos, em outras palavras, das comunhões apostólicas, seja do Oriente ou do Ocidente –, tampouco constituem meu público primário, pois tais leitores também requereriam, pelo menos na maioria dos casos, algo muito diferente do que eu pretendo oferecer aqui. É certamente verdade que católicos romanos e ortodoxos entendem muito melhor do que protestantes o papel decisivo da Virgem na economia cristã, mas ainda assim sei por experiência que eles em geral ficam perplexos, se não escandalizados, quando tomam contato com os ensinamentos de Schuon sobre Maria. Mesmo quando estudam suas palavras com grande cuidado, muitos ainda ficam insatisfeitos com a maior parte de sua doutrina, e não tenho nenhuma ilusão de que minhas próprias observações, meramente suplementares, serão suficientes para responder às suas objeções fundamentais. Como veremos, o próprio Schuon fez esforços para ajudar cristãos a entender o significado mais profundo dos ensinamentos tradicionais marianos, e em destacar sua coerência com as próprias exposições – encontremos tais ensinamentos nas obras dos grandes santos, ou nas liturgias e iconografia da Igreja, ou em tais títulos dogmáticos da Virgem, como *Theotokos*, ou "Mãe de Deus", um título, promulgada pelo terceiro dos Concílios Ecumênicos, que meus companheiros ortodoxos facilmente reconhecem, acima de tudo, como essencial para sua fé. [97] E ainda assim ele sabia muito bem ao fazê-lo que a Igreja, em seus esforços para formular a verdade de uma maneira inteligível para o maior número possível de indivíduos, "não pode reconhecer a Realidade Divina de Maria sem entrar em contradições insolúveis — embora admita essa Realidade pelo menos implicitamente quando, por exemplo, define a Virgem como "Co-Redentora, 'Mãe de Deus', e 'Esposa do Espírito Santo'". [98]

Aqui, como alguns dos leitores perceberão, antecipamos o cerne mesmo de nosso tema, e aqui também podemos ver muito claramente, em apenas uma única curta frase, uma das razões mais importantes pelas quais Schuon apresenta um problema para muitos cristãos tradicionais. Pois, ao falar tão candidamente da Divindade da Virgem, de sua "Realidade Divina", ele evidentemente, e bastante conscientemente, ultrapassou uma fronteira tradicional. Como meus correligionários ortodoxos sabem, trata-se de uma fronteira há muito estabelecida por teólogos, que, embora insistindo na Divindade do Filho de Maria, "gerado pelo Pai antes de todos os séculos" (Credo de Nicéia), ao mesmo tempo foram relutantes em pensar em Sua mãe como compartilhando desta estatura principial — não obstante as palavras exaltadas de hinos litúrgicos que são cantados em seu louvor. Mesmo que ela seja chamada "mais venerável que os Querubins e incomparavelmente mais gloriosa que os "Serafins", [99] foi o julgamento da Igreja que a Virgem, mesmo assim, não é mais que uma criatura, e não surpreende, portanto, se a mariologia schuoniana deva ser considerada muito "elevada", muito elevada aonde coloca Maria em relação a Deus, assim como sua cristologia é muitas vezes considerada demasiado "baixa" no que diz respeito ao status de Jesus.[100] Não surpreende que mesmo o mais grave dos devotos cristãos de Nossa Senhora deva se sentir ofendido pela alegação de que a Mãe de Deus é ela mesma de uma substância avatárica, um "Descenso divino" e, assim como seu Filho, uma encarnação de Deus. E no entanto, esta é precisamente a percepção fundamental que Schuon tem de Maria, e o ensinamento consistente de todos os seus livros, mesmo dos escritos não publicados.

Na tentativa de compreender essa percepção, fica claro que entraremos naquilo que Schuon admite ser "um domínio extremamente sutil, no qual as definições são sempre perigosas. "E, no entanto, como ele mesmo acrescenta, "a natureza do problema não nos deixa escolha, há coisas que só podem ser expressadas de modo imperfeito, mas, no entanto, não podem ser passadas em silêncio." [101] A Virgem é claramente um desses tópicos, um daqueles mistérios, talvez de fato o mais importante de todos os que a Igreja durante tanto tempo foi tão bem sucedida em proteger que os próprios cristãos parecem quase ter esquecido de sua mais profunda significação. [102] Não tenho a pretensão de ter eu mesmo entendido plenamente tais mistérios, mas, na medida em que tenho uma ideia deles, pelo menos alguma intuição da Presença e da Mensagem da Virgem, tenho de agradecer a Frithjof Schuon, e é em parte como uma forma de expressar minha gratidão que tenho tentado descrever aqui os traços de sua mariologia. Como tentei enfatizar, não tenho a intenção de discutir com aqueles que não vêem utilidade nesses ensinamentos, quer eles sejam críticos céticos ou exoteristas cristãos. Mas, se com este pequeno começo, eu possa de alguma forma ajudar o esoterista, que é a priori aberto para a profundidade deste mistério, em ver Maria mais verdadeiramente em sua realidade intrínseca, e tornar-se assim mais plenamente conformado à sua substância, então eu me considerarei profundamente satisfeito.

O Cristianismo e a Bíblia

O primeiro nível do ensinamento que me proponho a discutir leva a forma de um comentário espiritual ou anagógico de certas passagens marianas na Bíblia.[103] Claro que, como já foi indicado aqui, isto não implica que os textos sagrados ofereçam a prova da doutrina de Schuon, ou pelo menos não em sua plenitude, e certamente não no nível de seus significados literais; mas então tampouco se pode afirmar que eles "provam" a mariologia da Igreja, que vai muito além do que a Bíblia registra explicitamente sobre Maria. De fato, quando se consideram as prerrogativas extraordinárias concedidas a ela pela tradição exotérica, percebe-se que "Escritura trata a Virgem com uma parcimônia algo surpreendente." [104] E ainda como Schuon aponta, isso pode ser facilmente explicado pelo fato de que ela "viveu de forma desapegada de si mesma e se recusou a fazer milagres, e o silêncio quase completo do Evangelho em relação a ela ilustra este desapego." Mas ilustra também, ele continua —- por mais indireta e alusivamente que seja – algo da verdadeira grandeza da Virgem, pois em sua própria reticência, as Escrituras nos fornecem uma primeira e importantíssima indicação que "Maryam é identificável com a Verdade esotérica (*Haqîqah*) na medida em que ela é uma Revelação secreta." [105]

Esta identificação de Maria com o puro esoterismo é uma das dimensões mais importantes da doutrina schuoniana, e teremos ocasião de voltar a ela mais para o final destas reflexões. De momento, é importante notar, contudo, que muitas autoridades cristãs tiveram uma interpretação semelhante, encarando o relativo silêncio das Escrituras como sinal da amplitude e dignidade superiores da Virgem. Escrevendo nos primeiros anos da Igreja, Santo Inácio de Antioquia, por exemplo, descreve a virgindade de Maria e o fato de ter dado luz ao Logos como "segredos chorando para serem contados, mas operados no silêncio de Deus" [106] e, muitos séculos depois, São Luís Maria de Montfort pôde ensinar em um padrão similar que "mesmo que Maria fosse sua esposa fiel, Deus Espírito Santo quis que seus apóstolos e evangelistas devessem dizer muito pouco sobre ela e, em seguida, apenas o quanto era necessário para fazer Jesus conhecido." Caso contrário, o santo explica, "os homens, ainda insuficientemente instruídos e esclarecidos sobre a pessoa de seu Filho, poderiam se desviar da verdade, tornando-se muito fortemente ligados a ela", um apego que se devia aos "encantos maravilhosos com que o Todo-Poderoso tinha dotado até mesmo sua aparência exterior." [107] A subestimação nas Escrituras não é, portanto, de nenhuma maneira, um sinal da falta de importância ou insignificância da Virgem. Deve-se admitir que "o Evangelho não diz nada sobre o dia a dia de Maria", mas, ao mesmo tempo, diz Schuon, é certamente óbvio que "a vida de uma *Mater Dei* co-redentora não podia em qualquer caso ser 'comum', no sentido tolamente convencional da palavra". [108]

Embora referências a uma variedade de textos bíblicos possam ser encontradas em seu trabalho quando ele está falando de Maria, Schuon sempre volta a quatro conjuntos de versos em particular, três no Antigo Testamento e um no Novo. A primeira das passagens do Antigo Testamento é Gênesis 3:15, chamada pelos Padres da Igreja de "Proto-evangelho", ou Evangelho primordial, na medida em que profetiza, em sua interpretação cristã, a vinda do Cristo. Falando à serpente no Paraíso, Deus diz: *E porei inimizade entre ti e a mulher, entre tua descendência e a dela; ela te ferirá a cabeça, e tu lhe ferirás o calcanhar.* No contexto imediato e literal, a mulher é Eva, que é tentada pela serpente, ou Satanás, e desobedece a Deus. Mas, ao mesmo tempo em que é óbvio que a mulher cuja descendência ferirá, sendo também ferida pelo diabo, é Maria e, por esta razão, a partir do segundo século cristão, a Igreja frequentemente ensinou que a mulher do primeiro Adão e a mãe do segundo Adão são espiritualmente ligadas uma à outra, como antítipos. Santo Irineu de Lião é representativo a este respeito:

> *Como Eva foi seduzida pela palavra de um anjo para fugir de Deus, tendo se rebelado contra o Verbo, do mesmo modo Maria, pela palavra de um anjo recebeu as boas-novas de que ela daria à luz Deus pela obediência de Seu Verbo. A primeira foi seduzida a desobedecer Deus, mas a segunda foi persuadida a*

obedecer a Deus, de maneira que a Virgem Maria poderia tornar-se a advogada da virgem Eva. Assim como o gênero humano foi submetido à morte por meio de um virgem, do mesmo modo ele foi salvo por uma Virgem.[109]

Schuon chama a atenção para as profundas implicações teológicas que este par muitas vezes tem em seus escritos. Observando, por exemplo, que as duas mulheres são opostos complementares na ordem de sua relação com as figuras masculinas correspondentes, ele escreve que "se Eva, saída de Adão, simboliza a queda, a Santíssima Virgem, de quem o Cristo veio, simboliza a vitória sobre a serpente".[110] Ou ainda, destacando outro contraste, ele salienta que Maria "por sua pureza, como também por sua misericórdia, vence o pecado da Eva demiúrgica, a portadora de criaturas e de paixões; Eva, que engendra, seduz e aprisiona, é 'eternamente' conquistada pela Virgem, que purifica, perdoa e liberta". [111]

No plano dessas formulações, nenhum exoterista deve ter razão para objeção. Mas, Schuon logo dá mais um passo, para além do par tipológico familiar, quando ele se propõe a explicar a relação metafísica entre os dois lados *da mulher* nos termos da concepção hindu de *Mâyâ*. Na doutrina schuoniana, como seus leitores sabem, *Mâyâ* é uma dimensão do Princípio Divino; enraizada na Infinitude de Deus, é o que "faz com que" a Divindade irradie fora de Si rumo à Manifestação. Maya é, assim, o princípio de toda teofania e, no entanto, ao mesmo tempo, uma vez que o que está "fora" da Divindade não é realmente Divina, é o princípio de toda obscuridade e a causa do esquecimento do homem. Maya é a razão pela qual Deus é capaz de aparecer ao homem, mas, paradoxalmente, é também a razão pela qual o homem não O vê". [112] Ora, segundo Schuon, este caráter ambivalente da Relatividade Divina pode ser visto em dois aspectos distintos do feminino, que se manifestam nas pessoas de Eva e da Virgem:

> "Como o arquétipo universal da feminilidade, Maya é tanto Eva e Maria: mulher "psíquica" e sedutora, e mulher "pneumática" e libertadora; gênio descendente ou ascendente, alienante ou reintegrante. Maya projeta almas, a fim de ser capaz de libertá-las, e projeta o mal a fim de ser capaz de superá-lo; ou ainda: por um lado, ela projeta seu véu a fim de ser capaz de manifestar as potencialidades do Sumo Bem e, por outro, ela vela o bem a fim de ser capaz de desvelá-lo e, assim, manifestar um bem suplementar: o do retorno do filho pródigo, ou a Libertação." [113]

A última parte desta passagem é crucial, pois de outro modo poderia levar a crer que a relação entre os dois aspectos da *mulher* é meramente recíproca. Schuon torna bem claro, contudo, que mesmo a despeito do pecado de Eva – isto é, a tendência da projeção cosmogônica de mover-se na direção do nada — "conferir a Maya uma ambiguidade", esta ambiguidade "é bastante relativa e, longe de ser simétrica, não pode manchar Maya". Pois "a glória de Maria apaga totalmente o pecado de Eva, o que significa dizer que, com relação à extensão total da Existência e, acima de tudo, com relação a seu Ápice Divino, não há mais qualquer ambiguidade e o mal não é." [114] Afinal de contas, tudo, exceto o Princípio Supremo, não é senão aparência; somente Deus *é* verdadeiramente, e assim "Eva é infinitamente perdoada e vitoriosa em Maria." [115]

Por séculos, os cristãos se voltaram para o Cântico dos Cânticos de Salomão ao celebrar a vida da Virgem e, como os Padres da Igreja antes dele, Schuon também se refere a este texto. Dois versículos têm sido especialmente destacados nos comentários tradicionais de santos como Bernardo de Claraval, e nas antífonas festivas, *stichera*, e outras festas próprias da Conceição da Virgem, sua Natividade, sua entrada no Templo, a Anunciação, e outras festas marianas do ano litúrgico, a saber: Cânticos 1:5, *Sou negra, mas bela*, e Cânticos 4:7 *Tu és toda formosa, meu amor, não há mancha em ti.* A figura que está falando na primeira destas passagens, e que é abordada na segunda — em ambos os casos, uma mulher — é diversamente interpretada na tradição cristã, dependendo do nível de significado enfatizado, como representando alegoricamente quer o povo de Israel, quer a Igreja, quer a alma humana em estado de graça. Mas seja qual for o significado enfatizado, concorda-se que a Virgem Santíssima — cuja alma se entende como impecável, que é a Mãe da Igreja, e em quem culminam as promessas de Deus ao seu povo — é o tipo supremo da figura em questão e, portanto, que este texto sagrado é fundamentalmente um diálogo entre Deus e Sua noiva virginal.

Vez após vez em seus escritos, Schuon retorna ao primeiro destes versos, *Nigra sum sed formosa*, ajudando a sondar a imensa profundeza de seu significado. Atrevo-me a dizer que, de fato, não existe nenhuma outra passagem da Bíblia pela qual ele estava mais fascinado do que esta, e este deslumbramento pode ser visto na evidente alegria com que ele revela sua aplicação a Maria. [116] Lembrando, por exemplo, seu papel cósmico em relação a Mâyâ, ele explica que a Virgem "manifesta o Véu universal em sua função de transmissão; ela é Véu porque ela é uma forma, mas é Essência por seu conteúdo e consequentemente por sua mensagem. Ela é ao mesmo tempo fechada e aberta, inviolável e generosa", e segue-se, portanto, continua ele, que "ela é 'negra mas bela', porque o Véu é tanto fechado como transparente, ou porque, depois de ser fechado em virtude da inviolabilidade, abre-se em virtude da misericórdia." [117] A Virgem, contudo, não só é "primeiramente obscura e sacrificial e, em seguida, luminosa e beatífica", ela é também, e ainda mais profundamente, "luminosa e beatífica na obscuridade." Ela é, Schuon acrescenta em um fecho tipicamente poderoso, "divinamente obscura – isto é, não manifestada e infinita – em sua beleza mesma." [118] Sublinhando, por outro lado, o modo de ação da Virgem, ao invés de seu estado de ser, ele indica em outro lugar que a Mãe de Deus é como seu Filho ao trazer uma mensagem de interioridade. Mas a dela é uma interioridade — isto é, uma obscuridade - que é mais "acolhedora" do que rigorosa, e é neste sentido que "pode-se atribuir a ela, como o faz o Cântico dos Cânticos, a qualidade de ser 'negra, mas bela', ela não nos separa do mundo exterior, mas nos atrai suavemente em direção ao interior." [119]

Certamente que o fato de a Virgem ser "gentil" não tira nada de sua dignidade ou majestade transcendente. Apesar de sermos gratos por sua beleza e misericórdia, não devemos esquecer que, como o Cristo, ela "não é deste mundo" (João 18:36).[120] Ela é "negra", Schuon escreve, "porque ela transcende e, assim, nega o nosso plano demasiado humano" ; ou ainda: "a cor negra da amada no Cântico dos Cânticos, e de muitas imagens da Santíssima Virgem, não expressa tanto a ambigüidade bastante relativa da Existência, mas a sua "auto-anulação", ou desapego.[121] E ainda assim este último simbolismo não é exclusivo, pois, de outro ponto de vista, a cor da Virgem serve também para lembrar o esoterista acerca do fim de sua Via. A obscuridade dela prenuncia os combates da batalha espiritual, mas também a sombra refrescante a ser desfrutada pelo vencedor. Neste caso, "a cor negra representa o caráter secreto e supra-formal da gnosis". [122] Falando, por exemplo, do "supremo estado espiritual", que é a meta do hesicasta cristão, Schuon observa que o propósito do "santo silêncio" (*hesychia*) é "simbolizado pela cor preta dada a certas Virgens", [123] e, a este respeito, há claramente uma beleza dentro da obscuridade — mesmo que haja um *yang* no *yin* no emblema familiar da tradição extremo oriental. Pois, embora "o conhecimento é exclusivo e separativo no exterior", ele é "inclusivo e unitivo no interior." A meta final da jornada espiritual é, assim, como a própria Maria: "é virginal porque o ego não pode violá-la, e é maternal porque acolhe, aceita e reintegra; é Beleza e Bondade; é simultaneamente Noite e Vinho". [124]

Além do Proto-Evangelho de Gênesis e dos Cânticos dos Cânticos, os cristãos tradicionais sempre fizeram uso considerável dos livros de Sabedoria do Antigo Testamento como fontes de inspiração para a sua compreensão da Virgem. Dois textos foram especialmente importantes, Provérbios 8: 22-30 e Sabedoria de Salomão 7: 22-30; ambos falam de um ser feminino chamado *Sophia* ou Sabedoria, que é muito claramente de ordem celestial, se não principial. Em Provérbios, ela diz de si mesma que foi *criada desde a eternidade, desde o princípio, quando a terra ainda não era.* Quando *Deus preparou os céus, eu estava lá: quando Ele traçou um círculo sobre a face do abismo. Então, eu estava ao lado Dele, como se trazida com Ele: e era cada dia o seu deleite, regozijando-me sempre diante Dele.* Quanto ao livro da Sabedoria, diz-se lá de *Sophia* que *ela é o sopro do poder de Deus, e uma influência pura flui da glória do Todo-Poderoso. Ela é o brilho da luz eterna, o espelho imaculado do poder de Deus e a imagem da Sua bondade. Ela, a Sabedoria, tudo pode e, permanecendo sempre a mesma, faz nascer novas todas as coisas. Pois ela é mais bela que o sol, e acima de toda a ordem de estrelas: sendo comparada com a luz, ela vem antes desta.* Estas e outras passagens similares têm sido, por séculos, lidas pela Igreja na celebração de suas festas marianas, e podem ser encontradas incorporadas a muitos hinos cristãos e litanias em honra da Virgem. Assim, na missa católica para a Festa da Imaculada Conceição, diz-se de Maria, como foi dito de *Sophia*, que ela "foi gerada antes de todos os mundos, criada desde os tempos antigos antes da terra". E no Hino *Akathista* da Igreja do Oriente, entre uma deslumbrante série de outros títulos, a Virgem é descrita como o Espaço do Deus que está além do Espaço, um epíteto que reflete o fato de que somente a *Sabedoria abarca o circuito dos Céus* (Eclesiástico, 24: 5).[125]

Até onde eu saiba, Schuon nunca comentou em detalhes essas prerrogativas *sophianicas* particulares, nem destaca um versículo específico a partir destes textos sagrados, mas ele certamente afirma a conexão essencial entre a Sabedoria e Maria, e, ao fazê-lo, está claro que ele está bem ciente da longa tradição de meditação e devoção cristã baseada nesta relação. Ele também está ciente de que o Igreja muitas vezes tem associado a Sabedoria Divina com o Logos, o Verbo encarnado no Cristo, e por esta razão ele ensina, em muitos lugares, que este Logos deve conter de alguma forma um aspecto, ou dimensão, feminino, o qual se personificou ou se encarnou em Maria. Assim,

> "A bem-aventurada Virgem personifica a *Sophia* pré-existencial e existenciante: o Logos na medida em que "concebe "criaturas, depois as "engendra" e, finalmente, as "forma" ou as "embeleza" ; se Maria assim representa o Logos não manifestado e silencioso – *nigra sum sed formosa* –, Jesus é o Logos manifestado e legislador." [126]

No primeiro livro de Reis, a Bíblia fala do grande Trono de Salomão, ou Trono da Sabedoria e, como muitas autoridades cristãs, é comum Schuon explicar a relação da Virgem com o Logos identificando-a com este Trono.

Ela própria, ele insiste — com S. Bernardo e outros – é *Sedes Sapientiae*, do qual *outro não se fizera em qualquer reino* (1 Reis 10:20). "Isto ocorre porque, antes de qualquer coisa, ela é a Mãe de Cristo, que, sendo o Verbo, é a "Sabedoria de Deus" ; mas é também, obviamente, em razão de sua própria natureza, que resulta de sua qualidade de "Esposa do Espírito Santo" e "Co-redentora". E uma vez que ela é tal Trono, Schuon prossegue, um "Trono vivificado pelo Todo-Poderoso, de acordo com um hino bizantino — Maria é ipso facto identificada com a *Sophia* Divina, como é atestado pela interpretação mariana de alguns dos elogios da Sabedoria na Bíblia. Maria não poderia ter sido o lócus da Encarnação se ela não tivesse em sua própria natureza a Sabedoria a ser encarnada." [127]

Agora, com esta formulação, é importante fazer uma pausa, porque ela antecipa algumas ideias que comentarei mais cuidadosamente em seguida. Como esta passagem indica, o ensinamento de Schuon sobre a divindade de Maria — com base, neste caso, na sua identificação com a Sabedoria incriada — não significa, a despeito de uma leitura superficial poder levar alguém a supor isto, que ele desejasse negar sua humanidade, que era, obviamente, essencial, a fim de que ela pudesse tornar-se um verdadeiro *lócus* para a encarnação do Cristo. Pelo contrário, é somente respeitando totalmente o fato de que a Virgem era uma mulher genuína que é possível compreender de que forma ela pode ao mesmo tempo ser *Sophia*, ou o *Logos* encarnado. "A feminilidade humana da Virgem Maria e, assim, sua subordinação", escreve ele, longe de se opor à Divindade, indica "uma superioridade celeste real em uma conexão particular: a feminilidade aparece aqui – em vista da excelência superior, espiritual e cósmica, da personagem – como o reflexo invertido da pura essencialidade", e é desta maneira precisamente que "ela é, portanto, identificada com a Divina Feminilidade, ou com a Sabedoria, 'que era no início'". [128] Em outra parte, falando mais especificamente sobre suas virtudes, Schuon chama a atenção para o fato de que "a Virgem, apesar de sua santidade suprema, permanece mulher e não aspira a nenhum outro papel; a alma humilde é consciente de sua própria posição e se extingue diante do que a supera. É assim que a *Materia Prima* do Universo" — isto é, a Substância subjacente das coisas, que a perspectiva schuoniana identifica com a Sabedoria imanente de Deus — "permanece em seu próprio nível e nunca procura apropriar para si a transcendência do Princípio".[129] E aqui está o prodígio, certamente: que é precisamente por não desejar imitar Deus que Maria mostra-se tão organicamente parte Dele, tão plenamente divina. Segundo São Luís Maria de Montfort, a Santíssima Virgem fez um exercício de "ocultar a si mesma nas profundezas do vazio, por toda a sua vida" e, como resultado, diz o santo, "Maria é totalmente parente de Deus. De fato, eu diria que ela é parente somente de Deus." [130]

São Luis certamente não pretende simplesmente provocar nosso espanto, ele insistiria para que nos conformássemos a este modelo virginal, e o mesmo faria Schuon. Ele sabe que tão grande mistério não pode deixar de ter implicações profundas para a compreensão de nossa própria natureza à medida que avançarmos na Via, e ele prontamente nos ajuda a ver quais são tais implicações:

> "A *Mâyâ* divina - Feminilidade *in divinis* - não é apenas aquilo que projeta e cria; mas também é o que atrai e liberta. A Santa Virgem como *Sedes Sapientiae* personifica esta Sabedoria misericordiosa que vem em nossa direção e que também nós, quer saibamos ou não, portamos em nossa própria essência; e é precisamente em virtude desta potencialidade ou virtualidade que a Sabedoria vem sobre nós. A sede imanente da Sabedoria é o coração do homem." [131]

Voltando agora para o Novo Testamento, os cristãos tomaram nota de duas passagens importantes no Apocalipse em seus esforços para sondar o pleno significado da Mãe de Deus: Apocalipse 12:1, que fala de *um grande sinal no céu: uma mulher vestida de sol e com a lua sob seus pés, tendo na cabeça uma coroa de doze estrelas*; e Apocalipse 21:11, que descreve a *noiva* do Cordeiro, brilhando com *a glória mesma de Deus: e sua luz era semelhante a uma pedra preciosíssima, como uma pedra de jaspe, transparente como cristal.* Mas, mais frequentemente, eles se voltaram para São Lucas, onde até mesmo no nível literal do significado o cristão tem acesso a dois insights extremamente importantes acerca da natureza virginal — primeiro, na narrativa da Anunciação: *E o anjo veio até ela e disse: Salve, tu que és cheia de graça, o Senhor é convosco, bendita sois vós entre as mulheres* (Lucas 1:28); e, segundo, na descrição do encontro de Maria com Santa Isabel: e *Isabel foi tomada pelo Espírito Santo: e exclamou em voz alta, dizendo: Bendita sois vós entre as mulheres e bendito é o fruto de vosso ventre* (Lucas 1:41-42). É sobre a combinação inspirada destes versos que a *Ave Maria*, ou Saudação Angélica, do Rosário ocidental se baseia, e não surpreende que Schuon, tão profundamente interessado na prática da prece metódica em todas as tradições, frequentemente falou da *Ave*, nem que sua mariologia foi expressa, em parte, em numerosos comentários destes versículos do Evangelho.

De acordo com Schuon, duas coisas são esclarecidas nestes textos sagrados: por um lado, que a Virgem é perfeitamente isenta de pecado, como o Antigo Testamento tinha profetizado [132] e, como a Igreja Católica afirmou dogmaticamente em sua doutrina da Imaculada Conceição; e por outro lado que ela é por direito próprio uma encarnação divina. Quanto ao primeiro destes pontos, ele observa que, quando o arcanjo Gabriel primeiro aborda Maria, ele diz *Ave Gratia Plena*. "O anjo não disse *Ave Maria*, porque para ele *Gratia Plena* é o nome que ele dá à Virgem, o que equivale a dizer que Maria é sinônimo de *gratia plena*". [133] Resulta daí para o schuoniano, como para a Igreja, que "a Virgem é a santidade", uma vez que ela está totalmente preenchida da Graça de Deus, não há nela lugar para a presença do pecado. Ela deste modo possui em sua própria natureza "a totalidade e a quintessência de todas as qualidades ou atitudes espirituais e de todas as virtudes que as acompanham ou condicionam." [134] Não surpreendentemente, Schuon vincula esta perfeição moral pessoal da natureza humana da Virgem à harmonia primordial da pura Existência, e ele o faz de modo que nos encoraja a vê-la como um modelo. "Maria é a pureza, a beleza, a bondade e a humildade da Substância cósmica", e "a reflexão microcósmica desta Substância é a alma em estado de graça." A bênção da Virgem, assim, "está sobre aquele que purifica sua alma para Deus." [135]

Ao destacar estes pontos preliminares, as reflexões de Schuon acerca da Saudação Angélica são perfeitamente consistentes com o que a tradição exotérica cristã diz, pelo menos em princípio. Mas, como já mencionei, ele dá um passo adicional ao insistir que a natureza imaculada da Virgem, como anunciada pelo anjo, se deve à sua própria Divindade. Segundo a constituição católica *Ineffabilis Deus*, "A santa Virgem Maria, no primeiro instante de sua concepção, por um privilégio singular e por graça do Deus onipotente, foi preservada de toda mancha do pecado original" – mas isto somente, como é acrescentado apenas uma vez pelo texto, "em consideração aos méritos de Jesus Cristo, o Salvador da humanidade". [136] Desta maneira, a Igreja Católica, bem ciente da direção na qual a piedade popular poderia seguir – e que seguiu de qualquer maneira – procurou prevenir o desvio do culto dedicado a Jesus. Mas, na perspectiva exotérica, "sejam quais forem as limitações auto-impostas que a teologia exotérica possa ter de assumir aqui por razões de conveniência", [137] não há realmente razão para não admitir o que esta extraordinária prerrogativa de Maria implica:

> "Por um lado, o Evangelho diz da Santa Virgem que ela é 'cheia de graça' e que 'o Senhor está com ela', e 'daqui em diante todas as gerações a chamarão bendita'. Por outro lado, o Cristo herdou da Virgem toda a sua natureza humana, do ponto de vista tanto psíquico como físico, de modo que seu corpo e sangue sacramentais são fundamentalmente os da Virgem.

Ora, uma pessoa que possui tais prerrogativas – ao ponto de ser chamada "Mãe de Deus" – tem necessariamente uma qualidade 'avatárica', expressada teologicamente pela ideia de "Conceição Imaculada". Assim, o culto de Maria não é meramente uma questão de tradição, resulta claramente da Escritura." [138]

Quando lembramos que "Imaculada Conceição" é o nome que Maria se deu a si mesma ao falar com Santa Bernadette em Lourdes, é compreensível porque, segundo Schuon, o dogma deve se referir a "uma qualidade intrínseca da Virgem" : já que é uma qualidade que por definição ela possuía desde o começo, desde sua concepção, obviamente pertence à sua natureza, pois seria absurdo supor que uma "natureza" possa ter existido em alguma outra forma antes de se beneficiar de uma adição extrínseca. Assim, ele conclui: "Maria é 'divina' não somente através de Jesus, mas também, e a priori, por sua receptividade proporcional à Encarnação", e sendo assim, devemos admitir que "o Logos 'se encarnou' nela já antes do nascimento do Cristo, o que é indicado pelas palavras *gratia plena* e *Dominus tecum*." [139]

Antes de deixar este tópico, quero notar que Schuon estava perfeitamente consciente da divergência entre as Igrejas oriental e ocidental acerca da questão da concepção de Maria. Como os católicos, os ortodoxos ensinam que Maria era isenta de pecado, facilmente confessando que ela era *Panagia*, ou "Santíssima", e crendo que ela o tenha sido desde o começo. Mas, em sua compreensão, a culpa do "pecado original" do homem não é herdada: todo recém nascido é inocente, e o dogma da Imaculada Conceição é portanto, na melhor das hipótese, supérfluo; na pior das hipóteses, ele corre o risco de diluir nossa admiração pela perfeição da Virgem, pois se ela era por natureza e necessariamente virtuosa, não se poderia atribuir a ela a excelência da vitória espiritual. Como é frequentemente o caso, a perspectiva de Schuon não apenas joga luz nova sobre a disputa, mas de fato resolve-a num plano mais elevado:

> "Maria era a priori isenta da capacidade de pecar, ou era ela isenta de pecado pela superabundância de sua virtude? Em outras palavras, era ela impecável em razão da absoluta impecabilidade de sua natureza, ou era ela santa como resultado da impecabilidade absoluta de sua inteligência e sua vontade? Os que mantêm a primeira tese procuram evitar atribuir a Maria uma imperfeição de substância; aqueles que sustentam a segunda buscam evitar privá-la da perfeição do mérito; mas ambos os lados parecem perder de vista o fato de que, no nível da Santa Virgem, a alternativa perde todo seu sentido. A 'imaculada conceição' – atribuída a Maria também pela tradição

islâmica —admite toda atitude meritória por sua própria natureza, como uma substância contém em síntese todos os seus possíveis acidentes; e, inversamente, a perfeita impecabilidade - fora de questão para o homem comum - é ipso facto equivalente à ausência do 'pecado original'." [140]

O Islã e o Corão

Schuon foi criado como cristão e foi por toda a vida um firme e ardente defensor da Divindade do Cristo e outras verdades essenciais desta tradição; era, portanto, natural para Schuon formular seu entendimento da Virgem nos termos das Escrituras cristãs. Mas, tendo se decidido a abraçar o Islã - "sem ser um convertido", certamente, mas "por razões de conveniência esotérica e, portanto, espiritual" [141] — e tendo ocupado, neste quadro, a função de cheique sufi por mais de 60 anos, era também natural que sua Mariologia devesse repousar em parte em referências a *Sayyidatnâ Maryam* que encontram-se no Corão, bem como em algumas tradições do Profeta Maomé.

Cristãos muitas vezes se surpreendem ao descobrir que o Livro sacro do Islã é às vezes ainda mais explícito que a Bíblia na exaltação de Maria, e que ele também - como Schuon observa -ensina uma doutrina da imaculada conceição. Lá se diz, por exemplo, que quando a Virgem nasceu, sua mãe, *a mulher de 'Imrân* - conhecida dos cristãos como Sant'Ana - rezou a Deus em favor da filha, *eu confio a criança e sua prole a Tua proteção, contra Satanás o maldito* (Sura 3: 35-36), e o fato de que esta oração foi atendida é comprovado pelo dito do Profeta: "Satanás tocou todo filho de Adão no dia que sua mãe lhe pariu, com exceção apenas de Maria e seu filho". Em outro ponto, há uma passagem que lembra as palavras do arcanjo Gabriel e de Santa Isabel no Evangelho de Lucas, *bendita sois vós entre as mulheres*, o Corão afirma de Maria que *Allâh a escolheu e te fez pura, e te preferiu acima de todas as mulheres da criação* (Sura 3: 42), um ensinamento que foi confirmado, segundo outro hadith, quando o Profeta disse à sua filha Fátima, "Tu és a mais elevada das mulheres entre a gente do Paraíso, com exceção da Virgem Maria, filha de 'Imrân". Além disso, toda uma sura do Corão leva o nome da Virgem, na qual se revela - em confirmação a uma tradição cristã encontrada no Livro de Tiago, onde ficamos sabendo dos primeiros dias de Maria no Templo em Jerusalém - que ainda criança ela *vivia retirada da família num lugar voltado para o Oriente, e ela colocou um véu entre ela e sua gente*(Sura 19: 16-17). Em outra passagem, o Corão ensina que Allâh *fez do filho de Maria e de sua mãe um sinal* (Sura 23:50), [142] e em outro lugar que, quando Deus *mencionou um exemplo para aqueles que crêem*, é feita menção de Maria, *a filha de 'Imrân, que conservou pura sua virgindade, e Nós sopramos nela Nosso Espírito. E ela testemunhou a verdade das palavras de seu Senhor e Suas escrituras, e ela era daquelas absorvidas na oração* (Sura 66:12). Tão grande era o respeito do próprio Profeta por Maria que, ao retornar a Meca após conquistá-la, ele ordenou que todas as imagens na Caaba fossem apagadas, com exceção de dois ícones: o de um homem idoso, que se dizia ser Abrahão, e outro da Virgem com a Criança, que ele protegeu com as próprias mãos.

Schuon estava profundamente interessado nas implicações para a doutrina e o método marianos que podem ser descobertos em duas passagens corânicas em particular. A primeira, o versículo do *Mihrâb*, ou "nicho de orações", fala da presença da Virgem no Templo, para onde fora levada aos três anos de idade, e onde viveu até seu casamento com José – Zacarias, o marido de sua prima Isabel, era então o grão sacerdote do templo. *Seu Senhor a aceitou com plena aceitação e garantiu a ela um crescimento gracioso e fez de Zacarias seu guardião. E sempre que Zacarias entrava no santuário [Mihrâb], onde Maria estava, ele via que ela tinha alimento. Ele disse: Ó Maria! De onde vem este teu alimento? Ela respondia: é de Allâh. Allâh provê o sustento além de toda conta para aqueles que Ele quer (Sura 3:37).*[143] É crença do Islã, como é do Cristianismo, que a Virgem Santíssima foi sustentada de forma milagrosa durante estes anos por meio de um alimento celestial que lhe era trazido por anjos. Segundo o patriarca ortodoxo Photius, Maria "deu um exemplo de vida imaterial na Terra, tendo sido nutrida, por assim dizer, desde a mais tenra infância, apenas das virtudes", e a Mariologia schuoniana está em perfeito acordo com este ensinamento: não apenas a vida dela no Templo nos ajuda a instruir-nos sobre a estatura da Virgem na economia divina, ela dá ao peregrino espiritual um modelo poderosamente atrativo acerca de como seu próprio estado de vida deveria ser.

Por um lado, Schuon escreve, dado que "o *mihrâb* é equivalente ao Santíssimo no Templo", segue-se que "na época da presença da Virgem no Templo, era ela o sumo sacerdote", e desde que esotericamente "o *Mihrâb* é o coração", ela mesma constituía "o Santíssimo".[144] Lembrando *o Oriente* para o qual ela se voltava (Sura 19:16) quando ela realizava sua função sacerdotal, Schuon acrescenta, "é digno de nota que a Virgem é *Stella Matutina*, uma alusão ao Oriente, que em nosso simbolismo denota fervor. Além deste sentido particular, o Oriente expressa a vinda da luz, e é assim que a tradição cristã interpreta o título 'estrela matutina'; ora, o fervor deriva da luz, assim como em princípio luz e calor caminham juntos".[145]

Por outro lado, a seclusão e piedade de Maria se tornam um exemplo para outros; de fato, "Maryam é a alma interior que invoca e que, por este fato, está retirada do mundo." [146] De acordo com alguns comentaristas corânicos, na frase *ela colocou um véu entre ela e sua gente* (19:17), o santuário do Templo estava separado do pátio externo por uma série de véus, sete em número, que "se tornam sete portas", Schuon escreve, "que Zacarias tinha de abrir com uma chave cada vez que ele visitava Maria no Templo".[147] O que este velamento significa para o viajante espiritual é que "a Santíssima Virgem representa a *khalwah* ou o retiro espiritual". Combinando este significado simbólico da passagem corânica com o texto que discutimos do Cântico dos Cânticos, Schuon prossegue, "Sou negra mas bela: este verso expressa o mistério da *khalwah* e daí se segue que, se a *khalwah* é a priori obscura, ela subsequentemente se transforma em uma luz dourada". [148] Assim, juntamente com os Cânticos, o versículo do *Mihrâb* serve para mostrar que:

> "O que Seyyidatnâ Maryam nos pede é que sempre permaneçamos em *khalwah*, em meio ao mundo e a vida; não tanto na *khalwah* que é obscura, mas naquela que é dourada, que nos acompanha por toda a parte como uma aura protetora e abençoada, desde que nós nos entreguemos ao Raio Celeste. Neste estado, o homem não sente mais qualquer curiosidade pelas coisas dissipantes deste mundo; ele não está mais interessado em coisas que são inúteis para ele, e só está interessado em permanecer no pequeno jardim dourado da pobreza espiritual. Pois Sayyidatnâ Maryam é como um cristal, no qual nada que é insensato ou impuro penetra; é por isso que o Corão diz que ela manteve intacta sua virgindade, significando com isto seu coração." [149]

Quanto ao alimento com o qual Maria se nutria durante seu retiro, Schuon ensina que ele se refere em última instância a Deus mesmo, cujos Nomes ela invocava sem cessar. "Sayydatnâ Maryam era alimentada no Templo (o *Mihrâb*) por alimentos celestes. Ora, para o homem viver, ele precisa de comida e bebida." Faz todo sentido, diz Schuon, que as tradições cristã e muçulmana estejam de acordo na crença de que a Virgem recebeu frutas dos anjos, pois as "frutas combinam os dois, o sólido e o líquido; elas alimentam por sua polpa e dão bebida por seu sumo". O cristão irá naturalmente pensar no Pão e no Vinho da Eucaristia, a própria substância de Deus, mas neste caso Schuon escolheu enfatizar o elo com o sacramento do Nome e o método do *Dhikr*, ou Invocação. "Pode-se dizer que o Nome Supremo é ao mesmo tempo Alimento e Bebida; é a Fruta divina que combina todos os dons que nos fazem viver. Dizer que a Santa Virgem recebeu várias frutas significa que ela viveu pelos Nomes divinos, de acordo com a dupla relação de Ambrosia e Néctar." [150]

Outro importante texto corânico ao qual Schuon se refere muitas vezes é uma passagem na qual cristãos são censurados por sua crença em uma trindade divina – não, contudo, a Trindade dogmaticamente proclamada pela Igreja, mas uma trindade composta de *Allâh*, Jesus e Maria: *Eles certamente descrêem se dizem: Allâh é o terceiro de três, mas não há deus senão o único Deus. O Messias, filho de Maria, não foi senão um mensageiro, como outros que vieram antes dele, e sua mãe foi uma mulher santa* (sura 5:73, 75). O peso destes versos é certamente enfatizar, de um modo característico da economia muçulmana, que nada pode ser associado a *Allâh*, e que Jesus e Sua Mãe devem, assim, serem encarados como criaturas. Segundo Schuon, o que é censurado nesta passagem é uma trindade resultante da "deificação de Jesus e Maria", uma trindade que é "indiretamente atribuída aos cristãos pelo Corão", mas que, ao mesmo tempo, contrariamente ao que muitos exoteristas de ambas as tradições assumem, "este Livro em nenhum lugar identifica com a Trindade da doutrina cristã." [151] Da maneira como Schuon vê o ponto, contudo, há uma conexão subjacente importante entre estas duas trindades, algo que o texto revelado ajuda o esoterista a discernir, ainda que enfatizando "a incompatibilidade exotérica do trinitarismo cristão com o unitarismo islâmico." [152]

"A trindade que o Corão atribui ao Cristianismo – o Pai, o Filho e a Virgem – é completamente lógica à sua maneira", Schuon escreve, e ele explica esta lógica em três diferentes níveis. Em primeiro lugar, ao colocar Maria "no lugar" do Espírito Santo em sua formulação da Trindade, a revelação islâmica tencionava levar em conta certos "adoradores heréticos da Virgem" da época de Maomé, cuja "própria existência" serve para mostrar "no que os dogmas cristãos teriam se tornado por meio de uma inevitável falha de adaptação se eles tivessem sido adotados pelos árabes, para quem eles não eram destinados." [153] Em segundo lugar, a trindade corânica "expressa uma situação psicológica de fato" ao buscar confrontar "o marianismo que existia na prática" entre cristãos ortodoxos nas origens do Islã, e que, mesmo sendo perfeitamente consistente com a economia espiritual cristã, "constituía do ponto de vista islâmico uma usurpação parcial do culto devido a Deus". Finalmente, num terceiro plano, que é o mais importante para nossos propósitos aqui, Schuon se associa com o sufi Abdel al-Karim al-Jili explicando esotericamente o texto, e o faz insistindo que tem todo sentido identificar a Virgem com o Espírito Santo, assim como Jesus é identificado com o Logos ou Filho, pois "Maria encarna o

Espírito considerado em seu aspecto feminino, ou então o complemento feminino do Espírito". [154] O texto corânico é totalmente "justificado", ele escreve, "no sentido de que a Santíssima Virgem é por sua natureza, e não por adoção, o receptáculo humano do Espírito Santo (de onde *gratia plena* e *Dominus vobiscum*); como "Imaculada Conceição" ela é a priori o veículo do Espírito e deste modo o personifica".[155] Ao "levar a Virgem Maria para a Trindade cristã", a revelação islâmica provoca "uma interpretação que não é teológica de fato, mas que o é de direito e que tem apoio nas Escrituras" – uma interpretação esotérica que está intimamente "ligada à feminização, em alguns textos antigos, do Pneuma divino". [156]

Por mais surpreendente que isto soe para alguns, uma conexão entre Maria e o Espírito Santo está bem estabelecida em várias fontes cristãs. Não encontramos isto, certamente, no plano do dogma, e mesmo assim há formulações suficientes a este respeito, tanto em textos antigos como em escritos devocionais e especulativos de santos e teólogos modernos, para sugerir que esta conexão pode ser mantida como um *theologoumenon*, ou opinião piedosa, mesmo em círculos exotéricos. Um fragmento de uma vida da Virgem cóptica é exemplar a este respeito. Jesus disse, "Eu não lhe deixarei desolada, mas se eu me for, enviarei a você em meu lugar o Espírito, o Auxiliador, depois de não muitos dias, quando Pentecostes vier".Até este ponto, a antiga fonte está simplesmente recapitulando as palavras de Cristo no Evangelho (João 14, 16-18). Mas o texto continua, mostrando àqueles que estão escutando Jesus precisamente aonde eles podem descobrir este Espírito prometido: "E eis que ela que foi minha morada, e eu fui seu filho na carne e na Divindade, ela, a expressão de cuja imagem é como a Minha segundo a carne, eis que ela está convosco agora". [157] Dependendo da linguagem na qual eles escreviam, era mais ou menos provável para os escritores antigos enfatizar tal relação. Schuon chama atenção para o fato de que "a palavra em hebraico *Rûah*, 'Espírito', é feminina", [158] e do mesmo modo é o termo para Espírito em siríaco, o que explica porque entre alguns padres sírios – o "sábio persa" Afraates, por exemplo – a Terceira Pessoa da trindade é geralmente descrita em termos distintamente femininos.

Quanto a autores cristãos mais recentes, Schuon observa que "segundo o padre Kolbe, 'imaculada conceição' é um dos nomes do Espírito Santo". Pode-se dizer, o padre acrescenta, que "ao desposar Maria, o Espírito como que se encarnou nela", que ela está "unida ao Espírito Santo a ponto de ser capaz de se apresentar em Seu Nome" e que "a Imaculada personifica a Misericórdia de Deus". [159] Deve-se admitir certamente que Schuon muitas vezes se expressa sobre este ponto em palavras com as quais um cristão não se expressaria, ainda assim seu ensinamento é essencialmente o mesmo.

Fazendo uso do termo hindu para a potência cósmica subjacente que é informada pelo Espírito, ele explica que a Virgem "personifica a perfeição receptiva ou passiva da Substância universal; mas ela também encarna – em virtude da natureza a-formal e oculta da *Prakriti* divina – a essência inefável da sabedoria ou da espiritualidade, a matéria prima simultaneamente virginal e maternal de todas as coagulações formais do Espírito." [160]

Como esta última passagem ajuda a mostrar, a doutrina schuoniana muitas vezes associa o Espírito Santo à Sabedoria incriada dos textos do Antigo Testamento que foram examinados antes, vendo em ambos uma expressão da feminilidade divina manifestada em Maria no plano humano. A este respeito, o ensinamento não é diverso do de Vladimir Solovyov, Sergei Bulgakov, Paul Evdokimov e outros autores ortodoxos associados à escola russa da Sofiologia. Como o padre católico Kolbe, estes teólogos também traçam uma conexão próxima entre o Espírito Santo e a Santa Virgem, mas eles insistem também no elo adicional com *Sophia*. Por um lado, segundo Bulgakov, Sabedoria é um nome para o que as três Pessoas da Trindade compartilham: ela é "o silêncio e o mistério da Divindade". [161]Mas, ao mesmo tempo, em seu próprio mistério e elusividade, *Sophia* mantém uma especial intimidade com o Espírito Santo, que sopra aonde quer (João, 3:8) e é através deste mesmo Espírito que a Sabedoria divina se encarna em Maria, ela própria elusivamente oculta do olhar público.[162]O Espírito, diz Bulgakov, "habita na sempre virgem Maria como em um templo santo, enquanto sua personalidade parece tornar-se transparente a Ele e dar-Lhe um semblante humano". Maria, de fato, que fez a si mesma "inteiramente transparente", é na forma pessoal a imagem humana do Espírito Santo.[163] Falando em termos similares sobre a "Feminilidade Primordial" que "existia quando Deus preparou os Céus" (Provérbios 8:27), e remetendo-nos deste modo ao Livro do Islã, Schuon observa que "as qualidades desta *Materia Prima*, ou desta *Prakriti*, são pureza e transparência, e receptividade em face do Céu e união íntima com ele", e que Sayyidatnâ Maryam – que é o vazio no qual o Espírito pode mover-se – é por esta razão descrita no Corão como 'eleita e purificada', 'submissa', 'acreditando nas Palavras de seu Senhor'." Esta imagem é então oferecida ao leitor:

> "O Espírito divino manifestado é sob certos aspectos comparável à imagem refletida do sol num lago. Nesta imagem, há um elemento feminino ou 'horizontal', que é a luminosidade potencial inerente à água, e a perfeita calma de uma superfície não agitada por ventos; e desde que tais qualidades permitem a perfeita reverberação do corpo 'solar', elas já são algo dele.

É assim que o Recipiente primordial constitui uma projeção providencial... do Conteúdo divino." [164]

Certamente que nada disso serve para sugerir que a Santa Virgem como mulher humana deva ser de algum modo igualada ao Espírito divino. Faço aqui mais uma pausa para que não cometamos um sério erro em nossa leitura de Schuon. Como expliquei em outro lugar, nem mesmo Jesus é Deus da maneira demasiado simplista pela qual esta elipse piedosa é muitas vezes interpretada por cristãos tradicionais, pois as naturezas divina e humana do Cristo não são a mesma natureza, e os Concílios Ecumênicos da Igreja proíbem explicitamente sua confusão.[165] Exatamente a mesma distinção cabe aqui. Quando Schuon nos diz que Maria "é a personificação do Espírito Santo" [166] ou que "o Espírito como 'criação' não é outro que a Santa Virgem", ou ainda – falando em termos de *Sophia* – que "a Virgem Mãe personifica a Sabedoria supra-formal", ele não deseja com isso implicar que não haja diferenças entre a realidade humana dela e a Divindade que ela contém e torna presente. Comentando um versículo que nós já citamos da sura "A Proibição" (Sura 66:12), ele destaca as palavras *Nós sopramos nela de Nosso Espírito* – palavras com a quais o Corão descreve a Anunciação –, e ele observa que "a imagem do sopro evoca tanto a intimidade como a sutileza do dom, sua profundidade ou infinitude se se preferir", ressaltando a relação avatárica entre a Virgem e Deus. Ao mesmo tempo, contudo, a preposição na frase "de Nosso Espírito" nos faz lembrar que "nenhuma manifestação divina poderia envolver o Espírito divino em si e em sua totalidade intrínseca; se não fosse assim, o Espírito estaria na manifestação em questão, e não mais em Deus".[167]

Em todo caso, para resumir estas últimas observações: segundo Schuon, a trindade que vemos mencionada no Corão, apesar de não constituir a mesma Trindade dos credos cristãos, nem por isso carece de verdade – *quod absit* —, mesmo de um ponto de vista exotérico cristão, ao passo que, para o esoterista, ao chamar a atenção para a relação "encarnacional" da Santa Virgem com o Espírito Santo, produz o efeito de abrir uma porta para sua substância e estatura avatárica. Do ponto de vista do Islã exotérico, certamente, tal abertura é totalmente fora de propósito, para dizer o mínimo, pois está na natureza da economia espiritual muçulmana enfatizar a transcendência divina e excluir toda teofania humana. Ainda assim, mesmo aqui, Schuon observa – mesmo em termos do que o muçulmano tradicional pode estar preparado a permitir em suas considerações de Maria —, que é possível seguir o exemplo sugerido por este mesmo texto corânico de maneira a vislumbrar algo da natureza excepcional da Virgem. É certamente verdade que o exoterista muçulmano nunca será persuadido a aceitar a ideia de uma encarnação divina, mas ele prontamente admitirá que o Espírito de Deus se faz presente nas mensagens que este Espírito traz e, deste modo, por meio da pessoa de seus mensageiros.[168] Desta maneira, aonde o cristão fala em termos de um homem-Deus, o muçulmano descreverá o maior dos homens dizendo que ele é um profeta e, segundo Schuon, isto é precisamente o que pode e deve ser dito em termos islâmicos sobre Maria.

Ele dirige nossa atenção, de um lado, para as posições similares que a Virgem e o Profeta do Islã ocupam nas economias formais das duas tradições. "A função do Profeta", ele escreve, "é análoga e mesmo simbolicamente idêntica a da Virgem Santíssima, que foi do mesmo modo o 'terreno' para a recepção do Verbo". Maria, "fecundada pelo Espírito Santo, é 'Co-Redentora' e 'Rainha dos Céus', enquanto o Profeta, "inspirado pelo mesmo Espírito Paraclético, é 'Mensageiro da Misericórdia' (*Rasul al-Rahmah*) e 'Senhor das duas Existências' (*Sayyid al- Kawnayn*), este mundo e o próximo". Em uma nota memorável, muitas vezes tomada emprestada por outros autores tradicionalistas, Schuon diz que "a Virgem é 'imaculada' e, de um ponto de vista meramente físico, 'virgem', enquanto o Profeta, como os Apóstolos, é 'iletrado' (*ummî*), isto é, puro da mácula do conhecimento humano ou do conhecimento humanamente adquirido." [169]

Estas correspondências bastante sugestivas por si só nos possibilitariam descrever a Santa Mãe como tendo uma estatura de Profetisa, mas outras razões podem ser dadas também. Por exemplo, "Maryam é mencionada, juntamente com outros Mensageiros, na sura 'Os Profetas'; ademais, Schuon acrescenta – ainda falando do Corão –, "a história dela é relatada com cuidado e louvor, o que seria inconcebível no caso de um santo comum (*waliyah*)" ; mas que concorda perfeitamente com o que o próprio Profeta disse dela, "Rainha das mulheres santas no paraíso muçulmano".[170] Certamente, "tudo isto provaria", diz Schuon, "se prova fosse necessária, o grau de supereminência de Maryam, isto é, sua qualidade de Profetisa (*Nabiyah*)." [171] Não devemos esquecer, ele admite – considerando a questão com sua habitual meticulosidade e profundidade – que, "segundo um hadith, nenhuma mulher jamais foi profeta." Mas, neste caso, "trata-se exclusivamente de profecia legislante". Em outras palavras, o dito "não se refere à dignidade intrínseca, mas a uma função extrínseca", e assim "não há razão para pensar, falando islamicamente, que o termo 'profetisa' (*nabiyah*) não poderia caber à Virgem Maryam." [172]

Gnosis e a Norma Primordial

É natural que Schuon busque expressar sua doutrina mariana em termos emprestados das escrituras das tradições abraâmicas e à luz de seus comentários ortodoxos.Ele era, afinal, um tradicionalista, que sempre insistiu que uma espiritualidade operativa deva estar fundamentada em uma das grandes revelações outorgadas pelo Céu, e como alguém que viveu em dois mundos tradicionais, no Cristianismo e no Islã, sua contínua fascinação com o que a Bíblia e o Corão têm a dizer sobre Maria não é algo inesperado. Mas ele foi ao mesmo tempo um metafísico e um mestre de *gnosis*, alguém cuja mensagem era de puro esoterismo, e também faz pleno sentido que sua percepção da presença e do significado da Virgem não estaria confinada a estes mundos. [173] Diferentemente das autoridades exotéricas de uma determinada religião, cujas perspectivas são determinadas por algumas lealdades confessionais – e, de fato, diferentemente mesmo de mestres do que ele às vezes denominou "Sufismo médio" [174]—, Schuon era absolutamente livre em sua fidelidade à "natureza das coisas", à *fitrah* ou norma primordial e, dentro do espaço interior desta liberdade, ele percebeu que a realidade intrínseca da Virgem transcende as fronteiras doutrinais das tradições que a honram, e que manifesta algo que é verdadeiramente universal e divino. Foi por esta razão que ele se chamava *Maryamî*, e é à luz disso que se pode entender o caráter mariano da ordem espiritual que ele fundou. É de fato "nossa insistência sobre a natureza das coisas", ele escreve, "que explica e justifica nossa conexão com Sayyidatnâ Maryam; é porque nossa perspectiva é a priori metafísica, esotérica, primordial e universal que nossa *Tariqah* tem o direito de ser chamada *Tariqah Maryamîyah*, em perfeita concordância com os ensinamentos da tradição sufi." [175]

É possível vislumbrar pelo menos algo da envergadura universal e plenitude da Santa Virgem ao considerar as implicações de um título a ela concedido na mística islâmica. Como já observamos, há boas razões, mesmo em bases exotéricas, para chamar Maria de Profetisa, mas entre alguns sufis um passo "paraclético" suplementar é às vezes dado no qual ela é referida como "Mãe da Profecia e de todos os Profetas", frase à qual Schuon retorna diversas vezes em seus escritos. O que tal formulação ajuda a tornar claro, ele explica, é uma dimensão da realidade mariana que de outro modo poderia não ser percebida no plano da exegese escritural – ou seja, que "a mensagem da Santa Virgem", entendida em sua essência, "contém todas as formas proféticas possíveis em sua indiferenciação universal e primordial." [176] Por um lado, certamente, a mensagem dela tem relação com seu Filho; teólogos apontaram que a única vez em que ela falou publicamente no

Evangelho foi nas bodas de Caná, na Galileia, quando, referindo-se a Jesus, ela diz aos serviçais, *tudo o que Ele lhes disser, fazei-o* (João 2:5)[177] Mas, na perspectiva schuoniana, Ele, o Filho, deve ser entendido como se aplicando não apenas a "Jesus como fundador de uma religião", mas ao Logos divino, ou Verbo divino, que se encarnou Nele e, deste modo, não a "este ou aquele *Rasûl*, mas ao *Rasûl* como tal". [178] Como a Mãe deste Verbo supratemporal, Maria é a "matriz de todas as formas sagradas", uma verdade expressa "segundo um simbolismo comum a Cristianismo e Islã", que diz que ela "amamentou seus filhos — os Profetas e os sábios - desde o começo e fora do tempo". Isto implica, prossegue Schuon, que "o domínio de Maria" pertence "a um plano onde tais sistemas enquanto tais perdem muito de sua importância, e onde, em compensação, os elementos essenciais que eles têm em comum são afirmados", elementos que, ele continua, "gostem eles ou não", dão aos sistemas todo o seu valor.[179]

Num plano inicial e mais óbvio, esta "universalidade mariana" [180] pode ser vista no fato de que a Virgem é o elo providencial entre as tradições ocidentais ou semitas. "Precisamente porque, no mundo dos monoteísmos semitas, Maria é a única feminização do Divino", Schuon escreve –"a única *Shakti* de Vishnu, em termos hindus" - "ela tinha de aparecer nas três religiões monoteístas ao mesmo tempo".[181] Pois ela era de fato "única e incomparável tanto no Judaísmo, por sua personalidade concreta como Profetisa - compreendida ou não - e no Cristianismo, por sua função de Co-redentora", e ela era portanto "*ipso facto* única e incomparável no Islã e estava 'em casa' nele, como todos os profetas semitas até o Cristo." [182] Se alguém objetar que um ser de estatura tão grande, tão importante para as religiões mundiais em questão, teria certamente surgido num momento anterior e mais fundamental, e sob uma forma mais incontrovertível, manifestando-se, por exemplo, entre os antigos hebreus mesmo antes da vinda do Messias prometido, Schuon responde que, ao assumir uma forma feminina, a Divindade "é necessariamente a *Shakti* de um *Avatâra*, e deste modo necessariamente surge junto com Ele", sendo por assim dizer, Sua sombra. Maria "não poderia aparecer isoladamente, nem, desnecessário dizer, em um clima espiritual" como o do Judaísmo ou do Islã, "cujas perspectivas excluem providencialmente a noção de 'descensos Divinos'". Em vez disso, "em vista de sua incomparabilidade, ela tinha de estar vinculada a uma manifestação masculina da 'Divindade humana', e tal manifestação, no mundo semita, é precisamente o Cristo." [183]

Mas isto é apenas o começo. De acordo com Schuon, se alguém quer captar a realidade mais profunda da Virgem, é preciso olhar além do papel que ela joga no setor abraâmico da humanidade e, assim, além da relação providencial que ela estava a destinada a ter com o Verbo encarnado da tradição cristã. É verdade, certamente, que como a *mulher* do Apocalipse, *vestida de sol* (Apocalipse 12:1), Maria não deve ser confundida com este Sol; ela é, ao contrário, velada como a lua em sua luz, e deste ponto de vista seu papel, receptivo e passivo, é ser o complemento feminino do Logos redentor, oculta –como vimos mais de uma vez – em razão da eminência operativa Dele. Mas tal fato de nenhuma maneira exclui outra verdade, ainda mais elevada – uma verdade que é sugerida até mesmo na letra da Escritura. Pois é dito desta mesma *mulher* que *a lua está sob seus pés*, e sobre *sua cabeça há uma coroa de doze estrelas* (Apocalipse 12:1). Desta perspectiva fica claro que a Virgem é mais do que a *Shakti* de um Avatâra masculino: ela é também *Layla*, a Noite suprema silenciosa e indeterminada, *negra mas bela*, e abarcando os sóis de todos os mundos.[184] "Além de sua personalidade celestial", que já é evidente na perspectiva exotérica, além mesmo de "seu Protótipo divino" no Espírito Santo e na Sabedoria, a Virgem é finalmente "a Substância divina subjacente", a "infinitude atraente, dilatante e suavemente transmutante da Realidade interior e transcendente".[185]

Para entender o que este ensinamento significa é importante perceber que, na doutrina schuoniana, o Princípio Supremo é simultaneamente Absoluto e Infinito. Em virtude de sua absolutez, ele está tão além de tudo o mais que só ele deve ser visto como verdadeiramente real; mesmo assim, em virtude de sua infinitude, ele está tão intimamente presente em tudo que tudo que existe verdadeiramente é ele mesmo. Segundo a primeira relação, "a realidade da Substância aniquila a do acidente; de acordo com a segunda relação, as qualidades do acidente – começando com sua realidade – não podem ser senão as da Substância".[186]Como seus leitores sabem, Schuon volta a esta polaridade fundamental numerosas vezes, e ao fazê-lo ele frequentemente liga o primeiro dos dois polos ao masculino, e o segundo ao feminino. "No primeiro caso, a ênfase está no simbolismo da virilidade", ou masculinidade, pois absolutez significa rigor, força e soberania, enquanto o segundo caso põe ênfase na intimidade, fecundidade e misericórdia alimentadora, pois infinitude significa a irradiação de bondade, e daí se pode dizer que "o Infinito é a Feminilidade divina". [187] Dependendo de qual aspecto da Realidade se quer sublinhar, "a Divindade Suprema é Pai ou Mãe".[188] É certo que é principalmente com uma "face" masculina que Deus quis olhar para os mundos das tradições abraâmicas, [189] nas quais Ele é entendido como Pai e Senhor soberano de todas as coisas, mas mesmo aí é evidente que a Divindade é igualmente feminina em sua realidade intrínseca ou interior, *pois Deus criou o homem à sua própria imagem, homem e mulher Ele os criou* (Gênese, 1, 27).

Na perspectiva de Schuon, contudo, há algo mais do que somente igualdade ou simetria aqui; há também hierarquia. A simetria não é surpreendente, pois os principais aspectos da Realidade são como os dois lados de uma moeda, o Ser divino não é mais absoluto do que infinito, e não é mais infinito do que absoluto: "O Sobre-Ser é o Absoluto ou Incondicionado, que por definição é infinito e ilimitado; mas também se pode dizer que o Sobre-ser é o Infinito, que por definição é absoluto". Quanto à existência de hierarquia, ou pelo menos um tipo de hierarquia, aqueles cuja teologia foi informada pelas tradições semitas terão sido levados a esperar tal ensinamento, e eles facilmente compreenderão o que Schuon quer dizer quando escreve que "a virilidade se refere ao Princípio, e a feminilidade à Manifestação", e eles verão porque ele coloca o masculino no plano mais elevado ao considerar a relação cosmogônica entre Deus e a criação. Mas, a não ser que sejam já leitores cuidadosos de seus livros, o que pode surpreendê-los é descobrir que há uma segunda hierarquia na doutrina de Schuon, uma hierarquia metafísica e esotérica intrínseca ao próprio Princípio, e que no interior desta outra ordem, mais interior, é a Feminilidade divina o polo superior.

Assim ele escreve:

> "Mesmo que a priori a feminilidade seja subordinada à virilidade, ela também possui um aspecto que a torna superior a um determinado aspecto do polo masculino; pois o Princípio divino tem um aspecto de ilimitação, mistério virginal e misericórdia maternal que toma precedência sobre certo aspecto mais relativo de determinação, precisão lógica e justiça implacável.[190]

De fato, quando se lê mais atentamente, torna-se aparente que o "aspecto" feminino do Princípio é mais do que um aspecto – mais, em outras palavras, do que uma qualidade ou atributo particular com um valor estritamente *pro nobis* —, pois o que Schuon está focando não é outra coisa que a própria Essência de Deus. Ele observa que "um sufi, provavelmente Ibn Arabi, escreveu que o Nome divino 'Ela' (*Hiya*), não em uso, mas não obstante possível, é maior do que o Nome 'Ele' (*Huwa*), e isto se refere à Indeterminação ou Infinitude, tanto virginal como maternal, do Si ou 'Essência' (*Dhât*)", [191] uma Essência que interiormente transcende a relativa fixidez e 'masculinidade' da Pessoa divina, mesmo que esta Pessoa transcenda, por sua vez, a "feminilidade" de Sua criação. Não é, deste modo, um acidente que a palavra árabe *Dhât* deva ser feminina, pois ela se refere esotericamente ao "aspecto superior da feminilidade", que "supera o aspecto formal, finito, e exterior; ele é sinônimo de indeterminação, ilimitação, mistério e, assim, evoca o 'Espírito que dá vida' em face da 'letra que mata'". Pois "a feminilidade no sentido superior compreende um poder de liquefacção, interiorizante e liberador:ele liberta da dureza estéril, da exterioridade dispersante das formas limitantes e compressivas", [192] e deste modo dá acesso a um domínio transcendente e supra-formal no qual, nas palavras de S. Dionísio Areopagita em sua *Teologia Mística*, "a obscuridade ofuscante do Silêncio secreto eclipsa todo brilho com a intensidade de sua escuridão."

Como apontamos acima, para Schuon este é precisamente o "domínio" da Virgem Maria, o domínio primordial e universal do puro esoterismo. *Nigra sed formosa* ela é de fato, Schuon diz, tanto o próprio domínio como a chave de sua entrada. Por um lado, ela é um "Avatâra feminino de grau supremo" [193] que, como toda encarnação de Deus, é "ao mesmo tempo criada e incriada", [194] e "personifica a Santidade original" como sua vocação especial[195], manifestando "a alma universal em sua pureza, sua receptividade em relação a Deus, sua fecundidade e sua beleza". [196] Em um plano operativo ou metódico, ela é o modelo da prece contemplativa e da *khalwah*, e a corporificação humana daquela "Música divina que derrete corações e os torna infinitos". Mas, ao mesmo tempo, ela também é, em suas profundezas mais interiores, esta própria Infinitude. Pois Maria "não é uma cor particular, ou um perfume particular, ela é luz incolor e puro ar" e, portanto, "em sua essência, ela se identifica com aquela Infinitude misericordiosa que, precedendo a todas as formas, transborda sobre todas elas, abarcando-as a todas e reintegrando todas". [197] Como o tipo perfeito de equilíbrio cósmico, e "o modelo de toda alma santa" [198], "ela personifica igualmente a *Haqîqah*, a Verdade nua e viva, que está oculta por trás do véu dos símbolos". Assim, quando um homem vem a conhecer a Santa Virgem, tendo ela condescendido em baixar seu véu, o que este homem fica conhecendo é precisamente Aquilo que é, superando toda confusão entre *Atma* e *Mâyâ*, "pois ela expressa *Dhât*, a Essência, que está além de toda forma e toda determinação e, assim, liberta das limitações". Isto, Schuon acrescenta, "é o aspecto supremo do Princípio feminino", e é isto o que o coração pode discernir, concreta, mas inefavelmente, na Virgem Mãe.

Enfatizei já que não há por que demonstrar a validade desses ensinamentos mais elevados e interiores de Schuon sobre Maria do ponto de partida dos exoterismos semitas – pelo menos sobre a base de suas escrituras e dogmas.[199] No caso do Cristianismo, o pensamento especificamente teológico, cuja meta é "concentrar-se apenas no Cristo-Salvador" [200] de uma maneira que convém às necessidades da maioria exotérica, é claramente pouco adequado para captar a complementaridade avatárica entre o Filho e Sua mãe, [201] para não dizer nada da existência de uma hierarquia no interior do Princípio, ou da ideia da suprema Feminilidade *in divinis*, e por esta razão, diz Schuon, "dificilmente é possível para a teologia aceitar este mistério de Maria." [202] É verdade, sem dúvida, que se alguém está disposto a olhar "ao longo" de algumas doutrinas teológicas, a elaboração espiritual e simbólica de seu sentido pode fornecer um tipo de trajetória, sugerindo uma direção na qual a intelecção pode mover-se, e isto é precisamente o que eu procurei mostrar nas partes iniciais deste artigo. Ainda assim, para Schuon, é apenas atentando para a natureza das coisas que se pode esperar encontrar qualquer prova final e duradoura deste que é o maior dos mistérios virginais. Mesmo quando as mais sugestivas escrituras são lidas de forma anagógica e à luz lançada pelos mais exaltados dos títulos marianos tradicionais, elas ainda assim só podem nos levar até aí.

Este é o caso mesmo quando consideramos o mais importante de todos os títulos dogmáticos da Virgem, o de *Theotokos* ou "Mãe de Deus". Esta reserva talvez surpreenda o leitor cristão, que pode ter suposto, em vista de tudo o que dissemos, que o schuoniano seria rápido em fazer uso de um título tão crucial e sugestivo; pois aqui, se em nenhum outro lugar, parece haver uma "abertura" para a estatura última de Maria, e daí para a prioridade principial e esotérica da Feminilidade Divina. Ademais, o termo *Theotokos* leva o peso integral da tradição dogmática; diferentemente dos epítetos do hinário litúrgico, tais como "Arca da Aliança" e "Porta do Paraíso", ou "Escada Celeste", ou ainda "Causa da deificação do Homem", que contam com o apoio meramente da convenção piedosa e do uso tradicional, *Theotokos* é um nome formalmente dado à Virgem por um Concílio Ecumênico da Igreja, e enquanto tal sua aceitação é obrigatória para todos os fiéis. Historicamente, o título é a priori cristológico, certamente, tendo sido promulgado com o fito de destacar a unidade das duas naturezas na Pessoa única do Cristo, mas ainda assim suas implicações para uma mariologia esotérica são óbvias. Quando Gregório, o Teólogo, insistiu que "se alguém não aceita que a Santa Maria seja *Theotokos*, não tem a Divindade" (Epístola 101), não há razão para pensar que o santo tenha desejado identificar a Virgem com esta Divindade, ou que ele mesmo teria aceitado a doutrina de que o Princípio do Princípio seja uma Substância feminina; mas, o mero fato de que suas palavras podem ser interpretadas assim não deixa de ter significação. Sim, imagina-se, Schuon deve ter colocado ênfase considerável nesta definição dogmática do papel de Maria. Ele, contudo, expressou sérias reservas acerca do uso cristão deste título, e agora é o momento de destacar quais são elas, pois fornecem uma chave valiosa para a natureza fundamentalmente esotérica de sua perspectiva mariana, como também um corretivo essencial para algumas interpretações unilaterais que de outro modo poderiam parecer derivar de minha exposição.

Quando digo que Schuon tinha reservas sobre esta formulação doutrinal, não estou querendo dizer que ele discordava do ensinamento enquanto tal, nem a fortiori que desaprovava a ideia da divina Maternidade. Aqui, como sempre, ele era um tradicionalista, que nunca iria desafiar a ortodoxia intrínseca de um dogma religioso tão importante. De fato, sendo Deus "não apenas 'o Pai', mas também ' a Mãe'", Schuon mesmo diz explicitamente que "é Maria que a corporifica [a Mãe] no plano humano", e que ela, portanto, pode ser vista como "a 'Mãe' da Perfeição divina, ou do Sumo Bem." Neste sentido, a Virgem é certamente a Mãe de Deus. As preocupações de Schuon, ao contrário, estavam fundadas não na legitimidade ou no valor da expressão em si, mas no perigo potencial de misturar duas categorias bem diferentes, ou dois níveis de doutrina espiritual, e ele tinha em mente especificamente os efeitos desequilibrantes que poderiam resultar quando se procura dar forma dogmática a ideias que são de um caráter essencialmente fechado ou iniciático, ideias normalmente reservadas para uma transmissão oral e simbólica. O termo *Theotokos*, ele escreve, "é uma expressão puramente esotérica" e, por esta razão, "não é em absoluto acessível a qualquer um".[203] Ao se tornar um dogma de fé, contudo, a ideia foi necessariamente inserida num domínio em que tudo e todos estariam obrigados a aceitá-la, sejam eles esoteristas ou não. Em conseqüência, mesmo concordando que o sentido contido no título é "metafisicamente plausível" [204], Schuon sabia ainda assim que seguia sendo "um epíteto problemático" [205] em seu contexto dogmático e eclesiástico presente, pois "no plano exotérico e na ausência de comentários sutis que compensariam sua audácia ou imprudência", pode facilmente resultar para alguns em "um obscurecimento da metafísica do Absoluto". [206]

Dada a extraordinária profundidade que sua mariologia alcança, é muito instrutivo ver quais são as observações profundas e equilibradas de Schuon sobre este ponto. Apesar dele mesmo ter tido uma afinidade profunda pelos mistérios primordiais de interioridade e imanência, de bom grado reconhecendo um parentesco espiritual com Abhinavagupta assim como com Shânkara, tais mistérios não o cegavam para a importância de uma ênfase preparatória e contra-balançante na transcendência, e pode-se ver evidência clara do fato neste caso, precisamente em um ponto em que aqueles cujo amor pelo Eterno Feminino é menos agudo poderiam ser tentados a exagerar. Aqui e ali, sempre, constatamos que a mensagem de Schuon é uma mensagem de pura objetividade. "É inútil", ele adverte, "pretender realizar que 'eu sou Brahma' antes de entender que 'eu não sou

Brahma'; é inútil buscar realizar que 'Brahma é o meu verdadeiro eu', antes de entender que 'Brahma está fora de mim'; é inútil buscar realizar que 'Brahma é pura consciência', antes de entender que 'Brahma é o Criador Todo-Poderoso'." [207] Por analogia, poderíamos dizer no presente contexto que é inútil buscar realizar que a Virgem Maria é a Mãe de Deus, e portanto que ela corresponde esotericamente à Essência Divina, antes de entender exteriormente, no plano da doutrina exotérica, que de outro ponto de vista, ponto de vista este logicamente anterior, ela é ao mesmo tempo uma mulher e uma criatura.

Fizemos já duas pausas para enfatizar este paradoxo crucial, e se o fazemos uma terceira vez é porque a questão parece ter sido tão importante para Schuon – ao ponto de que ele se sentiu obrigado a se distanciar, a despeito de tudo o que vimos, dos mais exaltados entre os nomes cristãos para a Virgem. Como um metafísico, ele sabia muito bem que a infinitude da Essência divina transcende a Pessoa divina, "Maria" é de fato a Mãe de Deus; mas ele também sabia que apenas aqueles que, primeiramente, distinguiram não apenas entre *Atma* e *Mâyâ* tem direito a falar de tais mistérios, mas também discerniram entre o Princípio e sua Manifestação, e que, daí, têm discernimento bastante para compreender que "ou um fenômeno é Deus — o que é uma contradição —, caso em que ele não tem mãe, ou se tem uma mãe, então não é Deus, pelo menos com relação a ele ter uma mãe, e deixando de lado a contradição inicial da hipótese." [208] O que mais ela possa ser, e por maior que seja a Realidade que ela manifesta, seja na Terra ou no Céu, a *Theotokos* segue sendo, no plano da manifestação, ontologicamente inferior Àquele que ela gera. Somente aqueles que sabem pelo menos isto podem esperar conhecer que é precisamente desta maneira que ela é também muito mais.

Experimentando o mistério mariano

Isto é, então, o que Schuon ensinou. Mas, poder-se-ia perguntar, como ele sabia disso? Para muitos leitores, a doutrina debatida neste artigo parecerá sem dúvida meramente especulativa, e isso é compreensível se alguns se perguntam precisamente aonde reside a autoridade destes insights variados e provocativos. Como expliquei no início, não era minha intenção responder às cavilações céticas de cínicos, nem isto seria necessário nesta altura, pois tais críticos terão desistido da leitura muitas páginas atrás. Por outro lado, espero que mesmo entre aqueles leitores que continuam me lendo, e que podem estar atraídos pelo ensinamento mariano de Schuon, a questão que levantei persistirá. Como Schuon pôde conhecer tais coisas?

De um ponto de vista, uma resposta perfeitamente suficiente já foi dada, pois, ao descrever o caráter esotérico de sua mensagem, e sua diferença essencial de uma perspectiva estritamente teológica, eu enfatizei diversas vezes suas fundações na própria "natureza das coisas". No intuito de verificar o que Schuon disse, devemos portanto exercitar nossos poderes de discriminação, pois a verdade dessas matérias é para ser apreendida pelo coração, e em virtude da "transparência metafísica "dos fenômenos.[209] Mas, há uma segunda resposta que também pode ser dada, à qual aludi no começo do artigo – uma resposta que diz respeito a algumas experiências bem particulares concedidas a Schuon por Maria.

Schuon escreveu que sua relação espiritual com a Virgem começou de fato na infância. Quando tinha 13 anos, compôs um curto poema em homenagem à Feminilidade divina, algo que ele mais tarde descreveria como um "pressentimento" de graças por vir: "Porventura teu braço aveludado me eleva para ti? Porventura teu manto desce silenciosamente sobre mim? Devotamente contemplo tua plena santidade; eu me dissolvo na fragrância de tua alma. Vós abris suavemente para meu coração uma porta; uma fé serena ondula suavemente para baixo." [210] Tendo praticado o Protestantismo quando menino, ele logo se fez católico romano, e ele se lembra em suas memórias que "encontrei Maria de duas maneiras" neste seu novo meio: primeiramente, por meio de "uma grande e bela imagem de Nossa Senhora do Perpétuo Socorro, o famoso ícone bizantino de fundo dourado", o qual estava exposto na capela do mosteiro em que assistia missa. Em segundo lugar, pela recitação do Rosário, recitação na qual ele "falava com Maria, algo que nunca havia feito antes". [211] Mais tarde, quando estava na casa dos vinte anos de idade e abraçou o Islã, a prática do Rosário foi certamente deixada de lado, e sua atenção espiritual se voltou para outras coisas por muitos anos – a despeito de mesmo aí terem havido sinais sobre a contínua bênção de Sayyidatnâ Maryam. Ele se recorda de um momento, por exemplo, em que estava invocando os Nomes corânicos de Misericórdia, "os Nomes divinos *Rahmân* e *Rahîm*" :

> "Eu invocava os dois Nomes independentemente de qualquer perspectiva doutrinal, pensando apenas em Deus. Então, de repente, senti uma poderosa Presença: nela havia calidez dourada, beleza, amor e misericórdia, e eu, que há muito não pensava na Virgem Santíssima, subitamente me dei conta que era ela. Por muito tempo este estado de graça prosseguiu e eu estava como que inebriado por ele."

Esta experiência foi como que somente um presságio de algo maior e, em março de 1965, num momento em que enfrentava sofrimentos e dificuldades, Maria foi até ele, ele escreve, de uma maneira ainda mais profunda e decisiva. Schuon estava a caminho do Marrocos, e seu barco atracou em Port-Vendres, na costa da França. Sozinho em sua cabine, contemplando um buquê de flores, "Eu tentava explicar para mim mesmo algumas dificuldades e imaginava, em relação ao Paraíso, o que era imaginável; era como se eu estivesse num sonho desperto; em minha consciência não havia nada mais que imagens do Paraíso. Então, subitamente, a Misericórdia divina tomou conta de mim; aproximou-se de mim sob uma forma feminina que não posso descrever, mas que eu sabia ser a Virgem Santíssima; eu não poderia pensar de outra forma." [212] Depois, ainda nesta mesma viagem, quando já estava na cidade marroquina de Tetuan, "a graça inimaginável irrompeu novamente", novamente sob a forma de uma visão interior – "a consolação celeste, jorrando da feminilidade primordial" – e, como em todas as experiências celestes autênticas, ela o fez sentir-se "um novo homem", transformado para sempre para melhor. "Eu fui como que marcado pelo Céu, foi como se eu vivesse numa aura protetora que já pertence ao Céu, e que ao mesmo tempo levava consigo uma obrigação." [213] Mais tarde, ele descreverá estes momentos como tendo lhe possibilitado um "contato místico" com Maria e como sinal de sua "adoção celeste" por ela [214] — uma adoção e proteção, ele disse, mediante a qual a Virgem se tornara a padroeira de seus discípulos também. Daí o nome de sua Ordem Sufi, a *Tariqah Maryamîah*.[215]

Menciono esta ocasião decisiva na vida de Schuon por duas razões. Primeiro, como já indicado, conhecer pelo menos algo sobre suas experiências pode ser útil quando questões são colocadas por interlocutores simpatizantes acerca de sua autoridade. Se alguém pergunta de boa fé como ele havia chegado ao que transmitia, a resposta está em que foi instruído pela própria Virgem, pois não há dúvida de que, se não fosse por estes encontros milagrosos, seu entendimento da Feminilidade divina teria sido menos íntimo, e sua mariologia correspondentemente menos profunda. Por outro lado, é bem importante que uma nota de cautela seja feita; Schuon foi um metafísico, não um místico, e deste modo é característico dele insistir que "em vez de ser governado por fenômenos e seguir inspirações", a pessoa deve se "submeter a princípios e realizar ações". Por esta razão, ele teria sido rápido em nos desencorajar de supor que a verdade de sua doutrina mariana, ou na verdade qualquer doutrina, dependeria exclusivamente de certos estados e dons espirituais. Pois "o que conta aos olhos de Deus não é o que experimentamos, mas o que fazemos. Sem dúvida que podemos sentir graças, mas não podemos nos basear nelas. Deus não nos questionará sobre o que experimentamos, mas Ele nos perguntará sobre o que fizemos." [216]

Sendo assim, hesitamos ao falar dessas experiências de Schuon. Seria de fato preferível silenciar sobre elas, pelo menos neste artigo, no qual o foco não é o aspecto biográfico, se não fosse o fato de que ele rapidamente encontrou uma maneira de transpor aquilo que recebeu em uma forma objetiva, uma forma que poderia, por sua vez, tornar-se para outros como um suporte de intelecção, e deste modo uma oportunidade para seu próprio discernimento dos princípios. Já falei de certa qualidade *sháktica* que pode ser detectada nos livros de Schuon publicados depois de 1965, e vale mencionar também que ele principiou aí a compor *qasidahs*, ou poemas em árabe, em homenagem à Virgem.[217] Mas há algo mais, algo de um significado ainda maior, que também deve ser mencionado. Parece que seu contato com Maria lhe forneceu inspiração para um nível ou uma modalidade de expressão concreta bem diferente daquele que encontramos em seus escritos, em prosa ou verso, pois pouco após estas experiências iniciais, Schuon, que havia sido um artista talentoso desde a infância, começou a expressar sua percepção dos mistérios marianos por meio de pinturas da Virgem e do Menino, algo que ele deu continuidade até meados dos anos 1980, com a produção de numerosos e belos ícones.[218]

Como aqueles que tiveram o privilégio de ver estas pinturas sabem, elas refletem claramente algo do extraordinário insight que a manifestação da Virgem Mãe lhe trouxe. Ao mesmo tempo, contudo – e mais importante –, as pinturas fizeram com que outros pudessem compartilhar da graça que ela concedeu e, desta maneira, uma experiência que de outro modo teria permanecido um *hâl* estritamente pessoal ou individual, tornou-se um veículo para transmitir e evocar um discernimento similar. Este, diz Schuon em uma carta de dezembro de 1982, foi seu propósito ao pintar os ícones: "Se me fosse perguntado por que pinto imagens da Virgem Santíssima, eu responderia, para transmitir uma imagem interior, tornar isto acessível a outros, e deste modo tornar possível uma participação nesta visão". Não é necessário, assim, depender exclusivamente do que ele disse de Maria em seus escritos, pois desta maneira inesperada, ele forneceu os meios de verificar a verdade de sua doutrina nas profundezas da própria percepção interior.

Pareceu-me óbvio que um relato adequado do ensinamento schuoniano devesse pelo menos reconhecer a existência desta dimensão estética, e ainda assim, tendo feito isto, é bastante difícil saber exatamente o que dizer, como transmitir os muitos e sutis aspectos particulares, especialmente ao me dirigir a leitores que podem nunca ter visto suas pinturas. A formulação discursiva de qualquer beleza é no final das contas impossível, e isto é tanto mais verdadeiro quando somos apresentados à beleza de uma ordem sacra e maiêutica – uma beleza que, diz Schuon, opera por meio de uma "des-ilusão iniciática".[219] Um autor católico, tendo admitido que "é difícil expressar em palavras a gratidão que sinto pelas belas pinturas de Schuon", não obstante encontrou dificuldade para chamar a atenção para algumas de suas feições características, vendo nas pinturas "a perenidade e imobilidade da arte indígena americana, a atitude hierática e a luminosidade das figuras da arte bizantina, e a cor, a sensualidade e a majestade, e mesmo suntuosidade, da arte islâmica persa e indiana". [220] Observações como estas, contudo, não fazem mais do que tocar a superfície, e de certa maneira elas são até mesmo enganosas, pois Schuon certamente não se pôs a imitar qualquer convenção existente, nem a mesclar estilos variados, mas simplesmente comunicou o que viu quando a Virgem foi até ele. "Eu a pintei, não como ela é retratada na arte religiosa cristã, nem em qualquer outra arte, mas como interiormente eu a contemplei, como Mãe virginal ou como Virgem maternal, e além de todas as formas teológicas; como a corporificação da Misericórdia divina e ao mesmo tempo da *Religio Perennis*." [221]

Como já confessei, estou confuso quanto a saber como começar a descrever esta dimensão da mensagem de Schuon, como colocar em palavras mesmo uma pequena porção de seu poder transformador, e deste modo me parece a melhor conclusão se os ícones pudessem "falar" por si mesmos, pois eles oferecem uma espécie de síntese sem palavras, uma síntese feita de cores e contornos, de todo o alcance da doutrina mariana de Schuon. Pois nela reside a própria Virgem Santíssima, "*negra mas bela*", por um lado uma mulher bem particular, frequentemente morena e ornada de joias, vestida como o homem primordial, de ar –, o modelo oculto da *khalwa* e da oração contemplativa, mas em si mesma rigorosamente nada; ao mesmo tempo, trata-se de um Avatar feminino de grau supremo e da Mãe mesma de Deus, da Sacerdote no Templo e do próprio Templo, uma Profetiza e Mãe de Profetas, *Mâyâ* misericordiosa e *Sophia* encarnada, a *Shakti* de seu Filho e a Esposa elusiva do Espírito – em última instância, a *Dhât* inefável, o êxtase interior da Essência transpessoal, através de cuja irradiação somos convidados a retornar ao Si.

Como podemos saber que o que Schuon nos diz é verdade? Como podemos esperar sondar tais mistérios? Não precisamos, parece, apenas dar-lhe ouvidos, pois, com a ajuda de Schuon, podemos olhar com assombro para a própria Maria.

III - ARTE SACRA

"Como é em cima, do mesmo modo é embaixo." - Fórmula Hermética

"Faça todas as coisas de acordo com o modelo que te foi mostrado no monte." - Êxodo 25:40, cf. Hebreus 8:05

"A beleza é o esplendor da Verdade." - Platão (427-347 aC)

"Nosso entendimento maçante só pode compreender a verdade por meio de representações materiais. "- Suger, abade de St. Denis (1081-1151)

"A forma [material] é uma revelação da essência [espiritual]. "–Mestre Eckhart (1260-1327)

"Ela [a Santíssima Virgem] era tão bela que, quando alguém a viu uma vez, morreria para vê-la novamente. "-Santa Bernadette de Lourdes (1844-1879)

"Nós não reverenciamos a natureza da madeira, mas veneramos e devemos reverência Àquele que foi crucificado na cruz. "- Leôncio de Nápoles (DC c..650)

"O respeito que é devido à imagem passa para seu arquétipo." – S. Basílio Magno (329-379)

"A igreja é um paraíso terreno no qual o Deus celestial habita e se movimenta. "–São Germanus (+733)

"Decorar suas casas com as imagens religiosas é um costume tão antigo quanto o próprio Cristianismo, pois o verdadeiro cristão sempre considerou sua casa como um templo de Deus, e as imagens religiosas como meios para ampliar e preservar o espírito da religião no seio do lar." -S. João Maria Vianney, o Cura d' Ars (1786-1859)

"A melhor inscrição do Nome de Jesus é a do coração, depois aquela que é falada, em seguida o Nome que é pintado. Tudo o que Deus criou para a salvação do mundo está contido no nome de Jesus. "- S. Bernardino de Siena (1380-1444)

"Se as estrelas do céu aparecessem apenas uma noite em mil anos, como os homens acreditariam e adorariam, e preservariam por muitas gerações, a lembrança da Cidade de Deus que fora por meio delas mostrada! Toda noite, contudo, estas mensageiras da beleza vêm, e iluminam o universo com o seu sorriso admoestador." - R. W. Emerson (1803-1882)

"Não sabíamos se estávamos no céu ou na terra, pois certamente não existe esplendor ou beleza como esta em qualquer lugar do mundo. Não podemos descrever o que vimos: só sabemos que Deus lá habita entre os seres humanos, e que seu serviço supera o culto realizado em todos os outros lugares. Não podemos esquecer aquela beleza." - Palavras de Vladimir, príncipe pagão de Kiev, a emissários russos depois de presenciar a Divina Liturgia na igreja de *Hagia Sophia* em Constantinopla (c.988)

"Quando, em minha alegria diante da beleza da Casa de Deus, por meio da beleza das jóias multicoloridas, retiro-me das preocupações exteriores e uma digna meditação me conduz, pela transposição do material ao espiritual, a perceber as diversas virtudes santas, parece-me como se eu habitasse em uma estranha parte do universo, parte esta que não existe nem no barro da terra, nem na pureza do Céu, e então, com a graça de Deus, pode acontecer que, em modo anagógico [espiritual], sou elevado do mundo inferior para o superior." - Suger, abade de St. Denis (1081-1151)

"Do antigo Deus, o incorpóreo e o incircunscrito não eram retratados de nenhuma maneira. Mas, agora que Deus se manifestou na carne e viveu entre os seres humanos, eu produzo uma imagem do Deus que pode ser visto. Não cultuo a matéria, mas cultuo o Criador da matéria, que, por minha causa, fez-se material e se dignou habitar na matéria, e que através da matéria realizou a minha salvação." – São João Damasceno (c.675-c.749)

"Os escritos devem ser entendidos e devem ser expostos principalmente segundo quatro sentidos. O primeiro sentido é chamado literal.... O segundo é chamado alegórico... O terceiro é chamado de moral.... O quarto é o anagógico, isto é, que transcende os sentidos [*sovrasenso*]; isto acontece quando se expõe espiritualmente a Escritura, a qual embora verdadeira segundo o sentido literal, também significa as coisas mais elevadas que pertencem à glória eterna, como se pode ver no Salmo do Profeta em que é dito que, quando o povo de Israel partiu do Egito, a Judeia foi santificada e se tornou livre. Embora isto seja claramente verdadeiro de acordo com a letra, o significado espiritual não é menos verdadeiro, ou seja, que quando a alma se afasta do pecado, ela se torna santa e livre em seus poderes." - Dante (1265-1321)

A PORTA REAL

Titus Burckhardt

O pórtico tríplice, no lado oeste da catedral de Chartres, foi construído entre 1140 e 1150. Sempre foi chamado de "Porta Real", porque as figuras eretas sobre os suportes do pórtico representam, em parte, reis e rainhas da Antiga Aliança. O estilo desta porta ainda é românico em seu equilíbrio repousante; ainda assim, ele já é gótico na medida em que o repouso de suas partes não mais se esforça na direção da terra, mas na direção ascendente, como se essas partes ascendessem como luzes imóveis que brilham. As formas ainda são austeras e fechadas em si mesmas; elas se entregam pouco à luz incerta que muda constantemente da manhã à noite, como os movimentos incertos da alma humana. Áreas claras e escuras são criadas por superfícies lisas e ásperas (elas mesmas cheias de pregas, irregulares ou divididas por ornamentos), com um efeito mais ou menos como as cores, e, de fato, em um dado momento, elas realmente estavam revestidas com ouro e outras cores. O revestimento original não existe mais, mas um esmalte ainda existente – um brilho suave, melódico envolvendo a crueza da pedra – cobre as superfícies e articulações.

Do ponto de vista de seus significados mais profundos, as imagens na Porta Real tríplice representam a expressão mais completa da doutrina já incorporada nas paredes e suportes de um pórtico. Cristo aparece três vezes, cada vez no meio de um tímpano: acima da entrada do lado direito, nós o vemos recém descido à terra, sentado no colo de sua mãe no trono; acima da entrada do lado esquerdo, ele ascende ao Céu, cercado por anjos; e, no tímpano central, Ele Se revela em Sua eterna majestade. A Natividade parece indicar a natureza humana do Cristo, e a Ascensão, Sua natureza divina, mas a referência imediata é simplesmente à Sua vinda e Sua partida, ao fato de que Ele é o alfa e o ômega da existência terrena, entre estes dois extremos Sua eterna majestade se ergue, como o momento presente entre o ontem e o amanhã. Estes são os três significados diferentes da Porta – Porta que é o próprio Cristo.

A porção inferior desta entrada monumental representa a terra e a porção superior, o Céu. Para as figuras sobre os pilares da porta, embora seus nomes sejam desconhecidos, são certamente representantes da Antiga Aliança, e os antepassados terrenos da Encarnação Divina. Como a Encarnação, elas apóiam o Céu dos tímpanos. Entre estes domínios inferiores e superiores, interrompidos apenas pelas próprias portas, corre a linha requintada de capitéis, nos quais todos os principais acontecimentos da vida de Cristo são retratados sucessivamente: é como a linha demarcatória entre dois mundos.

O fato de que as figuras sobre os pilares das portas pareçam tão altas e estreitas significa que elas mesmas sejam os "pilares da Igreja", ao que São Paulo se refere na Escritura. Durand de Mende escreve: "Os pilares da Igreja são os bispos e os teólogos eruditos que mantêm a Igreja de pé..." Estritamente falando, os pilares do portal e as figuras a eles associadas representam uma espécie de ante-câmara, assim como faz a Antiga Aliança em relação à Nova. Em uma entrada similar na igreja de Le Mans, esta divisão em ante-câmara e corpo principal da igreja é evidente : os pilares de parede da frente estão todos decorados com personalidades do Antigo Testamento, enquanto os próprios batentes estão decorados com estátuas dos Apóstolos. Somente estes últimos pertencem ao "corpo" da Igreja.

Na decoração pictórica ou escultural de um edifício, a arte medieval – especialmente a românica e a gótica primitiva – baseia-se no sentido que é inerente a cada uma de suas partes constituintes, como resultado de seu papel estrutural. No início, nas portas de alguns igrejas românicas, o significado espiritual dos pilares de sustentação era indicado apenas por figuras esculpidas planas; hesitou-se em conceder três dimensões a uma representação humana, separando-a, assim, do corpo do edifício; uma estátua autônoma se assemelhava muito a ídolos antigos. Porém, como as figuras esculpidas nas ombreiras ou pilares começaram a tomar delas sua forma circular ou multifacetada, elas se tornaram como que figuras arredondadas elas mesmas, e finalmente avançaram para fora da estrutura do edifício, sem, contudo, separar-se dele completamente. Deste modo, o pilar, graças ao seu significado espiritual, deu origem à estátua, assim como também havia ocorrido em tempos antigos.

Como um sinal de que os patriarcas ou profetas do Antigo Testamento esculpidos estão incorporados no edifício eterno da Jerusalém Celeste, pode-se ver sobre suas cabeças — não em todos eles, mas naqueles sobre as portas da esquerda e da direita —um pequeno edifício coroado com uma torre.

Os pés das figuras esculpidas descansam em um cálice de pétalas (o que lhes dá uma semelhança surpreendente com as estátuas sagradas do

Extremo Oriente), ou em monstros, vistos aqui como o poder vencido das paixões e do diabo.

O número invulgarmente elevado de figuras femininas entre estes personagens do Antigo Testamento – oito delas foram preservadas — aponta para o papel redentor da Virgem Maria, a Protetora da Igreja. Ela mesma surge no tímpano direito com o Menino Divino, cuja Natividade é lá representada. No painel inferior do tímpano são representadas a Anunciação, a Visitação, a Natividade, a Adoração dos Pastores e, no painel do meio, a apresentação de Jesus no Templo. Na cena da Natividade, a Virgem repousa sobre uma cama que se assemelha a um peito; uma mesa cobre isto, como o Céu ou o Paraíso. No topo deste quadro, acha-se o Menino em uma cesta, e um boi e um burro (dos quais restam apenas vestígios) esticam suas cabeças para ele. O quadro não é apenas o berço em que o Cristo recém-nascido está, mas também o altar em que o corpo do Salvador é para sempre sacrificado.[222] Ao mesmo tempo, Ele está presente em outro altar, retratado imediatamente acima, em que a mãe oferece a Criança ao sacerdote. A mãe em descanso no painel inferior, o altar do templo no painel do meio, e a Virgem com o Menino no painel mais alto (encimado por um baldaquino) estão todos situados centralmente, pois é o mesmo mistério expressado três vezes : a Santíssima Virgem é a fundação, o altar e o trono da manifestação de Deus em forma humana. A maneira pela qual o artista expressou verdades teológicas por meio da própria geometria dá testemunho de sua mestria: no painel mais baixo, a posição horizontal, de repouso da mãe, com o Menino retratado acima dela, representa a resignação passiva, por meio da qual a Virgem, afirmando a vontade de Deus, torna-se a "causa substancial" da salvação. Em sua pura receptividade, aberta à graça, ela é comparável à *materia prima* tanto do mundo como da alma. No painel do meio, o altar ascende verticalmente, e sobre ele a Criança está ereta e sua mãe a oferece ao sacerdote de Deus : ela oferece a si mesma na forma de seu filho, assim como a alma deve oferecer-se. Na figura da Rainha dos Céus na seção superior, dois círculos concêntricos podem ser inscritos : o maior envolve a mãe, o menor, a Criança em seu colo, assim como a natureza da mãe envolve por todos os lados a natureza da Criança, e assim como a alma que atingiu o verdadeiro conhecimento contém em seu centro a Luz Divina, Emmanuel.

Como a menor e a maior na criação, a Virgem aparece na maneira descrita por Dante nos versos famosos que ele colocou na boca de São Bernardo : *Vergine madre, figlia del tuo figlio, umile più ed Alta che creatura* ("Virgem Mãe, filha de teu filho, humilde e mais exaltada do que qualquer criatura").

Santo Alberto Magno escreveu da Virgem: "Seu filho é o Rei dos Reis e Senhor dos Senhores, por isso ela deve ser chamada Rainha das Rainhas e Dama das Damas... Seu filho é chamado de Deus dos Deuses, assim ela deve ser chamada Deusa das Deusas ". [223] Esse é o significado expresso pela representação de Maria com seu filho sentado no trono, que, retirado de um modelo bizantino, tem uma aura ainda mais pacífica e inacessível em razão dos dois anjos balançando incensários, que, como pombas iniciando vôo, correm para o centro representado pelas figuras. Seu comportamento ardente contrasta com a dos outros dois anjos, no tímpano da porta da esquerda, que carregam Cristo no alto de uma nuvem e, ao fazê-lo, retrocedem sobrepujados pela Luz Divina.

De acordo com os teólogos medievais, a Virgem Maria, em virtude da perfeição inata de sua alma, possuía naturalmente toda a sabedoria de que o homem é capaz. Uma referência direta a esta sabedoria pode ser encontrada nas alegorias das sete artes liberais, que, imediatamente fora de um círculo interno de anjos adoradores, decoram o tímpano da Porta da Virgem. No contexto medieval, as sete ciências — que foram classificados como o *trivium* de gramática, dialética e retórica, e o *quadrivium* de aritmética, música, geometria e astronomia – não eram exclusivamente ciências empíricas, como aquelas que conhecemos hoje. Elas eram a expressão de diversas faculdades da alma, faculdades que exigem desenvolvimento harmonioso. É por isso que elas também eram chamadas de artes.

Seguindo uma antiga tradição, Dante, em seu *Convivio*, compara as sete artes liberais aos sete planetas; a gramática corresponde a Lua; a dialética a Mercúrio; a retórica a Vênus; a aritmética ao Sol; a música a Marte; a geometria a Júpiter; e a astronomia a Saturno. Os criadores da Porta Real de Chartres certamente estavam cientes destas correspondências. É, portanto, duplamente significativo que, no tímpano da esquerda das três portas, os signos do zodíaco sejam exibidos. Estes pertencem ao Céu imutável das estrelas fixas e, assim, representam o reino do Espírito Divino, a quem esta porta, com sua representação da ascensão de Cristo, está dedicada. Os sete planetas, por outro lado, governam, segundo a perspectiva antiga, o mundo da alma. E Maria é a alma humana em toda a sua perfeição.

Por meio dos signos do zodíaco — nem todos, aliás, aparecem na mesma porta, já que Peixes e Gêmeos tiveram de ser transpostos, por falta de espaço, para a porta das Virgens –, os arcos envolvendo a representação da ascensão de Cristo (na porta da esquerda) podem ser vistos como representando o firmamento. Ao lado de cada um dos doze signos do zodíaco, o mês correspondente é representado pictoricamente sob a forma de sua atividade natural.

Estas atividades naturais — uma para cada mês — são as reflexões terrestres dos doze signos do zodíaco. A partir deles se aprende a que ponto o curso da existência humana depende dos céus: no plantio e na colheita, no trabalho e no lazer; pois os céus, em seus ciclos, trazem calor após o frio e secura após a umidade e, assim, conservam a vida.

Isto é significativo para a arte medieval: em dois tímpanos, e nos arcos em torno deles, todo o cosmos é representado, em suas três grandes divisões: espiritual, psíquica e corpórea. O homem medieval sempre teve em mente a ordem mais profunda das coisas.

O tímpano da porta central é mais largo e mais alto do que aqueles das portas da direita e da esquerda e tem apenas duas zonas, enquanto as portas laterais têm três zonas. No tímpano direito, as sucessivas imagens da mãe humana, da apresentação sacrificial no templo, e da Rainha Celestial estão posicionadas uma acima da outra; no tímpano esquerdo, onde Cristo ascende, uma série de anjos, como relâmpagos vindos de nuvens em tempestade, descem sobre os discípulos reunidos embaixo.

No tímpano da porta principal, a imagem da eterna majestade do Cristo, que foi retratada em tantos portais de igrejas românicas, encontra sua representação mais harmoniosa. Pode-se inscrever cada figura geométrica neste tímpano; sempre estará em consonância com a ordenação das cinco figuras e com a onda de movimentos que emanam da figura central e a ela retornam. Entre a curva do arco e a auréola em forma de amêndoa circundando o Cristo — estas formas que se separam e se re-unem —, um sopro ou inspiração vai e volta, dando à imagem toda a sua vida.

O Cristo está rodeado pelos quatro seres descritos por Ezequiel e por João: o leão, o boi, a águia e o homem alado. Estes são interpretados como os protótipos eternos dos quatro evangelistas, e sua forma animal fantástica simbolicamente estende para além do puramente humano a representação antropomórfica de Deus situada entre eles.

Na seção mais interna dos três arcos, anjos envolvem a majestade de Cristo, e os vinte e quatro anciãos do Apocalipse, que aparecem nos dois arcos exteriores, olham para cima para Ele. No lintel, os doze apóstolos estão presentes em grupos de três e, à sua direita e esquerda, postam-se duas testemunhas proféticas, talvez Elias e Enoque, que hão de voltar no final dos tempos.

Por que o nascimento do Cristo é retratado na entrada da direita, que fica ao sul do eixo principal da igreja, e a ascensão do Cristo na esquerda, ao norte do eixo principal, dado que norte e sul, de acordo com sua interpretação litúrgica, correspondem respectivamente ao Antigo e ao Novo Testamentos? Presumivelmente, o posicionamento físico das portas abriga uma alusão ao antigo símbolo cósmico de *januae coeli*, as duas portas dos céus, conhecidas da época romana tardia. [224] O Céu tem duas portas, isto é, os dois solstícios; pela "porta de inverno", o "novo sol" entra no mundo e, pela "porta de verão", a plenitude da luz deixa o mundo. De acordo com uma antiga visão das coisas mencionada por Platão, os deuses entram neste mundo pela primeira porta, e o deixam pela segunda. A localização do solstício de inverno, que ocorre durante a época do Natal [no hemisfério Norte], está nos céus do sul, e a localização do solstício de verão [que ocorre na época do Natal, no hemisfério sul], nos céus do norte; parece que a ordem representacional no portal oeste da Catedral de Chartres é uma referência direta a isto: através do portal sul, a Luz Divina desce ao mundo, através do portal norte, ela retorna para o invisível. Entre as duas entradas do céu ergue-se o eixo imutável do mundo; a porta central corresponde a este eixo.

Podemos agora voltar para as Sete Artes Liberais. A ordem na qual elas estão listadas, quando bem compreendida, dá testemunho de uma visão pitagórica das coisas, e isso não deixou de ter influência na arte medieval. A divisão destas ciências — e todos os seus elementos — em *trivium* e *quadrivium* entrou na cultura cristã a partir da antiguidade grega, em uma forma tardia e simplificada. O espírito medieval, no entanto, foi capaz de reanimar a visão integral originalmente inerente a ela.

"A filosofia tem dois instrumentos principais", escreve Thierry de Chartres, ou seja, o intelecto (*intellectus*) e sua expressão. O Intelecto é iluminado pelo *quadrivium* (aritmética, música, geometria e astronomia). Sua expressão cabe ao *trivium* (gramática, dialética e retórica). "[225]

Na verdade, o *trivium* constituía uma educação em língua e pensamento. É a língua que faz o homem, homem, e é por isso que a gramática vem no início. Não sem humor, o escultor da porta da Virgem retratou esta arte como uma mulher ameaçando com uma vara duas crianças que estão escrevendo. As figuras dos célebres gramáticos Donato e Prisciano estão ao lado da mulher. A Dialética, cuja representação feminina em Chartres leva um escorpião e tem Aristóteles como companheiro, não é outra senão a lógica. A retórica é a arte de falar, ou melhor, falar na medida em que é uma arte; Cícero acompanha a sua figura alegórica.

Os quatro membros do *quadrivium* também são, do mesmo modo, representados em forma feminina em Chartres. São eles: aritmética, com uma tábua de calcular; música, com um carrilhão; geometria, com uma lousa; e astronomia, contemplando os céus e acompanhado por Boécio, Pitágoras, Euclides e Ptolomeu. Estas quatro artes ou ciências se referem às quatro condições da existência corpórea: número, tempo, espaço e movimento. A Música, naturalmente, não está ligada apenas ao tempo, mas também ao som; mas é no reino do som que o tempo se manifesta mais imediata e caracteristicamente; caso contrário podemos apreendê-la apenas em movimento, caso em que está unida ao espaço.

"Tudo procede da natureza profunda das coisas", escreve Boécio, o grande transmissor do quadrivium, mostrando a influência da lei do número, pois o número é o maior protótipo contido na mente do Fundador. Disso derivam os quatro elementos, a sucessão das estações do ano, o movimento das estrelas e o curso dos céus. "[226]

AS SETE ARTES LIBERAIS

Trivium
"a expressão do intelecto"

Gramática — Lua
Linguagem

Dialética — Mercúrio
Lógica

Retórica — Vênus
A fala como arte

Quadrivium
"o intelecto"

Aritmética — Sol
Número

Música — Marte
tempo (harmonia)

Geometria — Júpiter
espaço (proporção)

Astronomia — Saturno
movimento (ritmo)

Trata-se de uma concepção qualitativa, não quantitativa, do número que está na base da aritmética medieval. É, assim, menos um método de cálculo do que uma forma de entender a natureza do número, as suas propriedades e a singularidade da série numérica obtida por certas relações constantes.

Que cada número individual não representa simplesmente uma soma de elementos, mas é em si uma expressão de uma unidade essencial, aparece mais claramente quando se transpõe cada número na sua correspondente forma geométrica: três em um triângulo eqüilátero; quatro em um quadrado; cinco em um pentágono regular, etc. Em cada uma dessas figuras, inumeráveis relações ocorrem, que diversamente exploram e demonstram a lei inerente no número em questão.

A conexão entre aritmética, geometria e música pode ser vista no fato de que a relação de notas musicais entre si é tornada visível na relação mútua das sequências variáveis que as produzem. Isto pode ser facilmente demonstrado num monocórdio, que tem uma única seqüência e uma ponte móvel.

Seguindo a tradição grega, Boécio distingue três tipos de proporções: a aritmética, em que o mesmo intervalo se obtém entre todos os membros da série, como, por exemplo: 1, 2, 3, 4, 5, 6... ; a geométrica, que avança por meio de uma multiplicação constante (a : c = c : b); e a harmônica, que une os dois anteriores, de acordo com a fórmula a:c = a-b : b - c. A harmônica é a mais perfeita proporção : na música ele aparece como harmonia, e na geometria como a "seção áurea".

A relação regular de movimentos diferentes uns em face dos outros constitui o ritmo. O dia, o ano, o ciclo lunar, são os grandes ritmos que medem todas as mudanças, e neste particular a astronomia, último membro do *quadrivium*, é a ciência dos ritmos cósmicos.

Número, proporção, harmonia e ritmo são claras manifestações da unidade na diversidade, e também claras indicações da via de retorno da diversidade à unidade. De acordo com Boécio, a essência das coisas está intimamente ligada à unidade: quanto mais unidade uma coisa possui em si mesma, mais profundamente ela participa no ser.

Na ciência medieval, a questão é menos de saber muitas coisas do que ter uma visão "integral" da existência. Seu método não estava projetado para a investigação do mundo material e o desenvolvimento tecnológico. Pelo contrário: ela possuía os meios para abrir o olho espiritual para a beleza das proporções matemáticas, e o ouvido espiritual, para a música das esferas.

Quando hoje dizemos "forma", queremos dizer apenas os aspectos visíveis e mensuráveis de uma coisa, em especial os seus contornos espaciais. Para os mestres medievais, por outro lado — para os eruditos e, em certo sentido, também para os artistas—, "forma" era a soma total das propriedades ou qualidades essenciais de uma coisa : era o que constituía a unidade interna de um objeto manifestado. "As formas das coisas", escreve Thierry de Chartres, "estão, fora e além da matéria, contidas no Espírito Divino; lá, em sua plenitude simples e imutável, as formas verdadeiras existem. Mas, aquelas que, de um modo seguro, mas não totalmente explicável, estão impregnadas na matéria, são por assim dizer formas efêmeras, e não em seu verdadeiro sentido. Eles são apenas algo como as reflexões ou representações de formas verdadeiras." [227]

A forma verdadeira não é deste modo nem limitável, nem mutável; é como um raio do Espírito criador que, descendo à matéria, dá-lhe fugazmente forma. Uma analogia para isso é a criação artística : assim como o artista pode mais ou menos completamente, dependendo de sua humildade, imprimir em um material a imagem espiritual que ele traz dentro de si, do mesmo modo a essência de uma coisa pode se manifestar mais ou menos perfeitamente nessa coisa particular.

Esta maneira de ver as coisas é geralmente chamada de platônica, e, assim, os homens que ensinavam em Chartres no início do século XII — como Bernard, Gilbert de la Poreè, William de Conques, e Thierry (que, no exato momento em que a Porta Real estava sendo construída, foi o reitor da escola da Catedral), eram todos platonistas. No entanto, seria fazer-lhes uma injustiça simplesmente atribuir seu pensamento a uma escola filosófica; em suas obras, há um elemento que transcende o pensamento como tal, isto é, uma genuína contemplação espiritual, que, embora longe de ser dependente de palavras, tem não obstante de fazer uso de palavras para se comunicar.

De acordo com o ponto de vista platônico, toda existência emana hierarquicamente da Fonte Divina única, que não é nem diminuída, nem alterada por isso. Pode esta perspectiva ser reconciliada com a narrativa da Criação como aparece na Bíblia? Há de fato uma contradição entre encarar uma luz que brilha porque está em sua natureza brilhar (e que não pode ser concebida de nenhuma outra maneira do que como resplendor), e considerar um ato criativo que, em um dado momento, convoca para a existência algo que não estava ali antes. Os mestres de Chartres se colocaram esta questão, e também a responderam. Quando, com William de Conques, [228] considera-se o próprio tempo como algo criado, a aparente contradição desaparece. Antes da criação do mundo, Deus não estava no tempo: ele estava na eternidade, que está além de todo tempo, no Agora eterno. Não se pode dizer que Deus criou o mundo em um determinado momento, pois o próprio tempo começou com o mundo; do ponto de vista deste mundo, a existência (que brilha ou irradia a partir de Deus) surge como se ela começasse no tempo. Nesta aproximação de duas imagens aparentemente incompatíveis, o caráter mais do que meramente mental da contemplação espiritual pode ser captado.

A arte da Porta Real, em sua reconciliação inimitável e insuperável de distanciamento estelar e proximidade viva, nasce do mesmo espírito.

SHAKESPEARE À LUZ DA ARTE SACRA

Martin Lings

Nas últimas décadas, tem havido um considerável aumento de interesse pela Idade Média. Não há dúvida de que isso se deve, em parte, a uma reação; no entanto, trata-se muito mais de um caso de ignorância dando lugar ao conhecimento. Em outro sentido, é simplesmente a volta à superfície de algo que sempre existiu e que está sempre sendo redescoberto. Não poderíamos dizer que, no fundo, sempre sentimos a superioridade da Idade Média em todos os lugares em que ela permaneceu conosco e em que não deixou de ser acessível, apesar da barreira erguida pelo Renascimento? Por exemplo, na poesia de Dante, ou — para dar um exemplo mais imediatamente acessível e inescapável — em sua arquitetura? Este sentimento implica também, ainda que subconscientemente, o reconhecimento de uma superioridade mais geral, uma vez que é impossível que as grandes catedrais normandas e góticas tivessem surgido em uma época que não apresentasse uma excelência interior que correspondesse a estas manifestações superlativas exteriores.

Uma das principais razões para o aumento do interesse pela Idade Média é altamente significativa: durante os últimos cinquenta anos, os europeus têm se interessado pela arte de outras civilizações mais que em qualquer outra época, e isto, sem dúvida, extirpou muitos preconceitos e abriu a porta para uma certa objetividade e frescor de julgamento. Depois de terem conhecido alguns dos melhores exemplos da arte hindu, chinesa e japonesa, muitos ocidentais, ao voltarem sua atenção para a arte de sua própria civilização, percebem que seu ponto de vista foi irrevogavelmente transformado. Após contemplarem uma grande paisagem chinesa, por exemplo, em que o mundo aparece como um véu de ilusão além do qual, quase visível, reside a Realidade Infinita e Eterna, ou após terem vislumbrado esta mesma Realidade por meio de uma estátua de Buda, elas encontram dificuldade em levar a sério uma pintura tal como a famosa Madona de Rafael, ou o afresco da Criação de Michelangelo, para não falar de sua escultura, e tampouco Leonardo as satisfaz. Mas as pessoas percebem que podem levar verdadeiramente a sério, e mais a sério do que antes, algumas das primitivas pinturas de Siena, como a Anunciação de Simone Martini, por exemplo, ou a estatuária e os vitrais de Chartres, ou os mosaicos dos séculos XII e XIII em São Marcos de Veneza, ou os ícones da Igreja ortodoxa.

A razão pela qual a arte medieval pode ser comparada, como nenhuma outra do Ocidente, com a oriental é que, indubitavelmente, a perspectiva medieval, como a das civilizações orientais, era intelectual. Ela considerava este mundo sobretudo como uma sombra ou símbolo do mundo vindouro, e o homem como uma sombra ou símbolo de Deus; e tal atitude, para ser operativa, pressupõe a presença de intelectuais, pois as coisas terrenas só podem se vincular a seus arquétipos espirituais por meio da faculdade da percepção intelectual, a intuição que penetra através do símbolo até a realidade universal que está mais além. Nas civilizações teocráticas, ainda que o artista não fosse um intelectual, ele obedecia a cânones estabelecidos sobre uma base intelectual.

Em seu sentido mais completo, a arte sagrada é a arte que se conforma a cânones fixados não por indivíduos, mas pela autoridade espiritual da civilização em questão, como era o caso da arquitetura medieval cristã, do canto gregoriano, do antigo drama grego, do teatro Nô japonês, da dança e da música do templo hindu — para dar só alguns exemplos —, e tal arte é sempre algo como um critério e também uma fonte de inspiração potencial para obras menos centrais.

Um retrato medieval é acima de tudo um retrato do Espírito que resplandece por detrás de um véu humano. Em outras palavras, ele é como uma janela que se abre do particular para o universal, e embora se encontre incrustado em sua própria época e civilização e seja eminentemente típico de um período e lugar determinados, tem ao mesmo tempo, em virtude desta abertura, algo que não pertence nem ao Oriente nem ao Ocidente, nem pertence a uma época mais do que a outra.

Se a arte renascentista carece desta abertura para o universal, e é totalmente limitada à sua própria época, é porque a sua perspectiva é humanista; e o humanismo, que é uma revolta da razão contra o intelecto, considera o homem e outros objetos terrenos inteiramente por si mesmos, como se não houvesse nada além deles. Ao pintar a Criação, por exemplo, Michelangelo trata Adão não como um símbolo, mas como uma realidade independente; e desde que ele não retrata o homem à imagem de Deus, o resultado inevitável é que retrata Deus à imagem do homem. Há mais divindade subjacente no retrato de São Francisco de Assis de autoria de Simone Martini do que na representação que Michelangelo faz do próprio Criador.

Shakespeare nasceu menos de três meses após a morte de Michelangelo, e frequentemente se diz de ambos que são dois dos "grandes gênios do Renascimento". Entretanto, como situar Shakespeare à luz de uma abordagem intelectual, que aumenta ainda mais, se isto é possível, o nosso respeito por Dante, mas que diminui bastante nossa estima por vários outros cuja proeminência tem sido inquestionada durante tanto tempo? Uma resposta geral pode ser dada imediatamente, citando, como pedra de toque, uma síntese magistral da diferença entre a arte renascentista e a medieval:

> "Quando estamos diante de uma catedral românica ou gótica, sentimo-nos no centro do mundo; estando em frente a uma igreja renascentista, barroca ou rococó, sentimo-nos apenas na Europa." [229]

Ora, sem tentar dar a Shakespeare um lugar tão essencial na arte da Cristandade como o que é ocupado pelas catedrais ou pela *Divina Comédia*, será que não poderíamos dizer que estar presente a uma encenação adequada de *Rei Lear* não é simplesmente assistir a uma peça, mas sim testemunhar, misteriosamente, toda a história do gênero humano?

Mas, esta *observação* provavelmente não poderia ser aplicada à maioria dos escritos de Shakespeare e, se desejamos formar qualquer juízo do dramaturgo maduro, cuja perspectiva conferiu-lhe uma universalidade que é um prolongamento da universalidade da Idade Média, a primeira coisa a ser feita é, no momento, pôr de lado a maioria de suas peças, de modo a não confundir a questão. Poucos escritores, como Shakespeare, podem ter se desenvolvido tanto durante o seu período de trabalho. No fim do século XVI, ele já havia escrito em torno de 22 peças; mas, de nenhuma delas se pode dizer que represente sua maturidade, embora algumas dêem, [230] de várias maneiras, uma antecipação inequívoca do que estava por vir.

Já não resta dúvida de que aos trinta anos [231] ou antes, Shakespeare estava familiarizado com várias doutrinas — algumas verdadeiramente esotéricas, outras meramente ocultistas — que interessaram tão apaixonadamente aos dramaturgos de Londres e outros escritores de então, bem como aos aristocratas que os sustentavam, protegiam e encorajavam, inclusive dois sucessivos patronos [232] dos atores para quem Shakespeare escreveu suas peças e com os quais atuou. É supérfluo dizer que a corrente principal do legado místico da Idade Média era cristã; porém, ao final do século XVI, esta corrente foi adensada por muitas outras correntes — pitagórica, platônica, cabalista, hermética, iluminista, rosicruciana, alquímica. À margem de algumas destas correntes tradicionais estavam ciências tais como a astrologia e a magia, e muitas mentes foram cativadas, e mesmo monopolizadas, por assuntos secundários desta espécie.

Mas, essencialmente, as tradições não-cristãs coincidiam com a mística cristã, a despeito de diferenças de terminologia e perspectiva. Elas se preocupavam, primeiramente, com os meios para purificar a alma de sua natureza decaída e, finalmente, com o fruto desta restauração do estado primordial, a reunião beatífica da alma com Deus. Shakespeare, como Lyly, Spenser, Chapman e Ben Johnson — para mencionar apenas alguns — estavam bem conscientes de que o resultado do matrimônio químico do enxofre e do mercúrio, ou do "Rei e da Rainha" (a *magnum opus* dos alquimistas), é a alma ressuscitada e perfeita, e, portanto, que a obra alquímica é, assim, um primeiro estágio indispensável na via que leva à união mística da alma perfeita com o Espírito Divino. De fato, esta união é o tema do poema alquímico de Shakespeare "A fênix e a tartaruga", como Paul Arnold demonstrou em seu comentário detalhado;[233] e se alguns objetam que este poema atinge uma maturidade extremamente profunda, que é difícil de ser contada entre as obras dos meados de 1590, [234] essa mesma união — o matrimônio precedido e condicionado pela provação e purificação — é nada menos que o tema de mais de uma das primeiras peças de Shakespeare. Com relação a isto, o leitor deve somente olhar de relance os capítulos bem documentados de Arnold sobre *Trabalhos de amor perdidos* e *O Mercador de Veneza*, [235] ou o capítulo de Jean Paris sobre o "teatro alquímico" em Shakespeare.[236]

O ponto a ser assinalado aqui não é o de que muitas das primeiras peças retracem simbolicamente o caminho dos Mistérios, mas sim que elas eram muito teóricas para serem plena e "concretamente" vinculadas aos mistérios. Na via esotérica, o conhecimento doutrinal tem de ser obtido pela mente antes de ser assimilado existencialmente pelo homem como um todo; e este processo de desenvolvimento reflete-se externamente na ordem cronológica de suas peças, pois uma coisa é fazer uso de um conjunto de símbolos, outra é entrar totalmente em seu simbolismo.

Para nos fazermos compreender melhor, vamos supor que Shakespeare não tivesse vivido até alcançar sua maturidade ou, em outras palavras, que tivéssemos que julgar sua grandeza tomando como base *Romeu e Julieta, Sonho de uma noite de verão, O mercador de Veneza, Ricardo II, Henrique IV, Muito barulho por nada, Como gostais, Júlio César* e *Noite de Reis*, sendo que estas são, provavelmente, as melhores entre as suas primeiras peças. A distância entre esta apreciação e a que nós, felizmente, estamos aptos a fazer, seria completamente diferente de um juiz para outro, mas, em qualquer caso, não poderia deixar de ser bem grande. Pois foi somente após estas peças terem sido escritas, isto é, justamente após a virada do século, que veio uma mudança nítida e permanente, não de orientação, mas sim de intensidade. E como se Shakespeare tivesse subitamente se atracado com o universo depois de tê-lo contemplado algum tempo com uma serenidade semi-desapegada. Ele passou de sério, que já era, para mortalmente sério.

*

Demasiado frequentemente se diz que a maravilhosa variedade dos personagens de Shakespeare torna impossível adivinhar alguma coisa sobre o próprio autor. Sobre seu temperamento isto pode ser de certo modo verdadeiro, mas, no que se refere à sua perspectiva e a seus ideais, isto é totalmente falso. Indiretamente, podemos aprender muito sobre Shakespeare até por meio de seus vilões, e, por meio de seus heróis, podemos aprender muito mais, especialmente ao final de uma peça, depois que ele os desenvolveu plenamente.

Mas, quando o herói, num estado em que ainda lhe falta o discernimento, no começo ou no meio de uma peça, dá vazão às suas ideias sobre isto e aquilo, ele talvez esteja revelando a sua própria imaturidade e pode até mesmo estar dizendo o oposto do que Shakespeare pensa. Um importante exemplo disso ocorre em Rei Lear, quando Gloster, que tem um papel importante na sub-trama, e antes que Shakespeare o tenha desenvolvido satisfatoriamente, diz:

Como moscas para garotos travessos, assim nós somos para os deuses;
Eles nos matam para sua diversão.(1, 2) (IV, 1, 222-225)

É quando ouve estas palavras que Edgar decide seguir um estranho curso de ação, com o propósito de salvar seu pai do desespero e do suicídio. Graças a seus esforços, Gloster pode por fim dizer:

Daqui por diante suportarei
A aflição até que a própria aflição me grite:
"Basta, basta", e morra.(IV, 6, 75-77)

E ainda, mais tarde:

Deuses sempre gentis, tirem de mim meu alento:
Não permiti que meu pior espírito me tente novamente
A morrer antes que vos apraza.(4) (V, 2, 11)

A grande fraqueza de Gloster, que ele finalmente vence, é a falta de fé na Providência. Hamlet, por sua vez, também padece desta mesma insuficiência. O solilóquio "ser ou não ser", a partir do qual se deduziram tantas coisas acerca das opiniões pessoais de Shakespeare, não só não expressa a maturidade de Hamlet, como o mostra num processo de descoberta de sua imaturidade.

É bem possível que Shakespeare tenha se utilizado de suas próprias experiências passadas para construir este solilóquio. Mas nós podemos estar certos de que ele não representa, de nenhum modo, suas convicções definitivas, pois seu teor contradiz completamente a última cena da peça, quando encontramos um Hamlet perfeitamente equilibrado expressando a maturidade com a qual Shakespeare gradualmente o moldou. Nesta cena, nós o encontramos vencendo as dúvidas que — diferentemente de Gloster — ele nunca tinha percebido em si mesmo. Esta natureza real, nova e madura, faz Horácio exclamar, entre surpreso e admirado: "Por quê? Que tipo de Rei é este?" (v, 2, 229-230); e sua fé na Providência é inabalável. Ele diz a Horácio:

> *Há uma Divindade que molda nosso fim, por mais toscamente que nós o desbravemos.* (V, 2, 10-11)

Pouco depois disso, em relação à sua premonição de sua própria morte iminente, ele lembra Horácio, em termos bíblicos, da obrigação do homem de possuir a virtude da confiança: "Há uma providência especial na queda de um pardal" (v, 2, 229-230). Não há dúvida de que, nesta cena, Shakespeare se inspira na passagem bem conhecida do Evangelho de São Mateus (10: 29-31):"Não se vendem dois passarinhos por um asse?[237] No entanto, nenhum deles cairá por terra sem o consentimento de vosso Pai. Mas até os cabelos de vossa cabeça estão todos contados. Não temais, pois! Bem mais que os pássaros valei vós."

A essência do que Hamlet diz poderia ser assim resumida: o que é importante é estar preparado para a morte quando seu momento chegar. Suas palavras: "a prontidão é tudo" têm seu equivalente em uma passagem igualmente significativa do último ato do Rei Lear. As notícias da derrota e captura de Lear e Cordélia afundam Gloster uma vez mais em seus "pensamentos doentios", como são chamados por Edgar, que o tira destes pensamentos, relembrando-o que assim como o homem deve se submeter à Providência no que se refere à hora e o modo de seu nascimento, também deve se submeter no que se refere à hora e o modo de sua morte, e não procurar arrancar a fruta antes que esteja madura.

Os homens devem suportar
sua saída daqui, da mesma forma como aqui entraram.
A maturidade é tudo. (V, 2, 9-11)

Observar-se-á que nestes dois discursos de Hamlet e Edgar, como também em outras partes, Shakespeare se concentra no aspecto mais universal da religião. Ele está mais preocupado com que o homem tenha a atitude de alma correta em relação à Providência, do que com qualquer forma particular de culto. Tampouco acreditamos que isso resulte da extrema sensibilidade e rigor religiosos da Inglaterra dos séculos XVI e XVII, quando o Cristianismo era um tema muito perigoso. Voltaremos daqui a pouco ao tema da universalidade de Shakespeare, mas ainda há algumas clarificações a serem feitas. Antes do fim de seu período de atividade literária, era proibido por lei mencionar o nome de Deus em cena. Era, porém, sempre possível referir-se aos "deuses" ; e se ele, deliberadamente, escolheu situar muitas de suas peças maduras em um cenário pré-cristão, deve ser observado que, no entanto, sua atitude em relação à Grécia e a Roma não é típica da Renascença. Shakespeare não estava simplesmente tomando emprestada a superfície da antiguidade clássica. Ele se colocou no próprio centro do mundo antigo. Para ele e para Dante, assim como para os antigos sacerdotes e sacerdotisas de Delfos, Apolo não é o deus da luz — e sim a Luz de Deus.

Na forma de seu drama, Shakespeare pertence à sua época. O *Dr. Fausto* de Marlowe é, exteriormente e em alguns aspectos, mais medieval do que muitas coisas que Shakespeare escreveu. Mas, a perspectiva de Marlowe era totalmente a de um homem da Renascença, enquanto Shakespeare parece, num certo sentido, voltar atrás enquanto o tempo segue em frente e, por volta da mudança de século, ele havia se tornado, à diferença de muitos de seus colegas dramaturgos, o continuador e o recapitulador do passado, a última sentinela de uma época que desaparecia rapidamente. Ao dizer isto, não dizemos nada de novo: é apenas juntar os fatos e concluir. Bradley disse do Rei Lear: "Não parece revelar um modo de imaginação muito distante daquele com o qual, devemos recordar, Shakespeare estava perfeitamente familiarizado nas peças de moralidade e em *The faerie queene*".

Sobre *Otelo*, Wilson Knight disse: "Otelo, Desdêmona e lago são o Homem, o Divino e o Diabo", e ele observa que, geralmente, os heróis de Shakespeare são "peregrinos purgatoriais". E, sobre *Macbeth*, Dover Wilson disse: "Macbeth é quase um auto moral", e disse quase praticamente o mesmo das duas partes de *Henrique IV*. Além disso, com relação a esta última obra, e com respeito à questão de se saber se Shakespeare é o continuador de uma tradição passada, ele nos recorda: "Antes de sua secularização na primeira metade do século XVI, nosso drama se ocupava de um (e apenas um) assunto: a salvação humana. Este tópico podia ser representado de dois modos: 1) historicamente, por meio de dramas sacros, os quais, nos ciclos de Corpus Christi, desenrolam ante os olhos dos espectadores todo o plano da salvação, desde a Criação até o Juízo Final; ou 2) alegoricamente, por meio de peças de moralidade, que exibiam o processo de salvação da alma individual em sua viagem entre o nascimento e a morte, assediada pelas armadilhas do Mundo ou pelas artimanhas do Maligno." Dover Wilson não define a palavra "salvação" e, para o objetivo de seu livro, não é necessário fazê-lo. Mas, no que se refere à arte medieval em geral, é importante distinguir entre o que se pode chamar de obras esotéricas (que remetem para além da salvação: à santificação) e de obras exotéricas (nas quais a santificação é, no máximo, um ideal remoto). Se Shakespeare foi um continuador do passado, a qual destas duas categorias sua arte pertence, à esotérica ou à exotérica?

Um exemplo do que pode ser chamado de obra exotérica, que se detém no sentido mais elementar de salvação, é *The castle of perseverance*. Nesta peça de moralidade, a humanidade (*humanum genus*) é representada como tendo levado uma vida muito discutível, e é salva do Inferno, da face da justiça, pela virtude da Misericórdia Divina. Um exemplo supremo de obra esotérica é *A Divina Comédia*, que pressupõe a salvação e trata da purificação do homem e sua santificação última — ou, em outras palavras, da recuperação daquilo que havia sido perdido com a Queda. Pode-se dizer que, na Idade Media, considerava-se que a massa dos leigos seguia a via da salvação, enquanto as ordens monásticas e as ordens laicas que a elas se ligavam (e uma ou duas outras irmandades, como a dos maçons e a dos companheiros) visavam seguir a via da santificação. Dito de outro modo, elas tinham como meta atravessar o Purgatório nesta vida. Hoje se sabe que Dante pertenceu a uma confraria afiliada à Ordem do Templo, [238] e que passou a uma situação mais ou menos clandestina quando a Ordem do Templo foi abolida. Alguns supõem que Shakespeare foi um membro da irmandade Rosa Cruz; outros acreditam que ele foi maçom. Esta é uma parte de seu segredo que provavelmente não se conhecerá nunca, e não está no escopo destas páginas insistir em alguma coisa que não seja óbvia a partir daquilo que o próprio Shakespeare escreveu. O que é óbvio, de qualquer modo, é que suas peças transcendem a ideia de salvação em seu sentido mais limitado; e deve ser observado, de passagem, que isto sugere que ele seguia uma via espiritual — o que implica a filiação a uma ordem.

No começo do Ato V de *Conto de Inverno*, com referência à longa penitência feita pelo Rei Leontes durante os dezesseis anos decorridos entre as duas partes da peça, o personagem de tipo sacerdotal Cleomenes diz:

Senhor, fizestes o bastante, e cumpriste
tua pena como um santo: não há falta que pudesses cometer
que dela não tenhas sido redimido; de fato, pagaste
mais penitência do que as transgressões que fizeste.
Por último, faze como os céus têm feito: esquece teu erro;
Com eles, perdoa a ti mesmo. (V, 111, 1-6)

No *Rei Lear*, o cego Gloster, ao reconhecer a voz do Rei, pede para beijar sua mão. Lear lhe responde: "Permite-me limpá-la primeiro; ela tem o mau cheiro da mortalidade" (IV, 6, 137). Esta observação contém não somente a verdadeira essência desta peça, mas também a da maioria das outras peças maduras de Shakespeare; pois, no curso delas, o que faz Shakespeare senão limpar a mortalidade, quer dizer, o pecado de Adão, da mão do herói? A mão deve estar completamente limpa: não é uma questão de mais ou menos. Em Hamlet, o príncipe diz de si mesmo, no meio da peça, que é razoavelmente virtuoso: "Eu mesmo sou medianamente honesto" ; mas o propósito de Shakespeare vai bem além de tal mediocridade. O porteiro do Portão do Purgatório, isto é, o portal da salvação, é, por definição, de incomensurável misericórdia. Hamlet poderia ter passado por ele no começo da peça: e assim também Leontes, no momento do arrependimento, dezesseis anos antes das falas acima citadas; e também Lear, bem antes do final da peça. Mas, o porteiro do Paraíso, isto é, a porta da santificação, é implacavelmente exigente; e, para seus heróis e heroínas, Shakespeare representa esse porteiro. Ele não deixará passar nada exceto a perfeição: e, assim, ele faz Hamlet acrescentar às palavras acima citadas: "Mas de tais coisas eu poderia me acusar que teria sido melhor que minha mãe não me tivesse feito nascer" (III, 1, 123-126).

Sente-se que os personagens, um após o outro, são desenvolvidos e levados a um estado de virtude que chega aos próprios limites da natureza humana, a um ponto em que cada um deles poderia dizer, com Cleópatra:

Dá-me meu manto, coloca minha coroa; eu tenho anseios imortais
dentro de mim. (v, 2, 279-280)

Mesmo aqueles que se recusam a admitir que Shakespeare fala através de seus personagens não podem escapar do fato de que é o próprio

Shakespeare, e nenhum outro, quem arquitetou suas peças. E, quando depois que foi alcançada certa maturidade, uma peça depois da outra foi seguindo a mesma busca pela perfeição humana – e cada peça insistia na mesma mensagem em sua totalidade (além da maravilhosa variedade de detalhes) —, nós não temos outra alternativa senão concluir que, pelo menos ao longo de seus últimos quinze anos de vida ou mais, Shakespeare estava preocupado com a mesma questão que havia preocupado Dante.

Foi, contudo, privilégio de Dante estabelecer, para a Cristandade, um desses ápices da arte que toda teocracia está fadada a ter, e isto provavelmente não pode ser dito de Shakespeare. A Cristandade é de fato a civilização tradicional mais próxima de sua arte, e providencialmente ele nasceu na época exata para ser capaz de dotar suas peças com uma grandeza medieval extraída daquele mundo. Mas Shakespeare não fala nos termos daquele mundo. Já demos dois exemplos de seu modo universal de expressão: "a prontidão é tudo", de Hamlet, e "maturidade é tudo", de Edgar, mas estes são apenas dois de uma multidão. Através de suas peças, somos relembrados vezes sem conta do que Sófocles chamara "os estatutos não-escritos e incontestáveis dos deuses... não de hoje, nem de ontem, mas de todos os tempos, e ninguém sabe quando eles foram estabelecidos".[239] Estas palavras são frequentemente tomadas como referência ao que é geralmente conhecido como a Filosofia Perene, ou *Religio Perennis*; e é nessa religião subjacente a tudo, e não em qualquer forma religiosa particular, que a arte sagrada de Shakespeare está enraizada. Isto não significa que ele não fosse um cristão devoto e praticante.[240] A piedade pré-religiosa não pode ser adotada no lugar da religião particular de qualquer tempo e local. Ademais, um fator essencial desta piedade é a mediação entre Céu e Terra, que é uma característica espontânea do homem primordial em função de seu acesso, por assim dizer, "orgânico" ao Espírito. Mas, na falta disso, a mediação só pode acontecer pela realização de ritos que a *Religio perennis* não outorga — e aqueles que reconquistaram este acesso liberador ainda continuam a realizar tais ritos, por mais de uma razão.

"Esta hereditariedade profundamente estabelecida (*Religio perennis*) é como a lembrança do Paraíso perdido e pode irromper na alma por uma sorte de atavismo providencial. [241]Acreditamos que Shakespeare foi um exemplo eminente desta possibilidade. Não é que neguemos em Dante o mesmo atavismo, mas é que nele o atavismo brilha através de um véu. Dante foi um dom do Céu para a Cristandade, na qual ele tinha uma função a cumprir, ao passo que Shakespeare foi um dom para os séculos finais deste ciclo de tempo, cada vez mais secularizados — isto é, do século XVII em diante – e para nenhum período mais do que o presente. Todas as diferentes tradições concordam que estamos nos aproximando do fim de um ciclo temporal, e que esta velha era na qual estamos não pode mais ser renovada, como aconteceu há cinco séculos com a relativa juventude do Cristianismo e do Islã (tradições que já estão exibindo sinais claros de decadência, principalmente a primeira), pois, quando o fim está próximo, os desdobramentos ocorrem de maneira muito rápida. E o que é verdadeiro para as tradições também é verdadeiro para os homens: em certo sentido, na Terra atualmente todos são "velhos", o que significa que todos se defrontam, de alguma maneira, com a questão: "O que me caberá: a sabedoria da idade, ou sua senilidade?" Abordamos esta situação com maior detalhe em outro livro.[242] Mencionamos isto porque, apesar de uma vasta maioria ter optado, sem saber, pela alternativa negativa, é inevitável que haja alguns que não fizeram isto — e a sabedoria terminal que eles representam tem uma estreita afinidade com a *Religio perennis*. O mesmo acontece com Shakespeare, seja isto repetido: ele está de fato claramente à vontade nesta perspectiva para que ela lhe tenha sido forçada apenas em razão dos problemas religiosos de seus dias. Tais problemas foram propícios para impeli-lo a levantar o véu através do qual Dante foi obrigado a falar.

Se for perguntado, em conexão com o nosso título, se temos o direito de colocar qualquer das peças de Shakespeare, mesmo as maduras, na categoria da arte sagrada, um poderoso argumento pelo "sim" está implícito no fato de que o tema central destas peças não é meramente a religião, o que em si mesmo seria insuficiente, mas a própria essência da religião, ou seja, os Mistérios. Acrescentemos a isto uma observação do capítulo magistral de Schuon acerca dos graus da arte. "A distinção entre uma arte sagrada e uma arte profana é inadequada e demasiadamente precipitada quando se quer levar em conta todas as possibilidades artísticas. No entanto, é necessário recorrer a uma distinção suplementar, isto é, à distinção entre uma arte litúrgica e uma extra-litúrgica". [243] Isto tem a vantagem de salvaguardar a categoria da arte sagrada no sentido tradicional, ao mesmo tempo que não rotula como profanas algumas manifestações extra-litúrgicas do Espírito Divino, o qual "sopra onde quer".

TEOLOGIA DO ÍCONE

JEAN BIÈS

Não existe somente uma estética do ícone; este tem também a sua teologia. O ícone comporta um aspecto *alquímico*, concernente à espiritualização da matéria: é a sua função transfiguradora; um aspecto *simbólico*, concernente à transposição dos arquétipos em imagens visíveis; é a sua função purificadora; e um aspecto *litúrgico* enfim, concernente à "descida do Céu sobre a Terra", e é sua função de culto.

Plotino já defendia uma visão da Natureza que, dirigindo-se aos *olhos interiores*, negligenciava a aparência das formas para revelar a essência. O Cristianismo ortodoxo adota essa filosofia ao mesmo tempo em que a adapta. Orígenes esboçaria o estudo dos cinco sentidos espirituais e do órgão utilizado para contemplar os objetos incorpóreos, também dito o "olho do coração". Isto não é um saber analítico e discursivo, é um conhecimento intuitivo imediato que oferece a apreensão do núcleo espiritual, do *logos* incluído no coração das coisas sensíveis. O trabalho do artista será retirar sucessivamente as cascas que os cobrem para fazer emergir o ser. Daí a inexistência no ícone de toda perspectiva dos contornos, de iluminação externa, de horizonte terrestre; daí, também, o aspecto translúcido de personagens e objetos, comparáveis a pétalas ordenadas em torno e através de uma fonte luminosa. Estas capas, que guardam em seus vincos a lembrança das togas, cobrem menos os corpos que as almas.

O ícone prefigura, aqui e agora, a glorificação do homem do Oitavo Dia. Não somente do homem, mas da Criação inteira. A pequena tábua de madeira, a pintura a base de gema de ovo – símbolo do triplo mundo -, a água benta diluindo as cores são as humildes primícias da Redenção substancial que deverá se operar quando da Apocatástase. Pois, assumindo a carne, o Cristo tornou possível a metamorfose e a deificação do próprio mundo físico. Se a Queda não foi apenas a de Adão, mas a ocultação, ampliada para todo o universo, da modalidade paradisíaca, do mesmo modo, a Salvação final não diz respeito somente à humanidade, mas a todos os átomos do cosmos. Ideia cara à Ortodoxia: ao descer ao Rio Jordão, o Cristo já tinha antecipadamente santificado as águas; posto sobre a cruz, ele santificou o madeiro (este madeiro que ele designava também como a substância cósmica); sepultado, ele santificou a terra; respirando nosso ar, ele santificou o ar, e se manifestando no Hades, o fogo. É isto que ensina eloquentemente o primeiro aspecto do ícone.

Seu segundo aspecto lembra que ele é um espelho onde se reflete a Eternidade, o Paraíso, o Século futuro; uma janela sobre o Absoluto, pela qual desce a Essência, a Beleza supraterrestre. O ouro do fundo sugere a Graça deificante que a tudo penetra. Sua luz suscita as coisas, mais do que as ilumina, porque as coisas se iluminam por si mesmas; a luz é aqui o veículo das presenças arquetípicas. O ícone propicia, revelando-as, a "sensação das coisas divinas" ; o ícone purifica o lugar onde ela brilha misteriosamente, ele atesta a presença do Transcendente, constituindo, a este respeito, uma teofania. Ele é o ponto de convergência de uma precipitação e de um concentrado de energias, e poderíamos atribuir a ele, sem sincretismo, a expressão que um Ramakrishna consagrava à imagem divina: "uma condensação de consciência". Ele é, sobretudo, de uma parte, o lugar onde Deus se faz face, e face de homem, onde a face humana de Deus aparece sem véu; de outra parte, o lugar onde o homem pode contemplar ao mesmo tempo – reminiscência, a imagem original da Face que era sua antes da catástrofe cósmica e, - antecipadamente – aquela da Face que será sua na Jerusalém Celeste: um só e mesmo Rosto na glória do Pleroma.

Não há maior milagre que ver o Invisível se tornar assim visível; não há melhor confirmação que descobrir a Face de Deus que é também a face da humanidade. Mas, a maravilha das maravilhas é que esta Face tem um olhar, uma abertura pela qual o Céu irrompe e se desenrola para encontrar nossos olhos.

O terceiro e último aspecto se refere ao papel litúrgico e sacramental do ícone. A liturgia deste mundo não faz senão reproduzir aquela, ininterrupta, que se desenrola no outro mundo. O ícone é o eco visual desta Liturgia. Colocado sobre a iconostase que ao mesmo tempo separa a nave do altar, o profano do sagrado, e sacraliza o profano para introduzi-lo no Reino, as santas Imagens se situam na confluência do terrestre e do celeste; e como as verdades divinas se refletem por imagens no espírito humano, elas refletem o Céu sobre a Terra.

O ícone santifica a vista daquele que o contempla, transformando-o em "senso de visão". Livre de todo sensualismo, ele inaugura o "jejum dos olhos", pacifica e ilumina. Ele é também suporte da meditação, canaliza as correntes mentais e psíquicas. O ícone facilita a repetição do Nome divino pronunciado diante dele, contribuindo para a concentração; exercício que não deixa de lembrar a *manasapûjâ* dos hindus.A contemplação do ícone é o olhar do silencio que desperta em nós a aparição dos arquétipos e o desejo de parecer com eles. Pouco a pouco, a Face divino-humana se inscreve nos tecidos mais tênues do ser; ela o dirige, purifica-o, prepara-o para a visão de Deus.Não foi dito que "*aquele que não viu Deus nesta vida não o verá mais na vida futura*" ? E porque "*o homem se torna o que ele contempla*", disse Plotino, aquele que contemplou o Amor se tornará necessariamente Amor, por reflexo primeiro, depois, por mimetismo, enfim, por identificação, do mesmo modo que aquele que contemplou a feiura, a vulgaridade, a violência e o ódio se tornará feio, vulgar, violento e cruel, fará germinar nele a semente do criminoso. É lamentável que em um tempo em que germina por toda parte a "civilização da imagem", esta atualidade do ícone, espelho do sagrado, não seja melhor apreendida por nossos contemporâneos.

Esta *impregnação* contribui para a transformação interior. Ela é a preparação para o encontro Face a face, depois da grande passagem. O ícone é o instrumento do bem-morrer. O ícone banha, cerca as camadas profundas do inconsciente. Sua lembrança é mantida a frente da memória superficial e imediata do cérebro; e o rosto que ele representa e esconde nas profundezas do ser humano permite a este reconhecer o Rosto situado *do outro lado*, e de se sentir, no mundo vindouro, em um lugar conhecido.

Os defensores do culto da deusa Razão se valem desta para denunciar o culto das Imagens. Já no século VIII, os iconoclastas criticavam os cristãos de querer representar Deus e, à maneira dos panteístas, de divinizar a matéria. Constantino V *Coprônimo* ("de nome excremencial") os faria supliciar e arrastar pelas ruas, lançar ao mar, metidos em sacos. Concedamos a existência possível de desvios supersticiosos, de um agravamento da idolatria. Mas, elevemos o debate ao nível dos Padres.

A resposta dos Padres, de se Deus não pode ser representado, o Verbo se fez carne, e é possível a partir desse momento "representar a semelhança do Um que se mostrou" ; por outro lado, a substância não é adorada, mas, através dela, o Princípio é. Em uma fórmula definitiva, São João Damasceno explica: "Eu não adoro a matéria, mas o Criador da matéria, que, por minha causa, tornou-se matéria, e com essa matéria me salvou". Uma estranha ironia: aquele apelidado de Chrysorroas — "ouro que flui" (por causa da eloquência de suas palavras), teve de defender o ícone no Estado muçulmano, mas não contra os muçulmanos, e sim contra os cristãos iconoclastas: ele foi sepultado em uma mesquita. De acordo com o Concílio de Nicéia (787), "aquele que cultua um ícone, venera a pessoa que ele representa". Os santos Padres disseram mais do que suficiente para que a "honra concedida à imagem passa para o ser embelezado pela imagem", e que "contemplando um ícone, o espírito ascende ao seu protótipo".

Tornando-se carne, Deus não divinizou a matéria, Ele deificou a carne; fez dela o receptáculo do Espírito.

Ao se voltar para a arte abstrata, a arte religiosa ocidental prova sua completa falta de compreensão do significado da Encarnação, e também que, por fraqueza doutrinária ou preocupação com adaptação demagógica, ela perdeu a intelectualidade para o intelectualismo. Na medida em que a arte abstrata pode ser apreciada no Islã, a religião da Impessoalidade divina, é injustificável na religião por excelência em que Deus dá expressão concreta para a Face. Quanto à arte profana, confrontada com o mundo dos ícones, ela somente traduz um mundo fragmentado de formas decompostas que favorecem o aparecimento de estruturas aprisionadas, ao invés da essência; um mundo onde a matéria, não familiarizada com assunção, desintegra-se sob o aspecto de monstros assombrados ou sorrisos mecânicos, onde a psique, desenraizada de todas referência, agoniza nas borras da desgraça humana... Representação de pesadelo de um Inferno glacial em que Cristo não se dignou a descer. Exaltação da Tríade de hipóstases invertidas: *Arrogância* titânica, confrontando a discrição, o desapego e a ausência de toda retórica por parte do Verbo; *Loucura* odiosa em face da "paixão" de Deus pela humanidade; *Vazio*, como a resposta paródica à *kenosis* divina, feita de despojamento, renúncia e sacrifício até a morte.

Contrariamente à secura característica do naturalismo, do cubismo e do tachismo, a arte dos "santos e preciosos ícones" acalma os olhos e rejuvenesce a alma. Ela desperta um sonho que é mais verdadeiro que a realidade e apresenta a Verdade plena. Depois de ter descoberto o esplendor e os diversos níveis de significado, só podemos nos voltar, mais uma vez, para esse mar que nos traz tudo, para ver se outros ícones não navegaram em nossa direção; este mar que, de era em era, trouxe até as margens do Monte Athos tais imagens flutuantes, lentamente empurradas pelo vento, coletadas por um monge, e as tradições plenas de milagres, piedade, e flores.

O ARTESANATO É UM ANACRONISMO?

BRIAN KEEBLE

Analisaremos aqui as implicações mais profundas para o fato de que o artesanato, mesmo em um mundo no qual ele tem apenas um papel social marginal e quase sem justificação econômica, nunca reconheceu inteiramente a derrota para o método agora global de manufatura industrial. Em essência, isto equivale a perguntar se os ofícios são um anacronismo, ou se eles têm uma importância intrínseca para uma sociedade que a cada minuto se sustenta por uma gama altamente sofisticada de produtos tecnológicos que estão o mais distante possível do mundo do artesanato tradicional.

No entanto, este método lento, trabalhoso e demorado de confeccionar coisas com as mãos não perecerá mesmo em face de um sistema de produção, distribuição e consumo que, por todas as estimativas razoáveis, deveria ter há muito tempo erradicado o artesanato. Não resolvemos, afinal, o problema de produzir as coisas suficientes para as nossas necessidades? Certamente, nossas máquinas não fazem isso por nós? E, como resultado, não estamos livres para nos envolver em empreitadas mais elevadas? Mas, de alguma forma, uma dúvida teimosa e incômoda persiste.

O estado presente de nossa sociedade pós-industrial parece sugerir que as coisas "mais elevadas" têm escapado ao nosso alcance e que fomos deixados de mãos vazias. Há um sentimento generalizado de que a "sociedade do lazer" não nos fornece aquelas satisfações para o sustento da vida há muito prometidas, e muitas vezes adiadas. E junto com isso, há a crescente percepção de que a riqueza material de nossa sociedade foi conseguida às custas da perda de significação do trabalho.

Ao perguntar se os ofícios ou artesanatos são um anacronismo, não estamos nós admitindo tacitamente que há algo mais neles do que simplesmente os métodos e procedimentos que empregam? Que eles são mais do que uma maneira antiquada de confeccionar coisas? Pois, se toda a questão de como as coisas devem ser feitas pode ser respondida sem referência à pergunta: por quem? e para quê?, então nós dificilmente estaríamos interessados em qualquer método particular de produção.

Cada melhoria na eficiência automaticamente tornaria qualquer método anterior obsoleto e, com exceção de uma aplicação antiquária, o artesanato certamente teria desaparecido em face de dois séculos de esforço industrial e tudo o que isso implica.

O fato de que os artesanatos nunca foram inteiramente eliminados como uma forma de satisfazer algumas de nossas necessidades deve sugerir que eles envolvem uma dimensão da experiência humana que vai além da complexa interação de habilidades intuitivas, imaginativas e manipulativas que vão no sentido de dominar a substância material do próprio artesanato. E isso, por sua vez, sugere que nossa investigação sobre o significado dos ofícios deve se voltar não tanto para o método efetivo de produção, mas para o agente cuja tarefa é dominar e desenvolver o método em foco. Para uma coisa ter significado, ela deve significar algo. Deve ser um signo de alguma coisa, e os signos apontam para valores. E é um dom único de homens e mulheres reconhecer os valores e a necessidade de agir de acordo com eles.

Em vista de nossa posse desse dom, é de pouca utilidade nossa argumentação de que o mundo moderno avançou para além de uma civilização baseada no artesanato, como se a mera passagem do tempo fosse capaz de impor sobre a atividade humana um valor e um significado que ela não teria de outra maneira. Pois o mundo que envolve o homem urbano contemporâneo é, na realidade, uma construção do próprio homem, o resultado de aprovar ou rejeitar certos valores em favor de outros. Não se pode argumentar que a história nos faz o que somos, inalteravelmente e inevitavelmente, e, portanto, que a história decretou que os ofícios não têm mais lugar necessário nos assuntos humanos. Pois a história não é nada mais do que a soma das atividades humanas. Qualquer mundo que produzirmos, podemos igualmente desfazer. O fato de que expressamos atualmente profundas dúvidas sobre a condição do meio ambiente, condição que nós mesmos criamos, aponta para o fato de que somos capazes de fazer uma avaliação e um julgamento objetivos para além do processo evolutivo, que é simplesmente mudança histórica como tal. Não somos, em outras palavras, vítimas infelizes de nosso tempo e lugar; temos acesso a um conjunto de valores que ultrapassam o que de outra forma seria o nosso confinamento total à causalidade histórica. Isto nos diz mais sobre a natureza do homem do que talvez sobre a natureza de qualquer processo de fabricação. E aponta para a importância e necessidade de nossa a pergunta fundamental: “O que ou quem é o homem?”

Este ponto, colocado de uma forma ou de outra, tem estado na raiz desta escola de pensamento radical, hoje consolidada, que achou por bem questionar a direção e os objetivos que a sociedade industrial - e agora, por extensão, pós-industrial – se fixou. Esta escola de pensamento tem desafiado, com referência aos ofícios manuais e artesanatos, os próprios fundamentos da sociedade moderna, construída em cima do monopólio quase total da produção mecanizada industrial. O que essas vozes dissidentes fizeram soar foi um alerta contra o perigo de permitir que o sistema mecânico tenha rédea livre para satisfazer nossas necessidades humanas. Esses dissidentes perceberam, às vezes totalmente, por vezes de modo parcial, que é inerente à própria natureza de tal sistema que ele acabaria por escravizar os homens aquelas considerações monetária e quantitativas que nutrem apenas os deuses da eficiência econômica. Este sistema deve inevitavelmente levar não só à desumanização do homem, mas também a manipulação social generalizada dos fatores que determinam o que é uma "necessidade". Que seus receios não eram infundados já deveria ser óbvio. Em cada exortação, em cada previsão, em cada apelo de nossos líderes ao longo do caminho do progresso, o incentivo é quase sempre exclusivamente o de "crescimento econômico". E isto em face de uma experiência diária de vida na qual, para um grande número da humanidade, "a economia" se tornou um deus vingativo como nossos ancestrais jamais sonharam.(Foi recentemente relatado que uma parcela significativa da força de trabalho é deslocada anualmente como resultado direto de inovação tecnológica e desenvolvimento.)

Mesmo colocar nossa pergunta inicial é admitir nosso condicionamento por um ambiente que é quase inteiramente produto da máquina : um ambiente que confunde os méritos intrínsecos da arte, do artesanato e do trabalho. Para o homem industrial, a distinção entre arte e trabalho é bastante clara. A arte é o domínio da sensibilidade estética, e o trabalho é o domínio do esforço produtivo. O artesanato moderno ocupa um terreno mal definido entre os dois, desconfortavelmente baseando-se em ambos. No campo estético, o artesão moderno (seduzido pelo "prestígio "das belas-artes) vê tentação no fato de que os acidentes da sensibilidade individual pesarem favoravelmente no julgamento do sucesso artístico. No campo da habilidade, ele reconhece a necessidade de demonstrar um domínio disciplinado de materiais como marca de realização madura. Mas, porque ele é forçado a operar dentro de uma sociedade em que ele não tem patrono natural (aquele que sabe o que deve ser feito), o artesão é marginalizado por duas condições disfuncionais: por um lado, a ampla aceitação de que a "liberdade artística" tem um valor isoladamente de critérios morais, racionais e práticos, e, por outro lado, o pressuposto quase inquestionável no mercado de que as necessidades da vida são supridas por um método de produção que coloca pouco ou nenhum valor em habilidades manuais. Tudo isto é sintomático de um conflito na sociedade industrial *porque* é um conflito no interior mesmo do homem industrial. Pois o trabalhador moderno é obrigado a buscar um ganha pão em um sistema onde a justiça que é devida à sua humanidade está em conflito direto com sua sobrevivência econômica. Pois estabelecemos uma sociedade onde o artista em nós é livre para trabalhar para o bem de seus sentimentos, desde que ele não espere, com isso, direito a ganhar o próprio sustento. Ao mesmo tempo, o trabalhador em nós é livre para trabalhar para o bem que é a necessidade material desde que ele assim não espere uma satisfação inerente ao trabalho que deve fazer para assegurar sua subsistência. O que se tornou quase impossível pelo sistema industrial é que homens e mulheres possam se sustentar fazendo o que é tanto esteticamente como moralmente correto, e economicamente e praticamente válido, por um meio que lhes conceda tanto responsabilidade intelectual como espiritual.

Podemos, talvez, perceber mais nitidamente o grau de empobrecimento imposto por tal sistema se o contrastamos com o valor atribuído ao artesanato por nossos antepassados, cujos artefatos enchem nossos museus etnográficos, onde são reverenciados por sua habilidade e beleza intemporal, e que lhe concede nada menos que uma função sagrada. Pois foi tradicionalmente o papel dos ofícios que, para além de servir fins práticos, eles deviam servir à manutenção da ligação sutil que une beleza e ser, cuja separação tem engendrado consequências devastadoras para o mundo moderno. Ao contrário da situação que enfrenta o trabalhador moderno, no contexto tradicional e sagrado dos ofícios, cada membro da sociedade, na medida em que ele ou ela pratica uma arte, é responsável como ser moral pelo bom uso da comunidade e, ao mesmo tempo, é pessoalmente responsável pelo bem intrínseco da coisa que ele ou ela faz.

No livro do Eclesiástico (38), diz-se do artesão que, confiando em suas mãos "cada qual é um sábio em seu trabalho", por cuja sabedoria ele "conservará o estado do mundo". Dificilmente podemos deixar de notar o paralelo entre tais palavras e as citadas por Stella Kramrisch, que diz que, de acordo com a crença e a prática tradicional indiana, cada criatura tem uma função (na verdade, uma vocação artesanal)que se realiza no universo, e cujo desvio disso tem "o poder de colocar em risco a própria ordem do universo". Isso sugere que, se os ofícios se tornaram um anacronismo em nosso tempo, isto não se deve a uma fraqueza inerente ou falha no artesanato em si, mas que atribuímos a ele um status que está consideravelmente abaixo da plena dignidade de sua função normal.

O rolo compressor da iniciativa industrial moderna baseia-se na neutralidade moral do investimento capitalista, que explora a natureza da usura para exercer pressão no sentido de uma expansão econômica implacável e puramente quantitativa. Este processo essencialmente "cego" criou uma sociedade em que é quase impossível determinar que critérios qualitativos podem aplicar-se ao conceito de necessidades humanas e como essas necessidades podem ser melhor atendidas. Em outras palavras, estamos envolvidos com um padrão de vida que dificilmente é capaz de distinguir entre o que é necessidade real e o que é apetite estimulado artificialmente, e por isso não pode distinguir entre satisfação e superfluidade. Isso torna praticamente impossível determinar o que *deve* ser feito (ao contrário do que *pode* ser feito), a fim de unir nossa vida cotidiana de produzir e fazer com a realidade que é a natureza última de nossa humanidade. De fato, tal sistema tem um óbvio interesse em que tais divisões nunca sejam solucionadas, tanto melhor para manipular a confusão e desarmonia que inevitavelmente se manifestam em uma demanda por consolações materiais. Todos os homens e as mulheres produzem coisas, e é pela habilidade ou competência, pela deliberada intenção da mente e de seu esforço no sentido daquilo que é distinto da mente — alguma ocasião ou circunstância material exterior à mente — que as coisas são feitas. E, uma vez que todos e cada um de nós produz as coisas pelo exercício de sua habilidade, perícia ou proficiência (que é o significado da raiz da arte), todos e cada um de nós somos, em algum grau, um artista. Mas, por trás de nosso obrar e fazer, há um agente ou ser que permanece livre e objetivo em relação ao que é produzido pela ação que é habilidade ou perícia aplicada. Como obramos e fazemos não determina nosso ser tanto como o modo como agimos e fazemos, e produzir constitui a própria assinatura de nossa humanidade. Porque, se pelos nossos "frutos" seremos "conhecidos", então trabalhar, longe de ser meramente um processo utilitário, deve de algum modo ser capaz de revelar a natureza própria de nossa humanidade. Em outras palavras, a ação segue o ser. O inverso seria propor que a ação possui em si a sua própria razão suficiente. A objeção metafísica para tal proposição é claramente indicada por Mestre Eckhart:

> *O trabalho não tem nenhum ser, nem o possui o tempo em que ele ocorreu, desde que ele perece em si mesmo. Por isso, ele não é bom, nem santo, nem abençoado, mas, antes, o homem é abençoado em quem o fruto do trabalho permanece, não como tempo, nem como trabalho, mas como boa disposição que é eterna*

com o espírito como o espírito é eterno em si mesmo, e é o próprio espírito.

Então talvez comecemos a ver que o trabalho não é algo do qual devamos ser liberados — de fato, não podemos ficar livres dele a menos que sejamos liberados inteiramente da ação —, mas o trabalho é algo do qual devemos participar, de tal maneira e em tal nível que seja revelador de nossa natureza mais profunda. Ele deve contribuir para nossa vida espiritual ao mesmo tempo que serve nossas necessidades corporais.

O extremo oposto disso ocorre com o padrão industrial de trabalho, que é parte integrante de um ethos social que oferece continuamente a promessa de lazer como recompensa pelo tempo e o esforço despendidos no trabalho. Mas, esta fuga de um estado de liberdade do trabalho não é oferecida como algo que vai servir as nossas necessidades espirituais. Longe disso. O assim chamado "lazer" de nossa sociedade de consumo é uma paródia da condição de verdadeira inatividade espiritual, a interioridade contemplativa de um estado de ser no qual temos de finalmente reconhecer que só somos verdadeiramente "livres" quando estamos liberados da necessidade de re-agir às demandas do mundo exterior.

A ociosidade que caracteriza a sociedade do lazer (onde ninguém tem tempo para fazer nada) é uma condição de preguiça em que a vontade de agir para algum fim significativo é, por assim dizer, suspensa em um estado de neutralidade inquieta. Os escolásticos medievais entendiam que isso era *acedia*, que, como Josef Pieper explica em *Leisure as Basis of Culture*,

> *significa que um homem prefere renunciar a direitos, ou se se preferir, às reivindicações que são de sua natureza. Em uma palavra, ele não quer ser o que Deus quer que ele seja, e isso em última análise significa que ele não deseja ser o que é realmente e fundamentalmente... Metafisicamente e teologicamente, a noção de acedia significa que um homem não dá o consentimento de sua vontade ao seu próprio ser; que, por trás ou abaixo da atividade dinâmica de sua existência, ele ainda não está unido consigo mesmo, ou, como os escritores medievais teriam dito, ele não está face a face com o bem divino dentro dele.*

Da perspectiva cristã, o ponto de partida de toda a discussão sobre o trabalho tem de começar com a expulsão do homem do Paraíso – a perda, ou melhor, a "anexação", do domínio espiritual acarretada por nosso ser levada até nossa vida corporal. Aqui, o "suor" do trabalho se faz necessário por nossas necessidades materiais e é sofrido no conhecimento de que ele pode formar um canal ou caminho ao longo do qual a unidade indivisível original do ser de nossa natureza pode ser traçado e re-feito integralmente. Neste sentido primário, o trabalho para o sustento (é papel tradicional do artesanato promover e preservar a santificação do trabalho) é análogo à adoção da vocação de vida contemplativa de oração: a vida de verdadeira inatividade. Trabalho é oração. Homem em oração e homem em trabalho, ambos se voltam em uma direção interior, longe dos múltiplos e divergentes impulsos do mundo externo, a fim de realizar uma convergência das faculdades da alma rumo a um estado de equilíbrio que é um ato interno de harmonia e unidade.

Mas, enquanto o "trabalho" de oração contemplativa é uma retirada do mundo, o trabalho manual necessariamente nos envolve com o mundo. A muito poucos é concedida a retirada do mundo para viver uma vida de oração e solidão. A massa de homens e mulheres, incapaz de superar as inevitáveis distrações e os envolvimentos de sua existência corporal e social, necessita da concentração e disciplina de uma vocação prática para restaurar o equilíbrio interior e a harmonia que é seu ser próprio.

De modo que nós podemos reconhecer que, em seu ponto mais elevado de eficácia, o trabalho inspirado, como ocorre com a oração, detém os poderes sentientes dispersos da alma, de modo que o trabalhador vai se tornando, de grau em grau, amortecido para seu ego empírico à medida que se aproxima de um estado de ação perfeita. Neste movimento convergente de seu ser, iniciadopela disciplina de um ofício (as palavras disciplina e ofício implicam domínio sobre algo outro que é o oposto de auto-indulgência), o processo sutil pelo qual o trabalhador fica "face a face com o bem divino em seu interior" pode começar. Assim, de grau em grau, tornamo-nos desapegados dos estados contrários que constituem a natureza dualista de nossa existência; vida e morte, espírito e matéria, interior e exterior, sujeito e objeto, dor e alegria, de maneira que nos tornamos menos o recipiente passivo destas demandas contrárias e mais o instrumento de harmonia e equilíbrio que os transcende. Assim conformados à ordem inteligível do Logos interior, nós nos tornamos mais o sujeito e o vaso do Criador, e menos o objeto de contradições externas. Para usar terminologia apofática ou eckhartiana, já é um passo rumo a Deus encarar a Criação como Seus dons abundantes para nós. É outro passo desejá-Lo mais que seus dons.

Mas, uma coisa é permitir isto porque a massa dos homens e mulheres está mais ou menos excluída do estado de perfeição contemplativa, de modo que ela deve ter "liberdade" relativa para explorar sua criatividade, e uma coisa diferente é reivindicar que tal criatividade deva proliferar em seus próprios termos. Pois a ação humana, repetimos, não pode ser sua própria justificação. O homem é fundamentalmente chamado a entender a razão de ser de sua existência. Sem tal compreensão, ele não pode esperar, de forma benéfica, relacionar seus pensamentos e ações subsequentes à ordem subjacente da realidade da qual ele abarca apenas uma parte. A ação não pode estar isenta do rigor e da necessidade das qualidades primordiais de beleza e perfeição se ela for levar em conta o "bem divino no interior".

Todas as tradições falam que a inteligência humana tem uma função sacra, precisamente porque o humano em si é indefinível exceto em termos do Divino. Suspenso entre forças celestiais e diabólicas, só o homem tem a capacidade de recapitular o que o transcende e que lhe dá domínio legítimo sobre o mundo da natureza. É por isso que somente o homem pode conceber um paraíso terreno e porque, inversamente, ao negar o que está acima dele, só o homem pode criar um inferno na terra.

Se é certamente verdadeiro que o artesanato, em seu aspecto natural, tem seu fundamento nas necessidades externas de nossa existência, as quais exigem que nós alimentemos, abriguemos e cubramos nossos corpos, não obstante a origem do artesanato está enraizada na ideia cosmológica de que a substância mesma do mundo, em virtude de ser parte da Criação, é o "corpo" de Deus – o aspecto manifestado do Princípio Divino não manifestado. É a reflexão disso no plano humano que permite o simbolismo análogo do artesão como aquele que cria em imitação ao ato de Deus de criar o mundo. Os ofícios sacros reencenam, no plano existencial da criação material, o ato primordial da cosmogênese. Em outras palavras, no plano humano, o perfeito fazer e produzir consiste no verdadeiro alinhamento de mente, olho e mão como uma recapitulação da perfeição divina do mundo, que é um verdadeiro alinhamento do espiritual, da psique (da alma) e do corporal em um movimento da potencialidade ao ato.

Se o artesanato não fosse capaz de realizar este autêntico alinhamento, então não encontraríamos em todos os textos tradicionais passagens que tratam do artesão como alguém que sustenta e mantém a ordem do universo. O que está implicado em tais textos é a ideia que o primeiro dever de cada um e seu fim último devem se tornar coincidentes a ponto de perfazerem uma unidade. *Justiça* é aquilo que é conformável a uma lei, ou uma regra, *ordem* é o lugar ou a posição devida, e *proporção* é a devida porção ou disposição de uma parte em relação ao todo. Estas ideias estão semanticamente relacionadas em significar uma relação de unidade harmônica entre partes disparatadas, uma unidade que reflete o equilíbrio da ordem universal. Obviamente, não pode haver meio de vida correto nas coisas da injustiça, da desordem e da desproporção, assim como seria concebível que homens e mulheres pudessem consagrar a Deus uma obra que é frívola, indulgente e supérflua.

Mesmo um rápido relance nos conteúdos de nossos museus etnográficos trará grande evidência do aspecto simbólico do artesanato. Pois, não apenas naquelas coisas produzidas pelos artesanatos – cerâmica, tecelagem, edificação, vestimenta, carpintaria e assim por diante – mas também nos próprios instrumentos dos artesanatos, encontramos uma rica linguagem simbólica, indicativa de seu status espiritual. Por exemplo, o Cristo, como o Princípio Divino encarnado e, portanto, "por quem todas as coisas foram feitas", foi carpinteiro, i.e., alguém que trabalha com madeira. Devido a sua ubiquidade como substância primária a ser trabalhada em tantas necessidades práticas e materiais, bem como por sua plasticidade para aceitar tantas formas diversas, a madeira simbolicamente se conforma à matéria prima da Criação. (Swedenborg recebeu uma revelação da madeira como símbolo da bondade divina em seu plano corpóreo inferior).

São Boaventura diz, em seu tratado *The Reduction of the arts to theology*, que Santo Agostinho observou uma vez que o Filho de Deus é "a arte do Pai", através de quem, pode-se acrescentar, somos levados a ver o começo e o fim de todas as coisas; isto é, o que é certo e o que é errado. São Boaventura mesmo observa que um sentido da palavra "certo" é que o meio de uma coisa não está fora de sintonia com seus pontos extremos. De modo similar, um carpinteiro trabalha uma peça de madeira, checando para ver que é *verdadeira* (de 'fidelidade', 'confiança', *tréo*, de onde o inglês 'tree' – "tão firme e direita como uma árvore"), mediante o uso de uma *regra* (de 'regular', régua, padrão de conduta, disciplina) que lhe diz que o meio está alinhado com seu começo e com seu fim. Suas ferramentas não são menos assimiláveis aos processos ou causas divinos que moldam a *materia* do universo. Ademais, Cristo, como 'começo' e 'fim' de todas as coisas, foi sacrificado em uma cruz de madeira, assimilável esta, por sua vez, à árvore da vida, ou eixo do mundo, que mantém juntos o Céu e a Terra. A riqueza destas correspondências simbólicas, que poderiam facilmente ser elaboradas, deve ser suficiente para ilustrar a função cósmica do artesão.

O que não constatamos é que a massa dos homens e mulheres de épocas remotas satisfizessem suas necessidades materiais de alguma maneira não sofisticada ou tosca, com um olhar somente para soluções eficientes e pragmáticas. Ao contrário, ao responder a necessidades materiais, o produtor conserva sua visão ocular nas exigências imediatas e contingentes da tarefa à mão. Mas, ao mesmo tempo, ele mantém o olho interior da visão espiritual naquelas coisas que estão relacionadas com seu fim último – o fato de que ele é uma parte criada e criativa desta realidade sacra que é o mundo. Ao fazê-lo, ele engendra uma ambiência que forma o contexto vivo para que o espírito humano participe nos ritmos cíclicos da natureza, que são eles mesmos um reflexo dos ritmos cósmicos do universo. Pois, assim como o princípio da natureza é a organização e a ordem rítmica, do mesmo modo o princípio da manufatura é o ordenamento da matéria segundo um padrão inteligível. Por suas ações mais comuns e repetidas, o artesão integra a si mesmo às fontes vastas, poderosas e produtivas da realidade, de modo que sua existência individual não é projetada numa extensão sem sentido do tempo e do espaço. Pois, essencialmente, as artes e os artesanatos são aplicações de uma ciência do ritmo, como René Guénon apontou; as artes fonéticas sendo a aplicação do ritmo de sucessão no tempo, enquanto as artes plásticas são a aplicação do ritmo da simultaneidade no espaço. Em contraste com isso, na ambiência industrial, o tempo é acelerado e o espaço se torna mera extensão indefinida. Assim procedendo, erode-se, e afinal se abole, a relação significativa do temporal com o eterno, e do finito com o infinito. Tempo e espaço perdem seus significados espirituais, como os principais princípios ordenadores de orientação para o "lugar" e a "direção" da vocação humana e seu destino.

A ambiência tecnológica projeta o homem num progresso que rompe os ritmos cíclicos e periódicos do tempo, substituindo-os pelo futuro em aberto de um desenvolvimento indefinido. Num contexto como este, o espaço, que é normalmente experimentado como extensão localmente qualificada – como o "recipiente" de eventos – torna-se o campo generalizado de uma "liberdade" paradoxalmente experimentada como opressiva e onde o homem esta sujeito às forças da inércia e da compressão no domínio físico e da aceleração e da dispersão no domínio psicológico.

O caráter sacramental e ritual do artesanato tradicional, por outro lado, atualiza o contexto numinoso do tempo e do espaço ao formalizar e corporificar o elo entre o domínio interior e contemplativo da alma, de uma parte, e o domínio externo e ativo do corpo, de outra. Estes dois domínios não são, contudo, distintos ou disjuntivos, mas complementares, faceta dual da mesma realidade em seus modos transcendente e imanente, objetivo e subjetivo. Este caráter sacramental põe ênfase no agente da ação – a qualidade de humanidade do produtor —, no processo produtivo, mais do que nos meios técnicos de manufatura. Mais uma vez, esta é uma situação bem diferente da do operário da indústria, cuja cumplicidade se dá com uma técnica mecanizada na qual quase todo o seu labor foi sistematizado como resultado da concepção e do desenho de um outro indivíduo. Isto debilita o processo de trabalho, esvaziando-o precisamente daquelas satisfações exteriores, de desafios de manipulação, e das satisfações interiores, psicológicas, que dão sentido e valor à experiência de trabalho. E o que mais poderia ser aquilo que nós chamamos de labor destruidor de alma senão esta ausência ou debilitamento? Visto sob este prisma, podemos melhor apreciar o que se perde com o modelo progressivo de produção industrial, no qual o trabalhador é sempre refém do desenvolvimento indiscriminado da ambiência de trabalho, um processo que anestesia sua alma como o preço exigido para sua sobrevivência.

No caso do artesanato tradicional, os meios de produção são mantidos o mais próximo possível da interação fundamental entre mão e mente, com o olho como um intermediário, a visão constituindo o agente tanto da percepção como da ação. Esta economia de meios instrumentais permite que as faculdades de manipulação e de visão exerçam sua mais próxima colaboração com o intelecto, que então atua como fonte motriz da habilidade do trabalhador.

O vínculo íntimo entre artesanato e ritual, trabalho e oração, ação e espiritualidade, tem sido fomentado e transmitido pelas corporações de ofícios ou guildas em todas as culturas tradicionais. Na Índia, por exemplo, a divindade que governa o artesanato é Visvakarma, soma total de consciência, conhecimento e inspiração, o arquiteto do universo, em quem reside a habilidade divina que é revelada ao artesão mediante os textos sacros e a transmissão oral das doutrinas e disciplinas tradicionais.

Na tradição cristã, toda sabedoria, conhecimento e habilidade derivam em última instância de Cristo mesmo, através do Pai. São Boaventura concebe as artes mecânicas como resultantes da iluminação pelo conhecimento, luz esta que, em última análise, coincide com a Luz Divina que é o Logos que ilumina todo o ser e toda bondade presentes no mundo.

Da perspectiva islâmica, as artes e os artesanatos são como as diversas cristalizações formais no domínio da multiplicidade da Unidade Divina, que é a realidade interior do Corão tornado manifesto pelo Profeta e seu companheiro, Ali, o fundador da caligrafia islâmica e protetor de todas as suas corporações de ofício.

A existência de guildas, tanto no Oriente como no Ocidente, tinha o propósito de nutrir e sustentar um conhecimento iniciático no qual artesanato, trabalho, ciência, mecânica, dinâmica, geometria e outras disciplinas constituem categorias de pensamento e formas de sabedoria – *sapientia*. Esta iluminação do ente corrige e aperfeiçoa o conhecimento intuitivo da essência de uma coisa, e como ela deve ser realizada de uma forma exterior, e é análoga à luz transmundana do Intelecto Divino lançando um padrão iluminado sobre o espelho da inteligência humana. Os raios ou fios desta luz transcendente podem ser comparados a estados translúcidos de ser mantidos em suspensão hierárquica de sua fonte última na perfeição infinita do Princípio Divino que é o espírito de Deus. O propósito da atividade que é a habilidade artesanal particular é seguir os rigores de uma disciplina tal que, ao realizar a maestria interior e exterior, haja uma perfeita integração de atividade corporal, concepção imaginativa e iluminação espiritual – plenitude de ser, de fato. Esta prática tradicional dos ofícios pressupõe que cada coisa a ser feita, cada ação a ser cumprida, tenha uma norma de perfeição – o que lhe permite, por meio de determinação intelectual e habilidade manual, alcançar sua natureza genuína e essencial.[244]

A partir dessas observações ficará claro que uma resposta à questão "o artesanato é um anacronismo?" não é algo simples, pois dela depende o que nós admitimos que estivesse envolvido em suas práticas. Se encararmos todo trabalho como simplesmente um meio pragmático pelo qual satisfazemos nossas necessidades materiais, então os ofícios certamente estão superados como meio de produzir as necessidades da vida. Mas, qualquer estudo da concepção tradicional do artesanato, e da auto-imagem humana que faz parte dele, revela um quadro mais complexo; um quadro que toca em fatores espirituais que, na melhor das hipóteses, foram obscurecidos ou rebaixados na maneira em que o trabalho é entendido no mundo moderno. Contudo, tal estudo nos obriga a reconhecer que há condições sociais, econômicas, bem como espirituais, exigidas para a concepção tradicional da vocação humana funcionar de maneira apropriada; condições estas dificilmente alinhadas providencialmente no mundo moderno. De fato, deve-se dizer que o mundo moderno é o resultado do desalinhamento de tais condições. Mas isto não nos permite desprezar como fantasia ou capricho especulativo o que um estudo do artesanato é capaz de revelar, tanto acerca da natureza do agente humano do ofício, como sobre o meio espiritual que o artesanato é capaz de corporificar. Da perspectiva das condições contemporâneas, estamos na posição daquele indivíduo que, confrontado com uma montanha, e não estando de posse de todos os meios para escalá-la, não está na posição de negar que a escalada é possível, nem tampouco negar que a visão do topo é o que é.

A narrativa da Queda, da expulsão do homem do Paraíso terreno, é a estória do homem que tem de viver "do suor de sua testa".Isto é inevitável. Mas disso não se segue que estamos condenados a uma vida de esforço brutal sem redenção. As máquinas podem ter nos liberado em grande medida do esforço físico, mas ao preço, para dizer o mínimo, da introdução de uma escala e um padrão de labor que faz um esforço pesado e sem alma. Pois, assim como sabemos que temos uma alma, do mesmo modo registramos quando nossa alma não recebe o que lhe é devido. Quanto à nossa redenção, do ponto de vista de um estudo do artesanato como instrumento e repositório de uma cultura sacra, a resposta é inequívoca. Em seus habitats naturais, os ofícios pressupõem uma relação analógica e efetiva entre trabalho e edificação espiritual, na qual o trabalho tem tanto dignidade quanto santidade. Trabalhar neste contexto é buscar a purificação pela disciplina. E porque não há liberdade sem disciplina, é possível para nossa vocação tornar-se um exemplo no domínio de competência prática como o meio mais apropriado e natural de alcançar nossa salvação.[245] Isto torna possível que nosso primeiro dever como seres espirituais coincida com nossas responsabilidades como seres sociais. Pois, tão certo como a "direitos" se seguem responsabilidades, do mesmo modo podemos somente conceder direitos a nossos próximos sobre a base da liberdade espiritual deles, para que realizem sua deiformidade. Certamente que estamos gabaritados a questionar se o sistema industrial apresenta um paradigma mais digno e ao cabo mais realista?

Mas, se insistimos que a resposta a nossa pergunta inicial ("O artesanato é um anacronismo?") é "sim", então o que nós admitimos? Admitimos não haver possibilidade de uma perfeição interior em tudo o que trabalhamos. Com isso confirmado, e em nome da coerência, devemos prosseguir e admitir que o trabalho é um estorvo monstruoso e sem valor, e que a aprendizagem constitui uma mera coleta de informações sem sentido, o objetivo final de ambos sendo a mera eficiência mecânica. Nesse caso, tanto melhor ser tratado por máquinas, como de fato vemos isto ser tentado, pela "indústria do lazer", por um lado, e pelo computador, por outro. Mas, isso não responde, tanto quanto arquiva, a questão de *por que* devemos trabalhar e pensar em absoluto! Como já sugeri, são precisamente valores espirituais e qualitativos, e sentidos,[246] que determinam o que *deve* ser feito, em oposição ao que simplesmente *pode* ser feito.

A extensa gama de artifícios mecanizados que chamamos indústria moderna assume a destruição dos ofícios e se coloca como inimiga de sua sobrevivência. Tal, de fato, é a sua própria razão de ser. Não é do interesse de tal sistema despertar naqueles que escraviza qualquer insinuação de possibilidades que o próprio sistema não pode satisfazer. Há uma medida comum exata entre o fato de que, na sociedade pós -industrial, o corpo, não mais desafiado como o instrumento de trabalho criativo, tornou-se um complexo de órgãos a que se recorre apenas na medida em que eles são capazes de *sentir*. De que outra forma se pode explicar que os agrados da indústria publicitária são dirigidos quase que exclusivamente para a conveniência e a gratificação – a estimulação e a indulgência da sensação corporal? A sociedade de consumo tal como a conhecemos não poderia funcionar, exceto em um mundo onde o corpo tem pouco a fazer além de preocupar-se com seus apetites — e estes são um mero paliativo.

O que nos aliena de um ambiente composto quase que inteiramente de produtos da tecnologia industrial é o fato de que tais produtos não poderiam existir senão por meio de um sistema de manufatura que está antes de tudo baseado na destruição do status sacro da vocação humana. E, como uma inferência desta destruição, a erosão e eventual obliteração do contexto natural desta vocação — a experiência direta, vital, de nascimento, morte, geração, os ciclos naturais e lunares, toda a panóplia dos céus e da terra, água, terra, rio, árvore, pedra e flor através dos quais a ordem do sagrado é mediada para a experiência do homem.

Se olharmos para a beleza do artesanato e para tudo o que eles geraram, é para buscar libertação da escravidão de nossos próprios malfeitos. Nada é mais natural ao homem do que alcançar um padrão duradouro como um baluarte contra a transitoriedade inevitável de sua vida terrena. O que é esse padrão? Essa é a verdadeira questão colocada pelos artesanatos.

Por que eles continuam a ocupar a nossa atenção? Certamente porque ainda somos capazes de reconhecer neles uma imagem de espelho, por mais fraca que seja, do que poderíamos ainda nos tornar. Fazemos o melhor para honrar tal imagem reconhecendo que, ao abandonar os ofícios em favor de meios industriais de produção, perdemos uma porção significativa do que significa ser plenamente humano. O anacronismo do artesanato é obtido à custa de nossa própria desfiguração.

IV - RELIGIÃO COMPARADA

"Deus não faz distinção de pessoas, mas, em toda nação, aquele que O teme e pratica a justiça Lhe é aceitável." - Atos 10:34-35

"Não temos todos nós um mesmo Pai? Não foi um único Deus que nos criou?" - Malaquias 2:10

"Tenho outras ovelhas que não são deste aprisco." - João 10:16

"O que hoje é chamado de religião cristã já existia entre os antigos, e nunca deixou de existir desde as origens do gênero humano, até o momento em que o próprio Cristo veio, e os homens começaram a chamar de 'cristã' a verdadeira religião, que já existia." - Santo Agostinho (354-430)

"E agora, ó filosofia, apressa-te a expor diante de mim não só este homem, Platão, mas muitos outros também, que declararam o único e verdadeiro Deus como Deus, por sua própria inspiração, e se é assim eles lançaram mão da verdade." — Clemente de Alexandria (c.150 - c.220)

"Entre todos os povos, em todos os tempos, Deus é adorado, porque é natural fazê-lo, embora não com os mesmos ritos e métodos." — Marsilio Ficino (1433-1499)

"Como é consolador para mim saber que, em todo o mundo, há milhões de pessoas que, cinco vezes por dia, curvam-se diante de Deus." — Papa Pio XII (1876-1959)

"Fomos ensinados que o Cristo é o Primogênito de Deus, e testemunhamos que ele é o Intelecto (*Logos*), Intelecto no qual todas as raças de homens participam. Aqueles que viveram de acordo com o Intelecto são cristãos, embora tenham sido chamados de ímpios, tais como, entre os gregos, Sócrates e Heráclito e outros como eles.... Aqueles que viveram pelo Intelecto, e aqueles que assim vivem agora, são cristãos, sem medo e sem perturbação." - S. Justino Mártir (c.100 -c.165)

"O Verbo eterno ou Filho de Deus não começou a ser o Salvador do mundo quando Ele nasceu em Belém da Judeia; mas aquele Verbo que se fez homem na Virgem Maria entrou, desde o princípio do mundo, como uma palavra de vida, uma semente de salvação, no primeiro pai da humanidade...Por isso, tantos espíritos eminentes, participantes da vida divina, têm surgido em tantas partes do mundo pagão; gloriosos nomes, filhos de sabedoria, que brilharam como luzes dispostas por Deus em meio às trevas idólatras." - William Law (1686-1761)

"Ó maravilha, o Filho de Deus tem existido desde toda a eternidade, e sua mãe só deu a luz a ele no dia de hoje. ", Angelus Silesius (1624 - 1677)

"Há, assim, uma única religião e um único culto para todos os seres dotados de entendimento, e isso é pressuposto através de uma variedade de ritos. Para diferentes países, Vós enviastes diferentes profetas e diferentes mestres, uns em um momento, outros em outro momento. Mas é uma lei de nossa condição de homens desta terra que um costume antigo torna-se para nós como uma segunda natureza, que é tomado por verdade e defendida como tal. É daí que surgem grandes dissensões, quando cada comunidade opõe a sua própria fé a outras fés. E se é impossível eliminar esta diferença quanto aos ritos, e que essa diferença deva mesmo parecer desejável, a fim de aumentar a devoção (cada religião apegando-se com mais devoção a suas cerimônias como se tivessem mais para agradar Vossa Majestade), no entanto... como Vós sois único, há apenas uma religião e um culto." – Cardeal Nicolau de Cusa (1401-1464)

"Vemos príncipes muçulmanos e católicos não somente aliados, quando o poder de um perigoso correligionário tinha de ser dobrado, mas também ajudando uns aos outros generosamente a suprimir desordens e revoltas. O leitor ficará sabendo, sem dúvida para sua surpresa, que, numa das batalhas pelo Califado de Córdoba, em 1010, forças catalãs salvaram a situação, e nesta ocasião três bispos deram suas vidas pelo "Comendador dos Crentes" (*amîr al-mu'minîn*). Almansur tinha em seu círculo vários condes que se juntaram a ele com suas tropas, e a presença de guardas cristãos nas cortes da Andaluzia estava longe de ser excepcional. Quando um território inimigo era conquistado, as convicções religiosas da população eram respeitadas o mais possível; lembremos apenas que Almansur – que normalmente não era demasiado escrupuloso – cuidou, no assalto a Santiago de Compostela, de proteger contra toda profanação a igreja que continha o túmulo do Apóstolo, e que, em muitos outros casos, califas aproveitaram as oportunidades de manifestar seu respeito pelas coisas sagradas do inimigo. Em circunstâncias similares, os cristãos tinham uma atitude similar: por séculos, o Islã foi respeitado nos territórios reconquistados, e foi somente no século XVI que ele foi sistematicamente perseguido e exterminado, sob instigação de um clero fanático que tinha se tornado demasiado poderoso. Durante toda a Idade Média, por outro lado, a tolerância para com a convicção do outro e o respeito pelos sentimentos do inimigo acompanharam as incessantes batalhas entre mouros e cristãos, contribuindo para diminuir grandemente as misérias e os rigores da guerra, e conferindo aos combates um caráter o mais cavalheiresco possível. A despeito do abismo linguístico, o respeito pelo adversário, bem como uma elevada estima por suas virtudes – e, na poesia de ambos os lados, uma compreensão de seus sentimentos – tornou-se um elo nacional comum. Essa poesia dá testemunho eloquente do amor ou da amizade que frequentemente unia muçulmanos e cristãos, por cima de todos os obstáculos. - Emst Kühnel

CAMINHOS QUE LEVAM AO MESMO CUME

Ananda K. Coomaraswamy

> *Não existe Religião Natural... Assim como todos os homens são iguais (ainda que infinitamente variados), do mesmo modo todas as Religiões, como todos os semelhantes, têm uma origem única.* – William Blake
>
> *Não existe senão uma salvação para toda a humanidade, e essa é a vida de Deus na alma.* – William Law

O constante aumento de interação entre nós – que, para efeitos do presente ensaio, podemos assumir como sendo cristãos – e outros povos que pertencem à grande maioria não-cristã tornou mais do que nunca uma urgente necessidade compreender as fés pelas quais eles vivem. Uma tal compreensão é ao mesmo tempo intrinsecamente desejável e indispensável para um acordo na resolução dos problemas econômicos e políticos pelos quais os povos do mundo estão presentemente mais divididos do que unidos. Não podemos estabelecer relações humanas com outros povos se estamos convencidos de nossa própria superioridade ou maior sabedoria, e se apenas queremos convertê-los ao nosso modo de pensar. O cristão moderno, que pensa no mundo como na sua paróquia, é confrontado com a dolorosa necessidade de se tornar ele próprio um cidadão do mundo; ele é convidado a participar num simpósio e num *convivium*; não a presidir – pois existe Outro que preside invisível –, mas a participar como um entre muitos convidados.

Já não é apenas de doutos missionários que se requer o estudo de outras religiões que não a própria. Este mesmo ensaio, por exemplo, baseia-se numa palestra dada a um grande grupo de professores escolares, num curso intitulado "Como ensinar sobre outros povos", patrocinado pelo Conselho Escolar de Nova York e pela Associação Oriente e Ocidente. Foi, também, proposto que, em todas as escolas e universidades do pós-guerra, fosse dada ênfase ao ensino dos princípios básicos das grandes religiões mundiais, como meio de promover a compreensão internacional e desenvolver o conceito de cidadania mundial.

Surge a seguinte questão, "Quem pode ministrar apropriadamente um tal ensinamento?" É evidente que aquele que se opõe a toda a religião não pode tê-la compreendido, nem tampouco estar qualificado a ensiná-la; isto elimina o humanista racionalista e científico, e em última análise todos aqueles cuja concepção de religião não é teológica, mas meramente ética. O ideal óbvio seria que as grandes religiões fossem ensinadas apenas por aqueles que as confessam; mas este é um ideal que pode apenas ser realizado, por ora, em nossas maiores universidades – foi proposto establecer uma escola deste tipo em Oxford.

Como as coisas estão, ensino sobre outras fés que não a cristã é dado sobretudo em seminários teológicos e colégios missionários, por homens que acreditam que o Cristianismo é a única fé verdadeira, que aprovam as missões estrangeiras e que desejam preparar o missionário para o seu trabalho. Nestas condições, o estudo da religião comparada assume necessariamente um carácter bastante diferente do de outras disciplinas; não pode senão ser tendencioso. É óbvio que, se queremos de fato ensinar, deveria ser nossa intenção comunicar apenas a verdade: mas, quando um ensinamento parte do pressuposto que o assunto em causa é, intrinsecamente, de menor significância, e o assunto é ensinado, não *con amore*, mas apenas para instruir o futuro professor escolar sobre os problemas com os quais terá de lidar, não se pode senão suspeitar que pelo menos um parte da verdade será suprimida, se não intencionalmente, pelo menos inconscientemente.

Se é para ensinar religião comparada como as demais ciências, o professor deve ter reconhecido que a sua religião é uma das que serão "comparadas" ; ele não deve expor suas "teorias preferidas", mas deve apresentar a verdade sem vieses, na medida em que isso está em seu poder. Em outros palavras, será necessário reconhecer que aquelas instituições que se baseiam nas mesmas premissas, ou seja, no sobrenatural, devem ser consideradas em conjunto, a nossa entre as demais, apesar de "hoje, seja por uma questão de imperialismo, ou de preconceito racial, ou de comparação entre o Cristianismo e o paganismo, ainda continuarmos preocupados com a singularidade... de nossas próprias instituições e as realizações de nossa própria civilização." [247] Não podemos senão perguntar se o religioso cuja convicção inerradicável de que a sua fé é a única verdadeira pode conscientemente permitir-se expor outra religião, sabendo que não o pode fazer honestamente.

*

Somos, então, ao propor ensinar sobre outros povos, confrontados com o problema da tolerância. A palavra não é bonita; tolerar é aturar, suportar, ou sofrer a existência daquilo que é ou aparenta ser um modo de pensar que não é o nosso; e não é muito agradável meramente "aturar" os nossos vizinhos ou convidados, nem muito agradável sentir que nossas instituições e crenças mais profundas estão a ser pacientemente "suportadas". Ademais, se o mundo ocidental é de fato mais tolerante hoje do que era há alguns séculos, ou tem sido desde a queda do Império Romano, é em larga medida porque os homens já não estão seguros de que exista qualquer verdade de que possam estar certos, e estão inclinados à crença "democrática" de que a opinião de um homem é tão boa como a de outro, especialmente nos campos da política, da arte e da religião. A tolerância é, portanto, uma virtude meramente negativa, não exigindo qualquer sacrifício de orgulho espiritual, nem envolvendo a abrogação de nosso senso de superioridade; pode ser recomendada apenas enquanto significa que devemos abster-nos de odiar ou perseguir outros que diferem ou parecem diferir de nós em termos de hábitos ou crenças. A tolerância ainda permite que nos compadeçamos daqueles que diferem de nós, e são consequentemente dignos de pena!

A tolerância, levada mais longe, implica indiferença, e se torna, assim, intolerável. A nossa proposta não é que devamos tolerar heresias, mas que cheguemos a um acordo sobre a verdade. A nossa proposição é que o objetivo adequado de uma educação em religião comparada deveria ser capacitar o estudante a discutir com outros crentes a validade de doutrinas particulares, [248] deixando em suspenso o problema da verdade ou falsidade do corpo doutrinal como um todo, da sua superioridade ou inferioridade, até que ao menos se tenha tido a oportunidade para conhecer em que aspectos eles diferem realmente um do outro, e se essencial ou acidentalmente. Tomamos como pressuposto que eles vão inevitavelmente diferir acidentalmente, já que "nada pode ser conhecido excepto no modo do conhecedor". Deve-se ao menos ter sido ensinado a reconhecer símbolos equivalentes, por exemplo, a rosa e o lótus (*Rosa Mundi* e *Padmavati*); que Soma é o "pão e água da vida" ; ou que o Criador de todas as coisas é, não de todo acidentalmente mas necessariamente, um "carpinteiro" porquanto o material do qual o mundo é feito é *hyle*. O objetivo proposto tem esta vantagem adicional e imediata que não está em conflito nem mesmo com a ortodoxia cristã mais rígida; nunca foi negado que algumas verdades estão corporificadas nas crenças pagãs, e que mesmo Santo Tomás de Aquino estava pronto e disposto a encontrar nas obras dos filósofos pagãos "provas extrínsecas e prováveis" das verdades do Cristianismo. Ele tinha de fato conhecimento apenas dos antigos, dos judeus e de alguns árabes; mas não há razão para que o cristão contemporâneo, se seu equipamento mental é adequado, não deva aprender a reconhecer ou se regozijar de encontrar, em formulações, digamos, vedantinas, sufis, taoístas ou indígenas, provas extrínsecas e prováveis da verdade tal como ele a conhece. É mais do que provável, de fato, que seus contatos com outros fieis serão de grande valia para o estudante cristão em sua exegese e entendimento da doutrina cristã; pois, a despeito dele mesmo ser um crente, e isto apesar do ambiente intelectual nominalista no qual ele foi educado, e pelo qual ele não deixa de ser em algum grau afetado; enquanto o oriental (para quem os milagres atribuídos a Cristo não apresentam problema) ainda é um realista, educado num ambiente realista e, portanto, em condições de abordar Platão, São João, Dante ou Mestre Eckhart de modo mais simples e direto do que o acadêmico ocidental que não deixa de ser afetado em certa medida pelas dúvidas e dificuldades que se imiscuem na mente daqueles cuja formação e ambiência foram em grande parte profanas.

Este procedimento nos fornece imediatamente uma base para um entendimento comum e para cooperação. O que temos em vista é uma "reunião de igrejas" num sentido bem mais amplo do que esta expressão é geralmente empregada: a substuituição de alianças ativas – digamos, de Cristianismo e Hinduísmo ou Islã, sobre a base de princípios primeiros comumente reconhecidos, e com vistas a uma efetiva cooperação na aplicação de tais princípios aos campos contingentes da arte (manufatura) e da prudência – para o que presentemente nada mais é do que uma guerra civil entre os membros da família humana única, filhos do único e mesmo Deus, "Aquele a quem" como Filo de Alexandria disse, "*de comum acordo* todos os gregos e bárbaros reconhecem". É com referência a tal declaração que o professor Goodenough notou que "Filo estava dizendo a verdade simples sobre o paganismo como ele o via, não como a propaganda religiosa o tem desnaturado desde então".

Não disfarçaremos que essas alianças necessariamente envolverão o abandono de todas as empresas missionárias como elas são hoje em dia; conferências entre diversas confissões religiosas substituirão as expedições proselitistas, das quais o único resultado permanente é a secularização e a destruição de culturas existentes e o desenraizamento dos indivíduos. Já atingimos o ponto em que cultura e religião, utilidade e significado estão divorciados e podem ser consideradas separadamente uma da outra, mas isto não é verdadeiro no que tange àqueles povos que se propõem converter, cuja religião e cultura constituem *uma só e mesma coisa* e entre os quais nenhuma das funções da vida são necessariamente profanas ou sem princípios. Se jamais se conseguir persuadir os hindus de que suas escrituras reveladas são válidas apenas enquanto "literatura", eles terão sido reduzidos ao nível de nossos próprios universitários que lêem a Bíblia, se tanto, somente como literatura. O Cristianismo na Índia, como Irmã Nivedita (a distinta pupila de Patrick Geddes e autora de *The Web of Indian Life*) disse uma vez, "traz a embriaguez em sua esteira" [249]— pois se ensinamos a um homem que o que ele pensou certo está errado, ele estará apto a pensar que o que ele pensou errado está certo.

Somos todos iguais na necessidade de arrependimento e conversão, de uma "mudança de espírito" e uma "virada", não, contudo de uma *forma* de crença para outra, mas da descrença para a crença. Não há forma mais viciosa de tolerância do que abordar outro homem para lhe dizer que "nós estamos ambos servindo o mesmo Deus, você de sua maneira, e eu na Dele!" A "bússola de mar e terra para fazer um prosélito" pode ser realizada em uma instituição apenas na medida em que nossa ignorância sobre as fés de outros povos persiste. Subsidiar serviços educacionais ou médicos que acompanham o propósito principal de fazer conversões é uma forma de simonia e uma violação da instrução: "Curai os enfermos... não carregueis nem ouro, nem prata, nem cobre em vossos cintos, nem um alforje para o caminho... [mas ide] como cordeiros em meio de lobos." Para onde fores, não deve ser como mestres e superiores, mas como convidados, ou como diríamos hoje em dia, como "professores de intercâmbio". Não devemos trair a confiança de nossos hospedeiros com qualquer difamação. Nossa missão deve ser purificada de qualquer noção de "missão civilizatória" ; o que imaginamos aqui como "o fardo do homem branco" não é outra coisa que "sombras brancas nos mares do sul" por lá. Nossa civilização "cristã" está acabando em desastre - e somos espertos o bastante para oferecê-la aos outros!Como o professor Plumer disse, "a maneira mais segura de trair nossos aliados orientais é lhes vender, dar ou emprestar nosso padrão muito americano de vida" [250] e a tarefa mais difícil no presente e no futuro imediato é convencer o Oriente de que a civilização europeia é em qualquer sentido uma civilização cristã, ou que haja realmente europeus razoáveis, justos e toleráveis entre os "bárbaros" que causam terror ao Oriente.

A palavra "heresia" significa escolha, ter opiniões que são próprias, e pensar o que *queremos* pensar:só hoje podemos captar seu verdadeiro sentido, quando "pensar por si mesmo" é tão altamente recomendado que percebemos que o equivalente moderno de heresia é "traição". A heresia mais marcante, talvez a única heresia, do moderno Cristianismo aos olhos de outros crentes é sua reivindicação à posse exclusiva da verdade; pois isto é traição contra Aquele que "nunca deixou de ter uma testemunha", e que só pode encontrar paralelo na negação de Cristo por parte de Pedro. E aquele que diz a seus amigos pagãos que "a luz que há em ti não passa de escuridão", está ofendendo o Pai das luzes. Em vista da conhecida paráfrase de santo Ambrósio sobre a epístola de S. Paulo aos Coríntios (I, 12:3), "tudo o que é verdadeiro, seja dito por quem for, vem do Espírito Santo" (algo endossado por Santo Tomás) pode-se perguntar: "sobre que bases se propõe distinguir entre a sua religião 'revelada' e nossa religião 'natural', para a qual nós de fato também reivindicamos uma origem sobrenatural?" Esta questão pode ser difícil de responder.

A reivindicação de validade exclusiva não é calculada para favorecer a sobrevivência do Cristianismo em um mundo preparado para provar todas as coisas. Pelo contrário, pode enfraquecer enormemente seu prestígio em relação a outras tradições, nas quais prevalece uma atitude muito diferente, e que não têm nenhuma necessidade de se envolver em qualquer polêmica. Como um teólogo alemão, Alfred Jeremias, disse: "a cultura humana [*Menschheitsbildung*] é um todo unitário, e as suas culturas separadas são os dialetos de uma mesma linguagem do espírito." A querela do Cristianismo com outras religiões parece a um oriental um erro tático no conflito de ideais com motivações sensatas. Nem ele participaria de tal discussão; muito ao contrário, ele diria o que eu mesmo tenho dito a amigos cristãos: "Mesmo que você não estivesse de nosso lado, nós estamos do seu." A atitude recíproca raramente é expressa; mas duas vezes em minha vida eu encontrei um católico romano que podia livremente admitir que, para um hindu, tornar-se um cristão professo não era essencial para a salvação. No entanto, a Verdade ou Justiça com a qual estamos todos de acordo e incondicionalmente preocupados é como a Távola Redonda na qual todos os batizados e pagãos comem o mesmo pão e bebem o mesmo vinho, e em que "todos são iguais, os grandes e os pequenos".

*

Consideremos agora por um momento os pontos de vista que têm sido expressos pelos antigos e outros não-cristãos quando falam de outras religiões que não a própria. Já citamos Filo. Plutarco, primeiramente com amarga ironia, critica os evemeristas gregos "que difundem o ateísmo por todo o mundo obliterando os Deuses de nossas crenças e tornando-os todos iguais com nomes de generais, almirantes e reis", e dos gregos que já não podiam distinguir Apolo (o Sol inteligível) de Helio (o sol sensível), prossegue dizendo: "Nem falamos dos 'diferentes Deuses' de diferentes povos, ou dos deuses como 'bárbaros' e 'gregos', mas como comuns a todos, embora chamados de maneira distinta por diferentes povos, de modo que para a Única Razão (Logos) que dispõe de todas estas coisas, e a Única Providência que os supervisiona, e para os poderes menores [isto é, deuses e anjos] que são designados para cuidar de todas as coisas, surgiram entre os diferentes povos diferentes epítetos e serviços, segundo seus diferentes usos e costumes ".[251] Apuleio reconhece que a Isis egípcia (nossa Mãe Natureza e Madonna, Natura Naturans, Criadora, Deus) "é adorada em todo o mundo de diversas maneiras, em costumes variáveis e por meio de muitos nomes".

O imperador muçulmano da Índia, Jahangir, escrevendo sobre seu amigo e professor, o eremita hindu Jadrup, diz que "o Vedanta dele é o mesmo que o nosso *Tasawwuf* "; e, de fato, o Norte da Índia está repleto de um tipo de literatura religiosa na qual muitas vezes é difícil, se não impossível, distinguir fatores muçulmanos de hindus. A indiferença de formas religiosas é, como o professor Nicholson observa, "uma doutrina sufi cardinal".[252]

Isso quer dizer que você e eu, cujas religiões são distinguíveis, podemos cada qual dizer que "a minha é a verdadeira religião", e um ao outro que "a sua é a verdadeira religião" – se eu ou ele somos verdadeiramente religiosos depende mais de nós mesmos e da graça divina, do que da forma de nossa religião.

No Bhagavad Gita (VII, 21) Sri Krishna proclama: "Se algum adorador busca com fé cultuar qualquer forma [de Deus], Sou Eu o fundador de sua fé", e (IV, 11), "Seja qual for a maneira pela qual os homens se aproximam de Mim, Eu os recompenso, pois os caminhos que os homens tomam de todas as partes é Meu. "

Temos a palavra do próprio Cristo de que Ele veio para chamar, não os justos, mas os pecadores (Mateus 9:13). O que podemos tirar disso senão que, como disse São Justino, "Deus é a Palavra de quem toda a raça humana compartilha, e aqueles que viveram de acordo com a Razão são cristãos, mesmo se tidos como pagãos.... Sócrates, Heráclito e Abraão e muitos outros." Também Mestre Eckhart, o maior dos místicos cristãos, fala de Platão (a quem o muçulmano Jili viu em uma visão "preenchendo o mundo de luz") como "o grande sacerdote", e como tendo "encontrado o caminho antes que Cristo fosse nascido".E Santo Agostinho não estava enganado quando afirmou que "aquilo que hoje é chamado de religião cristã não era ausente entre os antigos, desde o início da raça humana, até que o Cristo veio em carne, depois do que a verdadeira religião, que antes já existia, começou a ser chamado de 'cristã'".

Chegamos a um ponto em que concebemos a religião mais como um conjunto de regras de conduta do que uma doutrina sobre Deus; menos como uma doutrina sobre o que devemos *ser* do que sobre o que devemos *fazer* ; e desde que há necessariamente um elemento de contingência em toda aplicação de princípios a casos particulares, passamos a crer que a teoria tem de diferir da prática. Tal confusão das expressões necessárias com fins transcendentes (como se fosse possível alcançar a visão de Deus por meio de palavras) teve um efeito desastroso para o Cristianismo, tanto interna como externamente. Quanto mais a Igreja se dedica ao "serviço social", mais sua influência declina; uma época que encara o monaquismo quase como um recuo imoral se torna indefesa. É principalmente porque a religião tem sido oferecida ao homem moderno em termos enjoativamente sentimentais ("sejam boazinhas, criancinhas", etc.), e não mais como um desafio intelectual, que muitos se rebelaram, acreditando que *isto* é tudo o que há na religião. Tal ênfase na ética (e, aliás, o esquecimento de que a doutrina cristã tem tanta relação com a arte, i.e., com a manufatura, o fazer, o que e como, como tem relação com o comportamento) é manipulada pelo cético; pois a desejabilidade e a conveniência das virtudes sociais é tão evidente que se sente que se *isto* é tudo o que a religião representa, qual a necessidade de introduzir Deus para referendar formas de conduta que ninguém nega a propriedade? Por quê, realmente?[253] Ao mesmo tempo, esta excessiva ênfase na moral e este descuido das virtudes intelectuais (que ao fim e ao cabo, de acordo com a doutrina cristã ortodoxa, são as que sobrevivem à nossa dissolução)constituem um convite à repulsa dos racionalistas, que mantêm que a religião nunca passou de outra coisa que um maneira de entorpecer as classes desfavorecidas da sociedade e mantê-las inertes.

Contra tudo isto, a severa disciplina intelectual que qualquer estudo sério da religião e da filosofia oriental, ou mesmo da religião "primitiva", exige, pode servir como um corretivo útil. A tarefa de cooperação no campo da religião comparada exige as mais elevadas qualificações; se não podemos dar o nosso melhor a ela, será mais seguro nem mesmo iniciá-la. Logo chegará o tempo em que será necessário para o homem que é chamado de "culto" conhecer o árabe, o sânscrito ou o chinês, como hoje vale para o latim, o grego ou o hebraico. E isto sobretudo no caso daqueles que têm de ensinar sobre as crenças de outros povos, ainda mais por conta de que as traduções existentes são muitas vezes inadequadas, e, se vamos saber se é verdade que todos os fieis têm adorado até agora, e ainda cultuam, o mesmo Deus, ainda que com nomes em inglês, latim, árabe, chinês ou navajo, será preciso estudar os livros sagrados do mundo – e é preciso não esquecer ainda que "*sine Desiderio mens non intelligit*".[254]

Tampouco podemos encetar tais atividades de instrução com motivos interessados: como em todas as demais atividades educacionais, aqui o esforço do professor deve ser dirigido para o interesse e a vantagem do aluno, e não ao bem que ele possa realizar, mas para que ele possa ser bom. A sentença que diz que "a caridade começa em casa" não constitui necessariamente uma manifestação de cinismo; ela é empregada para demonstrar que fazer o bem só é possível se somos bons, e que se somos bons, faremos o bem, seja pela ação ou pela inação, pela palavra ou pelo silêncio. É sã doutrina cristã que um homem deve primeiramente conhecer e amar a si mesmo, a seu homem interior, antes de amar o próximo.

É, então, o aluno que vem em primeiro lugar em nossa concepção do ensino de religião comparada. Ele ficará aturdido pelo efeito de seu entendimento da doutrina cristã que pode ser obtido pelo reconhecimento de doutrinas similares ditas em outra língua e pelo significado de formas de pensamento que, para ele, são estranhas ou até mesmo grotescas. Seguindo as "vestigia pedis", [255] a alma, "em ardente busca de sua presa, Cristo", reconhecerá um idioma do espírito que chega a nós desde os povos caçadores da Idade da Pedra; reconhecerá uma filosofia canibal naquela da Eucaristia e do sacrifício de Soma; e na teoria dos "sete raios" do Sol inteligível na dos sete dons do Espírito e nos "sete olhos" do Cordeiro do Apocalipse e de Cuchulaim. Ele pode ficar muito menos inclinado do que é hoje a recuar das sentenças mais ousadas do Cristo ou de São Paulo acerca da "ruptura entre a alma e o espírito". Se ele hesita diante da ordem de odiar não apenas seus parentes terrenos, "mas também a sua própria alma", e prefere o palavreado mais contido da "versão autorizada" da Bíblia, na qual "vida" substitui "alma", ou se ele preferiria interpretar num senso meramente ético o mandamento de "negar a si mesmo", a despeito de o termo vertido para "negar" significar de fato "rejeitar completamente"; se ele agora começa a perceber que a "alma" é do pó que retorna ao pó, ao passo que é o espírito que retorna Àquele que o infundiu, e que, tanto para teólogos hebreus como árabes, esta "alma" (*nefesh*, *nafs*) vem a ser a "individualidade" carnal à qual os místicos cristãos se referem quando eles dizem que "a alma deve se entregar à morte" ; ou que nossa existência (distinguindo *esse* de *essentia*, *genesis* de *ousia*, *bhu* de *as*) é um crime; e se ele correlaciona todas essas ideias com a exortação islâmica ou indiana de "morrer antes de morrer", e com a frase de S. Paulo, "vivo, mas *não* eu", então ele poderá estar menos inclinado a ler na doutrina cristã uma promessa de vida eterna para uma "alma" que se fez concreta com o corpo – e melhor equipado para mostrar que as "provas" dos espíritas de sobrevivência da personalidade humana não têm nenhuma base religiosa.

O espírito do estudante democrático, para quem o conceito mesmo de um "direito divino" pode ser ininteligível, pode ser despertado se ele perceber que a noção mesma de um *reino* de Deus na terra "depende para sua revelação do sentido interior do regni orientalium" (professor Buckler), pois ele pode ter esquecido, em sua legítima repulsa por ditaduras, que a definição clássica de "tirania" é a de um "rei que governa para seus próprios interesses".

E não se trata aqui de uma transação unilateral; não seria fácil exagerar a alteração que pode ser obtida na avaliação do Cristianismo, por parte do hindu ou do budista, quando há oportunidade de um contato mais próximo com a qualidade do pensamento que levou Vincent de Beauvais a falar da "ferocidade" de Cristo, ou que levou Dante a se maravilhar "com a multidão de dentes com os quais o Amor morde".

"Alguns contemplam um Nome, e outros, outro Nome? Qual deles é o melhor? Todos são eminentes devido ao Brahma transcendente, imortal e incorpóreo: estes Nomes devem ser contemplados, louvados e por fim negados. Pois, por meio Deles, ascendemos cada vez mais alto nos mundos; mas, quando tudo chega a seu termo, então a Unidade da Pessoa é alcançada "(Upanixade Maitri). Quem conhece este texto, mas nada da técnica ocidental, certamente será levado a uma compreensão favorável ao saber que o cristão também segue uma *via affirmativa* e uma *via remotionis* (negativa)! Quem foi instruído na doutrina da "libertação dos pares de opostos" (passado e futuro, prazer e dor, etc., as Simplégadas do folclore) ficará tocado pela descrição dada por Nicolau de Cusa acerca do muro do Paraíso em que Deus habita como "construído de contraditórios", e também pela descrição de Dante do que está além desse muro, "sem polos e fora do espaço", mas "onde todo lugar e todo tempo está centrado." Todos nós temos de compreender, com Xenofonte, que "quando Deus é nosso professor, nós pensamos da mesma maneira".

Pois há tantos hindus e budistas cujo conhecimento do Cristianismo e dos grandes escritores cristãos é praticamente nulo, assim como há cristãos, igualmente cultos, cujo real conhecimento de outras religiões é praticamente nulo, porque eles nunca imaginaram o que seria ter vivido estas outras fés. Assim como não pode haver verdadeiro conhecimento de uma língua se nós nunca participamos, nem mesmo em imaginação, nas atividades que expressam tal língua, de modo similar, não pode haver conhecimento real de qualquer "vida" se não a vivermos em certo modo. O maior dos modernos santos indianos, Sri Ramakrishna, praticou efetivamente disciplinas cristãs e islâmicas, isto é, cultuou a Cristo e a *Allâh*, e descobriu que todas conduzem à mesma meta. Ele poderia falar por experiência própria da validade de todos esses "caminhos" e sentir o mesmo respeito por cada um deles, embora ainda preferindo para si mesmo aquela via com a qual todo o seu ser estava naturalmente sintonizado por nascimento, temperamento e treino. Que perda teria sido para seus compatriotas e para o mundo, e mesmo para o Cristianismo, se ele tivesse se tornado um cristão! Há muitos caminhos que levam ao cume de uma mesma montanha; suas diferenças tornam-se mais evidentes quanto mais próximos da planície estivermos, mas tais diferenças desaparecem no pico; cada pessoa irá naturalmente querer tomar aquela via que se inicia no ponto em que ela mesma está situada; aquele que gira ao redor da montanha procurando por outro caminho não está ascendendo. Nunca abordemos outro fiel para lhe pedir para se tornar "um de *nós*", mas abordemo-lo com respeito, como alguém que já é "um *Dele*", que é o único que *é*, e de cuja invariável beleza todos os seres contingentes dependem.

UMA ABORDAGEM CRISTÃ ÀS RELIGIÕES NÃO-CRISTÃS

Bernard Kelly

Omne verum, de quocumque dicatur, Sancti Spiritus est (Tudo o que é verdadeiro, independentemente de por quem é dito, vem do Espírito Santo.) -São Jerônimo

Em *Elementa Philosophiae Aritotelico-Thomisticae,* de Gredt inclui "Bramanismo" na categoria de Panteísmo, como *emanationis monismus* ("monismo emanacionista") Antes de expor uma abordagem mais próxima do ensino tradicional indiano, é bom dar conta da verdade relativa de tal juízo. O breve resumo de Gredt da doutrina panteísta é "Absolutum se emittit et contraditório dividit Suae substantiae". É patente o absurdo de um "absoluto" que seria uma substância susceptível de divisão em partes. O que a princípio desperta nossa incredulidade é que alguém com conhecimentos do "Bramanismo" devesse imputar erro tão grosseiro a uma tradição intelectual que é acima de tudo sutil.

Nem o século XIX, nem o XX apresentaram uma linguagem filosófica capaz de verter a verdade metafísica com precisão. A tentativa de encontrar palavras para termos metafísicos exatos tem confundido os tradutores de Santo Tomás, tanto quanto os dos Upanixades. Há, contudo, uma diferença, pois enquanto se pode presumir que os tradutores de Santo Tomás tenham uma disciplina intelectual tradicional na ponta dos dedos, os tradutores dos Upanixades, que precisariam ter duas disciplinas ao alcance das mãos, geralmente não têm nenhuma. Foi dito, com alguma justiça, que parece que eles adotaram sua linguagem filosófica dos jornais diários. Os textos indianos não são a causa da confusão, mas fornecem a ocasião para sua exibição. Embora seja absolutamente falso equiparar a metafísica hindu com o panteísmo, num senso relativo e prático, contudo, há uma grande parcela de verdade na avaliação de que "Bramanismo" deva ser evitado como panteísta. Pois o "Bramanismo", neste sentido, é um filho do sensualismo[256] ocidental e um espelho de nosso próprio caos intelectual.

O que é de importância absolutamente vital é procurar uma posição que não falsifique a evidência quando a constatamos. Esta tarefa cabe fundamentalmente ao Reino dos Céus, onde estão as respostas finais. Mas o Reino dos Céus é sempre *agora*, e infelizmente não há escapatória para o trabalho imposto por ele sob a alegação de que um século de preparação seria necessário.... A capacidade de discernir a verdade... não depende principalmente de qualificações mentais, mas de pureza de coração.

Obviamente, não é o caso de encontrar, neste estágio, uma porção adaptável do ensinamento tomista capaz de acomodar algum fragmento de doutrina oriental já mediada por swamis ocidentalizados. Isso seria perder tempo. Num certo nível de incompreensão, a atitude de Gredt é a única sustentável. Mas, manter essa atitude em face de crescente esclarecimento seria uma monstruosa perversão de inteligência.

*

Presumo que o interesse sério do Hinduísmo é a sua verdade. Sua verdade, mais do que sua diferença. Aqui, uma atitude preliminar de *crede ut intelligas*[257] é, creio, necessária, e se isso parece uma falácia lógica, só posso insistir que, a menos que não desacreditemos, nunca teremos esperança de fazer a transição, mesmo que momentaneamente, de um ponto de vista ocidental para um indiano. As diferenças envolvidas são muito mais profundas que as diferenças de idioma, mas elas não são a principal preocupação do interesse sério que eu assumo.

Como uma observação prática, eu diria que uma abordagem de cristãos sobre as religiões orientais que envolvesse nossa satisfação com uma clarificação de cada uma delas, segundo suas diferenças específicas, nos condenaria desde o início a um ponto de vista externo e superficial, um ponto de vista que meramente reflete nossa própria visão de mundo e nossa atitude teológica. Seria, então, à luz do que poderíamos tomar como a *diferença* da revelação cristã que nós tenderíamos a ver a verdade revelada como tal, assim como as revelações — se permitirmos a elas o emprego de tal termo - revelações sobre as quais essas outras tradições estão baseadas. Deste ponto de vista, não é a revelação primordial para a humanidade, revelação na qual outras tradições podem ser consideradas como co-partícipes em suas origens, que é a fonte vitalizante de luz para nós, mas unicamente a canalização histórica desta revelação rumo à realização de toda a revelação em Cristo. As diferenças das outras tradições são, deste ponto de vista, seu afastamento desta fonte de luz e vida.

Mas a verdade de uma determinada tradição é a medida de seu não afastamento de Cristo.

Se é a verdade do Hinduísmo que se está buscando, não se pode, logo de início, estabelecer qualquer limite para o que se vai encontrar. Isto exigirá de nós uma abordagem mais interior do que exterior, e definirá de maneira muito distinta a questão das diferenças.

Para alguém aqui que não é cristão, eu deveria talvez explicar que a referência à verdade de outras tradições para a verdade de Cristo não significa que eu proponho julgar essas outras tradições por uma verdade limitada externa a elas, mas que eu as refiro ao esplendor sem limites da própria Verdade.

Para um cristão, parece-me que certa ênfase teológica é exigida por esta abordagem baseada na verdade sobrenatural implícita na revelação primordial da humanidade, da qual temos um registro garantido para nós nos primeiros capítulos do Gênesis — uma ênfase totalmente consoante com a tradição patrística e litúrgica. As consequências disso podem ser muito abrangentes. A meu ver, a presente disponibilidade que temos da luz de outras religiões revive, e deve reavivar, o interesse de pensadores cristãos em um vasto campo de verdade ao qual eles podem ter se acostumado a dar uma importância menos que central.

Quando digo que a verdade de outras religiões exige de nós uma abordagem mais interior do exterior, quero dizer que nem esta verdade, nem a mente que a compreende, pode ser separada da verdade de Cristo, e até que realizemos isto, e a vejamos nesta perspectiva, podemos estar apenas perseguindo um fantasma. Buscar a verdade de outra religião como algo extrínseco é correr atrás de deuses estranhos e dividir a própria Verdade.

Como algo intrínseco à Verdade em si, a verdade do Hinduísmo, por exemplo, é tornar explícitas as profundidades à nossa disposição, em princípio, na Verdade de Cristo, mas relativamente inacessíveis nas circunstâncias de nosso tempo e lugar sem o estímulo e a disciplina de encontrá-las em formas estrangeiras. Não duvido que o fácil acesso a Escrituras de outros povos, tornado tão indiscriminadamente fácil pelas publicações modernas, sirva à nossa educação —não em conhecimento enciclopédico, mas na verdade.

O que é posto em causa por uma abordagem como esta não é a unicidade do Cristo, mas pode muito bem ser nosso entendimento desta unicidade.

OS CRISTÃOS DA ESPANHA MUÇULMANA

DUNCAN TOWNSON

Na Espanha muçulmana, os que se tinham mantido cristãos eram bem tratados, como o eram por todo o Império Islâmico.[258] Tanto os judeus como os muçulmanos eram considerados como "Povo do Livro", isto é, como pessoas que tinham seus próprios escritos sagrados, o Antigo e o Novo Testamentos da Bíblia. [259]Em Córdoba, os cristãos continuaram a cultuar na Catedral de São Vicente, embora não devessem incomodar os muçulmanos com cantos ou o tocar de sinos.

Os muçulmanos e os cristãos normalmente se davam muito bem juntos, viviam em boa parte uma mesma vida e se vestiam da mesma maneira. Os muçulmanos gostavam de participar de celebrações cristãs e eram visitantes frequentes de mosteiros em dias de santos. Mesmo a guerra não os dividia. Os cristãos na Espanha muçulmana eram leais ao emir e lutavam por seu governante muçulmano contra reis cristãos do norte. Nos tempos de paz, reis cristãos enviavam seus filhos para aprender boas maneiras na corte de Córdoba. Eles casavam suas filhas com príncipes muçulmanos e elas se tornavam muçulmanas.

A língua e a literatura árabe fascinavam os cristãos espanhóis, bem como a arquitetura e a ciência islâmicas. Um cristão de Córdoba chamado Álvaro escreveu em 854: "São inumeráveis os cristãos que podem se exprimir em árabe e compor poesia naquela língua, com maior arte do que os próprios árabes."

Uma recreação popular tanto para os ricos como para os pobres era reunir-se em piqueniques ou congraçamentos em jardins. Os moradores de Córdoba tinham paixão por esses encontros, e qualquer ocasião era propícia. Casamentos e circuncisões – todos os meninos muçulmanos eram circuncidados – davam lugar a esplêndidas celebrações. Além disso, havia os dias de festa islâmicos e cristãos. Na festa cristã da Epifania, toda a população se juntava às procissões com tochas, que duravam a noite inteira. Havia peregrinações, em dias de santos, a mosteiros cristãos, onde os monges recebiam com generosa hospitalidade. Os dias de festa eram ocasiões especiais.

O BISPO DE TRÍPOLI

DUQUE ALBERTO DENTI DI PIRAJNO

Jemberié (meu servo) ficou muito surpreso quando, abrindo a porta uma noite, viu-se face a face com o bispo de Trípoli, que tinha vindo me visitar. A ideia de que um dignitário tão importante estivesse prestes a entrar num *fonduq* recém-caiado o deixou um tanto confuso, e ele não conseguia decidir o que era maior: a honra de tal visita ou a vergonha de ser obrigado a receber pessoa tão eminente numa choupana até havia pouco usada apenas por pastores de camelos. O vigário apostólico, contudo, não se incomodou com tais considerações.

Ele era um homem nos seus cinquenta anos, atarracado, obeso e de pescoço curto. Olhava para as pessoas com os olhos semicerrados, através de óculos de vidros espessos, o nariz erguido como um cão farejador em busca de uma pista, e com os dedos, num dos quais usava o anel episcopal, cofiando a espessa barba. Depois de ter ouvido um argumento e ter-se decidido em relação a ele, ele juntava as mãos como se em oração e, com voz profunda e grave, definia a situação ou dava seu parecer numas poucas frases precisas e sem adornos que não admitiam mais discussão.

Ele tinha um excelente conhecimento do hebraico, do árabe, do persa, do turco e do albanês. Ninguém, em toda a cidade, com exceção do chefe da família Muntasser, era capaz de conversar com ele em árabe clássico, o qual era uma delícia de ouvir. Quando os sobrinhos do chefe estavam presentes, ouviam de boca aberta, sem entender uma palavra, e o bispo voltava-se para o chefe e, falando no dialeto local, dizia que estava surpreso de encontrar jovens muçulmanos incapazes de entender sua própria língua; fingindo indignação, ele chamava atenção para o fato de que ele, um cristão e um estrangeiro, conhecia o árabe melhor do que eles, que eram árabes e muçulmanos. O velho Muntasser divertia-se a valer e esfregava as mãos de prazer diante do embaraço dos jovens.

A lei canônica islâmica não tinha segredos para o bispo; o conhecimento que ele tinha dela era tal que a Alta Corte com frequência lhe submetia as mais complicadas questões, pedindo sua opinião.

Na primeira vez que me convidou para ir à sua casa, ele se recusou a me deixar examiná-lo, falou-me de seu diabetes como se não tivesse nenhuma ligação consigo, e terminou contando-me a história de Muhyi'd-Dîn Ibn 'Arabî, um famoso místico árabe que viveu por volta do ano 1200, do qual eu não tinha nunca ouvido, mas de cuja vida ele conhecia todos os detalhes.

Eu já tinha perdido o fio desta história quando o cádi entrou com um pacote de papéis sob o braço. Os dois se aproximaram e, curvando a cabeça, começaram a falar rapidamente e em voz baixa. Os papéis eram passados de um para o outro, virados e revirados, enquanto ambos deslizavam seus indicadores pelas linhas do texto, parando aqui e ali para enfatizar frases e palavras. De pouco em pouco, o bispo batia numa folha com as costas da mão, exclamando que não havia nenhuma dúvida: o caso era exatamente aquele! O cádi concordava, mas então sussurrava uma sugestão que fazia reiniciar todo o exame do problema.

*

Por uma ou outra razão, o bispo afeiçoou-se a mim. A incorrigível coloquialidade de meu árabe o divertia. Numa voz agradável, com as mãos pousadas sobre as coxas, ele me perguntava em que antros eu tinha aprendido aquelas expressões não-ortodoxas.

Ele tinha uma excepcional capacidade de identificar situações grotescas e divertidas, e isto contrastava estranhamente com sua aparência grave, seu porte digno, e suas vestimentas episcopais solenes, com seus botões de cor de ametista.

A comunidade judaica tinha por chefe um rabino que era universalmente respeitado por sua integridade e pela solidez de sua doutrina. Ele era um meritório talmudista, mas era prejudicado por um nariz de proporções tão melancólicas que como que pendia sobre a boca. O rabino trazia sempre um ar tão desolado que a todo momento parecia ter acabado de deixar o Muro das Lamentações. Eu uma vez perguntei ao bispo qual a razão daquele ar tão infeliz, e o que poderia ser feito para consolá-lo.

"Nada", respondeu, balançando gravemente a cabeça, "absolutamente nada. Este homem, que conhece o Talmude como poucos o conhecem, tem todas as razões para ter tal aparência. Eu me pergunto quantas vezes você mesmo não deixou que seu rosto mostrasse seu desagrado quando esperava por um trem meia hora atrasado. Ora, dificilmente se poderia esperar uma expressão jovial e alegre da parte de quem tem estado esperando o Messias por milhares de anos."

*

Foi o mesmo bispo que me apresentou para seu melhor amigo naquela cidade – o prefeito árabe de Trípoli.

A amizade entre o bispo e o Pashá era uma das mais extraordinárias que jamais vi. Nunca encontrei dois homens que fossem, na superfície, mais diametralmente opostos em temperamento, mas raramente testemunhei uma amizade mais profunda e mais próxima. O italiano era de origem modesta, enquanto o árabe era o cabeça de uma família principesca que outrora tinha governado o país; o bispo ligava-se à fé pura e simples de São Francisco de Assis, o príncipe era um muçulmano fervoroso e praticante; o humilde cristão tinha uma erudição enciclopédica, o nobre muçulmano era iletrado.

O Pashá nunca recusou dar esmola a um pedinte, mas, se o pedinte se dirigisse a ele como Sîdî ("meu Senhor"), ele diria: "Seu Senhor, meu Senhor, é Allâh." Ele não era rico, mas todos os dias se preparava em sua cozinha comida para cerca de quarenta pessoas.

Eu tinha várias vezes perguntado ao bispo sobre sua amizade com o Pashá, esforçando-me, em minha curiosidade, por descobrir em que ela se baseava. Ele sempre respondia de forma evasiva; algumas vezes, simplesmente não respondia, e limitava-se e erguer os ombros e soprar em sua barba.

Quanto mais conheci o nobre árabe, contudo, mais descobri o que tinham em comum – por exemplo, sua indiferença à doença, seu completo descaso com considerações materiais, sua profunda compreensão do sofrimento e da miséria humanos, e sua caridade, intocada pelo egoísmo e desconhecendo limites. Ambos se submetiam a uma Vontade superior com a fé cega de crianças.

A certa altura, eu compreendi que, assim como os vários elementos de um mosaico formam um desenho simples quando postos juntos, as atitudes mentais dos dois amigos eram parte de uma concepção espiritual única que eu por fim fui capaz de reconhecer.

Um dia, quando estava ajudando o bispo a arrumar seus livros nas prateleiras de sua biblioteca, anunciei que tinha finalmente entendido por que ele e o Pashá eram amigos tão próximos; disse que a amizade entre os dois era uma amizade entre franciscanos. Ele continuou a virar as páginas de um livro que tinha nas mãos, como que procurando ali uma resposta. Após uns instantes de silêncio, fechou o livro e disse: "Você se expressa mal. Deveria saber que um muçulmano não poderia ser um monge franciscano, e eu mesmo sou por demais indigno da túnica que uso para me chamar de franciscano. O Pashá é um homem de grande coração e humildade exemplar, que pratica as três virtudes canônicas da maneira mais admirável... Eu aprendi muito com este homem; é por isto que somos amigos."

O mais jovem dos dois amigos morreu antes. Eu estava muito longe de Trípoli quando isso aconteceu, e somente depois fiquei sabendo que o vigário apostólico tinha morrido serenamente, rodeado de seus confrades e freiras, segurando a mão de seu velho amigo, o Pashá, que, de tão pesaroso, parecia transformado em pedra; naquele mesmo momento, na catedral, na mesquita e na sinagoga homens de diferentes fés pediam a Deus que adiasse a hora apontada.

O MONGE E O CALIFA

Angus Macnab

Um dos maiores califas da dinastia omíada na Espanha medieval foi Abd Ar-Rahmân III (que reinou de 912 a 961), e muitos reis cristãos enviaram embaixadores para sua corte. A maneira paciente e sutil com que 'Abd Ar-Rahmân lidou com um embaixador particularmente obstinado fornece um caso histórico que poderia ser estudado com proveito por qualquer diplomata iniciante decidido a superar a média de competência em sua profissão. A data é 957, quando uma embaixada foi enviada a 'Abd Ar-Rahmân III por Oto, o Grande, então rei da Alemanha, e que depois seria imperador. O ponto central que se levantou foi de fato o mesmo daquele velho enigma: "O que acontece quando uma força irresistível encontra um objeto inamovível?" Evidentemente, não há resposta; a única esperança é evitar que se choquem, e foi isso que causou ao califa tanto incômodo, pois, embora em sua própria esfera seu poder fosse irresistível, a vontade do monge da história não era menos inamovível.

O impasse aconteceu assim. Por razões que não são conhecidas, 'Abd Ar-Rahmân tinha enviado uma embaixada alguns anos antes ao "grande chefe de Alemanya". A carta que ele enviara continha as frases costumeiras sobre a grandeza do Califado do Ocidente, mas foram longe demais, e continham algumas expressões desagradáveis a ouvidos cristãos. Como 'Abd Ar-Rahmân não era nem um tolo nem um fanático, é provável que as passagens objetáveis fossem devidas à gafe de algum funcionário da corte, mas elas deixaram Oto furioso, e ele deteve os embaixadores por três anos, enquanto se recusava firmemente a ter quaisquer outros contatos com eles.

Contudo, algo tinha de ser feito, e então Oto decidiu enviar uma contra-embaixada, não tanto para lidar com questões políticas quanto para responder no mesmo gênero às passagens da carta do califa que eram ofensivas. A carta foi composta pelo irmão de Oto, São Bruno, arcebispo de Colônia, na mesma língua da carta do califa, o grego, considerada intermediária entre o árabe e o latim, e ela devolvia insulto por insulto; por isso, um mensageiro destemido se fazia necessário, um homem que não tremesse diante da cólera do califa.

Um monge chamado João, da abadia beneditina de Gorze (ou Görtz), na Alsácia-Lorena, ofereceu-se para a missão, já preparado para o sacrifício de sua vida, se necessário; ele depois tornou-se abade do mosteiro e foi canonizado como São João de Gorze. Com ele, como companheiro, foi um discípulo chamado Garamannus (Hermann?), que escreveu um relato de toda a missão. Apesar da carta descortês, a Abadia de Gorze forneceu ricos presentes para o monge levar ao califa.

Os dois monges viajaram a pé até Viena, onde tomaram um barco para descer o Ródano e, depois, seguiram por mar até Barcelona. A primeira cidade muçulmana a que chegaram foi Tortosa, onde o governador os tratou com grande consideração e os ajudou no resto de sua viagem até Córdoba.

Lá chegando, ficaram alojados numa casa a três quilômetros do palácio e foram tratados com generosidade real, mas não foram convidados a apresentarem suas cartas de credenciamento. Sua situação era de fato a de um luxuoso aprisionamento. Quando perguntaram a razão da demora, disseram-lhes que, dado que os embaixadores de Córdoba tinham sido detidos por três anos na Alemanha, eles ficariam retidos em Córdoba por nove anos. Na verdade, contudo, o califa estava protelando qualquer ação com o intuito de ganhar tempo para decidir o que fazer. Ele se via agora numa situação impossível, pois tinha uma ideia bem clara do conteúdo das as cartas, e também o tinham, infelizmente, alguns de seus súditos. Ora, se ele recebesse os embaixadores e os deixasse ler as cartas, seria obrigado a acusá-los de ofender o Islã e o Profeta. Contudo, matar um convidado, mesmo que seja seu pior inimigo – para não falar de um embaixador – é um crime aos olhos dos muçulmanos. Por outro lado, se ouvisse o conteúdo das cartas sem retaliação, seria ele que estaria cometendo um crime, pois a lei dizia que qualquer um que tolerasse a blasfêmia era tão culpado quanto o próprio blasfemador. Se isto se aplicava a todos os muçulmanos, até os mais humildes, que dizer do próprio Califa, Comendador dos Crentes? Outras consequências indesejáveis poderiam ser um estado de tensão com os cristãos e, no pior dos cenários, uma guerra com o Império Alemão!

Depois de muita consideração, o Califa comissionou um judeu de destaque, como uma terceira parte, neutra, para tentar persuadir os monges a visitar o palácio sem apresentar seus documentos. João se recusou a isso, e os dois monges foram mantidos em isolamento por mais alguns meses. O personagem seguinte a visitá-los foi o bispo mozárabe dos cristãos de Córdoba. Como o bispo e o monge podiam falar à vontade em latim, ficou-nos um relato da conversa, que mostra aspectos interessantes do estado da Igreja sob o domínio muçulmano naquela época. Os dois clérigos começaram por falar de todo o tipo de coisas, mas por fim o bispo revelou a verdadeira razão de sua visita, qual fosse, o desejo de 'Abd Ar-Rahmân de receber a embaixada apenas com os presentes.

"E o que devo fazer com as cartas?", perguntou João. "Não fui enviado especialmente para entregá-las? Foi ele o primeiro a pronunciar blasfêmias, e tudo o que fazemos é refutá-las."

O texto não está completo, mas podemos ler uma grande parte da resposta do bispo:

"O senhor não conhece as condições sob as quais vivemos. O Apóstolo nos proíbe de resistir aos poderes do mundo... É uma grande consolação para nós... viver de acordo com nossas próprias leis... Os mais fervorosos observadores dos preceitos cristãos são os que recebem maior consideração, enquanto os judeus, que não reconhecem o Messias, são menosprezados pelas duas comunidades. Nossa situação exige a conduta que seguimos, e não fazemos nada contrário à nossa religião. Em outros aspectos, comportamo-nos com obediência, e é por isso que acredito que seria melhor suprimir aquela carta, que pode desnecessariamente alimentar as paixões contra o senhor e contra nós."

João hesitou por um instante, mas logo se recompôs e recusou-se a ceder: "Como o senhor, alguém que passa por ser um bispo, pode usar tal linguagem? Não é o senhor um confessor da fé, e não foi elevado ao posto que ocupa a fim de defendê-la?... E, contudo, por considerações meramente humanas, o senhor se afasta da verdade e, longe de incentivar os outros a proclamá-la, foge ao seu dever. Teria sido melhor, e mais apropriado a um verdadeiro cristão, sofrer todos os apertos da miséria a aceitar do inimigo um alimento prejudicial à salvação dos outros."

João então criticou certo número de práticas da igreja mozárabe. "Como é possível que leveis tal vida? Ouvi dizerem que vos submeteis ao que a Igreja Católica considera odioso: contaram-me que os vossos fiéis se circuncidam, apesar da ordem do Apóstolo, e se abstêm de certos alimentos, somente porque os médicos deles os proíbem."

"A necessidade nos força a isso", respondeu o bispo, "caso contrário não poderíamos viver em meio a nossos conquistadores, e, além disso, tudo o que fazemos já era feito por nossos antepassados, e seu costume nos ensinou a fazer o mesmo."

"Nunca", disse João, "poderei aprovar que se faça qualquer coisa de diferente do que o que está ordenado, seja por amor ou por temor."

E acrescentou que nada no mundo o faria abandonar sua resolução. Quando isso foi relatado ao Califa, que era um homem experiente no lidar com os corações humanos, este deixou que algum tempo se passasse antes de tentar qualquer outra coisa.

Seis ou sete semanas depois, quando outros mensageiros do Califa não tinham conseguido nada de diferente e estava claro que ameaças pessoais não produziriam nenhum resultado, sugeriu-se a João que sua atitude poderia redundar numa perseguição geral aos cristãos. Garamannus relata a questão assim:

"No Dia do Senhor e em algumas das principais festas de nossa religião, como o Natal, a Epifania, a Páscoa, Ascensão, Pentecostes, a festa de São João e outras, os cristãos obtiveram permissão de reparar uma igreja localizada fora da cidade e dedicada a São Martinho", e sem dúvida devem tê-lo feito em procissão, pois ele afirma que foram depois acompanhados por doze guardas, a quem ele chama de *sagiones*, na volta da igreja à cidade. João tinha sido autorizado a acompanhá-los, e durante o percurso um mensageiro lhe entregou uma carta – que chamava a atenção por seu tamanho, pois estava escrita num pergaminho retangular – que fazia as ameaças mencionadas acima. Contudo, nem mesmo isso fez o monge desviar de seu propósito.

Por fim, os próprios cristãos mozárabes aproximaram-se dele para tentar chegar a uma solução. João então sugeriu a única solução possível, ou seja, enviar um mensageiro ao rei Oto pondo-o totalmente a par do assunto e pedindo instruções. O califa concordou, mas, como não conseguia encontrar ninguém preparado para realizar uma jornada tão longa e arriscada, publicou um édito oferecendo um privilégio especial a qualquer um que se oferecesse para a missão, e todo o tipo de recompensas quando de sua volta.

No secretariado do palácio havia um funcionário cristão chamado Recemundus (Raimundo) que era conhecido por seu perfeito domínio do árabe e do latim. Este sentiu-se atraído pela possibilidade de uma promoção, mas, antes de se oferecer como voluntário, pediu autorização para visitar o embaixador para se informar sobre que tipo de homem era Oto, e se, caso aceitasse a missão, poderia ser aprisionado como represália pela detenção do embaixador em Córdoba. João lhe garantiu que não precisava se preocupar com isso, e lhe deu cartas de recomendação para a Abadia de Gorze. Raimundo voltou ao palácio preparado para assumir a embaixada, mas pediu que fosse indicado para o bispado de Iliberis, que então estava desocupado. As autoridades mozárabes concordaram, e Raimundo foi sagrado bispo. Ele recebeu as instruções necessárias e partiu em sua viagem. Em dez semanas, chegou a Gorze, onde foi bem recebido. Era agosto, e o bispo de Metz o reteve ali durante o outono e o inverno, e depois o acompanhou à corte do Imperador, em Frankfurt. Oto provavelmente ficou feliz de pôr um ponto final em toda aquela questão, e concordou com tudo o que foi sugerido; uma nova carta foi redigida, e Raimundo estava de volta a Gorze na Páscoa, e em Córdoba em junho de 959, acompanhado do novo embaixador, Dudo. A nova carta autorizava João a não apresentar a carta anterior e, em vez disso, a negociar um tratado de amizade e paz, para pôr fim às incursões de piratas e bucaneiros árabes que causavam problemas em territórios do Império, incluindo o sul da França, a Lombardia e mesmo a Suíça. Esses piratas não passavam de bandos de aventureiros que tinham chegado à Provença vindos da Catalunha, e o Emirado de Córdoba nunca lhes tinha dado qualquer proteção ou encorajamento.

Os novos embaixadores se apresentaram no palácio, mas 'Abd Ar-Rahmân disse: "Não, por minha vida: que venham antes os primeiros embaixadores; ninguém verá meu rosto antes daquele monge corajoso que por tanto tempo desafiou minha vontade!" Mas, mesmo então, havia dificuldades. Quando os vizires chegaram à morada do monge para conduzi-lo ao palácio, encontraram-no com o cabelo e a barba desalinhados e vestindo uma túnica monástica penitencial. Assim não seria possível, disseram os representantes, e o Califa lhe enviou como dádiva dez libras de prata para a compra de uma vestimenta adequada aos usos da corte. João mandou agradecer, mas deu o dinheiro aos pobres. "Não desprezo a dádiva de um rei", disse, "mas não posso usar nenhuma outra vestimenta que não o hábito de minha ordem." Quando o Califa ouviu isso, exclamou: "Que venha como quiser, mesmo vestido com um saco; não o receberei de forma pior por isso!"

Assim, finalmente, aconteceu a entrevista. Os monges foram levados ao palácio, com imenso esplendor, por ruas margeadas por tropas com uniforme de gala, e precedidos ao longo do caminho por dervixes dançantes. "Era o solstício de verão", escreve Garamannus, "e da cidade até o palácio estes mouros não pararam de levantar uma poeira terrível." Ele sem dúvida não tinha conhecimento da verdadeira natureza do canto sagrado dos dervixes (a palavra persa darvish sendo o equivalente da palavra árabe faqîr, significando "homem pobre", no mesmo sentido da "santa pobreza" dos franciscanos), e da grande honra assim conferida pelos representantes de uma religião aos representantes da outra.

Os principais dignitários do Califado vieram ao encontro do embaixador cristão e o conduziram por entre salões deslumbrantes até a presença do califa, que agora, quase no final de seu reinado de meio século, raramente aparecia em público e, "como um deus" (*quase numen quoddam*), se ocultava dos olhos de seus súditos. Num ambiente de riquezas inexprimíveis, o califa, as pernas cruzadas, sentava-se num divã; ele ofereceu a João a palma de sua mão para que a beijasse, uma honra que os príncipes muçulmanos reservavam apenas aos maiores entre a nobreza. Como cristão, deram ao monge uma cadeira para que se sentasse (os muçulmanos geralmente se sentam no chão, sobre tapetes), e, após um prolongado silêncio, 'Abd Ar-Rahmân começou a falar das razões que o tinham forçado a protelar por tão longo período aquela entrevista. João respondeu, e seguiu-se uma conversa na qual o Califa se mostrou tão cortês e amigável que ganhou a simpatia de João apesar do natural preconceito com que o monge até então o vira. Os presentes foram oferecidos e aceitos, e o monge pediu permissão para retornar a seu país; mas 'Abd Ar-Rahmân não permitiria seu regresso antes que o tivesse encontrado várias outras vezes e tivesse passado a conhecê-lo melhor.

Após esse encontro, João passou a gozar de elevada estima pelo califa, tendo voltado do palácio a seu suntuoso alojamento convencido de que os árabes "não mereciam o nome de bárbaros que constantemente lhes era dado na Europa". Em subsequentes audiências, já mais à vontade, ele e o califa discutiram questões de estado. O califa perguntou-lhe detalhadamente sobre o poder, a riqueza e os problemas militares de Oto; debateu muitos pontos com João, que não aceitava que ninguém fosse superior a Oto em armas e cavalos. Nisto, 'Abd Ar-Rahmân louvou sua lealdade, mas criticou a conduta de Oto de deixar sem punição a rebelião de seu filho e de seu genro, que não tinham hesitado em convocar os húngaros para devastar o império que tinham tentado usurpar.

Quanto ao resto, e aos acordos, se os houve, que foram concluídos entre os dois impérios, não temos informação, pois a crônica de Garamannus termina neste ponto; mas, uma coisa é certa: antes que São João de Gorze (o "objeto inamovível") voltasse para casa, ele tinha passado a nutrir um tão grande respeito e admiração por 'Abd Ar-Rahmân (a "força irresistível") quanto 'Abd Ar-Rahmân já nutria por ele.

V - UNIVERSALIDADE DOS MÍSTICOS CRISTÃOS

"Os homens viajam ao exterior para admirar a altura das montanhas, as ondas enormes do mar, os longos cursos dos rios, o vasto compasso do oceano, o movimento circular das estrelas – mas eles passam por si mesmos sem se admirar." - Santo Agostinho (354-430)

"Para que sejais capazes de conhecer a Deus, conheça-te a ti mesmo em primeiro lugar." -Cipriano de Cartago (d.258)

"Se alguém quiser vir a mim [o Cristo], que se negue a si mesmo." - Marcos 8:34

"Toda a Escritura clama por liberdade do ego." - Mestre Eckhart (1260-1327)

"Bem-aventurados os puros de coração, porque eles verão a Deus." - Mateus 5:8

"Há apenas uma salvação para toda a humanidade, e é a vida de Deus na alma." - William Law (1686-1761)

"Deus se fez homem para que nos tornássemos Deus." - Santo Irineu (c.120-202)

"Com Cristo estou crucificado. Ainda assim, eu vivo, mas não mais eu, e sim o Cristo em mim." - Gálatas 2:20

"O Pai está gerando seu Filho incessantemente." - Mestre Eckhart (1260-1327)

"Como a Virgem eu devo ser, e gerar Deus em mim, para que um dia me seja concedida a felicidade divina." - Angelus Silesius (1624-1677)

"Vós nos fizestes para ti, Senhor, e o nosso coração está inquieto enquanto não descansa em Ti ". -Santo Agostinho (354-430)

"Deus é Espírito, e os que O adoram devem adorá-Lo em espírito e em verdade." - João 4:24

"Tu me dizes que aquele que não tem os sacramentos de Deus não pode ser salvo?

Eu te digo que aquele que tem a virtude dos sacramentos de Deus não pode perecer.

Qual é melhor, o sacramento ou a virtude do sacramento – a água ou a fé?

Se queres falar a verdade, responde 'a fé'." - Hugo de SãoVictor (c.1096 -1141)

"Qual é o fim principal do homem? O fim principal do homem é glorificar a Deus e gozá-lo para sempre." - Catecismo de Westminster

"O Reino de Deus está dentro de vós." - Lucas 17:21

Preghiera semplice

Ó Senhor, fazei de mim um instrumento de Tua paz:
Onde houver ódio, que eu leve o amor;
Onde houver ofensa, que eu leve o perdão;
Onde houver discórdia, que eu leve a união;
Onde houver dúvida, que eu leve a fé;
Onde houver erro, que eu leve a verdade;
Onde houver desespero, que eu leve a esperança;
Onde houver tristeza, que eu leve a alegria;
Onde houver trevas, que eu leve a luz.
Ó Mestre, fazei com que eu busque mais
Consolar que ser consolado;
compreender que ser compreendido;
amar que ser amado.
Pois é dando que se recebe ;
é perdoando que se é perdoado ;
e é morrendo que se vive para a vida eterna.

-São Francisco de Assis (1182-1226)

SÃO BERNARDO

RENÉ GUÉNON

Das grandes figuras da Idade Média, há poucas cujo estudo seja mais adequado do que a de São Bernardo se o objetivo é dissipar preconceitos caros à mentalidade moderna. O que de fato poderia ser mais desconcertante para esta mentalidade do que ver um puro contemplativo — alguém que sempre desejou ser um contemplativo e sempre quis continuar a sê-lo - ser chamado a jogar um papel dominante na condução dos negócios de Igreja e Estado, e muitas vezes triunfando onde toda a prudência de diplomatas profissionais e políticos havia fracassado? O que poderia haver de mais surpreendente, e mesmo mais paradoxal, segundo a maneira ordinária de julgar as coisas, do que um místico que não sente senão desdém por aquilo que ele chamou «as argúcias de Platão e sutilezas de Aristóteles" e, que não obstante triunfou sobre os mais sutis dialéticos de seu tempo? Toda a vida de São Bernardo parece destinada a mostrar, mediante um exemplo brilhante, que para resolver problemas de ordem intelectual e mesmo de ordem prática, há meios bem diferentes daqueles que nos acostumamos a considerar como os únicos eficazes, sem dúvida porque eles são os únicos ao alcance de um arbítrio puramente humano, arbítrio que nem sequer é sombra da autêntica sabedoria. Assim, a vida de São Bernardo pode ser vista como uma refutação antecipada dos erros, aparentemente opostos, mas de fato interdependentes, do racionalismo e do pragmatismo; ao mesmo tempo, para quem examina sua vida de forma imparcial, ela confunde e revira todas as ideias preconcebidas dos historiadores «científicos», que crêem, com Renan, que «a negação do sobrenatural é a própria essência do pensamento crítico», uma tese com a qual nós concordamos de bom grado, mas porque vemos nessa incompatibilidade o exato oposto do que os modernos vêem: ou seja, a condenação do próprio «pensamento crítico», não do sobrenatural. Que lições poderiam, de fato, ser mais proveitosas do que essas em nosso tempo?

*

Bernardo nasceu em 1090, em Fontaines-lès-Dijon; seus pais vinham da alta nobreza da Borgonha, e, se mencionamos este fato é porque nos parece que alguns aspectos de sua vida e de sua doutrina, sobre os quais falaremos em seguida, podem até certo ponto ser atribuídos a esta origem. Não queremos com isto apenas indicar que tal característica explique o ardor às vezes belicoso de seu zelo, ou a violência que ele muitas vezes pôs nas polêmicas nas quais foi engajado — algo completamente superficial, porque a bondade e a doçura eram sem dúvida a base de seu caráter. Aludiremos aqui sobretudo às suas relações com a instituição e o ideal da Cavalaria, aos quais se deve sempre dar grande importância se quisermos compreender os eventos e o próprio espírito da Idade Média.

Por volta dos vinte anos de idade, Bernardo decidiu retirar-se do mundo; rapidamente, ele conseguiu fazer com que sua visão fosse compartilhada por todos os seus irmãos, alguns de seus parentes e vários de seus amigos. Neste seu apostolado inicial, a sua força de persuasão foi tamanha que, a despeito de sua juventude, logo «ele se tornou, diz o seu biógrafo, o terror de mães e esposas; amigos temiam vê-lo abordar seus amigos». Há já aí algo de extraordinário, e certamente seria inadequado invocar o poder do «gênio», no sentido profano do termo, para explicar tal influência. Não seria mais verdadeiro reconhecer aí a ação da graça divina que, penetrando toda a pessoa do apóstolo e irradiando exteriormente por sua superabundância, se comunicava através dele como por um canal, se podemos usar tal símile, que no entanto são Bernardo mesmo mais tarde usará para falar da Santa Virgem, e que também se pode aplicar, com certos limites, a todos os santos?

É assim que, acompanhado por trinta jovens, Bernardo entrou, em 1112, no mosteiro de Cister, escolhido por ele pelo rigor com que lá era observada a regra, rigor que contrastava com o relaxamento encontrado em todos os outros ramos da Ordem Beneditina. Três anos mais tarde, seus superiores não hesitaram em lhe confiar, a despeito da inexperiência e da saúde inconstante, a direção de doze monges que iriam fundar uma nova abadia, a de Claraval, que ele em seguida governaria até sua morte, sempre resistindo às honras e dignidades tantas vezes oferecidas a ele ao longo da carreira. O renome de Claraval logo se difundiu e o desenvolvimento que essa abadia cedo adquiriu foi verdadeiramente prodigioso: quando seu fundador morreu, dizia-se que abrigava cerca de setecentos monges e tinha dado origem a mais de sessenta novos mosteiros.

*

O cuidado que Bernardo trouxe à administração de Claraval, ele mesmo supervisionando até os detalhes mais minuciosos da vida quotidiana, a parte que ele teve na direção da Ordem de Cister, como chefe de uma das suas primeiras abadias, a habilidade e o êxito de suas intervenções para suavizar dificuldades que frequentemente surgiam com ordens rivais, tudo isso bastaria já para provar que o que se designa por "senso prático" pode muito bem aliar-se, por vezes, a mais elevada espiritualidade. Havia aí mais do que suficiente para absorver toda a energia de um homem comum; no entanto, Bernardo em breve veria abrir-se diante de si outro campo de ação, bem contra a sua vontade, porque ele temia, mais do que qualquer outra coisa, ser obrigado a deixar seu claustro para se misturar com os negócios do mundo externo, do qual ele tinha almejado se isolar para sempre, para poder se entregar inteiramente à ascese e à contemplação, sem que qualquer coisa o distraísse da «única coisa necessária», segundo as palavras evangélicas. Mas nisto ele se tinha enganado redondamente; todas as «distrações», no sentido etimológico, às quais ele não pôde escapar e de que chegou a lamentar-se com certa amargura, não o impediram de atingir os cumes da vida mística. Isso é de fato extraordinário; não menos notável foi que, apesar de toda a sua humildade e de todos os esforços que fez para viver em reclusão, sua colaboração era solicitada em todos os assuntos importantes, e que, embora ele nada fosse aos olhos do mundo, todos, incluindo os mais altos dignitários civis e eclesiásticos, se inclinaram sempre espontaneamente diante de sua autoridade espiritual — se isso se deve à sua própria santidade ou à época em que viveu, é difícil dizer. Há de fato um contraste entre nossa própria época e aquela em que um simples monge podia, pela simples irradiação das suas eminentes virtudes, tornar-se de certo modo o centro da Europa e da Cristandade, o árbitro inconteste de todos os conflitos em que o interesse histórico estava em jogo, tanto na ordem política como na ordem religiosa, o juiz dos mestres mais reputados de filosofia e teologia, o restaurador da unidade da Igreja, o mediador entre o Papado e o Império, e ver, por fim, exércitos de centenas de milhares de homens reunirem-se por causa de sua pregação!

*

Bernardo tinha começado cedo a denunciar a vida de luxo de muitos membros do clero secular e mesmo de monges em algumas abadias; suas prédicas tinham provocado conversões contundentes, como a do ilustre abade de Saint-Denis, Suger, que, sem contudo usar o título de primeiro-ministro do rei de França, ocupava de fato essas funções. Foi essa conversão que tornou conhecido na corte o nome do abade de Claraval, lá considerado com um respeito misturado com temor, pois viam nele o adversário irredutível de abusos e injustiças; de fato, em breve o veriam intervir nos conflitos que tinham irrompido entre Luís, o Gordo, e vários bispos, que protestavam em voz alta contra as usurpações do poder civil sobre os direitos da Igreja. Na verdade, tratava-se ainda de questões meramente locais, de interesse somente deste mosteiro ou daquela diocese; mas, em 1130, eventos consideravelmente mais graves se sucederam, colocando em risco toda a Igreja dividida pelo cisma do anti-papa Anacleto II, e foi nessa ocasião que o renome de Bernardo se difundiu por toda a Cristandade.

Não é preciso retraçar aqui a história do cisma em todos os seus pormenores: os cardeais, divididos em duas facções rivais, tinham eleito sucessivamente Inocêncio II e Anacleto II; o primeiro, obrigado a fugir de Roma, nunca desesperou dos direitos de sua causa e apelou à Igreja universal. A França foi a primeira a responder; no concílio convocado pelo rei em Étampes, Bernardo apareceu, nas palavras de seu biógrafo, «como um autêntico enviado de Deus" no meio de senhores e bispos reunidos; todos seguiram seu conselho sobre a questão submetida ao seu exame e reconhecerem a validade da eleição de Inocêncio II. Este se achava então em solo francês, e foi na abadia de Cluny que Suger lhe anunciou a decisão do concílio ; Bernardo percorreu depois as principais dioceses e foi por toda a parte acolhido com entusiasmo; este movimento iria levar à adesão de quase toda a Cristandade. O abade de Claraval dirigiu-se então ao rei da Inglaterra e venceu prontamente suas hesitações; talvez tenha também tido uma parte pelo menos indireta no reconhecimento de Inocêncio II por parte do rei Lotário e do clero alemão. Foi à Aquitania, combater a influência do bispo Gérard d'Angoulême, partidário de Anacleto II; mas, somente no decorrer de uma segunda viagem a esta região, em 1135, é que conseguiu vencer o cisma, operando a conversão do conde de Poitiers. Neste ínterim, teve de ir à Itália, convocado por Inocêncio II, que para lá tinha regressado com o apoio de Lotário, mas que fora detido por dificuldades imprevistas, devidas à hostilidade de Pisa e Gênova; era necessário encontrar um entendimento entre as duas cidades rivais e fazê-las aceitá-lo; Bernardo foi encarregado dessa difícil missão e realizou-a com o mais extraordinário êxito. Inocêncio pôde finalmente entrar em Roma, mas Anacleto permaneceu entrincheirado em São Pedro, que foi impossível tomar; Lotário, coroado imperador em São João de Latrão, em breve se retirou com o seu exército; após sua partida, o anti-papa retomou a ofensiva e o pontífice legítimo teve que fugir novamente de Roma e refugiar-se em Pisa.

O abade de Claraval, recém regressado a seu claustro, recebeu consternado as novas; pouco depois, chegou até ele notícia da atividade de Rogério, rei da Sicília, para conquistar toda a Itália para a causa de Anacleto, ao mesmo tempo que para assegurar sua própria supremacia. Bernardo escreveu imediatamente aos habitantes de Pisa e de Gênova para encorajá-los a permanecerem fiéis a Inocêncio; mas essa fidelidade constituía fraco apoio e, para conquistar Roma, só da Alemanha é que se podia esperar socorro eficaz. Infelizmente, o Império estava sujeito a divisão e Lotário não podia voltar a Itália sem ter assegurado a paz no seu próprio país. Bernardo partiu para a Alemanha e trabalhou na reconciliação dos Hohenstaufens com o imperador; também nesse caso seus esforços foram coroados de êxito; consagrou o feliz desfecho na Dieta de Bamberg, depois do qual seguiu para o concílio que Inocêncio II tinha convocado em Pisa. Nessa ocasião, teve que censurar Luís o Gordo, que se tinha oposto à partida dos bispos do seu reino; a proibição foi levantada e os principais membros do clero francês puderam responder ao apelo do chefe da Igreja. Bernardo foi a alma do concílio ; no intervalo das sessões, conta um historiador dessa época, a sua porta era assediada por aqueles que tinham qualquer assunto grave a tratar, como se aquele humilde monge tivesse o poder de resolver por sua vontade todas as questões eclesiásticas. Enviado em seguida a Milão para fazer regressar essa cidade a Inocêncio II e a Lotário, viu-se aí aclamado pelo clero e pelos fiéis que, numa manifestação espontânea de entusiasmo, quiseram fazê-lo seu arcebispo; ele teve a maior dificuldade em subtrair-se a essa honra. Só aspirava regressar a seu mosteiro; e de fato para lá retornou, mas não por muito tempo.

No início de 1136, Bernardo foi mais uma vez obrigado a abandonar sua solidão para reunir-se na Itália, segundo o desejo do Papa, ao exército alemão, comandado pelo duque Henrique da Baviera, genro do imperador. Tinha havido um desentendimento entre este último e Inocêncio II: Henrique, pouco cioso dos direitos da Igreja, mostrava em todas as circunstâncias que só se preocupava com os interesses do Estado. Assim, o abade de Claraval teve muito que fazer para restabelecer a concórdia entre os dois poderes e conciliar as suas pretensões rivais, sobretudo na questão das investiduras, em que parece ter desempenhado constantemente o papel de moderador. Lotário, que tinha tomado o comando do exército, submeteu toda a Itália meridional; mas cometeu o erro de repelir as propostas de paz do rei da Sicília, que não tardou em vingar-se, pondo tudo a ferro e fogo. Bernardo, então, não hesitou em apresentar-se no campo de Rogério, que acolheu muito mal as suas palavras de paz, e a quem ele predisse uma derrota que efetivamente se produziu; depois, seguindo-o, juntou-se a ele em Salerno e esforçou-se por afastá-lo do cisma em que a ambição o tinha lançado. Rogério consentiu em ouvir os partidários de Inocêncio e de Anacleto, mas, sempre parecendo conduzir o inquérito com imparcialidade, procurava apenas ganhar tempo e recusou-se a tomar uma decisão; pelo menos, este debate teve como resultado levar à conversão um dos principais autores do cisma, o cardeal Pedro de Pisa, que Bernardo levou consigo até junto de Inocêncio II. Essa conversão causou um tremendo golpe na causa do anti-Papa; Bernardo soube aproveitar-se do ocorrido e, na própria cidade de Roma, graças às suas palavras ardentes e convictas, em poucos dias conseguiu afastar do partido de Anacleto a maior parte dos dissidentes. Isso ocorreu em 1137, perto da época das festas de Natal; um mês depois, Anacleto morria subitamente. Alguns dos cardeais mais comprometidos no cisma elegeram um novo anti-Papa, com o nome de Vítor IV. Mas, sua resistência não podia durar muito tempo e, no dia da oitava de Pentecostes, todos apresentaram a sua submissão; na semana seguinte, o abade de Claraval retomava o caminho de volta a seu mosteiro.

Este breve resumo é suficiente para termos uma ideia do que se poderia chamar de atividade política de São Bernardo, que, aliás, não parou aí: de 1140 a 1144 protestou contra a intromissão abusiva do rei Luís, o Novo, nas eleições episcopais; seguidamente, interveio num grave conflito entre este mesmo rei e o conde Thibault de Champagne; seria cansativo, contudo, estendermo-nos na citação desses acontecimentos. Em resumo, pode-se dizer que a conduta de Bernardo foi sempre determinada pelas mesmas intenções: defender o direito, combater a injustiça, e, talvez, acima de tudo, manter a unidade do mundo cristão.

Foi essa mesma preocupação constante de unidade que o animou na sua luta contra o cisma; foi ainda ela que o fez empreender, em 1145, uma viagem ao Languedoc para fazer voltar à Igreja os heréticos neo-maniqueus que começavam a espalhar-se por essa região. Parece que ele teve sempre presente no pensamento as palavras do Evangelho: «Que todos sejam um, como meu Pai e eu somos um».

Todavia, o abade de Claraval não tinha só que lutar no campo político, mas também no domínio intelectual, em que os seus triunfos não foram menos fulgurantes, visto que foram marcados pela condenação de dois eminentes adversários: Abelardo e Gilbert de Ia Porrée. Abelardo tinha a reputação de ser dos mais hábeis dialéticos, graças aos seus ensinamentos e aos seus escritos; chegava a abusar da dialética, porque, ao invés de ver o que ela é na realidade, ou seja, um meio para chegar ao conhecimento da verdade, encarava-a quase como um fim em si mesmo, o que resultava, naturalmente, numa espécie de verbalismo. Parece também que havia nele, seja no método, seja no próprio fundo dos ideais, uma procura de originalidade que o aproxima um pouco dos filósofos modernos; e, numa época em que o individualismo era quase desconhecido, este defeito não podia arriscar-se a passar por uma qualidade, como acontece em nossos dias. Assim, em breve, alguns se mostraram inquietos com estas novidades que tendiam a estabelecer uma verdadeira confusão entre o domínio da razão e o da fé; não que Abelardo fosse propriamente um racionalista, como por vezes se afirmou, porque não houve racionalistas antes de Descartes; mas não soube distinguir entre o que era do domínio da razão e o que lhe é superior, entre a filosofia profana e a sabedoria sagrada, entre o saber puramente humano e o conhecimento transcendente — e essa foi a raiz de todos os seus erros. Não ia ele ao ponto de sustentar que os filósofos e os dialéticos gozam habitualmente de uma inspiração que seria comparável à inspiração sobrenatural dos profetas?

Compreende-se facilmente que São Bernardo, quando teve sua atenção dirigida para tais teorias, tenha se erguido contra elas com vigor e mesmo com um certo arrebatamento, e também que tenha censurado amargamente ao seu autor ter ensinado que a fé não era mais do que uma simples opinião. A controvérsia entre estes dois homens tão diferentes, começada em encontros particularmente, teve em breve imenso eco nas escolas e mosteiros; Abelardo, confiando na sua habilidade para manejar o raciocínio, pediu ao arcebispo de Sens que reunisse um concílio, perante o qual ele se justificaria publicamente, porque pensava poder conduzir a discussão de tal modo que confundisse facilmente o seu adversário. Mas as coisas se passaram de outra maneira: o abade de Claraval concebia o concílio como um tribunal diante do qual o teólogo suspeito iria comparecer como acusado; numa sessão preparatória, apresentou as obras de Abelardo e as suas afirmações mais temerárias, de que provou a respectiva heterodoxia; no dia seguinte, já com o autor presente, e depois de ter enunciado essas afirmações, intimou-o a retratar-se ou a justificá-las. Abelardo, pressentindo logo uma condenação, não esperou o juízo do concílio e declarou imediatamente que apelaria para o tribunal de Roma; nem por isso o processo deixou de seguir o seu curso normal e, assim que a condenação foi anunciada, Bernardo escreveu a Inocêncio II e aos cardeais cartas de uma eloqüência urgente, de tal modo que, seis semanas mais tarde, a sentença era confirmada em Roma. Abelardo tinha apenas que se submeter; refugiou-se em Cluny, junto de Pedro o Venerável, que conseguiu marcar um encontro entre ele e o abade de Claraval, conseguindo reconciliá-los.

O Concílio de Sens ocorreu em 1140; em 1147, Bernardo conseguiu no concílio de Reims a condenação dos erros de Gilbert de la Porrée, bispo de Poitiers, acerca do mistério da Trindade; estes erros derivavam de que o seu autor aplicava a Deus a distinção entre essência e existência, a qual só é aplicável aos seres criados. Gilbert retratou-se sem dificuldades e foi simplesmente proibido de ler ou transcrever a sua obra antes de ela ser corrigida ; a sua autoridade, à parte os pontos particulares que estavam em causa, não foi atingida, e a sua doutrina, continuou a ter grande crédito nas escolas durante a Idade Média.

*

Dois anos antes deste último caso, o abade de Claraval tivera a alegria de ver subir ao trono pontifício um dos seus antigos monges, Bernardo de Pisa, que tomou o nome de Eugênio III, e que continuou sempre a manter com ele as mais afetuosas relações; e é o novo Papa que, logo no começo do seu reinado, o encarrega de pregar a Segunda Cruzada. Até aí, a Terra Santa não ocupava, pelo menos aparentemente, senão um lugar menor nas preocupações de São Bernardo; seria não obstante um erro julgar que ele era inteiramente estranho ao que lá se passava, e a prova está num fato acerca do qual normalmente se insiste muito menos do que conviria. Falamos de sua participação na constituição da Ordem do Templo, a primeira das Ordens militares pela data e pela importância, e que iria servir de modelo a todas as outras. Foi em 1128, cerca de dez anos após a sua fundação, que os Templários receberam a sua regra do concílio de Troyes, e foi Bernardo, em sua qualidade de secretário do concílio , o encarregado de a redigir, ou pelo menos de traçar suas linhas gerais, porque parece que somente mais tarde foi chamado a completá-la e que só terminou sua redação definitiva em 1131. Depois comentou essa regra no tratado «De laude novae militiae», em que expôs em magnífica eloquência a missão e o ideal da cavalaria cristã, que ele chamava a «milícia de Deus». Estas relações do abade de Claraval com a Ordem do Templo, que os historiadores modernos encaram como um episódio bastante secundário de sua vida, tinham certamente uma outra importância aos olhos dos homens da Idade Média, e nós mostramos já que elas constituem sem dúvida a razão pela qual Dante deveria escolher São Bernardo para o guiar nos últimos círculos do Paraíso.

*

Desde 1145, Luís VII tinha a intenção de ajudar os principados latinos do Oriente, ameaçados pelo emir de Alepo; mas a oposição de seus conselheiros tinha-o obrigado a adiar a sua realização, e a decisão definitiva tinha sido remetida para uma assembleia plenária, que deveria realizar-se em Vezelay, durante as festas da Páscoa do ano seguinte. Eugênio III, retido em Itália por uma revolução suscitada em Roma por Arnaldo de Bréscia, encarregou o abade de Claraval de substituí-lo nessa assembleia; Bernardo, depois de ler a bula que convidava a França a juntar-se à cruzada, pronunciou um discurso que foi, a julgar pelo efeito produzido, a maior ação oratória de sua vida: todos os assistentes se precipitaram a receber a cruz das suas mãos. Encorajado por este êxito, Bernardo percorreu as cidades e as províncias, pregando por toda a parte a cruzada com zelo infatigável;

onde não podia ir pessoalmente, enviava cartas não menos eloquentes do que seus discursos. Foi em seguida à Alemanha, onde a sua pregação teve os mesmos resultados que em França; o imperador Conrado, depois de resistir algum tempo, teve que ceder à sua influência e integrar-se na cruzada. Em meados de 1147, os exércitos francês e alemão puseram-se em marcha para essa grande expedição que, apesar da sua aparência formidável, acabaria por redundar num desastre. As causas deste fracasso foram múltiplas: as principais parecem ter sido a traição dos gregos e a falta de entendimento entre os diversos chefes da cruzada; mas alguns procuraram injustamente lançar a responsabilidade sobre o abade de Claraval. Este foi obrigado a escrever uma verdadeira apologia de sua própria conduta, que era ao mesmo tempo uma justificação da ação da Providência, mostrando que as desgraças ocorridas eram imputáveis apenas às faltas dos cristãos, e que, desse modo, «as promessas de Deus permaneciam intactas, porque elas não prescreviam contra os direitos de sua justiça»; essa apologia está contida no livro «De Consideratione», dirigido a Eugênio III, livro que é como o testamento de São Bernardo e que contém sua visão sobre os deveres do Papado. Aliás, nem todos se deixaram desencorajar, e Sugar concebeu, em breve, o projeto de uma nova cruzada, de que o abade de Claraval deveria ser o chefe; mas a morte do grande ministro de Luís VII suspendeu a execução do projeto. O próprio São Bernardo morreu pouco depois, em 1153, e as suas últimas cartas testemunham que ele se preocupou até ao fim com a libertação da Terra Santa.

Dado que o objetivo imediato da cruzada não tinha sido alcançado, poder-se-ia por isso concluir que a expedição tinha sido completamente inútil e que os esforços de São Bernardo tinham sido em vão? Não acreditamos nisso, apesar do que poderiam pensar os historiadores que se agarram apenas às aparências exteriores, porque havia nestes grandes momentos da Idade Média, que tinham simultaneamente caráter político e religioso, razões mais profundas, das quais uma, a única que queremos aqui indicar, era a de manter na Cristandade uma viva consciência da sua unidade. A Cristandade era idêntica à Civilização Ocidental, fundada então em bases essencialmente tradicionais, como toda a civilização normal, e que iria alcançar o seu apogeu no século XIII; a perda deste caráter tradicional devia necessariamente seguir-se à ruptura da própria unidade da Cristandade. Essa ruptura, que foi efetuada no domínio religioso pela Reforma, ocorreu no domínio político pela instauração das nacionalidades, precedida pela destruição do regime feudal; e, pode-se dizer, segundo este último ponto de vista, que aquele que desferiu os primeiros golpes no grandioso edifício da Cristandade medieval foi Filipe, o Belo, o mesmo que, por uma coincidência que não tem certamente nada de fortuito, destruiu a Ordem do Templo, atacando por aí, diretamente, a própria obra de São Bernardo.

*

Ao longo de todas as suas viagens, São Bernardo apoiou constantemente a sua pregação com numerosas curas milagrosas, que eram para as multidões como que sinais visíveis de sua missão; estes fatos foram contados por testemunhas oculares, mas ele referiu-se muito pouco a eles e contra vontade. Talvez essa reserva lhe fosse imposta pela sua extrema modéstia; mas também certamente atribuía a esses milagres apenas uma importância secundária, considerando-os somente como uma concessão feita pela misericórdia divina à fraqueza da fé na maior parte dos homens, de acordo com as palavras de Cristo: «Felizes aqueles que crêem sem terem visto». Essa atitude estaria de acordo com o desdém que ele manifestava, em geral, por todos os meios exteriores e sensíveis, tais como a pompa das cerimônias e a ornamentação das igrejas; foi mesmo possível censurarem-no, com alguma aparência de verdade, por ter manifestado desprezo pela arte religiosa. Os que formulam esta crítica esquecem, contudo, uma distinção necessária, a que ele próprio estabeleceu entre o que chama arquitetura episcopal e arquitetura monástica: só esta última deve ter a austeridade que ele preconiza; somente aos religiosos e aos que seguem o caminho da perfeição ele proíbe o «culto dos ídolos», ou seja, das formas, acerca das quais, pelo contrário, ele proclama a sua utilidade como meio de educação para os simples e os imperfeitos. Se ele protestou contra os abusos das figuras desprovidas de significado e tendo apenas valor ornamental, não podia querer, como falsamente se afirmou, abolir o simbolismo da arte arquitetural, quando ele próprio o utilizava frequentemente nos seus sermões.

*

A doutrina de São Bernardo é essencialmente mística: queremos dizer com isso que ele encara as coisas divinas sobretudo sob o aspecto do amor, o que seria, aliás, errado interpretar aqui num sentido simplesmente afetivo, como o fazem os modernos psicólogos. Como muitos grandes místicos, ele foi especialmente atraído pelo «Cântico dos Cânticos" de Salomão, que comentou em numerosos sermões, formando uma série que prosseguiu através de quase toda a sua carreira; e este comentário, que ficou por terminar, descreve todos os graus do amor divino até à paz suprema que a alma alcança no êxtase. O estado de êxtase, tal como ele o compreende e certamente alcançou, é uma espécie de morte para as coisas deste mundo; com as imagens sensíveis, todo o sentimento natural desaparece, tudo é puro e espiritual na alma como no seu amor. Esta mística devia naturalmente refletir-se nos tratados dogmáticos de São Bernardo; o título de um dos principais, «De diligendo Deo», mostra efetivamente o lugar aí ocupado pelo amor; mas seria errado acreditar que isso aconteça em detrimento da verdadeira intelectualidade. Se o abade de Claraval quis sempre manter-se à parte das vãs sutilezas dos acadêmicos, é porque não tinha qualquer necessidade dos laboriosos artifícios da dialética; resolvia de um só golpe as questões mais árduas, nunca procedendo segundo uma longa série de operações discursivas; aquilo que os filósofos se esforçam em alcançar através de uma rota sinuosa, e como que tateando, ele atingia-o imediatamente pela intuição intelectual, sem a qual nenhuma metafísica real é possível, e fora da qual só se pode colher uma sombra da verdade.

*

Finalmente, devemos chamar a atenção para uma característica preponderante de São Bernardo, ou seja, o lugar central ocupado em sua vida e suas obras pelo culto da Santa Virgem e que deu lugar a um florescimento de lendas que são talvez o seu traço mais popular. Ele gostava de dar a Virgem o título de "Nossa Senhora", tendo-se esse uso generalizado desde então, e sem dúvida em grande parte graças à sua influência; é que ele era, como se disse, um verdadeiro «cavaleiro de Maria" e via-a realmente como a sua «dama" no sentido cavalheiresco desta palavra. Se se aproximar este fato do papel que desempenha o amor na sua doutrina, e que desempenhava também, sob formas mais ou menos simbólicas, nas concepções próprias das Ordens de Cavalaria, compreender-se-á facilmente a razão pela qual tivemos o cuidado de mencionar as suas origens familiares. Mesmo depois de se fazer monge, ele continuou a ser cavaleiro, como eram todos os de sua classe; e por isso mesmo se pode dizer que ele estava de certo modo predestinado a desempenhar, como o fez em tantas circunstâncias, o papel de intermediário, de conciliador e de árbitro entre o poder religioso e o poder político, porque havia na sua pessoa como que uma participação na natureza de um e de outro. Monge e cavaleiro, simultaneamente, estas duas características eram as dos membros da «milícia de Deus" da Ordem do Templo; eram também, antes de tudo, as do autor de sua regra, do grande santo que foi chamado o último dos Padres da Igreja, e em quem alguns querem ver, não sem razão, o protótipo de Galaaz, o cavaleiro ideal e sem mancha, o herói vitorioso da «demanda do Santo Graal».

CARACTERÍSTICAS DA MÍSTICA VOLUNTARISTA

Frithjof Schuon

A mística voluntarista é uma via de amor caracterizada pelo fato de que nenhum elemento intelectual intervém de maneira ativa em seu método – contrariamente ao que acontece na *bhakti* hindu. Por essa razão, as qualificações que a mística voluntarista exige são quase exclusivamente morais: ela exige no máximo uma predisposição geral que se tornará, junto com os fatores morais e em contato com a graça, uma "vocação". Esta mística vive de símbolos dogmáticos e conceitos teológicos, mas não de intelecções: ela está totalmente centrada no amor – a vontade com concomitâncias emotivas – e não na gnose. Em certo sentido, a mística voluntarista é "negativa", pois seu método – à parte as graças sacramentais – consiste sobretudo na negação dos apetites naturais, de onde o culto do sofrimento, a importância das provações e das consolações; a atividade é puramente moral e ascética, como bem o mostra a seguinte opinião de São João da Cruz:

> "Por sua natureza, nossa mente está limitada à ciência natural; Deus a dotou, no entanto, de um poder de obediência diante do sobrenatural, a fim de que ela possa obedecer quando agrada a Nosso Senhor fazê-la agir sobrenaturalmente. Propriamente falando, nenhum conhecimento é acessível à mente senão por via natural; todos devem, portanto, passar necessariamente pelos sentidos" (*A Subida do Carmelo*, I, 2). "

Isso é a negação do intelecto, a redução da inteligência à razão somente. Em tal perspectiva, não há nenhum lugar para o intelectivo; não há nenhuma via para ele. A consequência é que ele é condenado a se ocupar com a filosofia; ele não pode seguir a via do amor – a única que lhe é oferecida – senão à margem, dada sua necessidade de explicações e o caráter de sua aspiração; sua vocação particular cai, por assim dizer, no vazio.

Uma característica particularmente marcante da mística voluntarista é a humildade sentimental, que aparece como um fim em si e exclui todo concurso da inteligência. A humildade como tal é certamente, em toda parte, uma condição da espiritualidade; mas não é senão na mística "passional" que ela se situa no plano da sentimentalidade, o que prova que os grupos humanos aos quais ela se dirige têm uma tendência fundamental a essa espécie de obsessão com o "eu" que é o individualismo; essa obsessão ou esse "orgulho" influi na inteligência, de onde a propensão ao pensamento prometeico, ao racionalismo, à aventura filosófica, à divinização da arte passional, ao egocentrismo sob todas as suas formas. Nos grupos humanos cuja mentalidade não é centrada no indivíduo e no ponto de vista individual, a ascese não poderia acentuar a humilhação sistemática e cega, e contrária à natureza das coisas bem como à inteligência. Se repartirmos os homens em dois grupos, os contemplativos e aqueles cuja vocação natural está na ação, diremos que os primeiros são muito menos obcecados pelo ego que os segundos, e mesmo que o elemento passional tem neles algo de quase impessoal, no sentido de que sua paixão é muito mais a paixão em si que a paixão de determinado "eu" ; ela não invade o domínio de sua inteligência, e tanto menos quanto esta última determina a paixão, e não inversamente. O que talvez mais distinga o metafísico-nato do homem comum é que, no primeiro, a paixão se detém onde começa a inteligência, enquanto no homem comum a inteligência não se opõe por si mesma ao elemento passional, do qual, inclusive, ela de bom grado se torna o veículo. É importante saber, de resto, que a mística anti-intelectual não é um fenômeno exclusivamente cristão; ela se encontra também nas duas outras religiões monoteístas, e mesmo, acessoriamente, no bhaktismo da Índia.

*

A humildade sentimental busca o orgulho porque tem necessidade dele, e ela teme toda perspectiva que transcende a alternativa moral da qual ela vive, o que explica o sacrifício da inteligência em nome da virtude. Santa Teresa D'Ávila, cuja inteligência era viva, não tinha nenhuma dificuldade em reconhecer os perigos desta posição, mas ela não lhe trouxe nenhum remédio decisivo, dado o caráter empírico de seu próprio ponto de vista. Ela não quer que permaneçamos "mergulhados na consideração de nossa miséria", e estima que "jamais o curso de nossas obras sairá limpo e puro da lama de temores, da pusilanimidade, da covardia e de mil pensamentos perturbadores, tais como estes: Não estão com os olhos postos em mim? Seguindo por este caminho, não vou me perder? Não é presunção ousar empreender esta boa obra? Não é orgulho, não é ainda pior uma criatura como eu se ocupar de um assunto tão elevado como a oração? Não farão de mim uma opinião demasiadamente favorável se eu abandono o caminho comum e usual? Não é preciso evitar todo excesso, mesmo na virtude? Pecadora como sou, querer me elevar não é me expor a cair de mais alto?

Talvez eu pare no meio do caminho; não serei para algumas boas almas um motivo de escândalo? Enfim, sendo o que eu sou, é conveniente para mim pretender qualquer coisa? Oh, minhas filhas, quantas almas deve haver a quem o demônio causa grandes perdas por esse tipo de pensamentos! Elas tomam por humildade o que acabo de dizer, e muitas outras coisas semelhantes... É por isso que digo, minhas filhas, que, se queremos aprender a verdadeira humildade, devemos deter nossos olhos sobre Jesus Cristo, o sumo bem de nossas almas, e sobre os santos" (*O Castelo Interior*, I, 2). Ora, se tais escrúpulos – que são propriamente tolices – são moeda corrente, é que a própria concepção de humildade tornou-se superficial; só um sentimentalismo individualista pode suscitar tais afetações no plano espiritual, e o verdadeiro remédio seria purificar a ideia de humildade remetendo-a a seu sentido profundo, que implica antes de tudo um saudável conhecimento da natureza das coisas. Se a humildade está sujeita a tantas contorções da mente, e se o demônio dispõe de tantas portas para poder deslizar para dentro dela e assumir as aparências da virtude, a razão disso está evidentemente na corrupção sentimental e individualista da própria humildade; numa palavra, todo esse caos de dificuldades em suma artificiais, de sutilezas psicológicas quase inextricáveis, se deve à abolição – "orgulhosa", à sua maneira – da inteligência. O homem não "sabe" mais que, metafisicamente, ele não é nada; ele deve, portanto, sempre relembrar-se, com muitos esforços e suspiros, que é baixo, indigno e ingrato, o que ele tem dificuldade de acreditar em seu foro íntimo. As pessoas não se dão conta de que o demônio não está somente no que se costuma chamar de "mal", mas também, embora de maneira indireta, no insípido exagero com o qual se cerca o "bem", como que para torná-lo sufocante e inverossímil; de onde um jogo de pêndulo entre um mal considerado como absoluto e dotado de contornos arbitrários, e um "bem" separado da verdade e comprometido pela ininteligência do sentimentalismo que o acompanha. Seja como for, esse jogo de pêndulo entre um "mal" tornado positivo e um "bem" tornado inverossímil e quase inacessível não pode desgostar ao demônio, pois ele tem todo o interesse em contribuir para uma alternativa quase insolúvel que açambarca o espírito, e para um exagero que, no fundo, é injurioso a Deus.[260]

Na mesma ordem de ideias, a caça aos pecados denota uma perspectiva muito exterior, pois, se o homem é pecador, não é desta maneira superficial e quantitativa que ele poderá libertar-se de sua natureza. A atitude sadia, neste plano, reduz-se a isto: fazer o que é prescrito, abster-se do que é proibido, esforçar-se nas três virtudes fundamentais das quais derivam todas as outras, a saber, a humildade, a caridade e a veracidade; sobre esta base, o espírito pode se concentrar em Deus, que, por sua vez, encarregar-se-á de transformar nossa virtude puramente simbólica em uma virtude efetiva e sobrenatural; pois o bem não pode vir senão Dele. Toda atitude diferente é contraditória e malsã; a exageração do pecado não se dá sem individualismo; caçar o pecado por toda parte e sempre é cultivá-lo, enquanto o objetivo da espiritualidade é superar o humano, não amplificá-lo. "Sede perfeitos como vosso Pai no Céu é perfeito", disse o Cristo; ora, a perfeição de Deus é bem-aventurada, de modo que a do homem também deve ter um aspecto de serenidade e de paz, algo que a contemplação da verdade confere. É verdade que o homem é a vontade livre; mas a liberdade vem da inteligência, e é esta que caracteriza o homem em primeiro lugar.

*

A doutrina de São João da Cruz é a do vazio ou da obscuridade segundo a fé, a esperança e a caridade: vazio do entendimento, da memória e da vontade. Esta concepção da esperança e da caridade é universal, mas não a da fé: pois aqui o vazio deveria ser, não a negação da inteligência pura, mas a negação do mental, do pensamento formal; em outros termos, em vez de o entendimento extinguir-se diante do dogma, é o mental que deve se extinguir, não diante do dogma, mas diante da intelecção pura, da visão intelectiva direta e supra-formal. Isso é evidente, pois, se o amor é o vazio da vontade e a esperança é o vazio da memória, a fé será logicamente o vazio de uma faculdade situando-se no mesmo nível, a saber, a mente, a razão; a fé não pode ser o vazio de uma faculdade incomparavelmente mais eminente – porque superando o indivíduo – do que a vontade e a memória, e sobretudo ela não pode sacrificar o mais pelo menos, sem o que poder-se-ia exigir também o "vazio da virtude" esvaziando-a de seus conteúdos.

Quando São João da Cruz diz que "a alma não se une a Deus neste mundo nem compreendendo, nem desfrutando, nem imaginando", seria necessário poder compreender, no que diz respeito à primeira das três faculdades: nem pensando; e quando é dito que "a Fé despoja o entendimento e por sua noite o impede de compreender", gostar-se-ia de ler: ela o impede de raciocinar. Não se pode colocar a inteligência pura – que é "algo de Deus" – no mesmo plano das faculdades estritamente individuais.

Se São Paulo diz que "a Fé é a substância das coisas que se espera, uma convicção daquelas coisas que não se vê", isto não significa em si – mas pode significar inclusivamente e acidentalmente – o que entende o Doutor espanhol: "Ainda que a razão adira absolutamente a essas coisas com firmeza, elas não se descobrem à inteligência, pois, se elas se descobrissem, a Fé não existiria." O conhecimento teórico mais perfeito não poderia abolir a ignorância existencial; a prova disso é que não basta ter este conhecimento para se comportar como se víssemos a Deus; por outro lado, o conhecimento metafísico é a chave certa para a realização da Verdade; a intelecção, por si só, já tem o poder de purificar o coração, de modo que muitas complicações mais ou menos arriscadas de uma ascese individualista se tornam supérfluas. A diferença entre a fé como crença e a fé como gnose consiste em que a escuridão da fé, no crente comum, está na inteligência, enquanto no metafísico ela está na vontade, na participação do ser: a sede da fé é então o coração, não a mente, e a escuridão vem de nosso estado de individuação, não de uma ininteligência congênita. A fé do sábio – do "gnóstico", se se quiser – tem dois véus: o corpo e o *ego*; eles velam, não o intelecto, mas a consciência ontológica. A sabedoria, contudo, comporta graus.

Seria totalmente ilógico ou desproporcional se perguntar como as limitações do individualismo místico se conciliam com a santidade e os sinais mais evidentes da graça divina, êxtases, levitações e outros, pois o gênio religioso e a heroicidade das virtudes fornecem uma explicação suficiente para o milagre da santidade e para os milagres dos santos. A envergadura da inteligência é uma questão completamente diferente: é bastante evidente que não se poderia afirmar, do ponto de vista católico, como de qualquer outro ponto de vista tradicional, que a heroicidade das virtudes e os milagres bastam para provar o valor universal de uma doutrina, sem o que o Catolicismo, por exemplo, deveria aceitar, não somente a teologia palamita, por causa de um São Serafim de Sarow, mas também as doutrinas asiáticas, por causa da santidade incontestável de alguns de seus representantes; não se pode portanto acenar, como critério de valor ou de perfeição intelectual das doutrinas de São João da Cruz e de Santa Teresa, com a santidade de seus autores, ainda que essa santidade seja uma garantia de ortodoxia intrínseca, e mesmo mais do que isso.

Isso quer dizer que todas as vias espirituais tendem para a União; é normal, por consequência, que a santidade em si possa comportar "estados" e "estações" que superam a eventual estreiteza de seu ponto de partida ou de sua forma inicial; se o objetivo é a União[261], esta deve poder se anunciar ao longo do caminho. Citemos a este respeito Santa Teresa D'Ávila: "O que distingue esta morada é, como disse, a ausência quase contínua de secura; nela, a alma está isenta das perturbações interiores que ela experimentava de tempos em tempos em todas as outras moradas, e ela goza quase sempre da mais pura tranquilidade. Longe de temer que o demônio possa contrafazer uma graça tão sublime, ela permanece segura de que seu autor é Deus; em primeiro lugar, como foi dito, porque os sentidos e as forças não têm nela nenhum papel, e depois porque Nosso Senhor, descobrindo-se para ela, colocou-a consigo num lugar onde, a meu ver, o demônio não ousaria se introduzir, e onde o supremo Mestre proíbe-lhe, aliás, a entrada... Nesse lugar, Nosso Senhor favorece a alma e a esclarece no meio de uma paz tão profunda e de um tão grande silêncio, que isso me lembra da construção do templo de Salomão, onde não se devia ouvir nenhum ruído."

SÁBIOS E SANTOS DE NOSSA ÉPOCA À LUZ DA FILOSOFIA PERENE

Mateus Soares de Azevedo

Vamos sondar aqui as mensagens de alguns dos principais guias de almas dos tempos modernos. Para tanto, referência será feita a ilustres representantes das grandes tradições espirituais do Oriente e do Ocidente; ao mesmo tempo, abordaremos a surpreendente convergência subjacente, ou "esotérica", de seus legados. Cada um dos sábios e santos aqui apresentados traz o aporte do patrimônio de sua tradição de origem, enquanto a Filosofia Perene revela a unidade subjacente, que transcende as fronteiras entre formas dogmáticas e morais diferentes.

Ao afirmar esta convergência entre tradições com distintas teologias e diferentes ritos e costumes, recorreremos a uma sabedoria que, além de atemporal, é também universal, pois abrange o depósito sapiencial de diversas civilizações. A Filosofia Perene sustenta que, por trás da inesgotável variedade das manifestações do sagrado, há o Sagrado em si; ou seja, há na raiz das várias tradições o que se chamou de "Religião Perene", que é "a mãe" de todas as religiões, para usar uma expressão que ficou célebre no Ocidente em anos recentes. Esta "Religião Perene" contém as sementes, por assim dizer, espirituais e metafísicas de tudo aquilo que as tradições históricas manifestam para os povos e épocas aos quais cada uma delas está destinada. É, portanto, com a ajuda da filosofia perene que vamos mostrar a convergência de essência entre ensinamentos e práticas que têm sua origem em universos religiosos formalmente distintos. Frithjof Schuon definiu esta *Religio Perennis* como "a essência de toda forma de culto, de toda forma de oração e de todo sistema de moralidade". Ela é, assim, a quintessência de todas as religiões tradicionais –sem esquecer, inversamente, que são estas últimas as únicas que proporcionam o acesso a esta *Religio Perennis*.

Entre os mestres dos tempos modernos que melhor expuseram e viveram esta sabedoria unânime figuram Frithjof Schuon (1907-1998) e Sri Ramana Mahârshi (1879 - 1950). O raio de ação privilegiado, mas não exclusivo, da mensagem de Schuon tem sido o Ocidente contemporâneo, e o do Mahârshi, parte relevante do Oriente, isto é, a Índia. Ambos expõem uma mensagem "universalista", o que significa que eles ensinaram, explicitamente no caso de Schuon, a "unidade transcendente das religiões". Ambos atraíram admiradores de variados horizontes espirituais, transcendendo largamente os limites de sua própria religião. Ambos, finalmente, enfatizaram mais o "cerne" do que a "casca" das religiões, mais o seu lado interior e universal do que as particularidades étnicas ou culturais, estando mais interessados no "miolo" esotérico do que na "concha" exotérica. A este respeito, vale citar um ensinamento que ficou famoso pela boca de Mestre Eckhart, "se você quer a gema, tem de quebrar a casca".

*

Ao escolher Frithjof Schuon, que foi um filósofo no sentido original do termo grego, isto é, um "amigo da sabedoria", e o *jnanin* hindu Ramana Mahârshi como principais objetos de nosso estudo, não esquecemos a imensa importância do metafísico francês René Guénon (1886-1951). Ele foi o precursor daquilo que mais tarde veio a ser conhecido como a "Escola tradicionalista", ou "perenialista". Guénon foi o pioneiro deste fenômeno único e sem precedentes de influxo metafísico, em uma época quase completamente impermeável à verdadeira intelectualidade.

Metafísico, esoterista e crítico social da modernidade, René Guénon nasceu em Blois, França, em 1886, e faleceu no Cairo, Egito, em 1951.Sua vasta e influente obra inclui diversas vertentes; a primeira é a da exposição da metafísica tradicional, como encontrada em Platão e também na sabedoria indiana, como exposta no Vedânta e na obra de Shânkara. A segunda vertente é a da crítica aguda, brilhante, diríamos mesmo "implacável", das contradições da *Weltanchauung* moderna: para Guénon, o Ocidente contemporâneo vive em profunda e perpétua crise de valores e de sentido porque se separou de suas raízes espirituais e esqueceu as dimensões mais profundas da existência. A terceira vertente é a da explicação do simbolismo tradicional das diversas civilizações, em cujo trabalho Guénon se mostrou imbatível. A clareza, a profundidade e a pureza da mensagem de Guénon contrastam com a abordagem confusa e sincretista do neo-espiritualismo contemporâneo. Por outro lado, mesmo afirmando o valor insubstituível das espiritualidades tradicionais, ele foi um crítico severo do exclusivismo religioso e de todo fundamentalismo e fanatismo.

*

Depois de Guénon e prosseguindo na jornada de exposição das luzes espirituais de nosso tempo, focaremos agora, no território do Cristianismo ocidental, dois descendentes espirituais do grande São Francisco de Assis. Falamos do Padre Pio de Pietrelcina e de irmã Consolata Betrone, ambos capuchinhos italianos.

Irmã Consolata Betrone (1903-1946) recebeu ensinamentos interiores do próprio Cristo acerca da oração jaculatória e da invocação dos Nomes Divinos — método este que a Filosofia Perene considera a quintessência de toda espiritualidade e como o mais apropriado para as condições do momento cíclico atual, por várias razões (abordadas a seguir).

A mensagem de Irmã Consolata é significativa para o Cristianismo contemporâneo porque traz uma contribuição central: ela vincula a via de "infância espiritual" e de total confiança de Santa Terezinha de Lisieux com a via invocatória. Neste sentido, irmã Consolata pode ser considerada uma sucessora de Santa Terezinha.

Ela nasceu em 6 de abril de 1903 no Piemonte, noroeste da Itália, e passou boa parte de sua curta existência (43 anos) no mosteiro franciscano de Moncalieri, próximo de Turim. Segundo seu confessor, o padre Lorenzo Sales, ela recebeu interiormente ensinamentos do Cristo, que lhe revelou a fórmula invocatória que é a chave para a salvação em sua perspectiva. A brevíssima prece era praticada interiormente durante o dia todo, em meio às suas tarefas, mesmo prosaicas, no convento - a oração se tornou como uma segunda natureza para a irmã Consolata.

Padre Pio (1887-1968), o estigmatista, ensinou e praticou a invocação do Nome Divino no Cristianismo e foi diretor espiritual de milhares de almas. Já em vida, era venerado pelos fiéis por sua aura de santidade, carisma pessoal, milagres como bilocação, cura de enfermos, adivinhação de eventos futuros, conhecimento do caráter de uma pessoa por mero relance. Foi neste sentido que Schuon escreveu, em carta a um correspondente italiano dos anos 1950, Guido di Giorgio, que Padre Pio era "une protection, sinon bien plus" (uma proteção, se é que não bem mais que isso) para o mundo cristão.

Como Consolata Betrone, o Padre Pio também praticava a invocação e, de fato, expirou em odor de santidade invocando os Santos Nomes. Multidões acorriam ao convento franciscano em San Giovani Rotondo, no sudeste italiano, para se confessar com aquele que era conhecido como alguém que olhava "através" da pessoa e sondava suas intenções mais profundas.

*

Um papa também tem lugar nesta síntese. Falamos de Pio XII (Pontífice entre 1939 e 1958), incluído aqui não apenas em razão de sua excelência, mas, particularmente devido às calúnias que sua memória tem sofrido. Quando estava vivo e, portanto, podendo responder tais críticas, elas estranhamente não se manifestaram. Como derradeiro pontífice tradicional, sua memória tem sido atacada por oportunistas e mentirosos que se valem de falsas alegações de que teria sido indiferente ao destino dos judeus europeus durante a II Grande Guerra. A verdade é que, diferentemente de muitos dos líderes políticos do período, como Getúlio Vargas, no Brasil, Domingo Perón, na Argentina, e mesmo Franklin D. Roosevelt, nos Estados Unidos, que pouco fizeram, Pio XII agiu claramente em sua defesa durante o conflito.

Quando o antissemitismo racista grassava solto na Europa, foi Pio XII quem ousadamente declarou: "Somos todos semitas!" Aqui, o papa tinha em mente a tradição monoteísta abraâmica que é comum a cristãos, muçulmanos e judeus. O pontífice se referiu também ao fato de que, se por um critério meramente racial ou étnico os europeus e seus descendentes não são semitas, eles de certa maneira se tornaram "espiritualmente semitas" por sua adesão ao Cristianismo.

É importante lembrar que, em 1942, sob o patrocínio do Pontífice romano, milhares de judeus foram abrigados em mosteiros, escolas e conventos católicos. A própria cidade do Vaticano acolheu muitos deles e Castelgandolfo, a residência de verão dos papas, recebeu então mais de 15 mil refugiados hebreus. Em 1944, Pio XII mandou colocar o brasão papal na entrada da principal sinagoga de Roma, antes que a cidade fosse tomada pelas tropas nazistas; isso com o intuito de proteger seus objetos sacros de profanação.

Fato pouco divulgado, mas que fornece uma boa ideia do que de fato ocorreu foi o seguinte. Em 1946, logo após o fim da Segunda Guerra, ninguém menos que o grão-rabino de Roma, Israel Zolli, converteu-se ao Catolicismo, com toda a sua família. Uma das razões que deu para esta espetacular mudança de religião foi precisamente a defesa que Pio XII fez de seu povo. Em suas memórias, o ex-rabino Zolli dedica um capítulo a Pio XII, e escreve: "O Santo Padre escreveu à mão uma carta aos bispos, instruindo-os a abrir a clausura de conventos e mosteiros para, assim, se tornarem refúgios para os judeus. Eu soube de um convento em que as irmãs dormiram no porão e deram as camas para os refugiados." Ademais, o rabino escolheu como seu nome cristão "Eugênio", o nome de batismo de Pio XII.

Curiosamente, a lenda do "papa nazista" começou a tomar forma muitos anos depois do fim da guerra – até então, a ação de Pio XII era elogiada unanimemente, inclusive por organizações judaicas. Até que, em 1963, a percepção das coisas começou a mudar com o lançamento, em Berlim, do espetáculo teatral *Der Stellvertreter, Ein christliches Trauerspiel* ("O vigário, uma tragédia cristã"), de autoria de um ex-líder da juventude nazista, Rolf Hochhuth. Baseada em documentos forjados, o papa nela é retratado como um homem frio que odiava os judeus. Contudo, uma obra recente, "*O Mito do Papa de Hitler: como Pio XII salvou os judeus dos nazistas*", de autoria de outro rabino, David Dalin, desfaz a lenda acerca do suposto "papa hitlerista", sobretudo no que diz respeito às ações de Pio XII em defesa dos judeus europeus. [262]

Tais informações constituem prova suficiente de que as acusações contra Pio XII não têm base sólida e que, pelo contrário, só se mantêm por conta de motivações ideológicas. Ao mesmo tempo, ao atacar o legado do pontífice, ataca-se a religião tradicional que, após sua morte, em 1958, passou a ser severamente fustigada pelo modernismo católico. Mas concluamos este tópico com mais algumas breves informações. Dois anos antes de se tornar papa, em 1937, quando ainda era o cardeal Eugênio Pacelli e secretário de Estado do Vaticano, ele colaborou com o papa anterior, Pio XI, na elaboração da famosa encíclica *Mit brennender Sorge* ("Com grande preocupação"), que condenou em termos enérgicos a ideologia racista nazista.

Contudo, como alguns críticos alegam que a encíclica não foi forte o bastante, devemos lembrar que, até praticamente o final da guerra, nem mesmo organizações judaicas conheciam a plena extensão das atrocidades. E, no caso de Pio XII, ele foi às vezes obrigado a moderar o tom de suas intervenções ou mesmo a manter um prudente silêncio para não agravar a já perigosa e cruel situação.

Alguns acreditam que a origem principal desses ataques a Pio XII, disfarçados evidentemente, vêm dos "revolucionários" que tomaram controle do Vaticano desde a época de João XXIII e Paulo VI, quando se estabeleceu, por assim dizer, uma "nova "igreja e uma "nova" religião, a religião do "Homem" e do "Mundo", em oposição à religião tradicional. A despeito de alguns atos e palavras, muitas vezes ambíguos, é indisputável que tal controle tem sido mantido tanto por Bento XVI como por Francisco I. [263]

*

Cruzemos agora a fronteira rumo ao mundo do Islã. Uma de suas maiores figuras nos tempos modernos foi o cheique magrebino Ahmed Al-Alawi (1869—1934). Sua aura de santidade já era tamanha, no início do século XX, que sua tarica (confraria espiritual) contava com cerca de duzentos mil adeptos, espalhados por todo *dar el Islam* ("a morada do Islã", i.e., o mundo muçulmano). Isto significa que, além de influência espiritual, a presença e as ideias de Al-Alawi tinham também uma irradiação social e mesmo política — que contraste com o legado de líderes pseudo-islâmicos, como Saddam Hussein ou Muamar Gaddafi, que, apesar de terem sido secularistas anti-religiosos, exploraram de forma desavergonhada o Islã para seus fins políticos e interesses pessoais.

O cheique Al-Alawi é relevante para nosso estudo por conciliar maestria da mística sapiencial, ou gnose, e também do método espiritual da "Lembrança de Deus". Frithjof Schuon travou contato pessoal com ele na *zawia* (capela sufi) de Mostaganem, na Argélia, onde o cheique vivia e ensinava. Schuon escreveu o seguinte sobre ele:

> "A ideia que é a essência secreta de cada forma religiosa, que torna cada qual o que é pela ação de sua presença interior, é demasiado sutil e profunda para ser personificada com igual intensidade por todos aqueles que respiram sua atmosfera. É, portanto, uma grande felicidade entrar em contato com um autêntico representante espiritual de uma dessas formas, alguém que representa em si mesmo, e não meramente porque ele pertence a tal civilização, a ideia que, por séculos, tem sido seu sangue vital.
>
> Encontrar-se com alguém assim é como ficar face a face, em pleno mundo moderno, com um santo medieval ou um patriarca semita, e esta foi a impressão que me causou o cheique Al-Hajj Ahmad al-Alawi, um dos grandes mestres do Sufismo.... Em sua jelaba marrom e turbante branco, com sua barba prateada e mãos longas que pareciam, quando ele as movia, prostrar-se sob o fluxo de sua baraca [irradiação espiritual], ele exalava algo do ambiente puro e arcaico do Profeta Abraão... seus olhos, como duas lâmpadas sepulcrais, pareciam penetrar todos os objetos, vendo em sua casca externa apenas o mesmo nada, além do qual viam sempre a mesma realidade – o Infinito. Seu olhar era bem direto, quase duro em sua enigmática firmeza, mas ainda assim pleno de caridade... A cadência do canto, das danças e das invocações rituais parecia continuar vibrando nele perpetuamente; sua cabeça às vezes balançava de forma ritmada enquanto sua alma submergia nos mistérios insondáveis do Nome Divino, oculto no *dhikr*, a Recordação... Ele era envolvido ao mesmo tempo por toda a veneração devida aos santos, aos líderes, aos idosos e aos que estão próximos da morte." [264]

*

Avançando agora ainda mais no rumo do Oriente, encontramos na Índia um importante precursor das grandes figuras da Filosofia Perene na pessoa de Sri Ramakrishna (1836-1886), conhecido como o *Paramahansa* ("cisne supremo"), designação mais elevada para um místico na tradição hindu. Ramakrishna foi um pioneiro do conceito da "universalidade da Revelação", que seria posteriormente exposto e explicado por Schuon. Ele acreditava que as diversas tradições constituem como que sendas rumo ao Absoluto e ao Infinito, de acordo, aliás, com um dos textos sacros hindus, o Rigveda, que diz: "A verdade é única, mas os sábios a chamam por diversos nomes."

Em linha com esta ideia, Sri Ramakrishna praticou espontaneamente, em períodos diferentes da vida, duas religiões não-hindus, o Cristianismo e o Islã. Às quais reconheceu plena validade e autenticidade, manifestando, desta maneira, e por participação pessoal direta, o conceito metafísico da "unidade transcendente das religiões". Como William Stoddart escreveu em *O Budismo ao seu alcance* (2005), Ramakrishna foi a primeira autoridade religiosa dos tempos modernos a ensinar explicitamente a ideia da convergência das tradições.

Ao mesmo tempo, Ramakrishna contribuiu fortemente para uma revitalização do Hinduísmo, debilitado naquele século XIX por um excessivo ritualismo e pela superstição popular. Com sua poderosa presença pessoal e suas explanações objetivas e diretas das doutrinas fundamentais da Índia eterna, ele ofereceu respostas ao desafio representado não só pela presença tanto de Islã como de Cristianismo no solo da Índia, mas, acima de tudo, em face da crescente irrupção da mentalidade secularista e relativista da modernidade.

Ele também foi um praticante do método da invocação do Nome Sagrado, uma técnica tradicionalmente considerada como a mais apropriada para o final da Kali-Yuga (a "Idade Sombria" dos hindus). Ramakrishna costumava citar um ditado que Schuon mais tarde explicaria de muitas formas, isto é, que "Deus e Seu Nome são um".

Não podemos deixar a Índia sem pelo menos mencionar de passagem duas figuras de imenso valor. O grande bhakta ('devoto', 'amigo de Deus') Swami Râmdas (1884-1963) e o 68º *Jagadguru* de Kanchi (1894-1994) (guru é "mestre" em sânscrito, *jagad* significa "universal").

Swami Râmdas nasceu em Kerala, no sul da Índia; de temperamento naturalmente místico, tornou-se monge errante na tradição indiana e, na linha do célebre "peregrino russo", percorreu todo o subcontinente a pé. Vivia de esmolas e seu único companheiro por anos foi o Nome Divino, no qual tinha uma confiança inabalável como meio privilegiado para alcançar Deus. "As pessoas não têm ideia do que o Nome de Deus pode fazer. Aqueles que o repetem constantemente conhecem seu poder. O Nome pode purificar completamente a nossa mente. O Nome pode nos conduzir ao ápice da experiência espiritual", disse.

Ao longo de suas muitas andanças pela Índia, ele foi sendo acolhido por discípulos que, mais tarde, em 1931, estabeleceram um ashram, na cidade de Kanhangad, no estado de Kerala. O ashram é uma ermida em meio à natureza virgem, onde se estabelece um líder religioso e, em torno dele, uma comunidade. Os livros que descrevem ensinamentos de swami Râmdas, suas andanças pela Índia e suas experiências espirituais se tornaram clássicos, na Índia e no Ocidente; entre eles, incluem-se *Carnets de pèlerinage* (Paris, 2007); *Le pèlerin de l'absolu* (2008); e *In quest of God* (1994).

Em 1922, o swami se encontrou com Shri Ramâna Maharshi, recebeu seu *darshan* e, em seguida, fez um retiro de três semanas nas cavernas do monte sagrado de Arunachala, no sul da Índia.*Darshan* é um termo hindu que indica a bênção ou a influência espiritual conferida pela visão de um homem ou mulher santos.

"Virando sua bela face para Râmdas, o Mahârshi concentrou fixamente seu olhar por alguns minutos em seus olhos, como a derramar sua bênção. Uma emoção de alegria indizível atravessou a estrutura de Râmdas, todo o seu corpo tremeu como uma folha ao vento. Ó Deus, que amor é o Teu!" Assim Râmdas descreveu o *darshan* do Mahârshi.

Em 1954, durante sua única visita ao Ocidente, Râmdas travou contato pessoal com Frithjof Schuon, em Londres. Ele escreveu então: "A imponente figura de Schuon se destacava de todos nós – ele me pareceu como um príncipe entre os santos."

Quanto ao Jagadguru de Kânchi (no sul da Índia), ele foi um descendente tradicional e autêntico de Sri Shankaracharia (século IX DC), o maior expositor da via sapiencial (gnose) na tradição hinduísta. O "Platão da Índia", Shânkaracharia foi o grande metafísico que melhor expressou o Advaita Vedânta, ou Vedanta não-dualista, a doutrina metafísica por excelência do Hinduísmo. O Jagadguru de Kânchi foi o 68º sucessor oficial de Shânkaracharia e representa a "via do conhecimento", ou jnâna (gnose), na tradição hindu.

A existência mesma do Jagadguru coincidiu com o século XX, tendo nascido em 20 de maio de 1894 e falecido, aos 99 anos, em 1994. Na juventude, estudou uma temporada em escola de missionários cristãos na Índia, destacando-se como aluno brilhante, chegando mesmo a ganhar prêmio de recitação de Escritura Sacra – surpreendentemente, não dos Vedas, mas a Bíblia! É autor de obra clássica sobre a sabedoria indiana, '*Introduction to Hindu Dharma*' (EUA, 2008).

Mestre do jnâna por 90 anos (ele assumiu sua função de Jagadguru já aos treze anos, em 1907), ele recebeu de Frithjof Schuon a dedicatória de seu livro *Language of the Self* ("A Linguagem do Si"). Além de ter sido um representante oficial do Advaita Vedanta, o Jagadguru foi um universalista versado no Cristianismo, no Islã e até mesmo na sabedoria dos índios americanos.

*

Já que mencionamos os índios americanos, avancemos agora para esta tradição primordial e xamanista, por meio da extraordinária figura do xamã e visionário da nação sioux, Alce Negro (1863-1950).

Alce Negro nasceu em Wyoming, nos Estados Unidos, e faleceu na reserva de Pine Ridge, em Dakota do Sul. Foi provavelmente o mais notável representante da sabedoria pele-vermelha no século XX.

Sua existência transcorreu num período de grande turbulência para os índios da América do Norte, época de conflitos de dimensões épicas contra o homem branco. Ainda jovem, presenciou a célebre batalha de Little Big Horn (1876), quando os índios, liderados pelo mítico Touro Sentado (Sitting Bull), derrotaram o exército dos Estados Unidos, sob comando do célebre general Custer.

Em 1890, Alce Negro saiu ferido do massacre de Wounded Knee, ocorrido dentro da reserva indígena de Pine Ridge. Cerca de 300 índios, incluindo muitas mulheres e crianças, e 30 soldados do exército americano, morreram neste que foi o último grande conflito entre "caras pálidas" e "peles-vermelhas" nos Estados Unidos.

Alce Negro tornou-se mundialmente conhecido na década de 1930, quando foi publicado *Black Elk Speaks*, magnífico e emocionante relato de suas visões espirituais e de uma vida repleta de aventuras quase inacreditáveis. O livro se tornou um clássico instantâneo, com dezenas de edições em várias línguas. Uma dessas aventuras, incluída no capítulo vinte do livro, trata da viagem que ele fez à Europa, em 1887, acompanhando o espetáculo de Búfalo Bill; nesta ocasião, Alce Negro foi apresentado à rainha Vitória da Inglaterra. Ele assim relata o episódio:

> "Dançamos e cantamos, e eu era um dos dançarinos escolhidos pela *Avó Inglaterra* ['Grand-mother England', i.e., a rainha Vitória], porque era jovem e ágil e podia dançar de muitas maneiras. Nós estávamos defronte da *Avó*. Ela era baixa e gorda e nós gostamos dela porque era boa para nós. Depois de dançarmos, ela falou-nos. Disse algo do gênero: 'Tenho 67 anos de idade e vi todo o tipo de povos por esse mundo; mas, hoje, vi o povo mais belo que conheço. Se me pertencessem, eu não permitiria que andassem a vos exibir desta maneira.' Ela

também disse outras coisas boas, e depois falou que teríamos que a visitar proximamente, pois ela tinha vindo nos ver. Ela apertou a mão a todos nós. A mão dela era muito pequena e suave.

(...) Meia lua depois, fomos visitar a *Avó Inglaterra.* (...) O vestido dela era todo brilhante, o chapéu dela era todo brilhante e a carruagem dela era toda brilhante, os cavalos também. Ela parecia um fogo a caminhar. Quando ela chegou onde nós estávamos, a carruagem parou e ela se ergueu. Então, todas as pessoas presentes se levantaram, bradaram e fizeram-lhe reverências; ela fez uma reverência a nós. Entoamos um grande grito e as nossas mulheres fizerem o trêmulo. As pessoas na multidão estavam tão excitadas que ouvimos dizer que algumas delas tiveram tontura e desmaiaram. Depois, quando tudo ficou calmo, cantamos uma canção à *Avó*. Foi um evento muito feliz."

Homem de intensa contemplação, Alce Negro recebeu visões do mundo espiritual e explicou para as novas gerações de índios o sentido de sua religião e a utilidade de seus antigos ritos. Religião que, em essência, contém o que as grandes tradições contêm, incluindo uma metafísica baseada no entendimento simbólico dos fenômenos da natureza e, acima de tudo, a crença na ideia de um Ser Supremo, a Realidade oculta de todas as coisas – chamado pelos índios de *Wakan Tanka*, o "Grande Espírito". Para Alce Negro, o "Grande Espírito" é simultaneamente transcendente, pois está infinitamente acima do mundo, mas é igualmente imanente ao homem, dado que presente no mais profundo do coração.

O Alce Negro terminou seus dias reverenciado não apenas como uma espécie de figura profética pelos índios, mas também como homem santo pelos missionários cristãos que lhe ensinaram o amor de Jesus Cristo, um amor que ele soube incorporar à sua religião nativa. A figura do Cristo é grande demais para não causar impacto em um mundo religioso como o dos índios, não obstante flexível e sutil para absorver tal manifestação sem trair suas raízes milenares. Esta conciliação entre as duas espiritualidades só se tornou possível dada a sutileza e complexidade da tradição xamânica, que não entra em contradição fundamental com os princípios do monoteísmo semita. Como o próprio Alce Negro disse: "Nós, índios, conhecemos o único Deus verdadeiro e rezamos a Ele continuamente."

*

Nosso foco retorna agora para Sri Ramâna Mahârshi. Digamos de saída que ele não foi um mestre espiritual *strictu senso*, e isso pela razão de que foi um *fard* (um 'solitário'), termo que tomamos emprestado do Sufismo.

Significa que Ramâna Mahârshi foi um daqueles santos que não tiveram um mestre que lhe ensinasse a Via espiritual, mas que obteve sua condição excepcional devido puramente à graça divina, por iluminação direta. Não tendo sido discípulo de um mestre, o Mahârshi não foi mestre de discípulos. Ele, portanto, não ensinou um método espiritual propriamente dito. Sua preocupação permanente e constantemente reiterada era a auto-investigação, "Quem sou eu?".

Na resposta a esta questão, o Mahârshi apontava para o Si divino (*Atman*) como o centro mais profundo e verdadeiro do homem.Em seu caso, o divino estava, por assim dizer, em sua poderosa presença espiritual. A "via" do Mahârshi, se podemos considerá-la assim, consistia em sua presença: mediante seu *darshan*, ele abençoava todos aqueles que buscavam sua baraca (outro termo sufi apropriado aqui). Ele foi um contemplativo nato e um gnóstico nato, o mais extraordinário fenômeno espiritual que a Índia eterna produziu no Século XX.

O sábio, que viveu na montanha sagrada de Arunâchala, próxima de Tiruvannamalai, no sul da Índia, costumava dar sua bênção através de seu silêncio contemplativo, não apenas aos seguidores do *Sanâtana Dharma* (Hinduísmo), que o procuravam vindos de todas as regiões da Índia, mas também a europeus e americanos, católicos, protestantes, budistas, e mesmo a indivíduos sem uma filiação religiosa. Este último aspecto implicava uma problemática, pois, desde que ele não requeria explicitamente de seus visitantes uma filiação tradicional (cujo propósito é garantir uma estrutura ou moldura, e também proteção, para a jornada espiritual), seus seguidores não-hindus permaneciam sem suporte doutrinal ou ritual e, portanto, não se preparavam para alcançar algo de sólido e permanente em termos de realização espiritual.

Muito provavelmente, Schuon tinha este ponto em mente quando incluiu o seguinte poema em sua coleção:

Ein Weiser sagte: fragt euch — wer bin Ich?
Dies ist kein Weg. Der Weise meinte sich,
Beschrieb sein Geisteswesen, gottgeschenkt;
Es ist nicht euer, weil ihr Gleiches denkt.
Man kann nicht ohne Gott die Welt verbrennen —
An seiner Frucht wird man den Geist erkennen.

"Um sábio disse: questionem a si mesmos – quem sou eu?
Mas isso não é uma via espiritual. O sábio referia-se a ele mesmo,
Ele descreveu seu estado espiritual, dado por Deus;

Tal estado não é o teu, apenas porque pensas o mesmo.
Não é possível vencer o mundo sem Deus –
'Conhecereis o Espírito por seus frutos.'"

Schuon tem mais a dizer sobre o santo indiano:

> "Com o Mahârshi, encontramos a Índia antiga e eterna (...) A função espiritual que pode ser descrita como 'ação de presença' encontrou no Mahârshi a sua expressão mais rigorosa. Sri Ramana foi por assim dizer a encarnação, nestes últimos dias e em face da febre ativista, de tudo o que é primordial e incorruptível na Índia. Ele manifestou a nobreza da 'não-ação' contemplativa em face de uma ética da agitação utilitária (...) A grande questão 'Quem sou eu?' surge, com ele, como expressão concreta de uma realidade que é viva, e tal autenticidade dá a cada palavra do sábio uma fragrância de inimitável frescura – a fragrância da verdade quando ela é corporificada da maneira mais direta. Todo o Vedanta está contido na questão do Mahârshi: 'Quem sou eu?' A resposta é: o Inexprimível." [265]

*

Quanto a Frithjof Schuon, o método de realização espiritual ensinado por ele estava longe de ignorar – diferentemente neste aspecto da abordagem do Maharshi – o problema da filiação religiosa concreta das pessoas. Para Schuon, a condição *sine qua non* para receber guiamento espiritual é o comprometimento na prática, com discernimento e sinceridade, com uma tradição ortodoxa. Isto se torna ainda mais importante na medida em que seu círculo de seguidores inclui adeptos de distintos horizontes religiosos, cada qual praticando a sua via específica, de acordo com os parâmetros dogmáticos, rituais e morais da respectiva tradição.

Este tema está longe de ter pouca relevância, tanto do ponto de vista doutrinal como prático, de maneira que vale a pena determo-nos nele um pouco mais, inclusive explicitando aqui algumas diferenças entre Schuon e René Guénon. Vale lembrar que o metafísico francês chegou a escrever que as diversas tradições seriam como que "heresias" em relação à Tradição Primordial, que é para Guénon a "mãe" de todas as religiões genuínas, ou o arquétipo do qual todas elas derivam. Descontando o óbvio exagero desta colocação de Guénon, cujo objetivo, parece-me, é simplesmente chamar a atenção para a questão, pode-se especular que se Schuon subscrevesse tal noção, ele não obstante especificaria que esta "Tradição Primordial" – mas Schuon dava preferência ao termo "Religião Perene", enfatizando deste modo a ideia de continuidade e que tal *Religio* "subsiste" nas dimensões mais profundas das grandes religiões históricas –somente é acessada por meio destas últimas. Em outras palavras, não há vinculação com a sabedoria universal sem filiação a uma sabedoria em particular; somente por intermédio da compreensão profunda de uma tradição que se manteve ortodoxa é que se pode vislumbrar a *Religio Perenis*, a qual pulsa no cerne mesmo daquela.

Aqui é interessante apontar que Schuon não utilizava com a mesma frequência e intensidade o termo 'tradição', um dos vocábulos mais usados por Guénon; o metafísico alemão preferia enfatizar as dimensões mais esotéricas e místicas das distintas religiões, bem como, ou talvez acima de tudo, aquilo que nelas constituía uma abertura para a Religião Perene, ou uma expressão dela. Nesta perspectiva, Schuon não temeu criticar aqueles aspectos secundários, sejam eles especificamente étnicos, psicológicos ou legalísticos das confissões religiosas que vedavam ou poderiam colocar obstáculos à visão de seu cerne mais metafísico e universal. Schuon, assim, apontou inconsistências nas expressões mais convencionais e exteriores das teologias, não hesitando em criticar limitações de seus aspectos exteriores, problemáticos do ponto de vista da sabedoria perene. Em seu livro "Sufismo, Véu e Quintessência", por exemplo, ele fustigou inclusive manifestações da mística islâmica que lhe pareciam inconsistentes, não poupando nisso nem mesmo sumidades como Ibn Arabi.

Em suma, se Frithjof Schuon coloca a necessidade imperiosa para o buscador espiritual de adesão a uma forma religiosa, ele simultaneamente mostra as limitações da dimensão exterior ou convencional desta última, e enfatiza os aspectos mais profundos e universais de cada tradição. A razão pela qual ele insiste na necessidade de adesão a uma tradição que permaneceu ortodoxa deriva fundamentalmente da ideia de que uma realização espiritual deve ter como principal fundamento a Verdade, algo que o neo-espiritualismo contemporâneo, ou a ideologia da "Nova Era", desligados que são de uma vinculação orgânica com uma religião, não oferecem. E a razão principal pela qual os movimentos espiritualistas contemporâneos e as "novas religiões" não oferecem esta vinculação é que ignoram, não levam em conta, ou até mesmo desprezam, uma noção absolutamente fundamental: o conceito de Revelação.

Na terminologia da Filosofia Perene, Revelação indica a origem supra-humana da religião; ela é como que a gênese de tudo aquilo que a tradição irá desenvolver a posteriori. Tradição, assim, significa a continuidade e a projeção para todos os aspectos da vida dos elementos essenciais originalmente tornados conhecidos pela Revelação. A tradição, enfim, estende os princípios e valores espirituais da religião para todas as dimensões da vida; além das crenças, ela inclui práticas fundamentais, um sistema moral, uma organização social, cultura, artes e até mesmo os trajes e roupas que caracterizam uma determinada civilização. Tradição, assim, é a permeação de toda uma sociedade pelos valores de uma Revelação. Deste modo, a partir de uma Revelação, toda uma civilização é construída, seja a cristã, cuja Revelação se centra no próprio Cristo; a islâmica e a judaica, cujas Revelações são livros sacros, respectivamente o Corão e a Torá; a budista, cuja Revelação foca na figura do Buda, e assim por diante.

Frithjof Schuon sem dúvida realçou mais do que ninguém a pura metafísica - a *theoria* universal - e a espiritualidade quintessencial - a *praxis* universal. Creio que se pode dizer que ele estava interessado nas religiões ortodoxas como suportes, ou portas de entrada, para esta sabedoria unânime representada pela *Religio Perennis*. Em outros termos, ele compreendia as tradições como "apoios", ou estruturas, para a sabedoria e espiritualidade intrínsecas da *Religio Perennis*. Este modo "essencialista" de ver o fenômeno religioso pode ser exemplificado pela maneira como Schuon concebeu, por exemplo, as cinco preces canônicas obrigatórias da tradição islâmica: menos como a realização de um dever religioso (mas obviamente sem excluir este aspecto) e mais como uma expressão simbólica da relação direta entre o homem e Deus. A prescrição da peregrinação a Meca vale como tal, mas também como símbolo do retorno do homem ao seu Centro mais universal e sua Origem mais profunda. E o mesmo pode ser aplicado, mutatis mutandis, às práticas obrigatórias católicas, ou de outras tradições ortodoxas. As religiões não são consideradas independentemente da natureza mais universal das coisas, ou da estrutura integral da realidade. Neste sentido, para Schuon, a metafísica (ou a pura sabedoria) é "a religião do sábio".

Em conclusão a este tópico, digamos que Frithjof Schuon tampouco mantinha expectativas excessivamente "otimistas" quanto à condição e ao estado presente das grandes religiões neste início de século XXI. Todas elas já tendo passado do ponto de sua melhor forma e de seu apogeu, a despeito de ainda operantes, no todo ou apenas em alguns de seus ramos, e oferecendo aos fieis acesso à doutrina ortodoxa e aos meios de salvação. Em "*Cristianismo-Islã: Visões de ecumenismo esotérico*", ele não temeu escrever que "no passado, o príncipe das trevas lutava contra as religiões principalmente de fora delas (...) em nosso tempo, ele acrescentou a este combate um novo estratagema, que consiste em se apoderar das religiões por dentro, (...) e ele em grande medida foi bem sucedido nisto, no mundo do Islã, bem como nos mundos do Judaísmo e do Cristianismo" (1981, p.78).

Pode-se especular que a referência aqui, no que toca ao mundo islâmico, é, entre outras, ao terrorismo, praticado alegadamente "em nome" da religião, ao passo que os terroristas "islâmicos" romperam com os princípios e valores da religião que professam defender. No mundo hebraico, isto aconteceu desde a obstinada rejeição e condenação do Messias pelo establishment farisaico-saduceu; e também com o açambarcamento da tradição mosaica original pela secularização e politização do judaísmo, com a utilização da religião como arma ideológica do ultra-nacionalismo e xenofobismo. Já no caso do Cristianismo, a referência abrangeria o chamado "modernismo", que desnatura os Sacramentos, modifica os ritos fundamentais e em última instância destrói a tradição cristã integral. [266] Nestes casos, os ataques à tradição não partiram de seus inimigos externos declarados, mas sim do interior mesmo do campo religioso, e se valem da religião para fragilizar e desmoralizar a própria religião.

*

Frithjof Schuon foi assim, simultaneamente, um metafísico da linhagem universalista de Platão, Pitágoras e Shânkara, e um guia espiritual "extra-confessional", dotado de um profundo amor por todas as religiões autênticas, mas sem apego sentimental a seus aspectos mais formalistas e exclusivistas. Schuon foi um mestre da verdade incolor, da verdade que está além das formas, ou em seu cerne mais profundo.

Aqueles a quem o destino concedeu o privilégio de conhecer este homem extraordinário invariavelmente se sentiam como que caminhando nas nuvens, ainda que não infrequentemente tais encontros engendrassem dias de reflexão e meditação, para se digerir tudo que havia sido transmitido. Discernimento implacável, nobreza de comportamento, cortesia sincera, bom senso infalível: essas são algumas das expressões recorrentes que foram usadas por aqueles que conheceram Frithjof Schuon pessoalmente. Todas as questões que lhe era colocadas, seja de guiamento espiritual, filosofia, religião, mística, estética, ou mesmo de temas contemporâneos ou assuntos pessoais, mesmo as mais simples e prosaicas, eram recebidas com interesse e respondidas com brilho. Certamente que ele não apreciava o pedantismo, nem a presunção, tampouco questões tolas, mas sua extraordinária discriminação e perspicácia eram como uma espada mágica – como a de Galaaz, o cavalheiro invencível da Távola Redonda – que, da maneira mais eficiente e indolor, cortava o nó górdio das ilusões. Uma profunda gratidão era o sentimento predominante de todos aqueles a quem o amor e a inteligência de Schuon marcaram, e é com este sentimento que concluímos esta breve apreciação de seu legado.

Sem sua presença viva notável – Schuon faleceu em 5 de maio de 1998 –, perdeu-se o penetrante e inspirado discernimento de um sábio cuja lucidez confrontou nossa época — obcecada por novidades banais e passageiras — com as verdades profundas e permanentes da Sabedoria Perene. Por meio de seus escritos, ele ensinou gerações a pensar com objetividade, a ver as causas das coisas em seus efeitos remotos e a antecipar os efeitos remotos nas causas presentes. Sua mensagem espiritual e seu legado intelectual continuam vivos, fazendo-se, na verdade, mais e mais relevantes com a passagem do tempo, como a confirmar sua unidade com a sabedoria perene que ele tão resolutamente personificou. Sua mensagem de discernimento e sabedoria continua à disposição de todos aqueles, do Ocidente ou do Oriente — para além de todo "choque de civilizações" — que buscam o sentido profundo das coisas, que sondam o porquê do mundo e do homem, e se fundam na certeza e na serenidade para superar o ambiente de relativismo e dúvida que envenena o pensamento e a existência do agitado, ansioso e descentrado homem contemporâneo.

VI - O DESAFIO MODERNO

"Saiba também que nos últimos dias advirão tempos perigosos. Pois então haverá homens que não amarão nada além do dinheiro e do próprio ego; eles serão arrogantes, presunçosos, soberbos, blasfemos, desobedientes aos pais, ingratos, profanos, sem afeições naturais... mais amigos dos prazeres do que de Deus ; homens que preservam a forma exterior de religião, mas que são uma negação permanente de sua realidade... sempre aprendendo, mas nunca capazes do conhecimento da verdade. "- II Timóteo, 3:1-7

"Ora, o Espírito diz expressamente que, nos últimos tempos, alguns apostatarão da fé, dando ouvidos a doutrinas subversivas..." -I Timóteo 4:1

"Pois a mente deste povo tornou-se grosseira e seus ouvidos estão surdos para ouvir e seus olhos se fecharam. "- Mateus 13:15

"Assim disse o Senhor: 'Ponde-vos nos caminhos, e vede e perguntai pelas antigas vias, onde está o bom caminho, e andai por ele e achareis descanso para vossas almas'. Mas eles disseram: 'Nós não iremos por aí'." - Jeremias 6:16

"O tolo disse para si mesmo: 'Deus não existe'." Salmo 14:1

"Assim, porque eles não julgaram acertado reconhecer a Deus, foram entregues à sua própria razão depravada. Isso os levou a romper todas as regras de conduta. Eles estão cheios de todo tipo de injustiça, maldade, ganância e malícia; eles são uma massa de inveja, homicídio, rivalidades, traição e malevolência; murmuradores e causadores de escândalo, cheios de ódio a Deus, insolentes, arrogantes e prepotentes; inventam novas formas de mal..." — Romanos 1:28-31

"... Em religião, que maldito erro, mas algumas testas sóbrias o abençoarão e o aprovarão com um texto, escondendo a grosseria com um belo ornamento. "- Shakespeare (1564-1616)

"Nunca se triunfa sobre o erro sacrificando qualquer direito da verdade." -S. Irineu (c.120-202)

"É falsa a opinião de que seria indiferente, com respeito à verdade da fé, se a pessoa tem uma opinião errada sobre a criação desde que ela tenha uma opinião correta sobre Deus; pois um erro sobre a criação engendra um falso conhecimento a respeito de Deus." -Santo Tomás de Aquino (1224-1274)

"A rejeição dos hereges faz com que os princípios de Tua Igreja e a sã doutrina se destaquem mais claramente. Pois as heresias também devem existir, para que o aprovado possa se tornar manifesto entre os fracos (I Coríntios 11:19)." – Santo Agostinho (354-430)

"Porque virá um tempo em que não suportarão a sã doutrina ; mas, segundo suas próprias concupiscências, reunirão para si mestres, tendo comichão nos ouvidos ; e eles se recusarão dar ouvidos à verdade, e se voltarão para as fábulas. "-II Timóteo 4:2-4

"Riquezas e piedade diminuirão dia a dia, até que o mundo esteja completamente corrompido. Naqueles dias, será a riqueza que conferirá distinção, a paixão será a única razão para a união entre os sexos, as mentiras serão o único método para o sucesso nos negócios, e as mulheres serão objeto apenas de gratificação sensual. A terra será considerada apenas por seus tesouros minerais, a desonestidade será o meio universal de subsistência, uma mera ablução será considerada como purificação suficiente... A observância de leis e instituições deixará de estar em vigor na Idade das Trevas, e as cerimônias prescritas pelos Vedas serão negligenciadas. As mulheres obedecerão apenas aos seus caprichos e serão apaixonadas pelo prazer.... Homens de todos os tipos irão presunçosamente se considerar como iguais aos brâmanes [sacerdotes].... Os vaichas [a classe média de artesãos, agricultores e comerciantes] abandonarão a agricultura e o comércio, e passarão a ganhar a vida pela servidão ou pelo exercício de profissões mecânicas.... O caminho dos Vedas terá sido abandonado, e o homem, tendo se desviado da ortodoxia, a iniqüidade prevalecerá e a duração da vida humana, em consequência disso, diminuirá... Em seguida, os homens deixarão de adorar Vishnu, o Senhor do sacrifício, Criador e Senhor de todas as coisas, e eles dirão: 'Que autoridade têm os Vedas? Quem são os Deuses e os brâmanes ? Qual a utilidade da purificação por meio da água?' A casta dominante será a dos xudras [servos, trabalhadores sem qualificação]... Os homens, privados de razão e sujeitos a todas as enfermidades de corpo e de mente, cometerão pecados diariamente: tudo o que é impuro, vicioso e calculado para afligir a humanidade fará a sua aparição na Idade das Trevas." -Vishnu Purana (século III)·

"Na horrível época do fim, os homens serão malévolos, falsos, maus e obtusos— mas eles imaginarão que atingiram a perfeição, quando não será nada disso o que ocorre." - Saddharma Pundarika (c. 200)

A ABOLIÇÃO DO HOMEM

C. S. Lewis

A coisa me deixou de cabeça quente: por mais que ele falasse, por mais que me elogiasse, quando chegasse em sua casa, ele me venderia como a um escravo. —Bunyan

"A conquista da Natureza pelo Homem" é uma expressão muito usada para descrever o avanço da ciência aplicada. "O Homem golpeou a Natureza", alguém disse a um amigo meu. No contexto em questão, as palavras tinham uma beleza trágica, pois aquele que as disse padecia de tuberculose e estava a ponto de falecer. "Não importa", ele observou, "eu sou uma das vítimas, e certamente que há vítimas, tanto no campo vitorioso como no campo derrotado, mas nada disso modifica o fato de que ela está ganhando a disputa." Uso esta estória como ponto de partida para esclarecer que não tenciono menosprezar tudo o que é realmente benéfico neste processo da "conquista do homem". E menos ainda a genuína paixão e o sacrifício que a tornaram possível. Mas, tendo isto em conta, tenho agora de analisar este conceito mais de perto. Em que sentido o Homem tem mais poder sobre a Natureza?

Examinemos três exemplos típicos: o avião, a comunicação sem fio e o anticoncepcional. Em uma sociedade civilizada, em tempos de paz, quem puder pagar pode desfrutar dessas três coisas. Mas, a rigor, não se pode dizer que com isso a pessoa esteja exercendo seu poder próprio ou individual sobre a Natureza. Se eu lhe pago para você me carregar, não é por isso que posso ser tido como um homem forte. As três coisas que citei acima podem ser recusadas a alguns homens por outros homens — por aqueles que as comercializam, por exemplo, ou por aqueles que detêm os meios de produção, ou mesmo por aqueles que produzem os bens. O que chamamos de poder do Homem é, na realidade, um poder possuído por alguns homens, homens que podem, ou não, permitir outros homens de desfrutar. Assim, quanto ao poder manifestado na aviação ou na comunicação sem fio, rádio ou televisão, o Homem é tanto o receptor ou o objeto como o possuidor, uma vez que ele é alvo tanto de bombas como de propaganda. Quanto ao anticoncepcional, há paradoxalmente um sentido negativo no qual todas as possíveis gerações futuras são os pacientes ou objetos de um poder exercido por aqueles que estão vivos. Mediante a contracepção, existência é negada a muitos seres; por meio dela, usada como meio seletivo de reprodução , eles são obrigados a ser, sem serem consultados, o que uma geração, por seus motivos próprios, vier a preferir. Desta perspectiva, o que chamamos de poder do Homem sobre a Natureza se torna um poder exercido por alguns homens sobre outros homens, com a Natureza como instrumento.

É sem dúvida um chavão reclamar que o homem tem usado mal, e contra o próximo, os poderes que a ciência lhe concedeu. Mas este ponto não é o que quero abordar aqui. Não falo de corrupções e abusos específicos, que poderiam ser resolvidos com um incremento da virtude moral, estou considerando o que a coisa denominada de "poder do Homem sobre a Natureza" deve sempre e essencialmente ser. Sim, esse panorama poderia ser modificado com o controle público das matérias-primas e das indústrias, e com o controle público da pesquisa científica. Ainda assim, só se houvesse um estado mundial não veríamos o mando de uma nação sobre outras. E, mesmo dentro deste estado ou nação de abrangência mundial, haveria em princípio o poder das maiorias sobre as minorias, e, concretamente, o mando do governo sobre o povo. E todos os exercícios de poder em longo prazo, especialmente na reprodução da espécie, devem significar o poder das gerações anteriores sobre as posteriores.

Este derradeiro ponto não é em geral suficientemente destacado — os sociólogos ainda não aprenderam a seguir os físicos, que levam em conta também o tempo em suas considerações. Para entender integralmente o que significa este poder do Homem sobre a Natureza e, deste modo, o poder de alguns homens sobre outros homens, devemos levar em consideração o gênero humano no tempo, do momento de seu aparecimento ao de sua extinção. Cada geração de homens exerce poder sobre a geração seguinte, e cada geração, na medida em que modifica a ambiência herdada e que se rebela ante a tradição, restringe a força de seus antecessores e resiste a eles. Este fato modifica o quadro usualmente exibido de uma emancipação progressiva da tradição e de um crescente controle dos processos naturais, resultando daí em um contínuo crescimento do poderio humano. Mas, é evidente que se uma geração em particular alcançasse de fato - por meio da educação científica e da eugenia —a capacidade de forjar o que bem entendesse na geração seguinte, qualquer homem que vivesse depois desta geração seria objeto de seu poderio. Ele seria mais débil, não mais forte, pois, ainda que tenhamos sido capazes de colocar engenhos extraordinários em suas mãos, teremos prefixado a maneira como eles devem ser usados. E se, como é provável acontecer, a geração que tenha alcançado grau máximo de poder for também a geração mais afastada da tradição, ela se verá levada a diminuir o poderio de seus predecessores tão drasticamente quanto a de seus sucessores. É preciso lembrar também que, quanto mais recente for uma determinada geração e, em consequência, quanto mais perto estiver da extinção da espécie, menor será seu poder, já que os objetos de suas ações serão reduzidos. Por esta razão, não há um poder conferido a toda a espécie e que aumenta substancialmente à medida que essa espécie continua viva. Os derradeiros homens, longe de serem herdeiros do poder, estarão mais expostos à mão mortal dos grandes planejadores e condicionadores, e serão os menos propensos a exercerem poder sobre o futuro.

O panorama que resulta daí é o de uma época dominante, digamos, por exemplo, o século 100 depois de Cristo, que é bem sucedido em resistir à ação das gerações anteriores e em dominar irresistivelmente as gerações seguintes, constituindo-se, assim, na geração dominante da humanidade. Todavia, nesta geração dominante, que constitui uma minoria infinitesimal da espécie, o poder genuíno será exercido por uma minoria ainda mais reduzida. A "conquista da Natureza pelo Homem", caso os devaneios de alguns cientistas se concretizem, não representaria outra coisa que o domínio de algumas centenas de homens sobre os destinos de bilhões e bilhões de outros seres humanos. Não há, nem pode haver nenhum acréscimo ao poder do Homem. Cada novo poder conquistado *pelo* homem significa um poder *sobre* o homem. Cada avanço o deixa simultaneamente mais débil e mais forte, pois, em todo êxito, o homem é simultaneamente o general que triunfa e o escravo que acompanha o carro dos vencedores.

Por ora, não estou avaliando se o resultado dessas vitórias equívocas é algo bom ou ruim, estou apenas esclarecendo o que significa de fato a conquista da Natureza e, especialmente, qual é sua última fase (que talvez não esteja tão distante). O estágio final estará dado quando o Homem, por meio de eugenia, condicionamentos pré-natais, educação e propaganda baseadas na psicologia aplicada, atingir pleno domínio sobre si mesmo. A natureza *humana* será o derradeiro segmento da Natureza a se render ao Homem. A batalha, então, estará ganha. Ter-se-á então "arrancado a linha da vida das mãos de Cloto", [267] e daí em diante seremos livres para fazer de nossa espécie o que quisermos que ela seja. A batalha estará ganha, mas quem, precisamente, a terá vencido?

O poder do Homem para se fazer a si mesmo o que lhe apraz significa, como vimos, o poder de alguns homens de fazer o que *eles* querem dos outros homens. Em todas as épocas, criação e instrução procuraram em certo sentido exercitar este poder. Mas, a situação que devemos encarar será novidade por dois aspectos. Primeiramente, a potência será aumentada enormemente; até aqui, os planos dos pedagogos especialistas concretizaram muito pouco do que almejavam e, de fato, ao estudar tais planos, devemos agradecer a obstinação beneficente de mães de verdade, empregadas de verdade e, acima de tudo, de crianças de verdade, por conservarem o gênero humano dentro dos limites de sanidade que ele ainda apresenta! Mas, os forjadores da Nova Era estarão equipados com os poderes de um Estado onicompetente e de uma tecnologia científica irresistível: enfim, deveremos ter uma raça de condicionadores sociais que poderão realmente condicionar toda a posteridade do modo que desejarem.

A segunda diferença é mais importante ainda. Nos sistemas antigos, o tipo de homem que os pedagogos almejavam produzir e seus motivos para engendrá-lo eram prescritos pelo *Tao* — um Tao ao qual os próprios pedagogos estavam sujeitos e do qual não reivindicavam nenhuma latitude para se afastar. Eles não moldavam os homens de acordo com algum padrão estabelecido por eles próprios. Eles simplesmente repassavam o que haviam recebido: iniciavam o jovem neófito nos mistérios da humanidade que envolvia a todos. Como pássaros experientes ensinando passarinhos a voar. Mas isto será modificado. Os valores agora não passam de fenômenos naturais. Juízos de valor serão produzidos no pupilo como parte do trabalho de condicionamento. Seja qual for o *Tao*, ele será o produto, não o motivo, da educação. Os condicionadores se consideram emancipados de tudo isso. Este é mais um segmento da Natureza que eles conquistaram. As fontes últimas da ação humana não são mais para eles algo dado. Eles as têm sob controle, como a eletricidade: a função dos Condicionadores é controlá-las, e não obedecer-lhes. Eles sabem como *produzir* consciência, e decidem que tipo de consciência irão fabricar. Eles mesmos estão fora desse processo, acima dele.

Os Condicionadores, assim, irão escolher que tipo artificial de Tao eles imporão ao gênero humano, segundo suas próprias conveniências. Eles são os motivadores, os criadores de motivos. Mas, como motivarão a si mesmos? Por um tempo, talvez, por meio de vestígios ou resquícios do antigo *Tao* "natural". Deste modo, a princípio, eles podem se ver como servos e guardiães da humanidade, imaginado que têm um "dever" de fazer a coisa "bem feita". Contudo, é somente confundindo que poderão permanecer neste estado. Eles reconhecem o conceito de dever como resultado de alguns processos que eles agora podem controlar. Sua vitória consistiu precisamente em emergir do estado em que eram objeto desses processos para o estado em que eles os usam como ferramentas.Uma das coisas que eles agora têm de decidir é se irão ou não condicionar o resto de nós a seguir aceitando a velha concepção de dever e as velhas reações a esta concepção. Como o dever pode ajudá-los a tomar tal decisão? O próprio dever estará então em questão, ele não pode ser ao mesmo tempo o juiz. E o "bem" não se sai melhor. Eles sabem muito bem como engendrar uma dúzia de diferentes noções de bem. A questão é qual noção, se alguma, eles devem produzir.Nenhuma ideia de bem pode ajudá-los a decidir. Torna-se absurdo fixar-se em uma das coisas que eles estão comparando e fazê-la o padrão de comparação.

Alguns pensarão que estou aqui inventando dificuldades imaginárias para meus Condicionadores. Outros críticos, mais simplistas, poderiam questionar porquê eu suponho que eles seriam tão maus? Mas eu não estou supondo que eles sejam maus. Para falar a verdade, eles não são em absoluto homens, pelo menos no sentido antigo do termo. Eles são, antes, se se quiser, homens que sacrificaram sua porção de humanidade tradicional para se devotarem à tarefa de decidir o que "Humanidade" doravante deve significar. "Bom" ou "mau", aplicados a eles, são termos destituídos de conteúdo. A partir de agora, o sentido des deimportância sas palavras passa a ser coisa decidida por eles. Sua dificuldade tampouco é artificial. Podemos supor que fosse possível dizer: "Afinal de contas, a maior parte de nós almeja mais ou menos as mesmas coisas, comida, bebida e relações sexuais, diversão, arte, ciência e uma vida longa para os indivíduos e para a espécie. Que eles simplesmente digam, 'Isso é o que nós gostamos', e prossigam para condicionar os homens do modo mais provável para engendrar este resultado. Qual então é o problema?" Mas estas palavras não darão uma boa resposta. Para começar, é falso dizer que todos nós apreciamos as mesmas coisas. Mas, mesmo que fosse assim, o que levará os Condicionadores a desdenhar prazeres e trabalhar duro para que nós, e nossa posteridade, possamos ter o que desejamos? Seu dever? Mas este dever é dado apenas pelo *Tao*, que eles podem decidir impor a nós, mas que não pode ser válido para eles. Se eles o aceitam, então não são mais os produtores de consciência, mas ainda seus seguidores, e sua "conquista da Natureza" não terá de fato sucedido. A preservação da espécie? Mas, por que as espécies deveriam ser preservadas? Uma das questões diante deles é se esse sentimento pela posteridade (eles sabem bem como ele é produzido) deve ser perpetuado ou não. Contudo, por mais que recuem, ou que aprofundem, eles não encontrarão terreno firme sobre o qual se colocar. Toda motivação sobre a qual eles tentam operar se torna imediatamente uma *petitio*, um argumento falacioso. Ao deixarem de lado o Tao, eles caíram num vazio. Nem seus súditos são necessariamente homens infelizes.

Eles não são homens em absoluto: eles são artefatos. A "conquista final do homem" revelou ser a abolição do Homem.

Estamos tentando, como o Rei Lear, conciliar coisas inconciliáveis: abandonar nossa prerrogativa humana e ainda assim, ao mesmo tempo, tentar retê-la. É impossível. Ou nós somos espíritos racionais, para sempre obrigados a seguir os valores absolutos do *Tao*, ou então somos apenas parte da natureza a ser amassada e cortada em novas formas para os prazeres de mestres que devem, por hipótese, seguir somente seus impulsos "naturais". Só o *Tao* fornece uma lei de ação humana comum com condições de abranger governantes e governados igualmente. A crença dogmática em valores objetivos é necessária para a própria ideia de uma regra que não é tirania ou de uma obediência que não é escravidão.

E não estou pensando aqui apenas, talvez nem mesmo principalmente, naquelas figuras que são nossos inimigos públicos de momento. O processo que, se não for controlado, pode levar à abolição do Homem transcorre em ritmo acelerado igualmente entre comunistas e democratas, sem esquecer os fascistas. Seus métodos podem diferir, a princípio, em brutalidade. Mas, muitos cientistas de olhar suave e pince-nez, muitos dramaturgos populares e filósofos amadores em nosso meio significam em longo prazo o mesmo que os governantes nazistas. Os valores tradicionais devem ser "desmistificados" e a humanidade remodelada sob nova forma, segundo a vontade de alguns poucos sortudos de uma geração de sorte que aprendeu como se faz. A crença de que podemos inventar "ideologias" a bel-prazer e o consequente tratamento da humanidade como mera amostragem ou preparado começa a afetar nossa própria linguagem. Outrora, matávamos os homens maus, hoje eliminamos os *elementos antissociais*. Virtude se tornou *integração;* diligência se tornou *dinamismo,* e moços com chance de um cargo de importância são "material humano potencial". E o mais maravilhoso de tudo é que as virtudes da economia e da temperança, e mesmo de uma inteligência comum, tornaram-se indicação de *resistência a vendas.*

O significado real do que está sucedendo tem sido dissimulado pelo uso de uma abstração denominada "Homem". Não que a palavra Homem seja necessariamente uma abstração. No próprio *Tao*, desde que permaneçamos no interior dele, encontramos a realidade concreta na qual participar é ser realmente humano: a vontade comum de verdade e a razão comum da humanidade, vivas e crescendo como uma árvore, ramificando-se, de acordo com a variação das situações, sempre rumo a novas belezas e aplicações dignas. Quando falamos a partir do interior do *Tao*, podemos falar do Homem exercendo poder sobre si mesmo, em um sentido verdadeiramente análogo ao do autodomínio de um indivíduo. Mas, a partir do momento em que deixamos o *Tao* e o vemos como um produto meramente subjetivo, essa possibilidade desaparece. O que passa a ser comum para todos os homens, então, é um mero universal abstrato, um Máximo Divisor Comum, e a conquista do Homem sobre si mesmo representa então, simplesmente, o mando dos Condicionadores sobre a matéria humana condicionada, o mundo da pós-humanidade, que, para alguns de forma consciente, para outros inconscientemente, praticamente todos os homens, em todas as nações, trabalham presentemente para produzir.

Nada que eu possa dizer impedirá alguns de descreverem este texto como um ataque à ciência. Nego a acusação, certamente, e os autênticos Filósofos da Natureza (há alguns vivos em nossa época) perceberão que, ao defender o valor, eu também defendo *inter alia* o valor do conhecimento, que deve se extinguir como qualquer outro quando suas raízes no *Tao* são cortadas. Vou ainda mais longe, e sugiro mesmo que a cura pode vir da própria Ciência.

Descrevi como "barganha de mágico" o processo pelo qual o homem cede uma coisa depois de outra e, finalmente, ele cede a si mesmo à Natureza, em troca de poder. Foi isto mesmo o que quis dizer. O fato de que cientistas obtiveram êxito onde o mágico malogrou engendrou um contraste tão agudo entre eles no imaginário popular que a verdadeira história do nascimento da ciência foi mal compreendida. Encontraremos gente que escreva sobre o século XVI como se a Magia fosse algo como um resquício medieval, e como se a ciência fosse a coisa nova que surgia para expulsar a magia. Quem estudou o período, contudo, conhece melhor os fatos. Na Idade Média, havia muito pouca magia, ao passo que os séculos XVI e XVII constituíram a era de ouro da magia. A empreitada mágica e a investigação científica séria foram como que irmãs gêmeas: mas, enquanto uma delas estava doente e acabou por falecer, a outra era forte e prosperou. Mesmo assim eram gêmeas, nasceram do mesmo impulso.

Reconheço que alguns, certamente que não todos, entre os primeiros cientistas, agiam por conta de um amor genuíno pelo conhecimento. Mas, se considerarmos a disposição daquela época como um todo, podemos distinguir o impulso ao qual me refiro.

Há algo que une a magia à ciência aplicada, ao mesmo tempo em que distingue as duas da sabedoria de antigas eras. Para os sábios de antigamente, o principal problema era como conformar a alma à realidade, e a solução encontrada foi o conhecimento, a autodisciplina e a virtude. Para a magia, tanto como para a ciência aplicada, o problema é como subjugar a realidade aos desejos dos homens, e a solução seria uma técnica;ambas, ciência e magia, na prática desta técnica, estão dispostas a fazer coisas até então tidas como repulsivas e ímpias, como desenterrar e mutilar cadáveres.

Talvez eu esteja pedindo algo impossível. Talvez, segundo a natureza das coisas, o conhecimento analítico deva sempre ser como um basilisco (serpente fantástica), que mata tudo o que vê e só vê o que mata. Mas, se os próprios cientistas não podem fazer cessar esse processo antes que ele atinja a Razão comum, e também a mate, então outros devem detê-lo. O que eu mesmo mais temo é a resposta de que sou "apenas mais um" obscurantista, e que esta barreira, assim como todas as barreiras erguidas antes contra o progresso da ciência, pode ser transposta com segurança. Uma resposta assim deriva do fatal serialismo da imaginação moderna — a imagem de uma progressão retilínea e infinita que assombra nossos espíritos. Em razão de usarmos tanto os números para tanta coisa, temos a tendência a pensar em todos os processos como se fossem necessariamente uma série numérica, na qual cada passo, por toda a eternidade, pertence à mesma categoria do passo precedente. Peço que vocês se recordem da estória do irlandês e seus dois aquecedores. Há progressões nas quais o derradeiro passo é *sui generis* — incomensurável em relação aos demais — e nas quais fazer todo o percurso significa, na verdade, destruir todo o trabalho previamente realizado. Reduzir o *Tao* a um produto meramente natural é um passo deste tipo. Até este ponto, o tipo de explicação que se livra da coisa explicada pode nos oferecer algo, apesar do alto preço. Mas, não se pode oferecer desculpas para erros eternamente: ver-se-á que a própria explicação foi jogada fora. Não se pode "ver através das coisas" para sempre. O propósito de ver através de algo é, de fato, ver algo. É bom que uma janela seja transparente, porque a rua ou o jardim que estão além dela são opacos. E se víssemos *através* do jardim também? Não faz sentido tentar "ver através" dos princípios fundamentais. Se se consegue ver *através* de tudo, então tudo se tornará transparente para nós. Mas, um mundo totalmente transparente é um mundo invisível. "Ver através" de todas as coisas é o mesmo que não ver.

O FIM DE UMA TRADIÇÃO

RAMA P. COOMARASWAMY

Diz-se frequentemente que o "homem tradicional" — ou seja, o homem cuja vida está enraizada em uma das grandes tradições que têm sua fonte e origem em uma Revelação divina – não tem "senso histórico". Pode-se concordar com isso, desde que se entenda por "senso histórico" a atitude que o chamado homem moderno e esclarecido assumiu em face de tudo o que se passou antes dele na esfera temporal. Na verdade, no entanto, o homem tradicional tem um senso histórico mais profundo e acurado do que o homem moderno; ele não vê o mundo moderno como resultado de realizações "evolutivas" e "progressistas", provocadas pelos "processos históricos" e as "forças dinâmicas", que, inevitavelmente, levariam a condições cada vez mais avançadas de "civilização" e, finalmente, à "perfeição da humanidade". Em vez disso, o homem tradicional encara a situação atual como resultado de padrões regressivos e degenerativos, decorrentes do abandono sequencial daqueles princípios e verdades divinamente revelados em uma era remota, para a orientação da humanidade. Na opinião do homem tradicional, a crise em que se encontra o mundo se deve à substituição de valores e verdades tradicionais por princípios "humanistas", e dos preceitos de "Fé, Esperança e Caridade" substituídos pelos pseudo-ideais de "Liberdade, Igualdade e Fraternidade". Algo que na ordem prática significa: "liberdade" em face das restrições que Deus colocou para a humanidade; "igualdade" do profano com o sagrado;e "fraternidade" dos homens em sua oposição a valores tradicionais. Para o homem tradicional, não é a religião que é o "ópio do povo", mas sim essas distorções da realidade, juntamente com as superstições de "progresso" e "evolução", que dão ao homem uma falsa "fé "na humanidade e lhe oferecem a falsa "esperança "de um milênio terreno em que a sociedade seria tão bem organizada que dispensaria os homens da própria necessidade de serem bons. Nesta visão de mundo, a "caridade" é profanada ao nível de "ajudar a humanidade" ao longo de sua jornada rumo a essa falsa utopia.

Na medida em que tais ideias permeiam o mundo em que vivemos, o homem tradicional reconhece que atingimos aquilo que é chamado de

"Últimos Dias", ou Kali Yuga, a "idade das trevas", quando os fiéis à tradição não passam de "remanescentes", e remanescentes perseguidos; uma "idade de ferro" na qual as possibilidades inferiores inerentes à Criação terão sua breve oportunidade de serem realizadas, mas uma oportunidade demasiado mortal. E assim é que as Escrituras cristãs descrevem a natureza da *civitas mundi,* construída em oposição à *civitas Dei* por uma sociedade que, na melhor das hipóteses, ignora o sagrado e, na pior, declara abertamente guerra ao sagrado.

> "Nos últimos dias, sobrevirão tempos perigosos, porque haverá homens egoístas, avarentos, arrogantes, orgulhosos, blasfemos, sem nenhum respeito pelos pais, sem gratidão, sem piedade, sem afeição natural... mais amigos dos prazeres do que de Deus, homens que preservarão a forma exterior da religião, mas negarão a sua realidade... Sempre se informando, mas incapazes de chegar ao conhecimento da verdade." (2 Timóteo 3: 1-7)
>
> "O Espírito diz expressamente que nos últimos tempos alguns apostatarão da fé, dando ouvidos a espíritos enganadores e a doutrinas de demônios, que hipocritamente propagam a mentira e queimam a própria consciência." (1 Timóteo 4:1-2)
>
> Hipólito, um dos Padres da Igreja primitiva, em seu discurso "O Fim do Mundo", descreve os últimos dias com estas palavras:
>
> "Os templos de Deus serão como casas e haverá subversão das igrejas por toda parte. As Escrituras serão desprezadas e em todos os lugares se cantarão as canções do adversário. Fornicações, adultérios e perjúrios encherão a terra; feitiçarias, encantamentos e adivinhações se seguirão com toda a força e zelo. E, em meio daqueles que professam serem cristãos, levantar-se-ão falsos profetas, falsos apóstolos, impostores, malfeitores, iníquos, mentirosos, adúlteros, fornicadores, ladrões, perjuros, falsos, odiando-se uns aos outros. O pastores serão como lobos, os sacerdotes abraçarão a falsidade, os monges cobiçarão as coisas do mundo; os ricos terão o coração duro, os governantes não ajudarão os pobres, os poderosos abandonarão toda compaixão; os juízes não farão justiça e, cegados pelas propinas, clamarão pela injustiça."

Do ponto de vista católico, se é permitido simplificar um pouco as coisas, pode-se dizer que, quando Deus criou os Anjos e o homem "à Sua própria imagem", Ele dotou a ambos de um "Intelecto" e um "livre-arbítrio". Ao fazê-lo, Ele não só os proveu com um meio de "conhecê-lo, amá-lo e servi-lo", mas também os dotou da possibilidade de recusa de obediência e de se rebelar contra Ele. Foi assim que Lúcifer, o anjo de luz, recusou-se a servir e caiu do Céu acompanhado por um bando de seus companheiros. Do mesmo modo o homem, tentado pela serpente no Jardim do Éden, escolheu desobedecer e, como resultado, foi lançado fora de seu estado paradisíaco, trazendo consigo por todo o tempo aquela "mácula" da rebelião que a Igreja caracteriza como "pecado original". Isso tudo foi requerido pela Justiça Divina.

Felizmente, Sua Misericórdia é maior do que Sua Justiça e, assim, Deus deu ao homem os meios de retornar à condição que Ele sempre imaginou como "natural" ao homem. Temos pouco conhecimento detalhado dos "caminhos" oferecidos ao homem primitivo para sua regeneração, mas caminhos certamente havia. Foi assim que Abel, nascido de Adão logo após sua "queda", fez sacrifício, "e o Senhor tinha respeito por Abel e sua oferenda" (Gênesis 4: 4). Ele ainda estabeleceu códigos de comportamento moral e disse a Caim: "Se tu fazes bem, não deves ser aceito?" Por toda a antiga Revelação, ou a tradição como estabelecida anteriormente à vinda histórica do Cristo, temos uma série de repetidas manifestações da intenção divina de salvar Sua Criação, seguidas por uma série de "apostasias", na medida em que a humanidade rejeitou a graça e se afastou de seus fins próprios e verdadeiros. São Clemente fala do Espírito de Cristo, "que modificou suas formas e seus nomes desde as origens do mundo e, assim, reapareceu uma e outras vezes no mundo "(Homilias, III.20). Ou seja, Deus renovou repetidamente Sua Aliança com o homem, chamando o homem de volta à legítima dignidade de sua vocação; inúmeras vezes, o homem rompeu este Pacto e seguiu a via de seus próprios "desejos". Tudo isso é resumido nos aspectos históricos do Antigo Testamento, nos Profetas, que são venerados pela Igreja Católica como Santos, assim como suas declarações são veneradas como sendo inspiradas pelo Espírito Santo. Tudo isso culminou na vinda de Cristo, que estabeleceu a Nova Aliança, para durar até "o fim dos tempos".

Inevitavelmente, os cristãos olham para o passado com fervor e veneração, para os momentos em que o Divino tocou a terra, seja por meio dos grandes profetas ou, como na nova Aliança, para o próprio Cristo e seus apóstolos, quando eles de fato caminharam sobre a Terra. Que melhor tempo haveria para estar vivo do que quando se podia estar sentado a Seus pés e ouvir Suas palavras, ou pelo menos as dos homens que eram Seus seguidores imediatos? E se os católicos dão ouvidos à Igreja tradicional hoje, é porque ela preserva como um "depósito precioso" o que o Cristo e os Apóstolos ensinaram e fizeram – aquelas doutrinas e aqueles ritos dados para a regeneração e a salvação dos homens até o tempo presente.

Ora, cada intervenção divina eficaz tem de permitir que a "liberdade" do homem de se opor a ela se manifeste, pois a graça só pode se realizar em uma natureza que aceita a sua intervenção salvadora. O Espírito pode soprar quando e onde deseja, mas o homem sempre possui a liberdade de recusar a entrada do Espírito em seu próprio coração. Foi assim que, a partir do momento em que Cristo se manifestou na terra, forças se uniram para se opor a ele e até mesmo destruí-lo. Se os Reis Magos lhe prestaram reverência, Herodes matou os Santos Inocentes. Se os Apóstolos se congregaram em torno dele, Judas o traiu. Se os autênticos judeus O seguiram, os "pérfidos judeus" (pérfidos para com a sua própria tradição) O crucificaram. As linhas de batalha foram estabelecidas entre aqueles que buscavam ser como *alteri Christi* – "outros Cristos" — e aqueles que deveriam ser "anticristos". É uma batalha tão antiga quanto Adão, mas ainda travada em nossos dias e, sobretudo, em nossos próprios corações. Se a maioria da humanidade é indiferente a esta "jihad", é preciso lembrar que, na economia divina, como disse o Cristo, "quem não está comigo, está contra mim", e Ele advertiu que os "tépidos" seriam "cuspidos de sua boca".

Ora, Satã sempre tentou confundir as coisas, e acima de tudo convencer a humanidade de que não há batalha em absoluto a ser travada.Ao longo da história, ele tem usado uma variedade de diferentes manobras, com diferentes graus de sucesso. Parece que nos tempos modernos ele tem sido extraordinariamente bem sucedido; isto não só é permitido por Deus, mas foi mesmo previsto nos escritos sagrados de todas as tradições. "A vinda final de Cristo será imediatamente precedida por um surto terrível e sem precedentes do mal, chamado por São Paulo de Apostasia... Isso acontecerá quando as revoluções forem vitoriosas e a atual estrutura da sociedade for rompida em pedaços... "(tirado de uma descrição dos últimos dias feita pelo Cardeal Newman). Assim é que o homem moderno constitui uma coletividade privada de qualquer raiz verdadeira e alienado tanto de seu próximo como de si mesmo. Mas, se ao longo da história este processo de alienação tem avançado, Deus providenciou em seu amor um antídoto: a Tradição. Para citar uma passagem do Upanishad Chandogya (VII.26.2): "Assumir os ensinamentos tradicionais desfaz todos os nós [do coração]." Uma verdadeira perspectiva histórica requer, portanto, que vejamos na tradição a preservação da Revelação divina e, em um afastamento deste precioso depósito, a fonte de todas as aberrações que vicejam em nossos tempos.

Etimologicamente, “tradição” significa simplesmente “aquilo que é transmitido”, ou que é “passado”.De acordo com a Enciclopédia Católica (1908), “a verdade tradicional foi confiada à Igreja como um depósito que ela guardaria e transmitiria cuidadosamente, como havia recebido, sem adicionar nem tirar nada...” Deveria estar absolutamente claro que a Revelação cristã foi concluída com a morte do último apóstolo. Não existe algo como uma “revelação contínua”, ou a revelação adaptando-se constantemente às novas exigências de tempo e circunstância. Assim, é uma proposição *de fide* (que deve ser acreditada) que:

> A Revelação, feita aos Apóstolos por Cristo e pelo Espírito Santo, que o Cristo mesmo enviou para ensinar aos apóstolos toda a verdade, era final e definitiva. Deste corpo de verdade revelada, nada foi acrescentado, nem nada jamais será acrescentado. O significado dos dogmas sagrados deve ser sempre mantido de acordo com aquilo que a Santa Madre Igreja ensinou uma vez, nem isso pode ser modificado sob o pretexto de uma análise mais profunda... Se alguém disser que, por causa do progresso científico, pode ser possível em algum momento interpretar os dogmas da Igreja de uma forma diferente daquilo que ela entendeu e entende, que seja anátema!... A doutrina de fé que Deus revelou não foi proposta à inteligência humana para ser aperfeiçoada como se fosse um sistema filosófico, mas constitui um depósito divino confiado à Esposa de Cristo para ser guardado fielmente e infalivelmente interpretado.

Ora, o que a Igreja Católica tradicional ensina, o seu “Magistério”, é precisamente esta tradição. Nem o Papa, nem a hierarquia, nem um concílio ecumênico, podem afastar-se legitimamente da tradição. Por isso, é importante compreender o significado do termo.

Se esta Tradição é definida, do ponto de vista de seu objeto, como seus dogmas (verdades) e suas disciplinas (ritos etc.), pode-se dizer que, do ponto de vista das origens, ela deriva não apenas da própria Revelação, mas também de tradições eclesiásticas, que são preceitos e costumes há muito observados na Igreja e que, mesmo se eles podem ser revelados, só podem ser rastreados até tempos pós-apostólicos. Assim, por exemplo, no que diz respeito aos Cânones da Missa tradicional, exceto as palavras da consagração, nós não podemos ter certeza quais partes são de origem apostólica e quais partes derivam de tradições eclesiásticas, apesar de que seria razoável supor que autores pós-apostólicos, para quem inovações eram anátema, codificaram muitos “costumes, preceitos, disciplinas e práticas” que eram de origem verdadeiramente apostólica, e que, portanto, a Igreja sempre venerou como parte integrante da Tradição revelada—tal atitude sendo incorporada nos Cânones dos diversos Concílios Ecumênicos, que "insistiram que as tradições não escritas terão influência" e que "se alguém despreza ou negligencia qualquer tradição eclesiástica, escrita ou não, que seja anátema."[268] Compreender-se-á deste modo que a Tradição (com T maiúsculo), como fonte da Revelação, refere-se a coisas imutáveis que não podem ser rejeitadas ou alteradas.

Inevitavelmente, uma nova extensão do conceito de "tradição" será encontrada nos diversos "órgãos" que são usados para transmitir os "costumes, preceitos, instituições, disciplinas e práticas" da Igreja para a nossa geração. Entre esses "órgãos" estão as definições dogmáticas dos Pontífices Romanos, Concílios Ecumênicos, Profissões de Fé e censuras teológicas. Igualmente importantes são os costumes ou práticas universais associados com o dogma e, acima de tudo, as formas litúrgicas tradicionais.

O Magistério, que é definido como a "função didática da Igreja", é, como um todo, bem como em suas partes constituintes, como a Enciclopédia da Igreja Católica diz, o "órgão oficial da tradição". A fé é totalmente dependente da tradição e não pode, sob nenhum pretexto, afastar-se dela. "A tradição é, assim, a fé que a Igreja ensina, pois ela a recebeu dos Apóstolos e é a norma da verdade." E, como poderia ser diferente, pois, como o Cardeal São Bellarmino disse, uma das características da tradição é que ela é "perpétua, pois foi instituída para que possa ser continuamente utilizada até a consumação do mundo..."

Há, naturalmente, um sentido ainda mais amplo pelo qual o termo "tradição" pode ser legitimamente usado – e este sentido mais amplo, como a Enciclopédia Católica diz, "nem sempre é claro, mas nós nos esforçamos para explicar isso para nós mesmos da seguinte forma: todos nós somos conscientes de um conjunto de ideias ou opiniões existentes em nossas mentes... um sentimento comum... um espírito comum.... A existência da tradição na Igreja deve ser encarada como vivendo no espírito e no coração, e daí traduzindo-se em atos e se expressando em palavras e escritos.... Este sentimento da Igreja é peculiar na medida em que está sob a influência da graça. O pensamento da Igreja é essencialmente um pensamento tradicional".

E por que isso acontece? Porque aqueles que estão profundamente imersos em sua fé, cujos padrões de vida estão em conformidade com as "tradições" estabelecidas e formais, constatam que seus atos e pensamentos são correspondentemente influenciados. A generosidade, gentileza, cortesia, dignidade e toda uma série de qualidades semelhantes que refletem as virtudes divinas se tornaram parte normal da vida — qualidades que estão ostensivamente ausentes do mundo moderno, que é em sua essência anti- tradicional.

Finalmente, deve ficar claro que as Sagradas Escrituras - constituindo o que chamamos de Bíblia — são elas mesmas parte da tradição. Como o Cardeal Manning assinalou :

> Nossa religião não deriva das Escrituras, nem depende delas. Nossa fé já existia antes que o Novo Testamento fosse escrito.

Isso não quer dizer que as Escrituras não ocupam um lugar importante na tradição, mas que é a tradição que garante para nós sua validade, e que, para entendê-las corretamente, é preciso recorrer aos escritos dos Padres da Igreja e dos Santos. Como Tanqueray, uma fonte teológica das mais autorizadas, coloca de forma clara:

> [A Tradição] é mais extensa do que a Escritura e abarca verdades que não estão incluídas nas Escrituras, ou nelas estão contidas de forma obscura;a Tradição também é mais essencial para a Igreja do que a Sagrada Escritura, pois a verdade revelada foi primeiramente transmitida oralmente pelos Apóstolos, sempre foi proclamada por via oral, sempre e em toda parte...

De fato, acredita-se que partes do Novo Testamento foram escritas apenas seis décadas após a morte do Cristo, e o corpo definitivo da Bíblia não foi estabelecido senão no século IV.

Aqueles familiarizados com as Escrituras cristãs sabem que, mesmo nos dias de São Paulo, havia aqueles que se afastaram da Tradição e ensinaram doutrinas diferentes daquelas reveladas pelo Cristo e os Apóstolos. Isto foi considerado por ele como "nuvens sem água" e "nuvens lançadas em turbilhões, a quem a névoa da escuridão está reservada". Eles eram "sedutores", "anticristos" e "destruidores de Cristo", que criaram "seitas de perdição". Deveriam ser evitados pelos fiéis, que eram instruídos a "permanecer firmes e a conservar as tradições que tinham aprendido, por palavra ou por epístola nossa... "Tal atitude sempre foi preservada ao longo da história da Igreja, que sempre se mostrou intolerante em face do erro, embora sempre tolerante para com o pecador arrependido. E o homem ocidental teve constantemente a Igreja como testemunha sempre viva da tradição estabelecida por Cristo — de fato, a história da civilização ocidental pode ser descrita como a ascensão e o declínio desta mesma "força", e da disposição da humanidade em aceitar ou rejeitar seus ensinamentos e práticas. Antes da Renascença, apesar de seus muitos defeitos e problemas, o mundo ocidental era com efeito um mundo católico, um mundo no qual as estruturas dominantes , políticas, sociais e econômicas eram cristãs, em princípio e na prática. Com a revivência do que é chamado de "novo ensinamento", que era na verdade um retorno aos valores pagãos e pré-cristãos do mundo greco-romano, a Tradição cristã foi sendo progressivamente erodida.

No entanto, talvez seja errôneo situar tal ruptura na Renascença como tal. Antes desse fenômeno histórico já havia acontecido um declínio nos valores espirituais, que tenderam a dar à Igreja um caráter cada vez mais "exotérico", e que obscureceu ainda mais a sempre tênue relação entre o "Sacerdotium" e o "Regnum" : entre a autoridade espiritual e o poder temporal, entre Igreja e Estado. Uma qualidade cada vez mais mundana manifestou-se em ambas as ordens, mediante a qual uma foi grandemente enfraquecida e a outra virtualmente destruída. Forças econômicas passaram a controlar cada vez mais a ordem civil, até que, como diz R. H. Tawney, os homens se convenceram de que "cobiça era empreendedorismo e economia, avareza". A religião foi tolerada apenas na medida em que não interferia com o desenvolvimento econômico, enquanto, no plano político, a realeza ou foi forçado a cooperar com as classes endinheiradas emergentes, ou então simplesmente foi deposta em favor dos assim chamados "governos democráticos", isto é, governos mais facilmente manipulados pela nova estrutura de poder. Como prova dessa nova orientação, pode-se apontar para a destruição de estruturas societais baseadas na hierarquia, como casta ou função, e sua substituição por uma nova aristocracia baseada exclusivamente no dinheiro e na força.A usura, condenada por todas as tradições ortodoxas, tornou-se aceita e, de fato, exaltada como o que é chamado de "a arte de fazer dinheiro".

No plano teológico, sob o lema de "Reforma", Calvino e Lutero atacaram a Igreja e se recusaram a aceitar qualquer aspecto da tradição cristã que não estivesse baseado nas Escrituras. E se os teólogos da Reforma se recusaram a reconhecer a Revelação como fonte última da verdade, os filósofos da época, por sua vez, restringiram a função do Intelecto a uma das suas faculdades somente – a da Razão. Assim, temos o nascimento do que tem sido chamado de "Idade da Razão", como se o que tivesse vindo antes tivesse sido uma época de des-razão, e como se *manas* (mente) pudesse existir na ausência de *bodhi* (espírito).

Subjacente a esta visão alterada sobre a vida nas esferas espiritual, política e filosófica, está o princípio de que o próprio homem – o homem enquanto homem – é o ser central para toda a criação e, portanto, que ele sozinho, e não a tradição imutável e sobrenatural, é que seria o juiz do que é justo, verdadeiro e belo. E se o homem deveria substituir Deus como fonte de verdade, rapidamente se seguiu que o mundo substituiria o Céu como a meta de suas atividades. A razão, não mais guiada pela Revelação, tornou-se a senhora das emoções, dos sentimentos, e o que é pior, do "inconsciente", tão amado pelos psiquiatras contemporâneos. A religião tornou-se um assunto privado, uma questão de sentimentos pessoais; tem-se direito a eles, mas supondo-se que cabe mantê-los apenas para si mesmo. Eles não tinham mais papel a desempenhar no fórum público e o julgamento particular de cada qual seria tão bom quanto o de qualquer outro. O homem ocidental, marginalizado da tradição, recebeu toda uma série de slogans para amenizar sua fome. Em primeiro lugar, "Liberdade, Igualdade e Fraternidade"; em seguida, as ideias de "progresso dinâmico" e "evolução" do homem rumo a algum estado superior de existência. Aqueles que se recusaram a aceitar esta nova e "moderna" visão de mundo passaram a ser descritos como "atrasados" - historicamente, o termo foi aplicado pela primeira vez aos católicos que, durante o reinado de Elizabeth I na Inglaterra, recusaram conformar-se à nova religião da Igreja Anglicana.

A fim de estabelecer a nova base econômica da sociedade, foi necessário deserdar as classes proprietárias de terras e roubar da Igreja sua riqueza — uma riqueza mantida em custódia para os pobres, de quem esta riqueza originalmente derivava. Assim como, na Índia, não poderia ocorrer qualquer modernização real sem a destruição do sistema de castas, do mesmo modo na Europa foi necessário, primeiramente, destruir a estrutura social e econômica da Cristandade. A ideia de progresso foi criada a fim de dar àqueles que eram as vítimas dos "processos dinâmicos" uma contrapartida para amenizar sua dor. Foi dito às classes trabalhadoras e aos servos sem habilidades artesanais, ambos expropriados, que seria apenas uma questão de tempo até que todos os seus problemas fossem resolvidos, até que o "novo mundo" fosse criado, um mundo no qual todos os homens seriam "livres" — isto é, sem limites além daqueles impostos por eles mesmos. E já que esta nova filosofia não poderia de nenhum modo explicar as enormes diferenças entre os seres humanos em relação às suas habilidades, nem de qualquer forma justificar as disparidades econômicas que resultaram disso, o "proletariado" recém-criado também recebeu a promessa de que a pobreza seria abolida.

Durante todo o período de colapso que se seguiu à Renascença, a Igreja continuou a ser um baluarte e uma testemunha de certas verdades e, como tal, tornou-se a inimiga de um falso "progresso", baseado na "evolução "e no "progresso" das habilidades intelectuais do homem a partir do "primitivismo" de sua situação de dependência da Igreja e da tradição. Não que a Igreja se opusesse às descobertas da ciência e à melhoria material do homem, mas ela constantemente exigia que os princípios universais de justiça e verdade tinham de prevalecer – justiça e verdade como entendidos de um ponto de vista tradicional. Era inevitável que ela entrasse em conflito com o Estado, o que na realidade significava um conflito com os poderes econômicos que controlavam o Estado. Este conflito foi resolvido de muitas maneiras, mas principalmente pelo que é descrito como a completa separação entre Igreja e Estado.

Sempre houve aqueles, dentro da própria Igreja, que achavam que sua rigidez (e não se deve ser rígido quando a verdade está em jogo? Os mártires que morreram pela fé não foram culpados deste "pecado" ?) foi a principal razão pela qual o homem moderno se recusou a ouvi-la; aqueles que achavam que a Igreja deve se adaptar ao mundo moderno e, de alguma forma, que ela deveria ser "atualizada". Afinal de contas, eles argumentaram, como o homem contemporâneo poderia aceitar a crença em "ritos místicos", em rosários, em exorcismo, em milagres, e como verdades que eram válidas para o homem primitivo ainda seriam válidas para uma geração que tinha avançado intelectualmente tanto ao longo do caminho do "progresso"? Não é que tais pessoas desejassem que a Igreja usasse aviões e telefones; eles queriam que ela adotasse formas de pensar modernas, aceitasse sua crença em "progresso", "evolução", "processos dinâmicos" e "determinismo histórico" e, no essencial, alcançasse um *aggiornamento* com tudo aquilo que havia resultado da apostasia da época atual. Quando a Igreja se recusou a fazer isso, alguns se separaram dela; outros permaneceram para corromper os fiéis a partir de seu interior. Além disso, a educação foi tirada de seu controle e se tornou, na prática, um meio para obter êxito no mundo moderno. Mediante o processo de educação secular, seus membros mais capazes eram frequentemente seduzidos para se tornarem os proponentes deste "modernismo", como o movimento passou a ser chamado. Mesmo durante o XX Concílio Ecumênico – o Vaticano I –, que aconteceu ao final do século XIX, forças poderosas se uniram em uma tentativa de tornar esta nova perspectiva parte do ensinamento oficial da Igreja, e aqueles familiarizados com os documentos da Igreja daquela época sabem o quão rapidamente e vigorosamente esta intrusão e violação da verdade foram rejeitadas. [269] Mas o tempo estava do lado dos inovadores e, no momento em que o Vaticano II foi convocado, muitos desses indivíduos tinham se insinuado em altas posições na hierarquia da Igreja. Este fator, juntamente com a soberba organização, permitiram que o Concílio Vaticano II fosse capturado por aqueles que não eram católicos de coração.[270]

Com o Papa Paulo VI, a Igreja passou por uma série das mais drásticas mudanças — quase nenhum aspecto de suas tradições deixou de ser invertido —e uma série de ideias modernas foi incorporada no corpo oficial de seus ensinamentos. Para citar diretamente dos documentos do concílio:

> "A raça humana passou de um conceito antes estático da realidade para um conceito mais dinâmico e evolucionário.... É um fato que pesa sobre a própria pessoa do homem que ele pode chegar a uma humanidade autêntica e plena somente através da cultura, isto é, mediante o cultivo de bens e valores naturais...O progresso da pessoa humana e o avanço da sociedade dependem um do outro... O objetivo de todas as instituições sociais é e deve ser a pessoa humana... "

Na verdade, os fiéis são orientados a :

Mesclar a ciência moderna e suas teorias, e a compreensão da maior parte das descobertas recentes, com a moralidade e a doutrina cristã. Assim, sua prática religiosa e moral pode manter o passo com seu conhecimento científico e com uma tecnologia em constante avanço..."

Podemos dar uma miríade de exemplos neste sentido. O julgamento privado em assuntos religiosos é aprovado; o culto comum com aqueles que negam os ensinamentos da Igreja é incentivado; o Papa debilita a sua autoridade e permite que ela seja compartilhada com o Colégio Episcopal, em uma "democratização da Igreja". Além disso, tudo é redigido de forma tão vaga que permite uma multiplicidade de interpretações contraditórias. Mas, tudo isso por si só não teria modificado efetivamente a Igreja se não tivessem modificado e adulterado seus ritos apostólicos e, especialmente, a Santa Missa, que havia sido preservada até então, ao longo da história, pela tradição católica. Este, o rito mais central e mais sagrado da Cristandade foi alterado, apenas conservadas aquelas partes que dariam ao novo serviço alguma aparência de ser similar ao rito tradicional.[271]

Assim é que a tradição cristã foi completamente destruída desde dentro.[272] Que isto fosse suceder antes do "fim do mundo" já havia sido previsto, tanto pelos santos como por certas passagens nas Escrituras. Mas, para aqueles que têm olhos para ver e ouvidos para ouvir, o desdobramento deste processo sucedeu diante de seus próprios olhos.[273] Como o próprio Paulo VI admitiu, a "fumaça de Satã" penetrou através das salas do Vaticano. É isso que explica o abandono do sacerdócio por milhares entre aqueles comprometidos com a vida consagrada, o esvaziamento das ordens religiosas e a apostasia de milhões de fiéis.

Muitos crêem na equivocada ideia de que um Papa tem autoridade para mudar a fé, para alterar os ritos e para afastar-se da tradição. Esse obviamente não é o caso, pois, como diz o Concílio Vaticano I, em uma declaração *de fide* (a qual é necessário crer):

> "O Espírito Santo não foi prometido aos sucessores de Pedro para que, mediante Sua Revelação, os sucessores possam trazer à luz novas doutrinas, mas que, com a Sua ajuda, eles possam manter inviolada e expor fielmente a revelação originalmente transmitida pelos Apóstolos, o depósito de fé..."

A maioria dos católicos não se dá conta de que um papa pode ser um herege, e se ele, em suas declarações públicas anteriores à eleição, der evidência disto [de heterodoxia], a sua eleição é inválida, assim como são todos os seus atos. É por isso que, se um papa por acaso vier a tomar medidas para destruir a Igreja, os fiéis são instruídos por alguém como o cardeal são Belarmino a "dificultar a execução de sua [do Papa] vontade. "

Alguns podem se perguntar sobre o que aconteceu com a promessa do Cristo de que "as portas do inferno não prevalecerão" contra a Sua Igreja, e que ela duraria até o fim dos tempos. A promessa está cumprida pelo fato de que há segmentos importantes da Igreja tradicional que ainda são viáveis no mundo – fieis remanescentes na tradição, para usar as palavras da Escritura. Estes grupos de fieis remanescentes são, naturalmente, injuriados pela Igreja Nova e são abertamente acusados de cisma por sua recusa em abandonar a fé que seus pais acreditavam e praticavam. Estes são os tempos em que vivemos, pois, verdadeiramente, a Kali Yuga está aí. A Nova Igreja não apenas abandonou a tradição, ela foi tão longe ao ponto de introduzir, com todo o peso de sua autoridade usurpada, uma "contra-tradição", que só pode ser vista como um veículo para acelerar ainda mais a conclusão do atual ciclo de tempo. Ela esqueceu a advertência do Cristo :

> "Ai do mundo por causa dos escândalos, pois é necessário que os escândalos aconteçam, mas ai daquele homem por meio de quem o escândalo vem." (Mateus 18:7)

O DRAGÃO QUE DEVOROU SÃO JORGE

WHITALL N. PERRY

"Todo aquele que implorar a minha ajuda a receberá."
– São Jorge

Num estudo extraordinário, *O Mito do Eterno Retorno*, Mircea Eliade traça o deslocamento da orientação da humanidade através dos séculos, de uma perspectiva cíclica ou temporal para outra que é linear e histórica.

O homem arcaico e tradicional, tanto no Oriente como no Ocidente, viviam em uma perpetuidade rítmica de eventos recorrentes que sempre se referiam a uma Fonte arquetípica – protótipos míticos "repetiam-se porque eram consagrados no começo ('naqueles dias', *in illo tempore, ab origine*) pelos deuses, ancestrais ou heróis." Como Ananda Coomaraswamy diz em seu Hinduísmo e Budismo, "No começo (agre), ou antes 'no ápice', significa 'na causa primeira': assim como em nossos mitos ainda contados, 'era uma vez' não significa 'uma vez' apenas, mas 'de uma vez por todas'". E o uso que Eliade faz da palavra mito(da raiz UM, "Mistério") deve ser entendido como Coomaraswamy o define, como "a verdade última, da qual toda experiência é a reflexão temporal". Do mesmo modo, ao falar de arquétipos, são as Ideias ou Essências platônicas que estão em foco.

O homem secular contemporâneo vive, em contraste com isso, num fluxo linear de história, concebido como tendo início num único tempo em algum ponto indeterminado no passado e progredindo rumo a um futuro temporal indeterminado.

A primeira perspectiva poderia ser considerada "espacialmente" como vertical e estática, a segunda poderia ser considerada "temporalmente" como horizontal e dinâmica.

É a "ideia de Centro e a ideia de Origem que dominam todas as culturas antigas e tradicionais", escreve Frithjof Schuon em seu *O Homem no Universo.*[274] Espacialmente,

> "Todo valor é relacionado de uma maneira ou de outra a um Centro sacro, que é o lugar em que o Céu tocou a terra; em todo mundo humano, há um lugar onde Deus se manifestou para aí

difundir suas graças. E do mesmo modo para a Origem, que é o momento quase intemporal em que o Céu estava próximo e as coisas terrestres eram ainda meio celestes; mas é também, para as civilizações que tem um fundador histórico, o período em que Deus falou, renovando assim, para um determinado ramo da humanidade, a aliança primordial. Ser conforme à tradição é permanecer fiel à Origem, e é por isto mesmo situar-se no Centro; é permanecer na Pureza primordial e na Norma universal. Tudo no comportamento dos povos antigos e tradicionais se explica, direta ou indiretamente, por estas duas ideias, que são pontos de referência no mundo imensurável e perigoso das formas e da mudança.

É este gênero de 'subjetividade mitológica' que permite compreender... o fato de cada antiga civilização viver como que na lembrança do Paraíso Perdido e de ela se apresentar – enquanto veículo de uma tradição imemorial ou de uma Revelação que restaura a "palavra perdida" – como o ramo mais direto da 'idade dos deuses'."

E Eliade alerta contra a confusão deste Paraíso exemplar – o paradigma da Realidade – com algum "paraíso perdido de animalidade" : o homem primevo tinha "sede pelo ôntico", pelo real, e "tudo o que sabemos sobre as memórias míticas do 'paraíso' nos confrontam, pelo contrário, com a imagem de uma humanidade ideal desfrutando de uma beatitude e de uma plenitude espiritual irrealizável no estado presente do 'homem decaído'." Se, então, o homem arcaico rejeitava a história na medida do possível, que para ele era equiparável ao "imensurável e perigoso mundo das formas e da mudança", isto é, com o acidente, a incongruidade, a desgraça, o pecado, o sofrimento e a punição – e se limitava "a uma repetição indefinida de arquétipos... este comportamento corresponde a um esforço desesperado para não perder contato com o *ser*." A única qualificação a fazer aqui é que a expressão "desesperada" deveria ser substituída por alguma outra palavra, como "intensa", ou "ciente", dado que o próprio ritmo do "eterno retorno" se caracteriza por uma serenidade que, por sua natureza, exclui qualquer sugestão de *angst*.

O propósito deste artigo será examinar o padrão do eterno retorno (*anakuklêsis*) em relação a uma entidade arquetípica particular – no caso, São Jorge. E depois verificar tanto como acontece e quais são as consequências quando o "mito" cai em desuso.

Mitologia

A crônica de São Jorge inclui dois polos: o do martírio e o do herói solar, ou do matador do Dragão. Começando com o primeiro polo, tais eram os ordálios suportados pelo celebrado cavalheiro cristão que, se S. Estevão pode ser chamado de proto-mártir, então certamente, depois do próprio Cristo, S. Jorge pode ser considerado o protótipo do mártir, ou "Grande Mártir", como ele é conhecido entre os gregos.As primeiras atas nos arquivos dos bolandistas [275] sobre o tema estão em grego e remontam ao século VI; há também algumas atas em latim do século VIII, mas consideradas como traduções de uma obra que antecede as obras gregas mencionadas e que são atribuídas a Pasikrâs, servo do herói.A pesquisa acadêmica, não é preciso enfatizar, hoje considera toda esta literatura como apócrifa. O papa Gelásio (494) disse que Jorge foi um daqueles "cujos nomes são reverenciados com justiça pelos homens, mas cujos atos são conhecidos apenas por Deus". O relato de Jacopo de Varazze (1230-1298) bastará em grande medida para nossos propósitos – particularmente seu *Legenda Áurea* (Cia das Letras, 2003), que fez muito para familiarizar a tradição ocidental com o dragão.

Jorge era nativo da Capadócia, serviu no exército romano na Palestina como tribuno, durante o reinado de Diocleciano e Maximiliano.Ao testemunhar a perseguição aos cristãos sob a vara do procônsul Daciano (nas atas gregas, é Diocleciano o perseguidor, e nas em latim, o imperador persa), ele substituiu seu uniforme militar pelas vestes de cristão e denunciou em público os deuses de Daciano como meros demônios. Esta ousadia lhe rendeu esquartejamento com ganchos de ferro, enquanto seu corpo era esticado em uma cremalheira, com tochas ateando fogo ao seu corpo e sal sendo derramado sobre suas entranhas expostas. Mas ele foi curado na noite seguinte por intermédio de uma visão do Senhor. No dia seguinte, um mágico envenenou seu vinho, mas, fazendo o sinal da cruz, Jorge tanto salvou-se como ainda converteu o mágico, que, por sua falha, foi decapitado. O santo foi então colocado em uma roda eriçada de espadas de dois gumes, mas a roda engripou no primeiro movimento. Depois disso, Daciano mergulhou-o em um caldeirão de chumbo derretido, mas Jorge fez o sinal da cruz e sentiu pura refrescância.

"Olhe aqui, meu caro Jorge", disse Daciano, forçando um sorriso, "veja com que indulgência nossos deuses o tratam: convença-se de suas boas intenções. Sacrifique a eles, e veja as honras que irás colher! "

"É esta a pior parte des ua intenção? Com prazer, então", respondeu S. Jorge. "Eu só não entendo por que tu não me convidaste civilizadamente antes, ao invés de recorrer a todos esses tormentos." Daciano, radiante de alegria, convidou com floreio de trompetes que toda a cidade se congregasse no grande templo para a conversão de Jorge. Lá, o santo se pôs de joelhos e orou para que o templo, com todos os seus ídolos, fosse destruído; no mesmo instante, um raio caiu do céu e consumiu o edifício, enquanto a terra se abriu e engoliu os sacerdotes. Jorge então propôs outro "sacrifício aos ídolos" em outro templo, dizendo ao furioso procônsul: "Se os seus deuses não podem ajudar a si mesmos, como poderiam lhe ajudar?"

Neste momento, a mulher de Daciano (que nos relatos grego e latino é a imperatriz Alexandra) se converte ao Cristianismo; por conta disso, ela também é martirizada. O sangue nestas circunstâncias, disse-lhe então Jorge, vale pelo batismo, e ela entregou a alma em paz. No dia seguinte, Daciano ordenou que Jorge fosse arrastado pela cidade e então decapitado. O mártir teve concedida então a prece de que *todo aquele que implorasse por sua ajuda a receberia*, depois do que ele foi decapitado. Em seguida, um relâmpago atingiu Daciano e seus ministros.

Desde que as perseguições contra os cristãos começaram na época de Diocleciano, no ano 303, a morte de S. Jorge está associada a esta data. A cena de seu martírio é descrita de forma variada como tendo ocorrido em Diospolis (Lídia) na Palestina, ou na Nicomédia, na Ásia menor. Seu nome deriva do grego *georgos*, "lavrador do solo", e sua festa cai em 23 de abril (quando o Sol acaba de entrar em Touro). Além de seu extenso culto no Oriente, Jorge foi feito padroeiro, no Ocidente, da Inglaterra, de Portugal, Aragão, Valência, Barcelona, Malta e Gênova; ele também é o protetor de prisioneiros, soldados e pastores. O estandarte do mártir consiste de uma cruz vermelha sobre fundo branco.

*

É evidente dessas passagens que estamos diante de eventos de magnitude cósmica. A veneração a S. Jorge teve na Idade Média uma popularidade só superada talvez pela dedicada à VirgemSantíssima;inúmeras igrejas e ordens religiosas e militares foram dedicadas a ele; embora ele tenha agido milagrosamente para ajudar os Cruzados na captura de Jerusalém (cidade que tinha de ser preservada como um santuário para todas as tradições monoteístas), mesmo assim ele se tornou objeto de reverência por parte dossarracenos, como o "Cavaleiro do cavalo branco". E eles foram ainda mais longe, alegando, de acordo com o historiador árabe Mas'udi, que *Jirjis* – como os muçulmanos chamam o santo — foi enviado por Deus, durante o reinado do Profeta Maomé, ao rei de Mosul com a ordem para ele abraçar a nova fé. O rei, contudo, mostrou-se intratável e mandou matar Jirjis. Deus, no entanto, o ressuscitou e novamente o enviou ao rei, resultando na mesma morte e ressurreição de antes. Quando o mártir realizou a missão pela terceira vez, seu perseguidor ordenou que fosse queimado, com suas cinzas espalhadas pelo rio Tigre. Mas Deus, mais uma vez milagrosamente, devolveu a vida ao santo, desta vez destruindo o rei e todos os seus súditos. O viajante suíço Johann Ludwig Burckhardt observou que "os turcos têm grande veneração por São Jorge".

Ora, este Jirjis é identificado pelos muçulmanos com Elias e com al-Khidr (literalmente "o cavalheiro verde"), um personagem misterioso ou profeta, que, como Melquisedeque ("Rei de Justiça"), parece não ter "nem começo de dias, nem fim de vida" (Hebreus 7:3). De fato, o fenício Adônis que entrou na mitologia grega revela essencialmente a mesma história. É o mito idêntico, de acordo com Luciano e outros, que conduz de volta a Osíris, o deus egípcio do Juízo Final, da Ressurreição e da Imortalidade. Estas referências acumuladas, ainda que de nenhum modo exaustivas, contêm todas as provas necessárias para identificar S. Jorge como a personificação, em termos cristãos, do Princípio Universal de Regeneração cosmogônica cíclica; e homenagem a sua pessoa esta baseada no fato de que o Homem como representante do Céu na Terra (Corão *passim*), graças a sua inteligência total e liberdade volitiva, é obrigado, sob pena de perder este direito de primogenitura, a participar ativamente na conservação "ecológica" da criação em sua totalidade — conservação noumenal, anímica e fenomênica. Não que todo cristão que venera o santo tenha de entender seus motivos segundo esta visão, mas tais explicações são dadas para mostrar aonde se acha a eficácia espiritual do culto. Se o leitor parece encontrar aqui uma sobreposição indiscriminada de mitos, isto se deve ao fato de com estes temas solares centrais estarmos situados no coração mesmo do eterno retorno. O fato é que todos esses heróis, deuses e semideuses são entidades distintas e separadas: "Muitas são as suas formas e muitas as suas existências", diz um hino egípcio a Osíris, que não é Adônis tanto quanto este último não é Tammuz, estando apenas situado no ponto atemporal e onipresente do eterno retorno para o qual suas identidades convergem.

*

A Igreja de hoje considera São Jorge como um portador ou mensageiro atávico de lixo pagão, e não faltaram aqueles apologistas cristãos [276] que se questionam por escrito como um pagão sem disfarce poderia ter feito seu caminho rumo ao Martirológio Romano. Mas, a questão pode ser invertida, e pode-se perguntar como é possível que uma realidade tão universal e arquetípica poderia deixar de entrar na esfera cristã. Em todo o caso, tal realidade adentrou no campo cristão, com as modificações decorrentes da natureza dos tempos, povos e religião para os quais foi dirigida. Foi-se a ênfase em ritos nupciais e em fecundidade, embora as contrapartidas femininas permaneçam, metamorfoseadas de forma condizente com um contexto então cavalheiresco. Assim, vemos associado ao santo a Imperatriz Alexandra, compartilhando seu martírio, enquanto a outra mulher irá provar ser a princesa na estória do dragão, cujo cinto de castidade serve a Jorge como artifício indispensável para amansar o monstro. Este tema surge ainda em o "Cavaleiro Verde", sendo que o cinto de seda verde da mulher, usado com sua cumplicidade por Gawain, salva-o de golpe mortal do marido. A segunda dama neste romance arturiano é Morgana, em torno de cujos poderes mágicos, adquiridos de Merlin o mago, toda a narrativa se articula.

Aliás, os gemidos pagãos por Tammuz aparecerão menos extravagantes se lembrarmos o papel central que a Paixão desempenha no Rito Latino. E, certamente, as analogias entre Osíris e Cristo não foram esquecidas pelos estudiosos de religião comparada : ambas as figuras são celebradas por uma Paixão e uma Ressurreição, Osíris como Juiz e Rei dos Mortos corresponde a Cristo Pantocrator e, sem especulações indevidas, as duas Marias do Evangelho podem de alguma forma ser identificadas com Ísis e Néftis; pelo menos está bem estabelecido que o culto de Ísis passou para o da Virgem, como atestado pelo número de santuários marianos medievais erguidos em sítios de templos anteriormente dedicados a divindades pagãs.

Mas, por que agora essa aparente divagação a respeito de Cristo? A razão é que São Jorge foi elogiado em tempos medievais como um prolongamento do Salvador, e como o braço direito da Virgem, ou o que, em termos budistas, seria chamado um "Bodhisattva" cristão: a promessa do santo de que "*todo aquele que implorar a minha ajuda a receberá*" constitui um eco direto da passagem do Evangelho na qual o Cristo diz: "Tudo quanto pedirdes em meu Nome, eu o concederei" (João 14:13). Seu é igualmente o tema do martírio e do renascimento, ele também tem a cruz como emblema; ambos são comemorados no tempo pascal, quando o Ano renasce; e assim como São Miguel é o campeão celeste do Redentor, e daquelaque esmaga a cabeça da serpente, do mesmo modo São Jorge é sua contrapartida terrena e, neste mesmo contexto messiânico, o patrono dos soldados que lutam pela Jerusalém Celeste, uma vez que "esta geração [o último Ano de nosso ciclo cósmico] não passará até que todas essas coisas tenham sido cumpridas "(Mateus 24:34).

O mesmo contexto também traz o dragão, cujo relato aparece como uma reflexão piedosa tardiamente acrescentada à Legenda Áurea – de fato, ele pode ser rastreado até o século VI. O próprio Jacopo de Varazze se refere à variante das estórias contadas por "outros autores" ; assim, além de tradições orais, deve ter havido documentos escritos conhecidos em sua época. A credibilidade do monstro estava fadada a expirar com o fim da Idade Média, e, já no início do século XVI, o Papa Clemente VII ousadamente conseguiu despachar a besta por meio do fácil expediente de eliminar sua menção na reforma dos missais e breviários. Isso deixou a Igreja Romana (pois os ortodoxos não foram parceiros na ação) com um problema ao invés de dois, e era apenas uma questão de tempo antes que o próprio Jorge desaparecesse — tão interligados estão seu destino e o do dragão. Mas, primeiramente, relembremos a versão dada pelo cronista dominicano italiano [Varazze].

Em suas viagens, o jovem cavalheiro da Capadócia passou perto de uma cidade pagã na Líbia, chamada Silene, perto da qual havia um grande pântano infestado por um dragão insaciável, que havia repetidamente posto em fuga um exército armado com a intenção de matá-lo. Nas incursões do dragão contra a cidade, seu hálito pestilento fazia mortos até entre aqueles que se protegiam atrás das muralhas. Para afastar o monstro, seus cidadãos finalmente lhe ofereceram duas ovelhas por dia, mas estas logo escassearam, de modo que não tiveram outro expediente senão sacrificar, juntamente com uma ovelha, um de seus filhos, seja menino, seja menina, escolhidos por sorteio. A cidade já estava praticamente sem jovens quando chegou a vez da filha única do rei ser sacrificada. O desconsolado monarca propôs, no lugar da filha, seu ouro e sua prata, além de metade de seu reino, qualquer coisa que pudesse poupar a donzela do horrível destino. Mas isso serviu apenas para aumentar a raiva de seus aflitos súditos, que lhe lembraram que havia sido ele mesmo, o rei, quem assinara o decreto do sacrifício e que era seu dever agora respeitá-lo, sob pena de ser deposto, e com ele ter seu palácio incendiado. Sem alternativas, o rei convocou a princesa, adornou-a com as vestes reais e lamentou amargamente seu destino.

A princesa, que em antigas baladas é chamada de Sabra, prostrou-se em seguida aos pés do pai para receber sua bênção e partiu rumo ao pântano. Neste momento S. Jorge aparece e pergunta sobre a causa de seu choro. "Bom jovem", ela responde, "monte rapidamente em seu cavalo e fuja, para que não venha a perecer comigo!" "Não tenha medo, minha filha", ele respondeu, "mas, diga-me, por que estás chorando, e o que faz esta multidão de pé nas muralhas?" Vendo que suas súplicas para que o jovem cavalheiro fugisse não surtiam efeito, ela lhe contou toda a triste história. Enquanto falava, o monstro levantou a cabeça escamosa acima do pântano. Tremendo, a virgem gritou: "Fuja, fuja, senhor cavaleiro!"

Em resposta, Jorge montou em seu cavalo e, recomendando-se a Deus com o sinal da cruz, brandiu sua lança e atacou o dragão. Com um único golpe, o animal foi paralisado e derrubado. Jorge, então, pediu à princesa que passasse sua cinta em volta do pescoço do monstro, que por sua vez se ergueu e a seguiu como se fosse um cão na coleira.

Quando chegaram à cidade, as pessoas fugiram aterrorizadas, mas São Jorge chamou-as de volta, explicando que ele havia sido enviado pelo Senhor para livrá-los de sua aflição, e os convidou a juntar-se a ele na fé cristã. Naquele dia, o rei e todo o seu povo foram batizados. Em seguida, o santo desembainhou a espada e matou o dragão, cuja carcaça foi levada embora por quatro pares de bois. O rei mandou construir uma grande igreja em honra da Santíssima Virgem e de São Jorge, e dela brotou uma fonte cujas águas milagrosas curavam todo tipo de doença. Depois de distribuir aos pobres o que havia recebido do rei, Jorge instruiu o monarca acerca das leis da religião, abraçou-o e partiu.

Alguns autores relatam que Jorge matou o dragão imediatamente; outros, que a princesa foi trancafiada num castelo cujos súditos pereciam por falta de água, cuja única fonte era controlada pelo "verme repulsivo", do qual Jorge os livra prontamente.

De importância ainda maior é a universalidade do tema. Perseu e Andrômeda foram mencionados. "Histórias semelhantes eram comuns na Grécia. Na ilha de Salamina, Cenchrius, filho de Poseidon, livrou seus habitantes do flagelo de um monstro similar, que devastara a ilha. Em Thespia, um dragão devastou o campo em torno da cidade; Zeus ordenou que os habitantes dessem seus filhos ao monstro, algo a ser decidido por sorteio. Uma vez, Cleostratus foi indicado. Menestratus, contudo, estava determinado a salvá-lo, e armou-se de uma roupa coberta com ganchos, sendo devorado pelo dragão, que por sua vez pereceu ao engoli-lo." [277]

O protótipo ariano para tudo isso está no encontro védico de Indra com a grande serpente Ahi – alternativamente conhecida como Vritra, Secura, ou Namuci, "grampo" – que confiscara as águas, que são libertadas apenas quando Indra desmembra o Titã com seu raio. O mito persa correspondente refere-se à derrubada de Ahriman por Mitra; há também o herói iraniano Thraetona, que matou Dahak, dragão de três cabeças. Para congêneres europeus, temos o mito teutônico de Siegfried, que vence um poderoso dragão e o despoja do Rheingold pertencente às ninfas do rio, e que encontra seu paralelo escandinavo na história de Sigurd. O anglo-saxão Beowulf é também um matador de dragões.

Outros exemplos fora da esfera ariana podem ser recolhidos das tradições xamânicas e animistas da América do Norte e África, mas vamos nos limitar a um paralelo asiático em razão de sua pertinência aqui, a saber, um episódio narrado naquela inimitável mescla chinesa de astúcia-comsabedoria, a alegoria espiritual intitulada *Macaco* (*Hsi Yu Ki*), do século XVI, de autoria de Wu ch'eng–em, por sua vez baseada nas viagens à Índia do renomado peregrino budista chinês Hsüan Tsang (600-664).

Tripitaka – como o santo budista é nomeado no conto, de acordo com as escrituras que ele está buscando —, juntamente com Macaco (o Grande Ego) e dois outros toscos companheiros de viagem, todos prometendo protegê-lo em troca da salvação, chegam a um lugar na fronteira com um grande espelho d'água, local este regido por uma divindade-monstro que exige o sacrifício anual de um menino ou menina. Desta vez, o monstro está atrás de *Tripitaka*; é somente após o recurso final do macaco dirigido ao *Bodhisatva* no Oceano do Sul, a deusa *Kuan-yin* (*Avalokitesvara*), aquela que está "atenta para os clamores do mundo" (*Aquele que implorar a minha ajuda a receberá*), que o rei-monstro é despachado – e isto pelo expediente que a divindade usa de amarrar à sua faixa (aqui temos de novo o cinto talismã) uma cesta de bambu em que o inimigo é retirado das águas, e que assim passa a ser apenas e tão-somente um peixe dourado. "É um peixinho dourado que criei em meu lago de lótus", ela explica. "Todos os dias, ele costuma colocar a cabeça para fora da água e escuta a leitura das escrituras, adquirindo assim grandes poderes mágicos." Mas, um dia, ocorre um dilúvio, levando-o para o mar, e daí começa toda a confusão. Os cidadãos se reúnem em gratidão para com o Bodhisatva, enquanto um pintor talentoso faz seu retrato; "e este foi o início da forma de *Kuan-yin* conhecida como "*Kuan-yin* com a cesta de Peixe." [278]

História

Nossa tarefa agora é determinar, na medida do possível, onde a mitologia transige e se acomoda com a história. Há dois momentos históricos na vida de cada pessoa na Terra que são inexoravelmente reais e ainda assim totalmente fora do alcance da consciência empírica: o momento de nascimento e o momento da morte. Além disso, os dois acontecimentos decisivos ocorrem apenas uma vez ao longo de toda a vida do indivíduo, e raramente são objeto de suas reflexões.

A transição de atemporalidade para o tempo: o homem antigo, como foi apontado, existia em um mundo espacial, atemporal, isto não significando que ele não tivesse noção de tempo – para verificar isto, basta considerar a sua astronomia —, mas era menos o tempo como nós o conhecemos, do que movimento e ritmo, um conjunto de eventos recorrentes perpetuamente relacionados a um Centro estático, à maneira da música indiana, na qual o modo ou *Raga* se desenvolve sem jamais cessar de circular em torno da tônica básica. Schuon escreve que "as tradições que têm uma origem pré-histórica são, simbolicamente falando, feitas para o 'espaço', e não para o 'tempo'; ou seja, elas viram a luz em uma época primordial quando o tempo não era senão um ritmo em uma beatitude espacial e estática, e quando o espaço ou a simultaneidade ainda predominavam sobre a experiência de duração e mudança. As tradições históricas, por outro lado, devem levar a experiência do 'tempo' em conta e devem prever instabilidade e decadência, desde que nasceram em períodos em que o tempo havia se tornado como um rio que flui rápido e é cada vez mais voraz, e quando a perspectiva espiritual tinha de se centrar no fim do mundo." [279]

Eliade encara o Messianismo como uma grande mudança na perspectiva histórica, no qual *in illo tempore* passa a ser agora projetado a partir do Centro para o futuro, necessitando, assim, da fé em um Bem prometido que ainda está por vir. Ainda assim, mesmo aqui a história é rejeitada no sentido de algo positivo, e só é tolerada como um "mundo em trabalho de parto", enquanto se aguarda a sua consumação no apocatastasis, esse Evento final que deve definitivamente livrar o mundo do tempo. Deve certamente ser ressaltado, de acordo com o que Schuon diz acima, que não havia nada arbitrário nesta transição para uma visão histórica ou messiânica assumida pelas religiões posteriores, que a adaptação foi cosmologicamente forçada sobre elas, com o tempo mais e mais devorando o espaço em um ciclo mundial agora avançando rumo ao seu prazo de expiração. Mesmo no Hinduísmo, com sua ênfase na "lei eterna" ou *Sanatana dharma* – o mesmo que o eterno retorno –, o *Kalki* avatâra tem seu lugar, ele que é o herói solar, que espera o momento em que o Dragão *Mâyâ*, sob a forma do tempo (*kala*) está prestes a engolir o espaço (simultaneidade, "estaticidade", Eterno Presente, Centro Supremo), para dar o golpe decisivo que inverterá todos os valores invertidos, e lançará um novo ciclo (Era, Ano).

Este Evento, como mostra Eliade, está prefigurado nas cerimônias e nos ritos de Ano Novo que existem em diferentes formas pelo mundo afora, tipicamente caracterizado, por um lado, pela abolição do tempo passado, da ordem, pelo desrespeito aos valores normais e em favor de permissividade geral - orgias saturnálias, confusão universal, extinção do fogo sagrado e caos, ou seja, uma "descida aos infernos" ; e, por outro lado, pela confissão dos pecados, a expulsão do bode expiatório, o reacender do fogo sagrado, o retorno dos mortos, a regeneração, a iniciação e a consagração de uma nova safra. Às vezes, um combate é decretado entre a divindade e o dragão primordial (a serpente frequentemente simbolizando caos pré-formal). Além disso, os doze dias de pleno inverno eram tidos, em tempos védicos, como prenúncio dos doze meses do ano que se inicia (*Rg Veda* IV. 33. 7), uma crença também mantida na Europa acerca dos 12 dias entre o Natal e a Epifania.

Mas, com o Cristianismo, o Ano se torna único, macrocósmico e historicamente "de uma vez por todas" (Hebreus 10:10) "desta geração", embora microcosmicamente a recorrência ou a periodicidade ainda seja retida, como no calendário litúrgico. Ao passo que outrora o sumo sacerdote conduzia o sacrifício seguindo "os padrões das coisas que estão nos céus" e entrava "no lugar santo, a cada ano, com sangue de outros", Cristo agora, "por seu próprio sangue... entrou de uma vez no lugar santo", pois não era satisfatório "que ele devesse se oferecer muitas vezes.... Pois então ele deve ter padecido desde a fundação do mundo, mas agora, no fim do mundo, ele surgiu para aniquilar o pecado, pelo sacrifício de si mesmo" (Hebreus 9).

O conflito do Cristianismo com os diversos paganismos com os quais se defrontou pode, pelo menos em parte, ser explicado como uma rivalidade entre a perspectiva clássica espacial ou periódica com a recém-revelada perspectiva temporal ou histórica, que, independentemente de outras considerações, sendo mais "oportuna" ou "contemporânea", estava fadada a prevalecer. No entanto, a maldição da historicidade é a secularização e, sendo o homem o que é, basta uma sutil mudança de foco para o "mundo incomensurável e perigoso das formas e da mudança", até então considerado como algo negativo a ser rejeitado, passar a ser visto como algo positivo a ser desposado. O mundo exterior torna-se realidade, a matéria assume uma importância crescente e o homem experimenta um Renascimento marcado pelo humanismo, com seu conceito de progresso indefinido e perfectibilidade humana ou terrena. Isto implica, em consequência, uma perda de contato com os estados mais elevados de ser, a mitologia é relegada a um domínio assimilável ao inacreditável, enquantoa própria história sagrada se torna "mito".

O Islã, a última das religiões históricas, na verdade se apodera do tempo como uma espada para destruir o próprio tempo: a *Shahada* ou o Testemunho de que *la ilaha illa 'Llah* – "Não há divindade senão a única Divindade" —, destrói por meio de uma transformação que, finalmente, leva tudo de volta à sua Origem;o Evento, ou Dia Final, ou Juízo Final, não só é incessantemente proclamado como imanente, mas o próprio Islã já é, de certa forma, este Evento ou Juízo. O passado e o futuro são mais geométricos que temporais; *Allâh* "é o Primeiro e o Último, o Exterior e o Interior" ; [280] há apenas a fatalidade desértica do Agora onipresente, e este Agora pertence a Deus. Para o crente muçulmano, o mundo é assim, em parte, ilusão e, em parte, teofania, mas nunca mais do que um véu (*hijab*) encobrindo a Realidade.

Desnecessário dizer que o crente cristão (onde quer que ele ainda exista) tampouco é um secularista: ele é o primeiro a "deixar os mortos sepultar seus mortos" e está predisposto a virar as costas para o próprio mundo como uma personificação do mal. Ele é um homem que só tolera a história enquanto aguarda a glória do Reino futuro.

*

Para as necessidades deste estudo, a história é considerada sob um duplo papel: microcósmico e macrocósmico – interior e exterior. Interior: todos temos, dentro do breve tempo a nós alocado – sob o risco de derrota – que matar o dragão que mantém nossa alma em cativeiro. Esta é a história que está ocorrendo incessantemente dentro de nós. Exterior: inevitavelmente, está na natureza das coisas, há os ídolos-monstros que, historicamente, mais de uma vez, mantiveram uma coletividade humana em cativeiro, até serem despachados ou mortos por um herói solar.

Igualmente, assim como é dever de todos os homens buscar a redenção — e há aqueles que experimentaram um renascimento espiritual ainda nesta vida —, do mesmo modo pode ser reconhecido por testemunhos confiáveis que o Cristo e alguns santos de épocas antigas excepcionalmente ressuscitaram mortos de volta à vida. Mais uma vez, assim como o homem se destina a ser uma criatura capaz de andar sobre as águas, no sentido de dominar sua substância psíquica, de fato deve ter havido homens santos capazes de, em certas ocasiões espirituais, andar exteriormente sobre as águas, especialmente em razão de que os próprios milagres não são outra coisa senão verdades interiores dramatizadas em eventos externos. O mesmo acontece com a alquimia como uma técnica iniciática: assim como o "artista" se esforça para transformar substâncias comuns em "ouro", do mesmo modo há casos registrados de alquimistas que obtiveram transmutações literais.

O mito é mais fácil de "rastrear" do que acontecimentos históricos excepcionais, porque o primeiro é perene, enquanto os segundos são "apagados" com a passagem do tempo, com a dificuldade extra de que um evento histórico de caráter sacro já é parcialmente retirado da corrente do tempo — como será mostrado na última seção deste artigo.

Com perplexidade, as pessoas confrontam os "fatos concretos" de Stonehenge, as construções em Cuzco, os monumentos na Ilha de Páscoa, a linha de Nazca perceptível apenas de elevadas altitudes, ou o grande menir de Locmariaquer – possibilidades que o mundo de hoje desprezaria não fossem suas evidências. Pois, como dar conta de um menir (hoje rompido em quatro pedaços), que tinha originalmente mais de vinte e três metros de altura e pesava trezentas toneladas, algo que teria exigido três mil homens para erguer, depois de ser transportadode uma pedreira distante em uma estrada bem-feita (da qual nenhum vestígio existe em Locmariaquer)? Ademais, muitas vezes encontramos menires como se tivessem sido casualmente colocados no solo sem aparente preocupação pela engenharia ou as especificidades da gravidade, com a base virada para cima e a ponta para baixo, como se suspensos do céu.

Nosso mundo moderno teria sido totalmente inconcebível – para não dizer incompreensível — para os homens dessas antigas culturas, mas ainda assim nós insipidamente assumimos que qualquer coisa fora do comum relatado por eles, e que não pode ser autenticado em um monumento, ou museu, vestígio ou arquivo científico, simplesmente nunca existiu. Se São Jorge foi um personagem histórico, então onde estão seus ossos para prová-lo? E o mesmo vale para os dragões.

E, no entanto, se formos admitir a hipótese de que os povos dessas antigas épocas possam ter sido algo mais do que meros monstros evolutivos, tateando rumo à luz do dia, devemos pelo menos, no interesse da objetividade, creditar suas tradições com um mínimo de boa-fé. Fazer o contrário é ainda mais ilógico quando nossa própria ciência está continuamente correndo contra possibilidades que ontem dificilmente teriam cruzado a imaginação.

As criaturas fabulosas da Antiguidade podem ser incluídas em três categorias: as que têm um simbolismo puramente mitológico, como a esfinge e o leão alado; aquelas que, adicionalmente, são materializações de seres do domínio sutil, como talvez a sereia e o unicórnio; e aquelas que existiram fisicamente de acordo com a prova fóssil ou os relatos dos primeiros naturalistas e de compilações em bestiários, como o Dinotério e, possivelmente, a serpente do mar, o mastodonte e o basilisco. O dragão parece pertencer a todas as três categorias, embora sua verificação histórica seja o que mais nos interessa de momento.

Na grande obra zoológica de Conrad von Gesner, *Historia animalium* (Zurique, 1551-1558), os dragões figuram como parte da fauna conhecida da ciência. Segundo relato de Solinus (século III DC), os egípcios mantinham espécies domesticadas de dragões em suas casas, uma observação que traz à mente as trinta e duas mil estatuetas de cerâmica descobertas na região de Acambaro, noroeste da Cidade do México, em 1945, por Waldemar Julsrud, e entre as quais figura uma estatueta, de cerca de 2.500 AC, em que uma jovem nua brinca com uma criatura semelhante a um dinossauro. Sem tentar reivindicar uma base de apoio para os dinossauros no Período Quaternário, podemos, no entanto, propor que poderia haver um parentesco mais próximo daquele que é conhecido pela ciência moderna entre dragões e monstros pré-históricos. No Pentateuco (Números, 21: 6), lemos que "o Senhor enviou serpentes venenosas em meio às pessoas, que as picavam e muitos em Israel morreram". E Deuteronômio (8:15) fala "daquele grande e terrível deserto, em que havia serpentes e escorpiões de fogo, e a seca".

Qualquer que seja o animal que S. Jorge encontrou, era certamente mais que apenas um monstro físico, caso contrário o exército do rei, no relato de Jacopo de Varazze, teria rapidamente dado conta dele, nem os cidadãos, na versão oriental, teriam sido provocados a adotar a idolatria. Não, tinha que ser um ente encarnando uma força diabólica tenaz, de uma intensidade tal que só uma intervenção do Céu poderia dissolver, e isto em uma época em que o cosmos era menos "solidificado" do que hoje e, assim, mais acessível à interpenetração dos poderes, tanto do alto como de baixo.

*

Em relação à "historicidade" de São Jorge, que foi pela primeira vez realmente posta em dúvida por Calvino, [281] é inconcebível que, com incontáveis milhares de mártires conhecidos para escolher, a Igreja primitiva tenha apontado como alvo da maior veneração um "soldado desconhecido" : as antigas autoridades da Igreja podem ter sido "primitivas" segundo nossa visão, mas elas não eram imbecis, e os duelos verbais de então entre monofisitas e diofisitas, aptartodocetas, ptartolatras, agnoetas e aktistetas não denotam uma mentalidade tal que deixaria um santo de tal magnitude escapar ao seu controle se houvesse a menor dúvida a respeito de sua autenticidade.

Os anais da Royal Society of Literature[282] se referem a uma inscrição em grego, em uma antiga igreja convertida de templo pagão, em Ezra, Síria, datada de 346, na qual São Jorge é apontado como um santo mártir. Constantino (reinou entre 306-337) dedicou uma grande igreja ao santo sobre sua tumba perto de Lida e, posteriormente, de acordo com uma tradição, o imperador transferiu os ossos do mártir para uma igreja em Constantinopla, que era originalmente um templo dedicado a Juno. Uma igreja datada do quarto século foi dedicada a ele em Tessalônica, e mais inscrições foram encontradas em igrejas em ruínas no Egito e na Mesopotâmia. Clóvis ergueu o mosteiro de Baralle, em honra de S. Jorge, em 512 DC. Ramula, a antiga Arimateia, também levava o nome de Geórgia. Foi por volta do ano 1348 que o rei Eduardo III fez de S. Jorge o padroeiro da Inglaterra.

Santo Ambrósio (340?-397), menos de um século após S. Jorge, já exaltava suas virtudes referindo-se à destruição do templo de Daciano: "Jorge, o soldado fiel de Cristo, numa época em que o Cristianismo vivia na clandestinidade, foi o único que se atreveu a proclamar corajosamente a sua fé no Filho de Deus.... Ele nunca se deixou seduzir pelo poder temporal, mas, fazendo o jogo de seu perseguidor, aniquilou o templo com todos os seus ídolos." Ambrósio também sinaliza o tormento da Imperatriz Alexandra como prova "de que o martírio, na ausência de batismo, torna possível alcançar o reino dos céus". Ora, para convencer um sábio Doutor da Igreja como Ambrósio que ele foi vítima de uma fraude piedosa seria o mesmo que convencer os índios sioux de hoje que Crazy Horse (morto em 1877) não passou de uma lenda.

A santidade de S. Jorge também é atestada e transmitida por uma vasta tradição iconográfica que remonta aos primeiros séculos; basta aqui dizer que a *dulia*[283] concedida a ícones está sob rígido controle eclesiástico, e dificilmente toleraria que heróis de contos de fada sejam admitidos na companhia dos santos. "Na economia carismática de toda religião intrinsecamente ortodoxa, há de fato um poder protetor que mantém um olhar vigilante sobre a integridade dos diversos elementos do culto, mesmo que sejam meramente secundários, e tal poder resulta da presença do Espírito Santo, sendo assim ligado ao mistério da infalibilidade... quando se trata de cultos antigos, historicamente duvidosos, mas com raízes profundas e, portanto, eficazes, o Espírito Santo, ou o que os muçulmanos chamariam de baraca, deve ter "mãos livres"... devemos ter um senso para o significado concreto dos fenômenos sacros, e confiar no poder paraclético e carismático que anima o corpo das religiões." [284]

Tais considerações estão vinculadas ao que a teologia sempre reconheceu como os *direitos dos costumes imemoriais.*

*

Num dia de abril de 1961, o cardeal Richard Cushing, então arcebispo católico de Boston, era conduzido em sua limusine preta para dedicar a primeira igreja católica da pequena cidade de Dover – a igreja de Santa Filomena, com seus tijolos vermelhos –, quando repentinamente seu olhar focou uma reportagem de jornal: a Sagrada Congregação dos Ritos do Vaticano havia acabado de riscar Santa Filomena, "a virgem mártir", da lista de santos. O cardeal já havia distribuído oitocentas estatuetas de Santa Filomena para os católicos de Dover, e o vitral dedicado a ela já estava instalado. Diante da espantada congregação, o cardeal Cushing dedicou o novo templo como a "Igreja do Sangue Precioso".

"Foi uma decisão difícil", ele disse depois. "Foi como dizer aos irlandeses que São Patrick nunca existiu."

Jamais o cardeal poderia suspeitar que, depois disso, a Igreja oficial iria dizer exatamente isso aos irlandeses – e também aos não-irlandeses. Não havia mais nada a ser feito, a arqueologia triunfara sobre a credulidade e os fiéis não tinham muita escolha. Afinal de contas, o que era Filomena para a ciência exata senão o crânio fraturado de uma adolescente e um coágulo sugerindo sangue em um frasco de vidro? Restos descobertos em 24 de Maio de 1802, na catacumba de Santa Priscilla, na Via Saleria Nova, de Roma, com fragmentos em latim em telhas postas sobre a sepultura: Lumena PAXTE cum fi, que o zelo religioso leu *Pax tecum Filomena.*

No entanto, os símbolos adjacentes ao túmulo, duas âncoras, três flechas, uma palmeira e uma flor ou tocha foram suficientes para convencer os "crédulos" que se tratava de uma mártir legítima e, em 1805, o Papa Pio VII permitiu que um padre, Dom Francesco di Lucia, colocasse os ossos na igreja de Mugnano del Cardinale, perto de Nápoles. O que se seguiu foi uma avalanche de milagres. Incluindo uma freira napolitana, Irmã Maria Luisa de Jesus, recebendo uma série de revelações sobre a vida e o martírio da santa, que por sua vez formaram o essencial de uma biografia, compilada por Dom Francesco, a identidade de Filomena estava completa. Em 1837, o Papa Gregório XVI autorizou sua veneração pública, com 11 de agosto como dia de sua festa, para a qual o Papa Pio IX aprovou uma Missa, em 1855. As igrejas dedicadas a ela superaram com facilidade as centenas. Talvez o triunfo mais festejado da santa tenha sido a devoção que despertou em São João Maria Vianney (1786-1859), o célebre Cura d'Ars francês: "minha querida santa" e "minha agente no céu", como ele a chamava.

Dado este "culto" carregado de emoção, o completo êxito da de-santificação de Filomena provou ser um sinal de vitória para o espírito do Vaticano II e, logo, gosto por sangue mais forte do que o daquele frasco de vidro chegava à Cidade Eterna. E de lá para Bruxelas, onde os bolandistas do *Collège de S. Michel* trabalhavam na *Analecta Bollandiana* e no *Acta Sanctorum*, esculpindo seu Martirológio até atingir o padrão da proporção científica. A hagiologia nunca mais seria a mesma. Os bolandistas destrincharam os "Quatorze Santos Ajudantes" de tal forma que o Vaticano decidiu que este grupo deveria ser dissolvido, se não totalmente liquidado, removendo assim Santa Catarina de Alexandria (cuja "lenda", de acordo com versão que Donald Attwater fez da "Vidas Dos Santos", de Alban Butler, [285] é uma das "mais absurdas", não havendo "evidência positiva de que ela tenha jamais existido fora da mente de algum escritor grego, que compôs o que pretendeu ser simplesmente um romance edificante"). Santa Bárbara também entrou na lista (não mais do que uma "lenda espúria" para Attwater, além de"romance piedoso"), assim como S. Cristóvão. Mas, quanto a S. Jorge, Attwater, sendo inglês, objetou, argumentando que os esforços para eliminá-lo "são mais notáveis por sua engenhosidade do que por seus méritos" e, de fato, a Igreja teve de deixar Jorge intacto na Inglaterra, contentando-se em rebaixá-lo ao grau de santo de "segunda categoria" — o que não deixa de ser uma maneira de "condenar com elogio ruim".

O surpreendente é que Santa Margarete sobreviveu, ela a quem Attwater rejeitou como "romance de ficção", e entre cujas imperdoáveis provações estava a de ter sido devorada por um dragão. Outros santos foram eliminados, como Cecília ("uma invenção", segundo Attwater) e São Luís de França que, embora elogiado por Attwater como "epítome de integridade", foi rebaixado para segunda categoria - talvez por ser demasiado "real". Mas, como Santa Úrsula, objeto de "falsas relíquias" e de "epitáfios forjados", "absurdamente elaborados por equívocos de visionários com muita imaginação" (Attwater), escapou - se é que de fato escapou? E, com relação ao restante, podemos nos questionar, por que o Vaticano atual age para desacreditar os martírios da antiga Roma pagã — mesmo que seja trabalho fácil destruir algo que nos dias de hoje não passa de nomes de pessoas?

Mircea Eliade novamente fornece a pista: na concepção ontológica "primitiva", um objeto ou um ato torna-se real apenas na medida em que imita ou repete um arquétipo. Assim, a realidade é adquirida apenas por meio de repetição ou participação; tudo que carece de um modelo exemplar é 'sem sentido', ou seja, não tem realidade.... [Por isso] o homem de cultura tradicional vê como real apenas aquilo que cessa de ser ele mesmo (para um observador moderno) e está satisfeito com a imitação e repetição de gestos de outro. Em outras palavras, ele se vê como real, isto é, como 'verdadeiramente ele mesmo', apenas e precisamente na medida em que deixa de ser assim. Por isso, pode-se dizer que essa ontologia 'primitiva' tem uma estrutura platônica."

O segundo aspecto da ontologia arcaica, de acordo com Eliade, é "a abolição do tempo mediante a imitação de arquétipos e a repetiçãode atitudes paradigmáticas...Todos os sacrifícios são executadas no mesmo instante mítico do início.... Há uma supressão implícita do tempo profano, da duração, da 'história', e aquele que reproduz o gesto exemplar encontra-se, assim, transportado para a mítica época em que a sua revelação ocorreu".

A conclusão é inevitável: uma igreja dedicada a contemporizar deve necessariamente "desmistificar" ; é impossível mergulhar na corrente principal da história, com tudo o que a secularização implica, pretextando que "o meu reino não é deste mundo" ; desta maneira, são os santos "não-históricos" - este emaranhado de madeira hagiográfica "morta" — que tem de partir, aqueles fabulosos mártires dos primeiros séculos cristãos, cujas vidas estão envoltas em milagres. São estes os grandes santos apotropaicos e intercessores, os *Bodhisatvas* do Cristianismo, pois eles são, citando Schuon, "como a aparição de estrelas na terra; após a morte, eles reascendem ao firmamento, à sua eterna morada, pois eles são símbolos quase puros, sinais espirituais apenas provisoriamente separados da iconostase celestial em que eles foram consagrados desde a criação do mundo." [286]

Tal como acontece com S. Jorge, S. Cristóvão também emerge de uma interfusão de entidades arquetípicas, sendo ele um "sucessor" de Anúbis, Hermes, Atlas e Hercules. Santa Úrsula, por sua vez, pode ser rastreada até a deusa da Suábia, Ursel ou Hörsel, cujo emblema era um navio, e a quem Tácito, em sua *Germania* (IX), relaciona a Isis.[287] Se Úrsula não foi molestada pelas autoridades, pode ter sido porque seu culto, nos últimos anos, não exibiu a amplitude daquele atingido por Cristóvão, Filomena, e outros; além disso, as forças comprometidas com a tarefa de "envolvimento social" estão preocupadas com uma obra de desmembramento, ao invés de extermínio, algo que seria demasiado visível e, portanto, contraproducente – quase como a tentativa de eliminar a própria Virgem Santíssima, possibilidade que, se não totalmente excluída, ainda tem não obstante de ver chegar seu tempo.

Ao "enterrar" S. Jorge e, assim, pretextando que aquele que oferece intercessão perpétua nem sequer existe, a Igreja "oficial" está anunciando uma verdade: a saber, que se tornou secularizada e separada do sagrado, de sua razão de ser. Em seu zelo mundano para fazer história – ao invés de transcender a história –, os altares são invertidos, pois agora ela assumiu inevitavelmente o papel de "Suporte", retendo as Águas da Vida. Diz Coomaraswamy: "Uma igreja ou sociedade – o hindu não faria distinção entre as duas — que não provê uma via de escape para seu próprio regime, e que assim não permite a seus adeptos partir, fracassa em face de seu propósito último." [288]

Ao demonstrar que somente os arquétipos eternos são verdadeiramente reais, no entanto, Eliade não desenvolve o corolário de que, sem manifestação (ou história), eles permaneceriam para nós *in potentia*, o que significa dizer que, se o herói solar e o dragão pertencessem puramente ao domínio dos arquétipos mitológicos, isto condenaria S. Jorge a ser uma duplicação sem asas de São Miguel, uma vez que este último executa perfeitamente no plano celestial (Apocalipse 12:7) todas as funções atribuídas a Jorge em seu papel histórico "aqui embaixo". No entanto, mesmo se este fosse o caso, o que não é, o fato sustenta que a veneração oferecida a uma entidade não-histórica ainda conduziria ao arquétipo eterno, que em última análise pertence a essa esfera a partir da qual a intercessão opera. "Ao definir o mito", escreve Schuon, "não se deve colocar uma ênfase indevida nessa suposta falta de base histórica, pois a função do mito é tal que, uma vez que ele foi devidamente compreendido, a questão da historicidade deixa de ter qualquer importância prática. O que garante a função espiritual de uma história sagrada é o seu simbolismo, por um lado, e o seu caráter tradicional, por outro." [289] Sem mencionar sua eficácia salvífica comprovada ao longo dos séculos.

Os japoneses, que manifestam uma "plasticidade" contemplativa mais pronunciada do que a exibida pela maioria dos ocidentais, não têm nenhuma dificuldade em aceitar a existência histórica do *Bodhisattva Dharmakara*, cujo culto como o Buda *Amitabha* recebe enorme veneração nas diferentes escolas doAmidismo — e isso sem a ajuda de arqueologia ou relíquias, Dharmakara pertencendo a um sistema mundial antecedendo o corrente em dez *Kalpas* (ou seja, em sentido figurado, cerca de quarenta e três bilhões, duzentos milhões de anos solares). Há apenas a palavra do Buda Shakyamuni para isto, cuja própria existência foi posta em xeque por certos orientalistas europeus. Ora, a promessa de Dharmakara de não entrar em Nirvana exceto na condição de que a invocação de seu Nome seja o meio para salvar inumeráveis almas, encontra ressonância no *Todo aquele que implorar a minha ajuda a receberá* de S. Jorge; e o fato de que Amitabha pertence a uma categoria de Budas classificada como *anupapadaka*, "sem parentesco", está relacionado com o que foi dito anteriormente sobre al-Khidr e Melquisedeque.

Dizer que o essencial na mitologia é o seu simbolismo espiritual, e não sua fundamentação histórica, seria um pouco como proclamar *Âtman* o único real e o mundo como ilusório. Mas, enquanto isto é perfeitamente verdadeiro do ponto de vista metafísico, para nós, num plano menos exaltado, o mundo de fato existe, uma vez que estamos presos nas garras da história, ou no mundo das formas, do tempo e do espaço. Certamente, a verdade interior tem precedência sobre sua expressão exterior, mas inferir a partir disso que o exterior é "meramente" um evento simbólico e que nunca aconteceu, nem precisaria acontecer, é "protestantizar" tudo e, por consequência, separar-se de meios muito reais e *substanciais* de graça. O Profeta Maomé disse que a Guerra Santa interior é maior do que a exterior, mas ele não negou a guerra exterior, seja em suas palavras ou ações, para dizer o mínimo. Se o Logos fosse "puramente do mundo vindouro", não haveria razão para Jesus e os fundadores de outras religiões se manifestarem na história. No entanto, no que toca a esta questão, o que é conhecido do Nazareno em documentos profanos, além de referências episódicas em Flávio Josefo, Tácito e Suetônio? E quanto ao Buda Gautama, não temos registros históricos independentemente verificáveis para autenticar sua existência.

Personagens santas passam largamente despercebidos do mundo, sendo conhecidos principalmente pelos traços que deixam, e suas reverberações sobre a religião. Mas, a história não consegue captar o conjunto de detalhes factuais ou "acidentes" exteriores, e seus retratos aderem melhor no mito sacro. [290] Uma exceção notável é a vida de Maomé, que foi escrupulosamente registrada até o último detalhe, e isso em razão da insistência do Islã na Unicidade de Deus: Maomé tinha de ser "fixado" na história para impedir sua divinização. O milagre islâmico não está, portanto, na personagem do Profeta, mas sim na expansão global de sua religião no decurso de alguns poucos anos. Com a generalidade dos Santos ocorre o contrário: seus traços, quando submetidos ao escrutínio lancinantemente erudito como o dos bolandistas, [291] derretem como neve sob o sol do meio-dia.

*

Significa isso, então, que nada que é sagrado é cognoscível, afinal, senão mediante uma fé cega? Admitindo certa latitude para a hipérbole, o adornamento, o exagero e acredulidade — fenômenos mais frequentemente associados a cultos populares de santos e deidades locais, apócrifos ou não –, a veneração perpétua de figuras de santos permanece indelevelmente como algo central em toda a Cristandade, e o mesmo se dá com todas as religiões; *vox populi vox Dei*. A Igreja tem toda a razão para considerar com máxima cautela reivindicações isoladas de aparições, milagres, visões ou de santidade, e isso em razão da preocupação vital em salvaguardar as graças espirituais inestimáveis que acompanham a *dulia* (veneração) genuína. Mas, o que pensar quando o próprio sacramento de veneração é ameaçado pelo solapamento de alguns de seus pilares mais sagrados? Como se, por exemplo, os Salmos fossem eliminados daBíblia por conta de autoria espúria, sendo em qualquer caso, para os cristãos, os Evangelhos que contam.

A ingenuidade entra em cena quando a competência sai fora; isto é uma fragilidade da natureza humana, ou o que Schuon chama de "a incapacidade humana de exercer a inteligência em todos os planos de uma só vez". O homem moderno, por exemplo, é extremamente sofisticado no campo da tecnologia científica, e quase totalmente ignorante no plano espiritual. Mas ele ingenuamente projeta este setor ininteligente em seu aparato perceptivo sobre o homem antigo, e mesmo sobre o homem medieval, este último um ingênuo segundo nossos padrões de investigação analítica, e presume que a preocupação destes últimos com a religião foi em grande medida questão de superstição.

Vivemos na fronteira de duas imensidões, uma interior e outra exterior; idealmente, deveríamos nos sentir em casa em ambas, desde que o homem verdadeiro é o mediador entre o Céu e a Terra, ele, o homem verdadeiro, sendo a medida de todas as coisas e a síntese do Universo. Ora, na prática, o homem antigo dirigia suas energias principalmente para as coisas interiores, ao passo que o homem moderno, em razão de sua orientação centrífuga, aplica suas melhores energias no mundo exterior, esforçando-se no grau possível em "viver só de pão". Ele sonda as estrelas, algo que o adormecimento de seu Sol interior o levou a acreditar que é tudo o que existe.

A dedução a ser tirada dessas considerações é que, se nós nos encontramos sem competência em relação ao domínio espiritual, então a resposta "sofisticada" é abster-se de lançar-se onde os anjos temem pisar e, mais, acreditar com algo mais que a fé cega que, segundo a natureza das coisas, nossos antigos antepassados dificilmente poderiam ter sido estúpidos a respeito daquele campo onde escolheram concentrar suas mais altas faculdades intelectuais. Uma inteligência espiritual confrontada com o dragão de Santa Margarete, ou com as onze mil virgens mártires de Santa Úrsula, adiará seu julgamento sobre o plano literal e histórico, buscando ao mesmo tempo o alegórico, o tropológico e os fatores anagógicos, nos quais se acham as graças essenciais que estes santos têm para transmitir, juntamente com as reverberações de sua santidade.

Se agora for perguntado se a competência da Igreja não têm especificamente conexão com as coisas do espírito, a resposta é: aqueles cristãos preocupados com a vida espiritual são ciosos de seus santos e mártires. Inversamente, se os principados e potestades que hoje governam os assuntos eclesiásticos não são ciosos de seus santos e mártires, então sua preocupação não é com a vida espiritual.

A passagem seguinte, da obra de S. Baring-Gould já citada, foi escrita há mais de um século:

> *"No tempo do Anticristo, a Igreja estará dividida: uma parte se voltará para o poder-do-mundo, a outra se voltará para os antigos caminhos, e se apegará ao único verdadeiro Guia. As altas esferas serão ocupadas por descrentes na Encarnação, e a Igreja experimentará uma condição de máxima degradação espiritual, mas gozando ao mesmo tempo do mais alto patrocínio do Estado. A religião favorecida será uma religião de moralidade, mas não de dogma; e o Homem do Pecado será capaz de promulgar sua doutrina, de acordo com o que diz Santo Anselmo, por sua grande eloquência e erudição, sua vasta informação sobre as Sagradas Escrituras, as quais ele irá açambarcar para a derrubada do*

dogma. Ele será pródigo em subornos, pois terá riqueza ilimitada; e, ao final, ele rasgará o véu moral de sua face..."

É preciso apenas acrescentar aqui que, desde que a moralidade é apenas um apêndice do dogma, uma igreja já experimentada na destruição da liturgia certamente será capaz de, no momento oportuno, destruir a moralidade também – uma manobra, ademais, já visivelmente em andamento, e isso independentemente das especulações sobre quando esse dia chegará.[292] Enquanto isso, os mal-disfarçados Poderes manipulando as "mudanças" estão simplesmente executando a palavra de ordem de sua conspiração: "A reforma deve ser realizada em nome da obediência."

*

Nenhum dragão certamente jamais devorou, nem devorará, ou poderia, ao final, destruir São Jorge; mas, se a ameaça não existisse, a estória não teria nenhum suspense.

O que foi devorado é a "prova" arqueológica da inexistência do herói – a "Mamãe Ganso" apócrifa com que a ciência moderna tem alimentado os acadêmicos eclesiásticos. Pegando uma pista de Diocleciano, a Igreja antilitúrgica e neo-pagã de hoje achou por bem lançar São Jorge, mártir, no abismo do esquecimento; os bolandistas, no entanto, não deveriam comemorar prematuramente, pois, dos dois [São Jorge e o Dragão], é Jorge o indestrutível.

Todo aquele que implorar a minha ajuda a receberá. No já adiantado crepúsculo da história, ele ainda aguarda – lança erguida, com a mão de Deus sempre por cima, as súplicas de seus devotos clamando, como Sabra, pelo golpe de seu mestre.

QUE É O CONSERVANTISMO?

Titus Burckhardt

Deixando de lado quaisquer matizes políticos que a palavra possa ter, o conservador é alguém que procura conservar. E para dizer se ele está certo ou errado deveria ser suficiente analisar o que é que ele quer conservar. Se as formas sociais que defende — pois sempre se trata de formas sociais — estão em conformidade com o objetivo mais elevado do homem e correspondem às suas necessidades mais profundas, por que não deveriam ser elas tão boas quanto — ou mesmo melhores — que qualquer coisa de novo que a passagem do tempo possa trazer à luz?

Pensar desta maneira seria normal, mas o homem de hoje já não pensa normalmente. Mesmo quando não despreza automaticamente o passado e não vê o progresso técnico como fonte de todo bem da humanidade, ele normalmente tem um preconceito contra qualquer atitude conservadora, pois, consciente ou inconscientemente, está influenciado pela tese materialista de que todo "conservar" é inimigo da vida em constante mudança e assim leva à estagnação.

O estado de necessidade em que hoje se encontra toda comunidade que não acompanhou a marcha do progresso técnico parece confirmar essa tese; mas as pessoas se esquecem que isso não é tanto uma explicação quanto um estímulo para um desenvolvimento ainda maior. Que tudo deva mudar é um dogma moderno que busca sujeitar o homem à própria mudança; e é avidamente proclamado, mesmo por aqueles que se consideram cristãos sinceros, que o próprio homem está nas garras da mudança; que não somente os sentimentos e pensamentos passíveis de serem influenciados pelo ambiente estão sujeitos à mudança, mas também o próprio ser do homem.

Dizem que o homem está a caminho de se desenvolver mental e espiritualmente até se transformar em um super-homem, e, consequentemente, o homem do século XX é visto como uma criatura diferente do homem de antigamente. Em meio a tudo isso, esquece-se a verdade, proclamada por toda religião, de que o homem é o homem, não meramente um animal, porque tem dentro de si um centro espiritual que não está sujeito ao fluxo das coisas. Sem este centro, que é a fonte da capacidade humana de tecer julgamentos — e, portanto, pode ser chamado de órgão espiritual que veicula o senso da verdade — não poderíamos nem mesmo reconhecer a mudança no mundo que nos rodeia, pois, como disse Aristóteles, aqueles que declaram que tudo, inclusive a verdade, segue um fluxo constante se contradizem: pois se tudo muda, sobre qual base eles podem formular uma afirmação válida?

É preciso dizer que o centro espiritual do homem é mais do que a psique, sujeita como ela está a instintos e impressões, e também mais do que o pensamento racional? Há algo no homem que o liga ao Eterno, e este algo se encontra precisamente no ponto onde "a Luz que ilumina todo homem que vem ao mundo" (João, 1, 9) toca o nível das faculdades psicofísicas.

Se esse cerne imutável no homem não pode ser captado diretamente — como também não o pode o centro sem dimensões de um círculo — as vias de aproximação a ele podem não obstante ser conhecidas: elas são como os raios que correm em direção ao centro de um círculo. Essas vias de aproximação constituem o elemento permanente em toda tradição espiritual e, como linhas mestras tanto para a ação quanto para aquelas formas sociais que se dirigem para o centro, constituem a verdadeira base de toda atitude verdadeiramente conservadora. Pois o desejo de conservar certas formas sociais só tem sentido — e essas formas só podem perdurar — se elas dependerem do centro intemporal da condição humana.

Em uma cultura que, a partir de suas próprias fundações (graças à origem sagrada), está dirigida para o Centro espiritual e, portanto, para o eterno, a questão do valor ou da ausência de valor de uma atitude conservadora não se coloca; a própria palavra para isso não existe. Em uma sociedade cristã, os homens são cristãos — mais ou menos consciente e deliberadamente, em uma sociedade islâmica eles são muçulmanos, em a uma sociedade budista eles são budistas, e assim por diante; se alguém não o é simplesmente não pertence à sua respectiva comunidade e não é parte dela, antes coloca-se fora dela ou lhe é secretamente inimigo.

Uma cultura como essa vive de uma força espiritual que imprime sua marca em todas as formas, desde a mais elevada até a mais contingente, e ao fazer isso ela é verdadeiramente criativa; ao mesmo tempo, ela tem necessidade de forças de conservação, sem as quais as formas logo desapareceriam. Basta que tal sociedade seja mais ou menos integral e homogênea para que a fé, a lealdade à tradição e uma atitude conservadora espelhem-se umas às outras como círculos concêntricos.

A atitude conservadora só se torna problemática quando o estado da sociedade, como na Europa moderna, já não é determinado pelo eterno; a questão então se coloca, seja qual for o contexto, de saber quais fragmentos ou ecos do estado outrora oniabarcante mereceram ser preservados. Em todo estado da sociedade (e um estado hoje se segue a outro em uma sucessão cada vez mais rápida), os protótipos originais nela estão refletidos de uma ou de outra maneira. Mesmo se a estrutura anterior é destruída, alguns de seus elementos individuais continuam efetivos; um novo equilíbrio — por mais deslocado e incerto que seja — é estabelecido depois de cada rompimento com o passado. Certos valores centrais são irremediavelmente perdidos; outros, mais periféricos em relação ao plano original, tomam a dianteira. A fim de que estes também não sejam perdidos, pode ser melhor preservar o equilíbrio existente do que arriscar tudo em uma tentativa incerta de renovar o todo.

Tão logo esta escolha se apresenta, a palavra "conservador" entra em cena — na Europa, ela foi adotada pela primeira vez na época das guerras napoleônicas — e o termo fica marcado pelo dilema inerente à própria escolha. Todo conservador é imediatamente suspeito de querer apenas preservar seus privilégios sociais, por pequenos que sejam. E nesse processo a questão de saber se o objeto da preservação vale a pena ser preservado é deixada de lado. Mas por que a vantagem pessoal deste ou daquele grupo não poderia coincidir com a Justiça? E por que determinadas estruturas e determinados deveres sociais não poderiam ser proveitosos para certa inteligência?

Que o homem raramente desenvolve a inteligência quando carece dos estímulos exteriores correspondentes é provado pelo pensamento do homem comum de hoje em dia; só muito poucos — em geral, somente aqueles que em sua juventude experimentaram um fragmento da "velha ordem", ou que tiveram a oportunidade de visitar uma cultura oriental ainda tradicional — podem imaginar quanta felicidade e paz interior uma ordem social estratificada de acordo com as vocações naturais e as funções espirituais pode oferecer, não somente às classes dominantes, mas também às classes trabalhadoras.

Em nenhuma sociedade humana, por mais justa que ela possa ser como um todo, as coisas poderiam ser perfeitas para todo indivíduo. Mas há uma prova segura de se uma dada ordem oferece ou não felicidade à maioria, esta prova é inerente a todas aquelas coisas que são feitas, não com algum propósito material, mas com alegria e devoção. Uma cultura em que as artes são criações exclusivas de uma classe especialmente educada — de maneira que não há mais nenhuma arte popular ou nenhuma linguagem artística universalmente entendida — fracassa complemente a este respeito. A recompensa exterior de uma profissão é o rendimento que sua prática pode assegurar; mas sua recompensa interior é que ela deveria lembrar o homem do que, por natureza e vindo de Deus, ele é a este respeito: não são sempre as ocupações mais bem sucedidas que são as mais felizes.

Cultivar a terra, orar por chuva, criar alguma coisa significativa a partir da matéria bruta, compensar a carência de alguns com o excesso de outros, governar estando ao mesmo tempo preparado para sacrificar a própria vida pelos governados, ensinar por amor à verdade — estas, entre outras, são as ocupações interiormente privilegiadas. Poder-se-ia perguntar se, como resultado do "progresso", elas aumentaram ou diminuíram.

O homem tornou-se sua própria medida, diriam muitos hoje, quando, como trabalhador ele se posta diante de uma máquina. Mas a verdadeira medida de um homem consiste em que ele possa rezar e abençoar, lutar e governar, construir e criar, plantar e colher, servir e obedecer — todas essas coisas pertencem ao homem.

Quando, hoje, certo elemento urbano exige que o sacerdote despoje-se dos sinais de sua função e viva o máximo possível como os outros homens, isto apenas prova que esses grupos já não sabem o que o homem fundamentalmente é; perceber o homem no sacerdote significa reconhecer que a dignidade de sacerdote corresponde infinitamente mais à natureza humana original do que o papel representado pelo homem "comum". Toda cultura teocêntrica tem uma hierarquia mais ou menos explícita de classes sociais ou "castas". Isto não significa que ela considere o homem como uma mera parte que só encontre sua realização no povo como um todo; significa, ao contrário, que a natureza humana é em si mesma demasiado rica para que todos a todo momento estejam aptos a realizar todos os seus aspectos. O homem perfeito não é a soma total, mas o cerne ou a essência de todas as várias funções. Se as sociedades hierarquicamente estruturadas puderam se manter por milênios, isto se deve não à passividade dos homens ou ao poder dos governantes, mas ao fato de que tais ordens sociais correspondiam à natureza humana.

Há um erro muito difundido que diz que a classe naturalmente conservadora é a burguesia, que originalmente identificou-se com a cultura das cidades, onde se originaram todas as revoluções dos últimos quinhentos anos. A burguesia, de fato, especialmente como conseqüência da Revolução Francesa, desempenhou um papel conservador, e ocasionalmente assumiu alguns ideais aristocráticos — não, contudo, sem tirar partido deles e gradualmente falsificá-los. Em meio à burguesia sempre houve conservadores que se baseavam na inteligência, mas desde o começo eles foram minoria.

O camponês é em geral conservador; ele o é, por assim dizer por experiência, pois ele sabe — mas quantos ainda sabem? — que a vida da natureza depende da constante auto-renovação de um equilíbrio de inumeráveis forças inter-relacionadas, e que não se pode alterar nenhum elemento deste equilíbrio sem comprometer o todo. Basta simplesmente desviar o curso de um ribeirão para alterar a flora de toda uma área ou eliminar uma espécie animal, permitindo imediatamente a outra espécie crescer de maneira devastadora. O camponês não acredita que se possa produzir chuva ou sol a bel prazer.

Seria errôneo concluir daí que o ponto de vista conservador está acima de tudo ligado ao sedentarismo e ao apego do homem ao solo, pois já se demonstrou que nenhuma coletividade humana é mais conservadora do que os nômades. Em todo o seu constante vagar, o nômade está atento em preservar sua herança de linguagem e costumes; ele resiste conscientemente à erosão do tempo, pois ser conservador não significa ser passivo.

Esta é uma característica fundamentalmente aristocrática; neste ponto, o nômade assemelha-se ao nobre, ou, para ser mais preciso, a nobreza que se origina na casta guerreira tem necessariamente muito em comum com o nômade. Ao mesmo tempo, contudo, a experiência de uma nobreza que ainda não foi estragada pela vida da corte e da cidade, que ainda está ligada à terra, assemelha-se à do camponês, com a diferença que ela abrange relacionamentos territoriais e humanos muito mais amplos. Quando, pela hereditariedade e pela educação, a nobreza está consciente da identidade essencial entre as forças da natureza e as forças da alma, ela possui uma superioridade que dificilmente pode-se adquirir de outra maneira; e todo aquele que está consciente de uma genuína superioridade tem o direito de insistir nela, do mesmo modo que em qualquer arte o mestre tem o direito de preferir seu próprio julgamento ao daquele que é inexperiente.

Há que se entender que a superioridade da aristocracia depende tanto de uma condição natural quanto de uma condição ética: a condição natural é que, dentro da mesma família ou tribo, pode-se, em termos gerais, depender da transmissão por herança de certas qualidades e capacidades; a condição ética se expressa no dito "noblesse oblige" : quanto mais elevado o nível social — e seu privilégio correspondente — maior a responsabilidade e a carga de deveres; quanto mais baixo o nível, menor o poder e em menor número os deveres, até a existência eticamente indiferente das pessoas passivas. Se as coisas não são sempre perfeitas, isto não se deve principalmente à condição natural da hereditariedade, pois esta é suficiente para garantir indefinidamente a natureza homogênea de uma "casta" ; o que é muito mais incerto é o cumprimento da lei ética, que exige uma combinação equilibrada de liberdade e dever. Não há sistema social que exclua o mau uso do poder; e se houvesse algum, ele não seria humano, desde que o homem só pode ser homem se ele se conforma simultaneamente a uma lei natural e a uma lei espiritual. O mau uso do poder hereditário, portanto, nada prova contra a lei da nobreza, ao contrário, só o exemplo daquelas poucas pessoas que, quando privadas do privilegio hereditário, nem por isso renunciam à sua responsabilidade hereditária já basta para provar a tendência ética da aristocracia.

Quando, em muitos países, a aristocracia caiu por causa de sua própria autocracia, isto se deu não tanto por que ela foi autocrática para com os níveis inferiores, mas antes porque ela foi autocrática em relação à lei superior da religião, a única que forneceu à aristocracia sua base ética e moderou com a misericórdia o direito dos fortes.

Desde a derrocada, não apenas da natureza hierárquica da sociedade, mas de quase todas as formas tradicionais, o homem conscientemente conservador encontra-se por assim dizer em um vácuo. Ele se acha só em um mundo que, com toda sua escravidão opaca, se jacta de ser livre e, com toda sua uniformidade compressora, jacta-se de ser rico. Gritam-lhe aos ouvidos que a humanidade está se desenvolvendo continuamente em sentido ascendente, que a natureza humana, depois de se desenvolver por tantos e tantos milhões de anos, passou agora por uma mutação decisiva, que a levará à sua vitória final sobre a matéria. O homem conscientemente conservador encontra-se só entre notórios bêbados, é o único desperto em meio a sonâmbulos que tomam seus sonhos por realidade. Pelo entendimento e pela experiência, ele sabe que o homem, com toda a sua paixão pela novidade, continua fundamentalmente o mesmo, para o bem ou para o mal; as questões fundamentais da vida humana têm sido sempre as mesmas; as respostas a elas são conhecidas desde sempre e, na medida em que podem ser expressas em palavras, têm sido transmitidas de geração em geração. O homem conscientemente conservador interessa-se por esta herança.

Visto que quase todas as formas tradicionais de vida estão destruídas, raramente se concede a ele participar de um trabalho universalmente útil e significativo. Mas toda perda implica em ganho: o desaparecimento das formas pede uma provação e um discernimento; e a confusão no mundo que nos rodeia é um chamado para que, desviando de todos os acidentes, voltemo-nos para o essencial.

NOTAS SOBRE OS AUTORES

(na sequência dos capítulos)

Frithjof Schuon nasceu em Basileia, Suíça, em 18 de junho de 1907. Viveu entre Lausanne e Paris até 1981, quando se mudou para os Estados Unidos. Seus livros constituem fonte de referência central da Filosofia Perene, entre eles '*A Unidade Transcendente das Religiões*' (Irget, 2013), que foi publicado pela primeira vez no Brasil já em 1952. Sobre este livro, T. S. Eliot escreveu: "É a obra mais impressionante que conheço sobre o estudo comparativo das religiões do Oriente e do Ocidente." Outros clássicos seus incluem '*Raízes da Condição Humana*' (Kalon, 2014), '*Forma & Substância nas Religiões*' (Sapientia, 2010), '*Para Compreender o Islã*' (Best Seller, 2005), '*O Homem no Universo*' (Perspectiva, 2001). Por toda a vida, Schuon viajou muito, da Índia e Europa ao Oriente Médio e América, vivenciando e assimilando as culturas e artes tradicionais e forjando amizade com líderes espirituais indianos, cristãos, muçulmanos, budistas e índios americanos. Ele e René Guénon são os fundadores da "escola tradicionalista" ou perenialista. Faleceu em Bloomington, Indiana, em 5 de maio de 1998.

Marco Pallis nasceu em Liverpool, Inglaterra, em 1895, em uma família grega cosmopolita. Autor de obras de espiritualidade em geral e sobre o Budismo tibetano em particular, destacou-se também como músico e montanhista. Seus livros incluem '*Peaks and Lamas*', relato envolvente de suas experiências nas montanhas do Tibete, antes da invasão do país pelas tropas comunistas chinesas; e '*The Way and the Mountain*', coleção de artigos sobre temas budistas informados por uma perspectiva universalista. Publicou também '*A Buddhist Spectrum*' e vários dos artigos da coletânea '*The Sword of Gnosis*', sobre a *Sophia Perennis*. Foi colaborador regular da consagrada revista britânica *Studies in Comparative Religion*. Marco Pallis faleceu em Londres, onde vivia, em 1989.

William Stoddart nasceu na Escócia, em 1925, viveu a maior parte de sua vida em Londres, trabalhando como médico e editor, e agora vive em Windsor, Canadá. É um dos mais ativos e influentes autores da

Filosofia Perene no início do século XXI. Sua abordagem das doutrinas, da cultura e das artes das religiões mundiais caracteriza-se por objetividade, universalidade e clareza. Autor prolífico, tem quatro de seus livros publicados no Brasil: '*Lembrar-se num mundo de esquecimento*' (Kalon, 2013); '*O Budismo ao seu alcance*' (Best Seller, 2004); '*O Hinduísmo*' (Ibrasa, 2005) e '*O Sufismo*' (no prelo).Viajante infatigável, visitou dezenas de países, incluindo Índia, Marrocos, Turquia, Rússia, Grécia, Japão, Portugal e Brasil, onde esteve diversas vezes e tem amigos e admiradores.

Bispo Kallistos Ware nasceu em Bath, Inglaterra, em 1934, e estudou na escola de Westminster em Londres e no MagdalenCollege, em Oxford. Foi recebido na Igreja Ortodoxa grega em 1958, ordenado sacerdote em 1966 e, no mesmo ano, fez seus votos monásticos no Mosteiro de São João, na ilha de Patmos. Em 1982, foi consagrado bispo da Arquidiocese Ortodoxa da Grã-Bretanha. Ele tem a seu cargo a paróquia ortodoxa grega em Oxford. Ware é autor de best-sellers sobre a ortodoxia, como '*The Orthodox Church*' e '*The Power of the Name: the Jesus Prayer in Orthodox Spirituality*'. Foi um dos tradutores da '*Filocalia*'.

Jean Hani foi professor emérito da Universidade de Amiens, na França, onde se especializou em literatura grega, filosofia e teologia. Escreveu diversos livros sobre o esoterismo cristão e o simbolismo tradicional, entre eles '*Le Symbolisme du temple Chrétien*'; '*Mythes, rites, et symboles*'; '*Les Chemins de l'invisível*'; '*La Vierge Noire et le mystère marial*'; e '*La Divine Liturgie*'. Jean Hani morreu em 2012.

James Cutsinger nasceu nos EUA em 1953. É professor de Teologia e Pensamento Religioso na Universidade da Carolina do Sul e secretário da Fundação de Estudos Tradicionais, nos EUA. De extração cristã ortodoxa, ele é autor de '*Advice to the Serious Seeker: Meditations on the Teaching of Frithjof Schuon*' (1997); '*Not of This World: A Treasury of Christian Mysticism*' (2003); '*Paths to the Heart: Sufism and the Christian East*' (2004) e '*The Fullness of God: Frithjof Schuon on Christianity*' (2004).

Titus Burckhardt nasceu em Florença, em 1908, e morreu em Lausanne, em 1984. Membro eminente da escola perenialista, é mais conhecido do público em geral como historiador de arte. Reputado por suas análises profundas e refinadas sobre arte e espiritualidade nas diversas civilizações, é autor de '*Arte Sagrada no Oriente e no Ocidente*' (Attar, 2002); '*Siena, City of the Virgin*';'La civilización hispano-árabe'; 'Chartres and the birth of the cathedral', entre outros livros tidos em alta conta tanto por eruditos acadêmicos como por autoridades religiosas de diversas tradições. Uma antologia de seus escritos, '*The Essential Titus Burckhardt*', foi publicada há alguns anos nos EUA.

Martin Lings nasceu em Lancashire, Inglaterra, em 1909. Depois de se formar em língua e literatura inglesa pela Universidade de Oxford, onde foi aluno e depois amigo próximo de C. S. Lewis, seguiu para a Lituânia, onde lecionou na Universidade de Kaunas. Depois de quatro anos, seguiu para a Universidade do Cairo, no Egito, onde lecionou principalmente sobre Shakespeare. Em 1952, retornou ao Reino Unido, onde foi feito conservador de Manuscritos Orientais do Museu Britânico, em Londres. Tornou-se conhecido no Brasil por sua célebre biografia do profeta Maomé (Attar, 2005), internacionalmente aclamada como uma obra-prima, e também pela abordagem esotérica das peças de Shakespeare, '*A Arte Sagrada de Shakespeare*' (Polar, 1998, com prefácio do Príncipe Charles), além desta pequena jóia de discernimento que é '*Sabedoria Tradicional & Superstições Modernas*' (Polar, 1990). Martin Lings morreu em Londres, em maio de 2005.

Jean Bies nasceu em Bordeaux, na França, em 1933. Estudou na Universidade de Argel e depois na Sorbonne. Posteriormente, trabalhou como professor de francês e grego na Universidade de Pau. A descoberta dos escritos de René Guénon, em 1951, constituiu influência determinante em sua vida, revelando a existência de ensinamentos tradicionais e esotéricos. Em 1973, defendeu sua tese de doutorado, na qual estudou a relação entre a literatura francesa e o pensamento hindu.Em 1997, foi nomeado Cavaleiro da Legião de Honra francesa. Um compêndio de seus escritos, intitulado '*Returning to the Essential*' foi publicado nos Estados Unidos. Ele morreu em Paris em janeiro de 2014.

Brian Keeble tem se dedicado à promoção das artes e dos ofícios tradicionais na Grã-Bretanha. É fundador da Golgonooza Press e da Academia Temenos, uma instituição patrocinada pelo Príncipe de Gales, Charles, e dedicada ao ensino e debate de temas ligados à Filosofia Perene. Keeble é autor de '*Every Man an Artist: Readings in the Traditional Philosophy of Art*', (2005) e '*God & Work: Aspects of Art and Tradition*' (2009), entre outros livros.

Ananda K. Coomaraswamy nasceu em 1877, de pai hindu ceilonês e mãe inglesa. Depois de completar seus estudos em Geologia, ele se interessou pelas artes e ofícios de seu Ceilão nativo e da Índia. Em 1917, mudou-se para os EUA, onde se tornou conservador de arte indiana e islâmica no Museu de Belas Artes de Boston, onde forjou uma grande coleção de artefatos orientais e apresentou palestras sobre seu significado simbólico e metafísico. Seu encontro com a obra de René Guénon serviu para confirmar e fortalecer sua visão sobre a Filosofia Perene e a unidade transcendente das religiões. Em 1947, seus planos de se aposentar para retornar à Índia e assumir *sannyasa* (renúncia ao mundo) foram interrompidos pela morte súbita. Seus escritos fizeram relevantes contribuições para o entendimento espiritual das artes e para o revigoramento da filosofia tradicional e da religião, enfatizando o aspecto transcendente das artes tradicionais hindus, budistas e cristãs. Uma seleção de seus mais importantes escritos pode ser encontrada na antologia '*The Essential Ananda K. Coomaraswamy*' (2004).

Bernard Kelly foi um filósofo católico inglês, nascido em Londres, em 1907. Colaborador regular de Blackfriars e outros periódicos católicos, em tudo o que Kelly escreveu, o filosófico estava vinculado ao espiritual: as verdades que ele enunciou operavam também como veículos da oração. Sua mensagem fundamental é que a santificação é o propósito por excelência da existência — esta verdade permeava seus escritos, e se irradiava deles. Seu pensamento alcançou a maturidade nos últimos ensaios que escreveu antes de sua morte precoce. Entre eles, incluem-se: "Notes on the Light of the Eastern Religions" ; "A Thomist Approach to the Vedanta" ; e "The metaphysical background to analogy".

Duncan Townson é um historiador profissional, autor de '*The New Penguin Dictionary of Modern History, 1789-1945*'; '*A Dictionary of Contemporary History: 1945 to the Present*'; e'*Muslim Spain*'. Vive em Kent, Inglaterra.

Alberto di denti, duque de pirajno foi um médico, aristocrata italiano e governador de Trípoli, na Líbia. Em 1924, viajou para a África Oriental e exerceu a medicina entre a população da Líbia, Eritréia, Etiópia e Somália, até se tornar governador de Trípoli. Em seu livro mais conhecido, '*A Cure for serpents*', publicado pela primeira vez em 1952, narra com grande impacto suas peripécias entre as populações muçulmanas e suas experiências da vida colonial, que despertaram entusiasmo de escritores como Graham Greene. Morreu em 1968.

ANGUS MACNAB nasceu em Londres, em 1906, de pais neozelandeses e escoceses. Recebeu educação clássica na antiga Escola Pública de Rugby e no Christ Church College, em Oxford. Foi um tradutor talentoso de latim e poesia grega, mas como profissão ele escolheu o ensino. Seu interesse pela Espanha começou em 1936 e, após a Segunda Guerra Mundial, em que ele atuou como voluntário motorista de ambulância, aprendeu espanhol e decidiu fazer da Espanha seu lar. Em 1938, sob a influência de G. K. Chesterton e Hilaire Belloc, abraçou a neo-escolástica e o catolicismo tradicional. Em conjunto com suas raízes clássicas e seus estudos orientais posteriores, forjou um instrumental filosófico útil para um exame sutil das duas culturas tradicionais da Espanha medieval: a islâmica e a cristã. Os frutos de sua investigação resultaram em livros fascinantes como *'España bajo La media Luna'* e *'Toledo: Sagrada e Profana'*. Faleceu em Toledo, em 1977.

RENÉ GUÉNON nasceu em Blois, França, em 1886 e faleceu no Cairo, Egito, em 1951. Metafísico e esoterista, foi o pioneiro da crítica da mentalidade materialista, relativista e individualista da modernidade desde uma perspectiva tradicional, além de mestre inconteste na exposição do simbolismo universal. Teve o imenso mérito de restaurar os princípios da metafísica tradicional para a consciência ocidental e de criticar com grande inteligência e vigor as ideologias vigentes do materialismo, ocultismo, evolucionismo, progressismo, individualismo e relativismo. Ele e Schuon são os principais porta-vozes da Filosofia Perene.Autor de clássicos como *A Crise do Mundo Moderno* (Irget); *O Reino da Quantidade e os Sinais dos Tempos (Irget)*; *Os Símbolos da Ciência Sagrada* (Irget), entre outros livros.

MATEUS SOARES DE AZEVEDO é um especialista brasileiro de trânsito internacional no estudo comparativo das religiões e na Filosofia Perene. Nasceu em Belo Horizonte, MG, em 1959, mudou-se para São Paulo na juventude, onde estudou Letras e História na Universidade de São Paulo e Comunicações na PUC. É pós-graduado em Relações Internacionais pela universidade George Washington (EUA) e mestre em História das Religiões pela USP. Traduziu e publicou no Brasil livros de Frithjof Schuon, William Stoddart, Martin Lings e Rama Coomaraswamy. É autor de uma dezena de livros, alguns deles traduzidos para o inglês e o espanhol, e publicados nos Estados Unidos e na Europa. O mais recente deles é *Homens de um Livro só: fundamentalismo no Islã, no Cristianismo e no pensamento moderno* (Best Seller, 2008), cuja versão em inglês, *Men of a Single Book*, publicado por World Wisdom em 2010, foi premiado como melhor livro do ano nos Estados Unidos, na categoria religião comparada.

C. S. Lewis nasceu na Irlanda, em 1898. Foi pesquisador e tutor no Magdalen College, de Oxford, entre 1925 e 1954. Depois, tornou-se professor de Literatura em Cambridge. Era um professor excelente e popular, e exerceu notável influência em seus alunos. C. S. Lewis foi durante muitos anos um ateu, e descreveu sua conversão em sua autobiografia, 'Surpreendido pela Alegria'. Essa experiência o ajudou a compreender a apatia e a falta de vontade de muitos em aceitar a importância crucial de Deus e da religião na vida das gentes e o levou, já como um escritor cristão dotado de uma lógica brilhante e de um estilo vivo e lúcido, a se tornar um arguto e temível defensor da sabedoria de sempre.Entre suas obras mais populares, '*Cartas de um diabo ao seu aprendiz*' (Vozes, 1996), '*A Abolição do Homem*' (Martins Fontes, 2012), '*Crônicas de Nárnia*' (Martins Fontes, 2009), entre muitos outros. C. S. Lewis faleceu em sua casa em Oxford, em 1963.

Rama P. Coomaraswamy nasceu em Nova York em 1929, filho de Ananda e Louisa Coomaraswamy. Recebeu sua primeira educação no Canadá, na Índia e Inglaterra, antes de encetar estudos de graduação em Geologia, em Harvard, e Medicina, na Universidade de Nova York, onde se formou em 1959. Paralelamente a uma distinta carreira médica, Rama Coomaraswamy manteve profundo interesse em questões teológicas, tendo sido professor de História Eclesiástica no Seminário Santo Tomás de Aquino, em Ridgefield, Connecticut, durante cinco anos. Filho de pai hindu e mãe judia, pediu o batismo na Igreja Católica aos 22 anos e, ao longo dos anos, tornou-se um dos expoentes mais brilhantes da tradição católica pré-Vaticano Segundo.Escreveu mais de 50 artigos e ensaios de questões filosóficas e teológicas, além da mais importante obra sobre o modernismo na Igreja pós-conciliar, '*The Destruction of the Christian Tradition*' (2006). Uma versão abreviada deste livro foi publicado no Brasil sob o título de '*Ensaios sobre a destruição da tradição cristã*' (Irget, 2013). É autor também de '*The Invocation of the Name of Jesus in the Western Church*' (1999). Foi editor das cartas selecionadas de seu pai e da antologia '*The Essencial Ananda K. Coomaraswamy*' (2004). Morreu em 2006, vítima de um câncer de medula óssea.

Whitall Nicholson PERRY nasceu em Boston, em 1920, e foi dos mais destacados autores norte-americanos da Filosofia Perene.Nascido numa influente família de religião Quaker, desde a juventude interessou-se pelo Platonismo e o Vedanta e, seguindo as pegadas dos escritores "transcendentalistas" Ralph Waldo Emerson e Henry Thoreau, tornou-se um "brâmane de Boston" em pleno século XX. Seu interesse pela sabedoria do Oriente e do Ocidente o levou a viajar por países das civilizações budista, hindu, islâmica e cristã oriental. Perry viveu por cinco anos no Cairo, Egito, em contato próximo com René Guénon, depois de cuja morte, em 1951, ele se mudou para a Suíça com a família, onde se tornou colaborador de Frithjof Schuon. Seu livro mais conhecido é a antologia da sabedoria de santos, místicos, filósofos e Escrituras de todo o mundo e todas as épocas, intitulada '*A Treasury of Traditional Wisdom*' (1981). Outros livros de sua autoria incluem '*Gurdjieff in the Light of Tradition*' (1978) e '*Challenges to a Secular Society*' (1996). Faleceu em 2005.

NOTAS DE FIM

1 Como o mormonismo, o bahaísmo, o ahmadismo de Kadyan, e todas as "novas religiões" e outras pseudo-espiritualidades que proliferam no mundo de hoje.

2 Ário de Alexandria não era um alemão, mas sua doutrina ia ao encontro de uma aspiração da mentalidade alemã, de onde seu sucesso entre visigodos, ostrogodos, vândalos, burgundianos e longobardos.

3 Para um Joseph de Maistre, cuja inteligência tinha grandes méritos, os reformadores não eram senão "ninguéns" que ousaram colocar suas opiniões pessoais contra as certezas tradicionais e unânimes da Igreja Católica. Ele estava longe de suspeitar que estes "ninguéns" falavam sob o peso de uma perspectiva arquetípica que, como tal, não podia senão manifestar-se em circunstâncias apropriadas. O mesmo autor acusou o Protestantismo de ter feito um imenso mal ao dividir a Cristandade, mas ele prontamente perde de vista o fato de que o Catolicismo fez muito mais ao, imprudentemente, excomungar todos os patriarcas do Oriente; sem esquecer a Renascença, cujo mal foi, para dizer o mínimo, tão "imenso" quanto o daqueles efeitos políticos e outros da Reforma.

4 Ele se separou da Igreja Romana somente após sua condenação, queimando a bula de excomunhão; ademais, não se deve perder de vista o fato de que, ao tempo da Reforma, não havia unanimidade sobre a questão do papa e dos concílios, e mesmo a questão da origem divina da autoridade papal não estava livre de controvérsia.

5 Também o Hinduísmo, sem mencionar os paganismos mediterrâneos, fornece um exemplo deste tipo, com o pedantismo pesado e interminável dos brâmanes, ao qual, contudo, não é difícil escapar, dada a plasticidade do espírito hindu e a flexibilidade de suas instituições correspondentes.

6 Isto é algo que, no campo católico, o cardeal Newman e outros reconheceram.

7 Dito isto, não devemos perder de vista o fato de que os alemães do sul - os alamanis (alemães de Baden, os alsacianos, os suíços alemães, os suábios) e os bávaros (incluindo os austríacos) têm um temperamento diferente dos alemães do norte, e que em todos os lugares há misturas; as fronteiras raciais e étnicas na Europa são em qualquer caso bastante

flutuantes. Não queremos dizer que todo alemão foi feito para o Evangelismo, pois tendências germânicas podem obviamente se manifestar no Catolicismo, assim como, inversamente, o Protestantismo calvinista manifesta, sobretudo, uma possibilidade latina.

8 Termo de origem russa, significando um decreto ou édito de natureza imperial. N. do t.

9 É isto, seja dito de passagem, que foi esquecido até mesmo pelos gurus mais impecáveis da Índia contemporânea, a começar de Ramakrishna.

10 Mateus 23:8-10: "Vós, porém, não queirais ser chamados de rabi, pois um só é o vosso mestre, o Cristo, e todos vós sois irmãos. (...) Nem vos chameis *mestres*, pois ele é um só, o Cristo."

11 Ele diz isto numa nota marginal de sua tradução: "Todo aquele que crê, deve sofrer perseguição e correr riscos (*alles dram setzen*)". E repete isso em sua canção *Ein festi Burg ist unser Gott*: "Mesmo se eles (os perseguidores) lhe tomarem corpo, bens, honra, filhos e esposa, deixe-os ir (*lass fahren dahim*); eles não receberão nenhum benefício; o Reino (de Deus) será nosso" (*das Reich muss uns doch bleiben*).

12 Quanto ao liberalismo protestante, Lutero, após breve lapso, previu seus abusos e, em qualquer caso, teria se horrorizado ao ver este liberalismo como se apresenta em nosso tempo; ele não poderia tolerar nem a mediocridade auto-suficiente, nem o fanatismo iconoclasta.

13 O Evangelismo propriamente falando, que está nos antípodas do Protestantismo liberal, foi perpetuado no pietismo, cujo pai foi De Labadie, um místico convertido à Reforma no século XVII, e cujos mais notáveis representantes foram sem dúvida Spener e Tersteegen; este pietismo, ou esta piedade, existe sempre em vários lugares, seja numa forma diminuída ou bastante honrada.

14 Como é, ao contrário, o caso do modernismo católico. O fato de que este modernismo é aberto não apenas ao Protestantismo, mas também ao Islã e a outras religiões, não nos leva a lugar nenhum, já que o modernismo é aberto a qualquer coisa - a tudo, menos à Tradição.

15 Pois ele foi um místico, mais do que um teólogo, o que explica muitas coisas.

16 Pode-se objetar que os semitas adotaram os filósofos gregos, mas esta não é a questão, pois tal adoção foi diversa e desigual, para não mencionar as muitas reticências. Ademais, Lutero - um homem cultivado- foi também um lógico e não poderia ser diferente; em certos aspectos, ele foi latinizado por necessidade - como um Alberto Magno ou um Eckhart -, mas isso apenas na superfície.

17 Quando os reformadores dizem que a "missa papista" é uma "abominação", isto nos faz pensar no *bonze* [monge] Nichiren que dizia ser suficiente invocar Amida uma única vez para ser lançado no inferno; para não mencionar o Buda, que rejeitou o Veda, as castas e os deuses.

18 Entre os compositores de hinos, destacam-se o pastor Johann Valentin Andrea, autor de "O matrimônio químico dos rosa-cruzes cristãos", Paul Gerhardt, Tersteegen e Novalis, cujos hinos estão entre as jóias da poesia alemã; e acrescentemos que a música religiosa de Bach dá testemunho do mesmo espírito de poderosa piedade.

19 Como diz Dante: "Senhora, és tão grande e possuis tamanho poder que quem deseja a graça, e não recorre a vós, é como se desejasse voar sem ter asas" (Paraíso, XXXIII, 13-15).

20 Cuja tese foi mantida pelo Protestantismo liberal; Calvino tentou restaurar mais ou menos ao que era a posição de Lutero. A ideia de um rito comemorativo puro e simples é intrinsecamente herética, desde que "fazei isto em memória de" é sem sentido do ponto de vista da eficácia sacramental.

21 Pois não se deve "lançar pérolas aos porcos", nem "dar as coisas santas aos cães". Para os ortodoxos, a missa é o centro que tem os sacerdotes à sua disposição, enquanto se pode dizer que, para os católicos, é o sacerdote que, na prática, é o centro que dispõe das missas.

22 O mesmo pode ser admitido, talvez com certas reservas que são difíceis de precisar aqui, para as comunhões calvinista e anglicana, mas não para aquelas dos zuinglianos e dos protestantes liberais, nem - e isto pode parecer paradoxal à primeira vista - para as missas "conciliares" ou "pós-conciliares", que não são cobertas por um arquétipo válido e, com suas intenções ambíguas, são meramente o resultado de arbitrariedades humanas.

23 E isto é independente da eficácia intrínseca do sacramento, apesar desta eficácia ser realizada apenas em proporção à santidade e, portanto, à receptividade, do comungante.

24 Supõe-se que este argumento nos permita concluir que o pão "significa" – e, portanto, "não é" -- o corpo de Cristo; a fraqueza do argumento está ao nível da sua intenção.

25 Também nos mistério de Eleusis, pão e vinho eram usados "eucaristicamente" e comunicavam um poder divino.

26 De modo análogo, o Islã vê cada homem como um "escravo", e o Asharismo praticamente conclui disso que cada homem é capaz apenas de temor e obediência — que ele é intelectualmente um vilão, ou um *shûdra* como diriam os hindus.

27 Não obstante, nem todos seus argumentos são conclusivos. Notemos neste ponto que em todas as controvérsias inter-confessionais encontramos argumentos puramente "funcionais", que são inadequados em si mesmos; por exemplo, a Epístola aos Romanos atribui todos os vícios aos pagãos, mas eles não podem ser atribuídos ao melhor dos estóicos ou neoplatônicos. Alguns argumentos pretendem limpar o terreno, e não servir à verdade como tal — e estes são necessariamente de dois gumes.

28 Se esta perspectiva, que não poderia deixar de se manifestar num dado momento do ciclo cristão, fosse intrinsecamente falsa e inútil, como explicar que um esoterista como Jacob Boehme pudesse florescer em tal clima, para não mencionar outros rosa-cruzes e teosofistas herméticos luteranos? Ademais, é sabido que o brasão de Lutero apresenta uma rosa com um coração e uma cruz no centro, o que talvez seja mais do que uma casualidade. Mencionemos também, neste contexto, esoteristas anglicanos como John Smith, o platonista, e Willian Law, o teólogo místico, sem esquecer da mística isolada da primeira metade do século XX que foi a autora anônima (Lilian Stavely) de *The Golden Fountain, The Prodigal Returns* e *The Romance of the Soul.*

29 É verdade que certas convicções de Boehme se desviaram da ortodoxia luterana — ou pós-luterana —, mas ainda assim ele não se tornou católico; ele viveu e morreu na Igreja evangélica, e sua morte foi como a de um santo. Poderíamos também mencionar Paracelso — por quem Boehme foi ademais inspirado —, que por sua vez foi teosofista rosicruciano, místico e médico, e a quem se deve a "medicina espagírica", isto é, ligada ao Hermetismo e baseada no *solve et coagula* dos alquimistas. Seria inexplicável que uma mente tão eminente escolhesse o Protestantismo se este fosse intrinsecamente herético. Quanto a Boehme, notemos de passagem que sua antropologia, como a de certos Padres da Igreja, não está imune a um angelismo antissexual e moralizante, que vê a queda original na forma do corpo, e não apenas na matéria, enquanto a doutrina hindu, por exemplo, leva seriamente em conta o aspecto sexual do teomorfismo humano.

30 Em teologia, o intelecto puro é prefigurado pela noção objetivizante do Espírito Santo, e *Mâyâ* pela noção temporalizante da predestinação; o Espírito Santo ilumina, fortalece e anima, e a predestinação faz as criaturas e as coisas serem o que são, e o que elas não podem deixar de ser.

31 *Rheinland* em alemão, região no oeste da Alemanha, nas duas margens do médio e baixo Reno, rio do qual tira seu nome. N. do t.

32 Em uma epístola intitulada *Kurzer Bericht von der mystik.*

33 O teósofo Ângelo Silésio talvez não tivesse deixado a igreja luterana se não tivesse sido expulso por seu esoterismo; em todo caso, a mística bernardina parecia corresponder melhor à sua vocação espiritual. Isto nos faz pensar em Shri Chaitanya que, como um advaitino, jogou fora todos os seus livros para pensar apenas em Krishna; e notemos neste ponto que este *bhakta*, aceito como ortodoxo, rejeitou o ritual dos brâmanes e as castas a fim de colocar toda a ênfase na fé e no amor, não nas obras.

34 O Islã diz isto à sua maneira quando declara que Jesus foi o portador de um esoterismo (h*aqiqah*), enquanto o Profeta Maomé deu a seus seguidores as coisas deste mundo e as do mundo vindouro.

35 É provável que, mesmo nos primeiros dias da Igreja, o rótulo de "gnóstico" às vezes era aplicado a coisas que realmente não merecessem a reprovação intencionada, mas parecendo fazê-lo em razão de semelhanças superficiais que desmentiam sua verdadeira natureza. Em nosso tempo, a acusação requentada de gnosticismo forneceu uma arma muito conveniente contra aqueles que sugeriram que o dom da inteligência é uma qualificação vocacional para a compreensão mais completa dos dogmas cristãos. Esta gratuita confusão de intelectualidade com "orgulho" marca uma tendência suicida, da qual a reação concordante é a associação, na mente profana, da palavra "religião" com uma atitude de conformismo superficial e credulidade.

36 De acordo com o seu significado primitivo, a palavra grega θεωρία (theoria) deveria ser vertida como "contemplação ", mas hoje esse uso da palavra quase não sobrevive fora das fileiras daqueles que seguem a via hesicasta. Em grego moderno, como em outras línguas europeias, "teoria" se tornou um termo tristemente empobrecido, com associações puramente mentais e oponíveis, como tais, a "prática", com um viés em favor desta última; quanto a "contemplação ", isso é quase intraduzível na fala atual.

37 Na prática, um ponto de vista que a priori limita o seu próprio alcance a uma finalidade humana tem pouca chance de realizar a perfeição da própria ordem humana, pois o hábito de tomar a visão de curto alcance tende a restringir o horizonte de um homem dentro de limites cada vez mais estreitos;o fim deste caminho é uma mentalidade completamente profana. O esoterista, por outro lado, focando sua meta para além de todas as limitações, é capaz de assumir a finalidade do exoterismo religioso "em seu ritmo", por assim dizer, e este é o modo mais seguro de realizá-lo.

38 Agradecemos a Carmen Blacker, professora de japonês na universidade de Cambridge e budista por religião, por boa parte das informações encontradas neste artigo; com sua ajuda, fomos capazes de

obter diretamente do Japão respostas autorizadas a um número de questões que de outra forma teriam permanecido duvidosas.

39 Pode-se contrastar isto com a prática iniciática da corporação de arqueiros da antiga Turquia. Lá a iniciação tomou uma forma perfeitamente normal de acordo com o modelo sufi, com o cheique da corporação sussurrando o Nome [divino] no ouvido do discípulo, colocando ao mesmo tempo seus dedos sobre o "cabo" do arco, no local onde as duas metades do arco de tipo tártaro (o mesmo dos japoneses) se encontram e se "unificam"; este simbolismo não exige explicação.

40 Acerca dos tipos de espiritualidade japonesa *jiriki* (poder próprio) e *tariki* (poder do outro), aos quais o Zen e o Jodo (Terra Pura) estão respectivamente ligados, ver o apêndice de meu livro *The way and the mountain* (World Wisdom, EUA).

41 Fomos informados por uma autoridade reputada da *Jodo Shin*, o venerável Shojun Bando, que, no Budismo Shin, a relação guru-discípulo tem sido fortemente mantida no caso daqueles que desejam seguir adiante neste caminho. Bando citou a respeito um santo do século XV, Rennyo, que disse: "Cinco fatores são exigidos para seu nascimento na Terra Pura, quais sejam: bom carma prévio; guru; luz; fé; e o Nome." Toda a evidência, positiva e negativa, tende a mostrar que, neste ramo do Budismo, a linha de demarcação entre uma participação plenamente esotérica e iniciática, de um lado, e uma participação bháktica e mesmo francamente exotérica, de outro, segue sendo bastante indefinida; não obstante, em qualquer caso dado, seria fácil dizer a que categoria a atividade espiritual de um homem realmente pertence.

42 Uma única citação do patriarca Shinran bastará para resolver a questão: "Renascimento (na Terra Pura)... é iluminação completa e insuperável". Sabemos por boa fonte que, no Japão de hoje, o nível intelectual entre os seguidores do Budismo Shin é em média bastante baixo; pouco mais que benefícios terrenos são levados em conta em muitos casos. Não obstante, a possibilidade mais alta existe para quem quer alcançá-la; mas o homem deve ter olhos para ver e ouvidos para ouvir ou esta possibilidade sempre presente lhe escapará.

43 Este e outros fatos relativos ao Hesicasmo foram cuidadosamente conferidos com um adepto desta via que passou muito tempo no Monte Athos e esteve em contato com alguns notáveis *staretz* das ilhas gregas.

44 Uma seleção em dois volumes da Filocalia foi publicada em inglês por Faber & Faber. Há uma versão brasileira, publicada pela editora Paulus, *A Pequena Filocalia*.

45 Uma exceção, mais aparente do que real, poderia ser feita no caso do rosário latino, se ele fosse tomado como suporte de uma via plenamente iniciática, algo que certamente o rosário poderia realizar, de parte de alguém dotado de compreensão e das disposições devidas; neste caso, seria lógico para a Santa Virgem, como transmissora original do rosário a São Domingos, surgir no papel de iniciadora, um privilégio que cabe a ela em razão de sua capacidade de *Co-Redemptrix*, o qual nenhuma outra criatura pode possivelmente compartilhar. Não há evidentemente afastamento do princípio cristão aqui.

46 Ao longo deste artigo, diversas referências não explicitadas foram feitas à obra de Frithjof Schuon, que tem vários livros que abordam o mesmo tema em maior profundidade. Reconheço com alegria meu débito para com Schuon.

47 No rito oriental, ambos os sacramentos são dados simultaneamente pelo sacerdote; o adiamento da Confirmação para uma idade posterior e sua realização por um bispo é prática do rito latino. Evidentemente, nenhuma implicação doutrinal está relacionada a esta diferença.

48 Os dois Nomes de Deus que correspondem, no Islã, a estas dimensões são *az-Zahir e al-Batin*.

49 Quando o cálice tornou-se inacessível aos leigos na Igreja romana, a partir da Idade Média, a despeito disso não destruir o sacramento num senso técnico (pois cada espécie consagrada implica a outra, como sucede com as duas naturezas do Cristo), num certo sentido simbólico isto pareceu restringir a finalidade espiritual do homem ao "exterior" ; o fato prenuncia a exteriorização geral que aconteceu na prática. Não somos os primeiros a apontar tal analogia.

50 O 800º aniversário de fundação da comunidade do Monte Athos incluía, assim nos informaram, a construção de uma estrada de rodagem na península, a fim de torná-la mais acessível para os visitantes que desejam participar da celebração. É sob esta melodia bem tocada que a primeira grande incursão na privacidade da grande solidez monástica está sendo inaugurada, uma privacidade que os turcos muçulmanos, nos dias de seu domínio, nunca deixaram de respeitar. Por toda a Ásia, a construção de estradas, abrindo passo para todo tipo de visitante apressado e descuidado, tem sido o meio de privar lugares de peregrinação de sua razão de ser tradicional, o argumento da facilidade é em toda parte o mesmo — *facilis descensus Averni* ! [Expressão latina: "É fácil descer ao inferno."] Se os cristãos pelo menos estivessem conscientes de seu próprio interesse, todo o mundo cristão estaria em pé de guerra para defender a inviolabilidade de Athos. De acordo com um relatório recente, as autoridades da Montanha

Sagrada, alarmados com o fato de que muitos jovens turistas estão chegando lá simplesmente em razão de tirarem férias baratas em um ambiente romântico, solicitaram ao governo grego para que restringisse as normas de emissão de autorizações de entrada no lugar. Precaução oportuna, dirão alguns;mas então o que dizer da liberdade de longa data associada à peregrinação como tal?

51 No subjetivismo moderno, o que é expresso é somente um sujeito que já é relativo, a saber, o ego passional, sentimental e imaginativo; a fim de expressar-se, ele necessariamente usa elementos objetivos escolhidos arbitrariamente, enquanto separa-se arrogantemente e tolamente da realidade objetiva. O "puramente subjetivo", no mundo moderno, pode apenas manifestar sua presença gritando e de modo ofegante, e esta é a definição mesma da poesia "avant-garde" moderna.

52 Inclui-se aqui a religião não teísta do Budismo, já que aqui também a Realidade Última, referida de forma variada em diferentes contextos como *Dharma* ('Lei'), *Âtmâ* ('Self'), *Nirvâna* ("Extinção") ou *Bôdhi* ("Despertar"), é vista como transcendente e absoluta.

53 Esta palavra é usada de modo puramente etimológico, e não se refere à corrente dos primórdios da história do Cristianismo conhecida como "gnosticismo". "Gnosis", do grego, é a única tradução adequada para o sânscrito *jñâna* (com o qual é de fato cognato) e para o árabe *ma'rifa.*

54 Entre aqueles que excepcionalmente manifestaram a Via do Conhecimento no Cristianismo estão incluídas grandes figuras como a de Dionísio o Aeropagita, Mestre Eckhart e Ângelo Silésio. São precisamente as obras de *jñanins* como estes que tendem a causar rusgas no clima geralmente bháktico do Cristianismo.

55 *Sat-Chit-Ananda* podem também ser interpretados como "Conhecido-Conhecedor-Conhecimento" ou "Amado-Amante-Amor".

56 Que este Ato Divino passe pelo homem é o mistério da salvação.

57 A mesma distinção é feita também por São Gregório Palamas em sua doutrina da Essência Divina e das Energias Divinas.

58 Veja especialmente *O Esoterismo como Princípio e como Caminho*, Ed.Pensamento (São Paulo, 1978).

59 *Samyutta Nik ya* iii. 120. Aqui o Buda identifica-Se com a Lei Eterna (*Dharma*).

60 Esta síntese do aspecto dual da realização ou método foi tirada dos escritos de Frithjof Schuon. Ver especialmente *L'Oeil du Coeur*, Dervy-Livres (Paris, 1976), capítulo "Microcosme et Symbole".

61 Uma idéia similar é encontrada nas palavras de Santa Tereza d´Ávila: "Cristo não tem na terra corpo senão o seu, mãos senão as suas, pés senão

os seus; seus são os olhos com os quais a compaixão de Cristo olha para o mundo; seus são os pés com os quais ele segue fazendo o bem, e suas são as mãos com as quais ele pode nos abençoar agora."

62 Uma citação do Salmo 118 [119]: 126. Em algumas versões em inglês da Liturgia, a tradução é: "É hora de fazer [o sacrifício] ao Senhor", mas a versão alternativa que usamos é mais rica em significado e é preferida por muitos comentaristas ortodoxos. O original grego usa a palavra *kairós*: "É o *kairós* para o Senhor agir." *Kairós* tem aqui o significado especial de momento decisivo, um momento de oportunidade: aquele que reza captura o *kairós*. Voltaremos a este ponto.

63 Havia certamente uma calorosa devoção ao Santo Nome de Jesus no Ocidente medieval. Há certos pontos de diferença em relação à tradição bizantina da Oração de Jesus, mas há também paralelos óbvios.

64 Cf. Um Monge da Igreja do Oriente [Lev Gillet]: *The Invocation of the Name of Jesus* (Society of St. Alban and St. Serge, Londres, 1950), pp 5-6 (relançado por S. L. G. Press, 1970, pp 2-3).

65 *The Art of Prayer*, p. 92.

66 Brother Lawrence of the Resurrection (1611-91), Barefooted Carmelite, *The Practice of the Presence of God*, ed. D. Attwater (Paraclete Books, London, 1962), pp. 13, 16.

67 Sobre a veneração do Nome entre judeus cabalistas medievais, ver Gershom G. Scholem, em *Major trends in Jewish mysticism*, pp 132-3. Compare-se também o tratamento deste tema no notável romance de Charles Williams, *All Hallows 'Eve* (Londres, 1945).

68 *How the hesychast should persevere in prayer*, 7 (PG 150, 1340D).

69 *Sacrement de l'amour. Le mystère conjugal à la lumière de la tradition orthodoxe* (Paris, 1962), p. 83.

70 Citado em John B. Dunlop, *Staretz Amvrosy: Model for Dostoevsky's Staretz Zossima* (Belmont, Mass., 1972), p. 22.

71 *Hom*. xv, 32 and xliii, 7 (ed. Dörries/Klostermann/Kroeger [Berlin, 1964], pp.146, 289).

72 O Peregrino Russo, p.14.

73 O staretz Siluan do Monte Athos vinha praticando a Oração de Jesus por apenas três semanas quando ela desceu ao seu coração e tornou-se incessante. Seu biógrafo, o arquimandrita Sofrônio, destaca que este é um "dom sublime e raro" ; só muito mais tarde é que o padre Siluan percebeu o quão incomum isso era (*The Undistorted Image*, p. 24).

74 *Mystic Treatises by Isaac of Nineveh* (Amsterdam, 1923), p. 113.

75 *Triads in Defense of the Holy Hesychasts*, I, iii, 21 (ed. Meyendorff, vol. i, p. 157).

76 *The Way of a Pilgrim*, pp. 31-2, 41.

77 *The Orthodox Church*, p. 171.

78 Tito Colliander, O Caminho dos ascetas, p. 71.

79 Na cerimônia de vestimenta de um monge, tanto na prática grega como na russa, é costume dar-lhe um cordão de oração. Na prática russa, o abade diz o seguinte, enquanto lhe passa o rosário : "Tome, irmão, a espada do Espírito, que é a Palavra de Deus, para a prece contínua para Jesus ; pois tu deves ter sempre o Nome do Senhor Jesus na mente, no coração e nos lábios, sempre dizendo : Senhor Jesus Cristo, Filho de Deus, tem misericórdia de mim pecador. "Ver N. F. Robinson, SSJE, *Monasticism in the Orthodox churches*(Londres / Milwaukee, 1916), pp 159-60. Observe a distinção usual entre os três níveis de oração: labial, mental e cardíaco.

80 Páginas essenciais sobre o assunto são as de Frithjof Schuon, *Gnosis: Divine Widsom* (Perennial Books, 1990), pp. 118-23. Depois, leia o livro de François Chenique *Le Buisson ardente, Essai sur la métaphysique de la Vierge* (Paris: La pensée Universelle, 1972), o último capítulo em particular.

81 Meister Eckhart, *Commentary on the Gospel of John*, citado por Frithjof Schuon em Stations of Wisdom (World Wisdom, 1995), p. 128.

82 *Stations of Wisdom*, p. 127.

83 S. Jerônimo, *Nomina Hebraica*, S.V.

84 Nas aparições de Lourdes, França, em 1858. N. do t.

85 Jean Borella, *La Charité profanée* (Bouère, França, 1979), pp 341-53 ; veja também : Abbé Henri Stéphane, *Introduction à l' esoterisme chretien*, t. 1 (Paris : Dervy Livres, 1979), pp 89-100.

86 Henri Stéphane, ibid., P. 52 seg.

87 Stations of Wisdom, pp. 97-8.

88 René Guénon, "A cadeia dos mundos", em *Símbolos da Ciência Sagrada* (S. Paulo, Pensamento, 1993); ele também observa que o número de contas no rosário budista, 108, e no rosário islâmico, 99, são números cíclicos e expressões do ciclo dos ciclos.

89 Sobre este assunto ver Matgioi, *La Voie métaphysique*, 1936, p. 94 e ss., tratado e desenvolvido por René Guénon em *O Simbolismo da Cruz*, pp 141-4.

90 Jean Borella, op. cit., p. 145.

91 De uma carta de setembro de 1981. "Há Sufis que reivindicam uma conexão mística com um Profeta em particular: eles, assim, são *Ibrahimi, Musawi, Isawi*", isto é, de Abraão, de Moisés, de Jesus "– como se pode ver no *Fusus al Hikam* de Ibn ' Arabi." É assim, Schuon continua, que "a nossa tarica é *Maryamî* — o Cheique Al-'Alawi tendo sido inquestionavelmente *Isawi*" (Texto No. 275, não publicado). O Cheique Al-'Alawi é o célebre

mestre argelino do qual Schuon foi primeiramente discípulo e mais tarde o *muqaddam*, ou representante, na Europa.

92 Seyyed Hossein Nasr, editor, *The Essential Writings of Frithjof Schuon* (Element Books, 1991), 54; James S. Cutsinger, *Advice to the Serious Seeker: Meditations on the Teaching of Frithjof Schuon* (State University of New York Press, 1997). Nada disto pretende sugerir, certamente, que não há um lado mais rigoroso e masculino em seu trabalho também; eu mesmo escrevi de Schuon que, enquanto "a mensagem que ele traz é boa, trata-se de uma bondade que produz um choque, como se estivéssemos a engolir luz" (A Knowledge that Wounds Our Nature: The Message of Frithjof Schuon, - Jornal da Academia Americana de Religião, LX / 3, 465).

93 "A Doutrina Virginal ", em *Forma e Substância nas Religiões* (Sapientia, 2010) e "Sedes Sapientiae", em *In the Face of the Absolute* (World Wisdom, 1989). Mas, mesmo nestes capítulos, o tema anunciado pelo título não impede Schuon de expor uma variedade de outros assuntos também. Enquanto há certamente elementos sistemáticos em seu ensino, ele não constitui em si mesmo um sistema — pelo menos não no sentido usual do termo — e este fato pode ser visto, em parte, na sua maneira de apresentação das coisas.

94 *In the Face of the Absolute*, 89. Schuon apontou que "um dos efeitos mais odiosos da adoção da abordagem psicanalítica por parte dos crentes religiosos é o desfavor em que caiu o culto da Virgem; só uma mentalidade bárbara que se quer 'adulta' a qualquer preço, e que já não crê em nada senão no trivial, poderia ficar constrangida por esse culto "(*Survey of Metaphysics and Esoteris.* World Wisdom, 1986. P. 199).

95 *Lógica e Transcendência* (Perennial Books, 1984), p. 6.

96 Talvez eu deva acrescentar de passagem aqui que Schuon considerava a perspectiva protestante tradicional, firmemente baseada na Bíblia, como um *Upaya* (ou meio espiritual) perfeitamente legítimo e salvífico, e ele sabia que as suspeitas protestantes acerca da veneração de católicos e ortodoxos para com a Virgem são, de um certo ponto de vista, parte singular e compreensível de uma "reação geral contra a dispersão do sentimento religioso e, portanto, a favor da adoração concentrada somente no Cristo "(*Cristianismo / Islã: Ensaios sobre ecumenismo esotérico.* World Wisdom, 1985, p. 29). Aqui também pode ser o lugar para salientar que não farei nenhuma tentativa de responder aos argumentos do exoterista muçulmano, que é a fortiori, naturalmente, suspeitoso de qualquer coisa na fronteira da divinização ou adoração de um ser humano, inclusive o próprio Cristo. O Corão fala com grande respeito da Virgem e inclui uma Surata (capítulo) com seu nome; na verdade, o nome dela é o único nome

feminino que aparece em todo o Livro e, como veremos mais adiante, a exposição de Mariologia de Schuon repousa, em parte, em textos corânicos. Mas não é seu propósito, nem o meu, convencer todos os muçulmanos que seus ensinamentos marianos são válidos.

97 Em resposta à heresia nestoriana, o Terceiro Concílio (Éfeso) proclamou que a Virgem deveria ser chamada não simplesmente *Christotokos*, ou "Mãe de Cristo", mas *Theotokos* ou "Mãe de Deus". O ponto de vista de Schuon com relação a este título será considerado mais completamente abaixo.

98 *Treasures of Buddhism* (World Wisdom, 1993), p. 92. O termo "Co-redentora", em latim *Co-Redemptrix*, é utilizado somente na Igreja Ocidental, e de forma explícita apenas desde o século XIV. Mas a ideia assim expressa, que a Santíssima Virgem participa da obra redentora de seu Filho, é bastante antiga, sendo comum à Igreja Oriental também. De acordo com Santo Anselmo: "Deus é o Pai de todas as coisas criadas, e Maria é a Mãe de todas as coisas recriadas. Deus é Pai da constituição de todas as coisas, e Maria é a Mãe da restituição de todas as coisas "(*Oratio* VII). Entre os ortodoxos, o santo hierarca São Teófanes de Nicéia diz: "Não pode acontecer que alguém, entre anjos ou homens, possa vir a participar, de qualquer forma que seja, nos dons divinos fluindo do que foi divinamente assumido do Filho de Deus, senão através de Sua Mãe "(*The Life da Virgin Mary, the Theotokos* [1989], 516). O termo nunca foi definido como dogma, mas tem sido utilizado por muitos papas.

99 De acordo com São Dionísio Areopagita, os Serafins e os Querubins são os dois mais altos escalões das hierarquias celestes, acima de quem só há Deus. A frase vem do *Megalynarion*, um hino bem conhecido da Igreja Ortodoxa, cantado em toda Divina Liturgia de São João Crisóstomo: "É verdadeiramente justo louvá-la, ó Theotokos, que sois bendita para sempre, isenta de todo pecado e a Mãe do nosso Deus. Sois mais venerável que os Querubins, infinitamente mais gloriosa que os Serafins, vós que sem mancha geraste o Verbo de Deus, vós que sois verdadeiramente a Mãe de Deus, nós te exaltamos".

100 Procurei responder a esta objeção comum, mas mal concebida, ao ensinamento de Schuon sobre o Cristo em um artigo, "O Mistério das Duas Naturezas "(revista Sophia, 4/2 (inverno 1998), também publicado em francês como «Le Mystère des deux naturezas»(Connaissance des Religions, Numéro Hors –Série (Juillet - Octobre 1999).

101 *Christianity/Islam*, 243.

102 A Igreja do Oriente sempre traçou uma linha mais ou menos sólida entre seus *kerygmata*, ensinamentos codificados como dogmas

e proclamados a todos, e seus *mysteria*, os mistérios interiores da fé, reservados em sua plenitude aos iniciados iluminados pelo Batismo e o Crisma; a Cristologia tem sido tradicionalmente colocada na primeira categoria, e a Mariologia na segunda.

103 O primeiro, isto é, na ordem em que serão tratados aqui. Eu não quero dizer que esta é prioridade do próprio Schuon, nem que sua mariologia é dependente destas Escrituras, ou de sua interpretação dos comentários tradicionais. Devemos enfatizar sempre que Schuon não foi um teólogo, mas um metafísico e um esoterista, cuja doutrina está baseada simplesmente na natureza das coisas.

104 *Christianity/Islam*, p. 30.

105 *Dimensions of Islam*, p. 84.

106 Carta aos Efésios, 19.

107 *Tratado da Verdadeira Devoção à Santíssima Virgem* (editora Vozes, 1985). Aparentemente, isto é o que quase aconteceu com São Dionísio Areopagita, que, tendo visitado Jerusalém, onde se encontrou com a Santíssima Virgem em pessoa, escreve a São Paulo, seu mestre: "Eu testemunho diante de Deus, que habitou aquele mais honroso seio virginal, que eu a teria tomado pelo verdadeiro Deus, e a teria honrado com a adoração devida unicamente a Deus se minha alma recém-iluminada não tivesse retido as instruções e leis divinas". (*The life of the Virgin Mary, the Theotokos*, 441.)

108 *Sufism: Veil and Quintessence* (World Wisdom, 1981), 77. Schuon escreveu em outro lugar do "estranho caso de Fátima, que, encarnando, segundo tradição unânime, a santidade mais pura, foi posta de lado, frustrada e esquecida. Numa ocasião, ela foi tratada de maneira dura até mesmo pelo Profeta, seu pai. Nisto reside todo o drama de uma alma celeste predestinada a ser mártir na vida terrestre. Sua humilhação é, por assim dizer, a sombra projetada por sua elevação espiritual, com indivíduos humanos aparecendo em seu destino como instrumentos cósmicos de sua dolorosa alquimia. Há algo disso no caso da Santíssima Virgem, tratada não sem certa frieza pelos Evangelhos e passada em silêncio pela maioria do Novo Testamento, para reaparecer mais tarde em todo o seu maior esplendor "(*Islam and the Perennial Philosophy*, 1976, pp. 92-93). Eu notei que, neste ponto, Schuon tem o apoio de santos; deve ser acrescentado, contudo, que quando a ocasião pedia, ele não era avesso a discordar deles. Nesta mesma questão, por exemplo, criticou Santa Teresa de Lisieux— "apesar de sua natureza angélica", que ele foi um dos primeiros a honrar — por "diminuir a Santíssima Virgem a fim de trazê-la para 'mais perto'." Para Teresa, continua ele, "a Virgem Bem-Aventurada é 'mãe', mais do que

'rainha', como se Maria não fosse grande e misteriosa antes de fazer-se pequena e íntima; e cabe à rainha, não a seus súditos, decidir quando e como ela quer ser mãe; o valor e o encanto da intimidade maternal reside aqui precisamente em sua combinação com a majestade" (*Sufism: Veil and Quintessence*, 77).

109 *Contra as Heresias*, V, 19, ver também III, 22. Um par simbólico similar pode ser encontrado em São Justino o Filósofo, *Um Diálogo com Trifão*, 100, e em Tertuliano, *On the Flesh of Christ*, 17. A tradição ocidental observa que *Ave*, a primeira palavra da Saudação Angélica em latim, sendo o palíndromo do latim para Eva, indica que a reversão da queda foi realizada em Maria. Assim, em *Ave Maris Stella*, utilizado desde o século IX como o hino de Vésperas para as Festas da Santíssima Virgem, a Igreja se dirige a ela com estas palavras: *Sumens illus Ave / Gabrielis ore/ Funda nos in pace/mutans Evae nomen* — "Recebendo aquele Ave da boca de Gabriel, estabeleça–nos em paz, mudando o nome de Eva ".

110 *The eye of the Heart* (World Wisdom, 1997), p. 95.

111 *Gnosis : Divine Wisdom* (Perennial Books, 1990), p. 75.

112 Ver "A Doutrina da Ilusão", em meu *Advice to the serious seeker*.

113 *Survey of Metaphysics*, pp. 73-74.

114 *In The face of the Absolute*, p. 59.

115 *In The Face of the Absolute*, p. 61. "A chave do mistério da salvação pela mulher, ou pela feminilidade, se se prefere, reside na própria natureza de Maya. Se Maya pode atrair para o exterior, ela também pode atrair para o interior. Eva é vida, e isto é Maya manifestante; Maria é Graça, e isto é Maya reintegrante. Eva personifica o demiurgo sob seu aspecto de feminilidade; Maria é a personificação da *Shekinah*, da Presença que é tanto virginal como maternal. A vida, sendo amoral, pode ser imoral; a Graça, sendo substância pura, é capaz de absorver todos os acidentes" (*Esoterism as principle and as way*, Perennial Books, 1981, p. 143). Em outro lugar, Schuon chama nossa atenção para outra correlação entre as duas mulheres no interior da *mulher*: "A abstração discriminativa e contemplativa do mundo não poderia excluir nossos contatos naturais com nosso ambiente, o qual não é meramente Eva, mas é também Maria. Há paralelismo, não incompatibilidade, entre a 'lembrança de Deus' e a vida contigente." (*The Play of Masks*. World Wisdom, 1992, p. 52.)

116 Outro versículo do Cântico dos Cânticos, que ele frequentemente cita, e que está intimamente ligado não só à doutrina da Virgem, mas ao método de oração quintessencial, é Cânticos 5, 2: "Eu durmo, mas meu coração vigia."

117 *Esoterism*, 62. "A Igreja Russa", acrescenta ele, "comemora a 'festa do Véu' em lembrança de uma aparição de Maria em Constantinopla, no curso da qual a Virgem levantou seu véu luminoso e o segurou, de forma milagrosa, sobre os presentes. A palavra russa *pokrov* significa tanto "véu" como"intercessão" : a Maya que dissimula a Essência é, ao mesmo tempo a Maya que comunica graças. "

118 Texto No. 511.

119 *Islam Christianity/Islam*, 145-46. É característico de Schuon contrastar a função espiritual predominantemente "interior" de Cristo, chamado no Islã de o "Selo de Santidade", com a função mais exterior e social do profeta Maomé.

120 Schuon observa que o *Magnificat* (Lucas 1:46-55) "está impregnado de elementos de Misericórdia e Rigor, e reflete, portanto, um aspecto da natureza da própria Virgem: a suavidade da Virgem é acompanhada por uma pureza diamantina, e também por uma força de alma que evoca figuras bíblicas como Miriam e Débora, e que representa uma dimensão inseparável da grandeza daquela que foi chamado de *O Clemens, O Pia, O Dulcis Virgo Maria* "— palavras que, como Schuon observa, foram "acrescentadas espontaneamente por São Bernardo ao *Salve Regina* por ocasião de um encontro solene na Catedral de Speyer." (*Dimensions of Islam*, 89.)

121 In the Face of the Absolute, 220, 60.

122 *Dimensions of Islam*, 15.

123 *A Unidade Transcendente das Religiões* (Irget, 2011).

124 Texto No. 448. "A verdade espiritual, um cheique marroquino disse, é mais bela quando é velada, como uma noiva. Este parecer sugere, além de uma solicitude por amplitude dialética – uma atitude quase litúrgica de distância respeitosa, ou mesmo de temor reverencial, com relação à verdade "(*Dimensions of Islam*, 13). Schuon aponta que estes dois aspectos da substância virginal recebem expressão concreta e poderosa na iconografia da Igreja do Oriente. "Em muitos ícones, a Santíssima Virgem expressa misericórdia pelo movimento inclinado e espiralado de sua postura, enquanto a gravidade de sua expressão facial indica pureza em seu aspecto da inviolabilidade; outros ícones expressam unicamente essa pureza, enfatizando a severidade dos traços por um posição bastante ereta; outros expressam ainda somente a misericórdia, combinando a inclinação do corpo com a doçura da expressão". (*Stations of Wisdom*. World Wisdom, 1995, p. 135.)

125 A frase aponta também, certamente, para a doutrina da Encarnação, pois foi no espaço da matriz Virginal, ou no útero, que Deus,

o Infinito, habitava. Na abside de uma igreja ortodoxa, frequentemente se vê um ícone chamado Nossa Senhora do Sinal, ou *Platytera*. Assentada em majestade, com a criança entronizada no colo, a Virgem tem suas mãos estendidas, como a abraçar o universo, e muitas vezes há uma inscrição onde se lê *Platytera ton ouranon*: "Ela, que é mais vasta do que os Céus." Quanto ao hino Akathista e outras "ladainhas da Virgem" tradicionais, incluindo a de Loreto, Schuon escreve que "elas estão em certo aspecto focadas na Existência na medida em que é a primeira manifestação do Si e a substância de todas as perfeições existenciais" (*Dimensions of Islam*, 134). Esta observação deve ajudar a lançar, para muitos leitores, uma nova luz sobre a relação entre Deus e a Sabedoria de Maria.

126 *Esoterism*, 62.

127 In the *Face of the Absolute*, 137-38.

128 *Lógica e Transcendência*, 119. Os leitores familiarizados com a obra de Schuon irão notar que esta é mais uma aplicação da Lei de Analogia Inversa. Ver o meu *Advice to the serious seeker*, 114.

129 Gnosis, 121. Embora seja verdade, para Schuon, que "um ser como a Virgem surge apenas uma vez a cada um ou dois milênios "("Resumo de uma audiência como Cheique" [texto não-publicado, primavera de 1985]), sua grandeza não é inconsistente com sua humilde submissão ao papel para o qual ela estava destinada como mulher no interior da economia espiritual instituída por seu Filho. Assim, enquanto "nenhum homem pode ser mais santo do que a Virgem", não obstante "qualquer sacerdote pode celebrar a Missa e pregar em público, o que ela não podia fazer... na estrutura do mundo cristão tradicional." (*O Sentido das Raças*. Ibrasa, 2005).

130 *Tratado da Verdadeira Devoção* 9, 116. Está claro porque Schuon apreciava tanto esta obra e porque ele a recomendava tão entusiasticamente a buscadores espirituais cristãos. Precisamente no mesmo espírito, ele mesmo escreve: "A alma da Santíssima Virgem, que é o protótipo de toda alma santificada, é feita de adoração inata, e isto atualiza a Presença Real, como um espelho reflete o sol; a alma virginal é consubstancial a esta Presença, assim como o espaço coincide com o éter que ele contém." (Esoterism, 114.)

131 *In the face of the Absolute*, 144. Lembro-me das palavras de G. K.Chesterton: "Homens são homens, mas o Homem é uma mulher". Observamos também as seguintes palavras de Schuon: "Se Maria está entronizada sobre o trono de Salomão e é mesmo identificada com este Trono – com a autoridade que ele representa —, isto ocorre não só por direito divino, mas por direito humano igualmente, no sentido de que, sendo ela descendente de David, é herdeira e rainha, da mesma maneira

que o Cristo, a este mesmo respeito, é herdeiro e rei. Não podemos deixar de pensar nisso quando vemos as Virgens românicas coroadas sentadas com o Menino em um Trono real." (*In the face of the Absolute*, 139-40.)

132 Já notamos um versículo do Cântico dos Cânticos, *Tu és toda formosa, meu amor, não há mancha em ti* (4, 7). Entre uma série de outros textos do Antigo Testamento que foram apresentados pela tradição como prova de perfeição da Virgem, o seguinte fornece um testemunho especialmente eloquente: *Tu és mais bela que as filhas dos homens: a graça foi derramada em teus lábios; por isso Deus te abençoou para sempre* (Salmo 45, 2).

133 *Esoterism*, 143.

134 Texto No. 251. Schuon acrescenta no mesmo lugar que a "neve colocada pelos anjos no peito do Profeta quando criança é a Virgindade".

135 Gnosis, 119. Schuon continua: "Esta pureza – o estado marial – é a condição essencial não apenas para a recepção dos sacramentos, mas também para a atualização espiritual da Presença Real do Verbo. Pela palavra *Ave*, a alma expressa a ideia que, ao se conformar à perfeição da Substância, ela se coloca ao mesmo tempo em harmonia com esta última, implorando simultaneamente a ajuda da Virgem Maria, que personifica esta perfeição."

136 Foi com estas palavras que o Papa Pio IX proclamou o dogma da Imaculada Conceição (8 de dezembro de 1854).

137 *Treasures of Buddhism*, 92. Como Schuon escreveu em outro lugar: "Na prática, o Cristianismo diviniza a Mãe do Cristo, a despeito de reservas exotéricas, ou seja, a distinção entre *latria* e *hyperdulia*" – isto é, entre o culto propriamente dito e a forma mais elevada de veneração. (*In the Face of the Absolute*, 227)

138 *To Have a Center* (World Wisdom, 1990), 122-23. "Como Jesus não teve pai humano, Seu Corpo e Sangue lhe vieram de Maria, o que também é verdade para as espécies eucarísticas, e que revela um novo aspecto da qualidade de 'Co-redentora'." (*Esoterism*, 38)

139 *A Unidade Transcendente das Religiões* (Irget, 2013). Confio em que este é um daqueles casos nos quais deve ser entendido que a lógica schuoniana inevitavelmente não parecerá conclusiva para "um dogmatismo que está demasiadamente focado em pingar todos os 'is'. Como Schuon vê o ponto, contudo, estamos aqui frente a "um contexto em que a santa indeterminação não faria nenhum mal e, em qualquer caso, seria algo mais adequado" (*Christianity/Islam*, 122). Comentando em outro lugar sobre as implicações da natureza imaculada de Maria, ele diz que a substância virginal "não é apenas preenchida com a Presença Divina de

forma ontológica ou existencial, no sentido de ser impregnado com ela por definição, isto é, pela sua própria natureza" – como é indicado pelas palavras *Gratia Plena* —, "mas também está constantemente em comunicação com o Verbo como tal. Assim, se *gratia plena* significa que o Mistério Divino é imanente na Substância como tal, *Dominus tecum* significa que Deus, em sua transcendência metacósmica, é revelado à Substância, assim como o olho, que é cheio de luz, vê adicionalmente o próprio sol." Ele conclui, como tantas vezes, com uma aplicação concreta: "A alma cheia de graça verá Deus." (*Gnosis*, 119).

140 *Face of the Absolute*, 65-66. "A teologia grega", ele escreve, "em conformidade com sua prudência em questões de definição dogmática e de fidelidade ao simbolismo escritural, buscou evitar cristalizar, no plano da doutrina externa, uma verdade que trata de muito perto da questão altamente delicada da 'divindade humana', se assim podemos chamá-la. Seja qual for o caso, se o dogma católico da Imaculada Conceição significa que a Virgem é 'a criatura perfeita', a ausência deste dogma entre os gregos significa em última análise que 'não há nenhum bom senão Deus', de acordo com as próprias palavras do Evangelho" " (*The Eye of the Heart*, 100). É evidente, para Schuon, que ambas as perspectivas, a grega e a católica, são verdadeiras.

141 *Transcendent Unity* (1984), 83. Ver a respeito artigo de Martin Lings, "Frithjof Schuon and René Guénon", Sophia (Winter, 1990), p. 13.

142 *"Notar-se-á, " escreve Schuon, "que o 'sinal' não é somente Jesus, mas Ele e Sua Mãe" (Sufism, 155).*

143 Cristãos ortodoxos e católicos tradicionais concordam que a Santíssima Virgem passou sua juventude como uma das virgens do Templo. A Ortodoxia lembra este fato na Festa da Entrada, que evoca como seus pais, S. Joaquim e Santa Ana, haviam levado-a até lá em cumprimento a uma promessa feita a Deus.

144 Texto No. 328. Chamando atenção para o epíteto corânico da Virgem, "filha de 'Imrân", e especificamente para o nome 'Imrân propriamente, Schuon escreve que "a raiz trilateral deste nome inclui entre outros os significados de 'prosperidade' e 'florescimento', que são bastante apropriados para ela a quem Deus "fez crescer com um belo crescimento" e para quem Ele concedeu "Seu sustento além de toda medida". Ele acrescenta que "as palavras 'filha de 'Imrân' ligam Maria não apenas a seu pai direto, mas também a seu ancestral, o pai de Moisés e Aarão, donde a descrição 'irmã de Aarão', que o Corão também emprega a respeito de Maria, desejando com isto enfatizar que a eminência do irmão de Moisés se remanifestou em Maria" (*Dimensions of Islam*, 93-94). Deve-se entender que o ensinamento

schuoniano a este respeito vai bem além do que o Islã exotérico concorda em aceitar; de fato, "quando o Corão declara que 'Deus te escolheu (Ó Maria) e te purificou, e te elevou acima de todas as mulheres', há comentadores que interpretam a passagem meramente como se Maria tivesse sido a mulher mais piedosa de seu tempo, nem mais, nem menos, o que é de um minimalismo absurdo", Schuon prossegue, "algo que é explicável por temor de mariolatria; é sempre uma questão de *ad majorem Dei gloriam*, que, em clima de um monoteísmo sensível, é teológica e psicologicamente decisivo" (*Survey of Metaphysics*, 98). Desnecessário acrescentar que o Cristianismo exotérico não é, à sua própria maneira, menos sensível neste ponto.

145 56 *Face of the Absolute*, 218.

146 Texto No. 328.

147 *Esoterism*, 61.

148 Texto No. 838. Schuon acrescenta no mesmo texto: "Fala-se também do manto protetor da Virgem, que deriva do mesmo simbolismo; e pode-se dizer o mesmo de seus longos cabelos, que são como que um manto natural."

149 Texto No. 838. Comentando em outro lugar acerca da resposta da Virgem a Zacarias, Schuon observa que "por meio deste dito, ou deste ensinamento, Maryam nos convida a fazer o que ela faz, a ser o que ela é; a entrar nela, por assim dizer, ser levado por ela; pois é função do homem divino ser o intermediário entre nós e o Céu" (Texto No. 344). O exoterista muçulmano objetará a esta linguagem, dizendo que, no Corão, as seguintes palavras são dirigidas à Virgem: *O Maryam, pratica a oração diante de teu Senhor e prostrai-vos, inclinai-vos com aqueles que se inclinam (sura 3:43).* Schuon explica este verso dizendo que "a ordem dada à criatura avatárica não faz mais que expressar a natureza desta criatura, pois as perfeições cósmicas sempre derivam de uma ordem divina; ao pronunciar Suas ordens na eternidade, Deus criou a natureza da Virgem. Os anjos apenas repetem esta ordem para a glória de Maria.Vale notar, ele conclui, que a Virgem serve de modelo até aqui, no plano das práticas externas, pois "este versículo, com efeito, indica que os movimentos da prece muçulmana referem-se à natureza mariana". (*Dimensions of Islam*, 85.)

150 Texto No. 640.

151 *A Unidade Transcendente*, 24.

152 *Logic & Trancendence*, 106.

153 *A Unidade Transcendente*, 24. Escrevendo ao final do século IV DC, Santo Epifânio, em *Refutação de todas as heresias*, descreve duas seitas opostas: por um lado, os "opositores de Maria", que negavam sua virgindade perpétua, e por outro os "Coliridianos", que praticavam uma

espécie de eucaristia mariana, oferecendo-lhe bolos (*kollyrides*) como a uma deusa (ver Jeremias 7:18, 44: 15-28). Há evidências de que este último grupo continuou existindo e se difundiu até a Arábia no século VI, e o Islã, Schuon diz, "estava fadado a reagir" contra esta forma de "mariolatria", na medida em que "tinha grande semelhança com o paganismo árabe" (*A Unidade Transcendente*, 24)

154 *Christianity/Islam*, 147.

155 *Sufism*, 161. "Segue-se, ele continua, que uma invocação de Maria, tal como a *Ave*, é na prática, implícita e quintessencialmente, uma invocação do Espírito Santo, que no Islã pertence ao mistério hipostático de *Rahmâniyah*, 'Generosidade' divina, que é Vida, Irradiação e Luz; a Virgem, como o Espírito, é o 'útero' (*rahim*), inviolável e generoso, de todas as graças (*Sufism*, 161). Em outra parte, aprendemos de Schuon que "um cheique magrebino, sem conhecimento sobre o Cristianismo exceto mediante o Corão, nos disse que Maryam personificava a Misericórdia-Clemência (*Rahmah*) e que nossa época está especialmente dedicada a ela por esta razão mesma; a essência de Maria – sua 'coroa' – é constituída pelos Nomes *Rahmân* e *Rahîm*, e ela é a manifestação humana da *Basmalah* ('Em Nome de Deus, Clemente, Misericordioso')" (*Dimensions of Islam*, 93).

156 Christianity/Islam, 95.

157 *Sahidic Fragments of the Life of the Virgin*, IV, 45-50.

158 *Christianity/Islam*, 95. Ele acrescenta no mesmo livro, "Observemos também que encontramos na Epístola aos Hebreus a expressão 'Minha Mãe o Espírito Santo' (*Mater mou to hagion pneuma*)."

159 *Esoterism*, 38.

160 *Dimensions of Islam*, 92-93. O que segue também é instrutivo neste contexto: "No sinal da cruz católico, um ternário é sobreposto a um quaternário; o conteúdo do sinal é de fato a Trindade, mas o próprio gesto consiste de quatro estações; a quarta coincide com a palavra *Amém*." Segundo Schuon, "esta quarta estação pertence à Santíssima Virgem como Esposa do Espírito Santo e Co-Redentora, ou seja, em última instância, como *Mâyâ* simultaneamente humana e divina. Isto é, ademais, o que é indicado pelo próprio *Amém*, pois ele expressa o *Fiat Voluntas Tua* de Maria." (Face of the Absolute, 60)

161 Sergei Bulgakov, *Sophia, the Wisdom of God: an outline of Sophiology* (Lindsfarne Press, 1993), p.51.

162 Segundo o teólogo ortodoxo Paul Evdokimov, "há uma misteriosa coincidência no silêncio teológico que envolve tanto o Espírito Santo como a Virgem durante os três primeiros séculos, mas sua dupla *kenôsis* ("esvaziamento", "auto-apagamento") termina com uma proclamação

radiante e simultânea nos séculos IV e V. A *Theotokos* surge como o centro pré-estabelecido do mundo, o lócus três vezes santo do Advento divino... Como a Nova Eva, ela contém em si toda a humanidade, como Adão o fez; e sua carne, que ela dá a seu Filho, é o da mãe de todos os vivos." (*Woman and the Salvation of the World*. St Vladimir's seminary press, 1994. P. 195)

163 Bulgakov, 116-17, 123.

164 *Dimensions of Islam*, 85-86.

165 Ver meu artigo "The Mystery of the Two natures". "Deus e o homem se uniram em Jesus Cristo, mas, se não quisermos ser heréticos, a tradição cristã nos proíbe de pensar que a humanidade em questão seja meramente a de um indivíduo histórico, ou que a Divindade é a do puro Absoluto" (p. 132).

166 Schuon sustenta que Maria é "la personnification de l' Esprit Saint, comme l'indiquent clairement les expressions 'gratia plena' et 'Mater Dei'." (*Du Divin à l'Humain*. Courrier Du Livre, 1981, p. 47.)

167 *Dimensions of Islam*, 94. O que Schuon diz aqui é verdade para todos os "descensos divinos". Pois, "há obviamente no Avatâra uma separação entre o humano e o divino, ou entre acidente e Substância; depois, há uma mescla, não de acidente humano e Substância divina, mas do humano e do reflexo direto da Substância no acidente cósmico; relativamente ao humano, esta reflexão pode ser chamada de divina, com a condição de que a causa não seja de forma nenhuma reduzida ao efeito" (*Esoterism*, 63). Qualquer exposição adequada da doutrina schuoniana do Avatâra obviamente nos levaria demasiado longe, mas deve-se ressaltar no mínimo que, como a doutrina dos hindus, ela diferencia entre uma série de modalidades avatáricas. "Pode-se distinguir de modo geral quatro categorias de encarnação", Schuon escreve, "duas delas 'principais' e duas 'menores', cada um dos dois grupos compreendendo uma encarnação 'plenária' e uma encarnação "parcial". Os Avatâras principais são os fundadores de religiões ou, nas circunstâncias em que a questão de uma renovação da forma religiosa não se coloca, os dispensadores supremos de graça, como Rama e Krishna; entre esses fundadores ou dispensadores, alguns são manifestações da Divindade "solares" e outros "lunares", dependendo da forma da Mensagem, e também da natureza da coletividade receptora. Os Avatâras menores também são subdivididos em plenário ou solar e lunar ou parcial; são eles os grandes sábios ou santos que, no âmbito de uma determinada tradição e, consequentemente, em menor escala, repetem a função do Avatâra principal de uma maneira seja solar, seja lunar; há também encarnações femininas, mas seu papel — de *Shakti*- é sempre relativamente secundário, seja qual for o nível de sua manifestação "(*Stations*

of Wisdom, 86). Na medida em que ela é o complemento feminino do Cristo, Maria pode ser descrita como um grande "descenso" de tipo lunar, embora, como veremos a seguir, a reciprocidade avatárica que ela partilha com seu Filho não esgota totalmente a sua realidade. Em qualquer caso, o ponto a ressaltar no momento é que cada Avatâra, independentemente de seu nível ou abrangência, 'é' o 'homem como tal', sendo ao mesmo tempo 'tal e tal homem'." (Texto No. 919).

168 Diz-se no Islã que, quando Jesus falou a seus discípulos de "outro Consolador", a quem Ele enviaria, "o Espírito de Verdade" (João 14: 16, 17), ele se referia ao Profeta Maomé.

169 *A Unidade Transcendente*, 120-121.

170 *Dimensions of Islam*, 81. Este ensinamento deriva de uma tradição do Profeta mencionada anteriormente.

171 Texto No. 430.

172 *Face of the Absolute*, 105. Falando diretamente a seus discípulos, Schuon acrescenta "Maryam é a *Nabiyah* da *khalwah*" (Texto No. 337).

173 "Está na natureza do esoterismo", Schuon escreve, "basear-se externamente" em certos elementos de determinado exoterismo, mas tais elementos são "precários e muitas vezes quase imperceptíveis do ponto de vista da mentalidade exotérica correspondente. (*Gnosis*, 36.)

174 Num capítulo intitulado "O Esoterismo quintessencial do Islã", Schuon antecipa a questão óbvia: "O esoterismo não é quintessencial por definição?" Ele responde: "O esoterismo é quintessencial 'de direito', mas não necessariamente 'de fato', como é amplamente provado pelo fenômeno desigual e muitas vezes desconcertante do Sufismo médio", no qual "a metafísica é tratada segundo as categorias de uma teologia antropomorfista e voluntarista e de uma piedade individualista de caráter obediencial acima de tudo." (Sufism, 131.)

175 Texto No. 745.

176 *Sufism*, 155. "É assim que a Virgem é considerada, por alguns sufis e também por autores cristãos, como Mãe-Sabedoria, ou como Mãe da Profecia e de todos os profetas."

177 No Corão, a mesma mensagem genérica é transmitida de forma ainda mais lacônica, na verdade em completo silêncio. Quando a Virgem volta para sua família trazendo aquele que ela deu a luz, seus familiares, incrédulos, dizem, *O Maria! Tu voltaste com algo surpreendente*, sua resposta foi ceder a vez à criança: *Então Maria apontou para o filho e foi ele quem falou: Eu sou o escravo de Allâh, Ele me concedeu a Escritura e me fez Profeta (Sura 19:27, 29, 30).*

178 *Sufism*, 155. "Os Profetas trazem Leis; a Santa Virgem traz o que está na raiz de todas as Leis; é assim que ela é a Mãe de todos os profetas" (Texto No 344). Schuon observa nesta mesma fonte que Maria também tem o epíteto "Mãe do Livro" [*Umm al- Kitab*], indicando que ela é "a essência supra-formal de todos os livros, ou o Logos como primeira Substância, como pura Misericórdia." É por isso que "ela personifica e ensina a oração quintessencial, a invocação: o alimento espiritual que é infinito. Na Terra, ela foi a mãe oculta e desconhecida de um Profeta; no Céu, ela é a mãe radiante de todos os Profetas; é por esta razão que ela foi, na Terra, a esposa do Espírito Santo, e não de um homem." Em outro lugar, Schuon acrescenta que "cada Mensageiro - Sayyidatnâ Maryam incluída - se identifica com o Logos e, ao mesmo tempo, na medida em que é um indivíduo humano, ele constitui uma porta para Logos. Cada Mensageiro tem uma Mensagem, e a Mensagem de Maria é, por um lado, seu Filho e, por outro, a Substância não expressa de todas as mensagens" (Texto No 400). Eu disse acima que o Filho é fundamentalmente o Logos "na perspectiva schuoniana", mas deve-se acrescentar que a Igreja ensina justamente o mesmo — que a hipóstase ou sujeito pessoal de Cristo é a Palavra eterna. Segundo a Cristologia patrística tradicional, o que Jesus era, "era ao mesmo tempo divino e humano, mas quem Ele era, era o Logos — Sua Pessoa não sendo, de fato, outro ser senão a eterna Segunda Pessoa daTrindade, que já existia desde antes da fundação do mundo" ("O Mistério das Duas Naturezas", 117).

179 *Christianity/Islam*, 147. Schuon cita – segundo as revelações de Irmã Mechthild de Magdeburg (século XIII)– as palavras da própria Virgem Mãe: "Lá eu era a única noiva da Santíssima Trindade e mãe dos Sábios, e eu os levei diante dos olhos de Deus para que não caiam, como tantos outros caíram. E como eu era a mãe de muitos filhos nobres, meus seios ficaram cheios do leite puro e sem mistura da verdadeira e doce Misericórdia, de tal modo que eu nutria os Profetas, e eles profetizavam antes que o Cristo nascesse (*Das Licht der fliessende Gottheit*, 1, 22)" (*In the face of the Absolute*, 60). Em outra conexão, ele nota que São Bernardo de Claraval estava entre os santos que sabiam que "Maria é o 'leite' que flui do Espírito Santo" (Christianity / Islam, 146), e que tinha experimentado "o mistério mariano da *lactatio* "(*In the face of the Absolute*, 225).

180 *Dimensions of Islam*, 95. Schuon chama a atenção neste mesmo lugar para outros exemplos da universalidade de Maria. Ele observa que "na época da perseguição ao Cristianismo no Japão, os cristãos não hesitaram em fazer suas devoções na frente de estátuas de Kwannon, a deusa budista da Misericórdia" ; que "a basílica de Nossa Senhora de Guadalupe, perto da Cidade do México, e um famoso lugar de peregrinação, foi construída

sobre uma colina que em tempos antigos estava consagrada à deusa-mãe Tonantzin, uma divindade da Terra e da Lua", que "apareceu, sob a forma de uma princesa asteca de grande beleza, a um pobre índio, dizendo-lhe que ela era a "Mãe de Deus" e que ela desejava ter uma igreja neste local" ; que "acima do portão principal de Córdoba, hoje inexistente, "havia uma imagem de uma deusa romana identificada pelos cristãos como Maria", respeitada também pelos muçulmanos, que "por sua vez, veneravam a estátua da Virgem-Mãe como a padroeira de Córdoba" ; e, finalmente, que "a cidade de Éfeso, onde Maria ascendeu aos Céus, era dedicada a Ártemis, deusa da luz, "que, como "protetora da virgindade e guardiã beneficente do mar", é "assim tanto *virgo* como *stella maris* ".

181 *Dimensions of Islam*, 96. Para inverter a formulação, em benefício daqueles que podem ser ajudados pelo dialética, o fato mesmo de que a Virgem Santíssima irradiou através das fronteiras de três distintas grandes tradições pode ser tomado como uma indicação ou sinal de que ela não é senão uma Avatâra.

182 *Dimensions of Islam*, 96. Schuon se refere a um hadith que "coloca Maria junto de Adão e acima de Eva, por conta do privilégio de ter recebido o sopro do Espírito divino". Quanto à estatura profética da Virgem no Judaísmo, isto fica evidente no Magnificat, cujas palavras são uma síntese inspirada de textos bíblicos como Genesis 17:7, 1 Samuel 2:1-10, 2 Samuel 22:28, Jó 5: 11-12, Isaías 40: 3-5 e 41: 8-10, e Hababuque 3:18. Isto sem mencionar os Salmos, incluindo 89:10, 98:3, 103:13, 17-18, , 107:9, 111: 9-10, 113: 5-7, 126: 3, 5 e 147:6. Schuon acrescenta: "Que a Santa Virgem, ao falar espontaneamente, deva se expressar em termos bíblicos é algo natural para qualquer um com uma noção sobre qual deve ser a relação entre o conhecimento infuso e a Revelação formal na alma de um ser como Maria" (*Dimensions of Islam*, 98). A venerável Maria de Agreda escreve da Virgem que "mesmo nos anos de sua primeira infância, percebia-se que ela compreendia as Escrituras, e ela passou muito tempo lendo-as. Como ela era cheia de sabedoria, ela conferia no coração o que sabia das revelações divinas transmitidas a ela mesma com o que é revelado a todos os homens nas Santas Escrituras" (*The mystical city of God: the divine history and life of the Virgin mother of God*, TAN books, 1978, p. 163).

183 *Dimensions of Islam*, 97. Schuon escreve extensivamente sobre "a complementaridade dos personagens santos" (*Christianity/Islam*, 146), i.e., a relação entre a Virgem e seu Filho, e ele o faz de uma maneira que enfatiza seu significado universal, e não apenas cristão. Já discutimos a relação entre Maria e a Sabedoria, *Sophia* supraformal, uma relação que a liga intimamente ao Espírito também, e desta perspectiva, Schuon observa, fica

claro que a Mãe deve ser vista como "maior que o Filho, que aqui representa a sabedoria formal, portanto a revelação particular" do Cristianismo. Mas, se considerarmos o Jesus "adulto" — que disse de Si mesmo que quem O viu, viu o Pai(João 14:9) —, então, ao contrário, "Maria não é mais a essência a-formal e primordial, mas seu prolongamento feminino, a *shakti*: ela então não é Logos sob seu aspecto feminino e maternal, mas o complemento virginal e passivo do Logos masculino e ativo, seu espelho, feito de pureza e misericórdia" (*Christianity/Islam*, 124). Vista deste ponto de vista, a Virgem é a dimensão do *yin* em todas as coisas, assim como o Cristo, por quem todas as coisas foram feitas (João 1:3), é o *yang*, pois "ela personifica", diz Schuon, "as qualidades passivas e receptivas da Substância divina" (*Logic and Transcendence*, 110).

184 *Layla* é um nome de mulher na língua árabe e significa "noite"; em vista de seu mistério e obscuridade, é muitas vezes celebrada entre os sufis como representação da Essência divina.

185 Texto No. 251. "Nenhuma perfeição", Schuon acrescenta, "está situada fora dela." Em outro lugar ele escreve: "A Substância contém tudo o que amamos, e Ela é o que nós somos". (Texto No. 683.)

186 *Esoterism*, 44.

187 *Esoterism*, 49, 178.

188 *Esoterism*, 49-50. Não devemos esquecer que o Divino está afinal além de todas as categorias, e que, Nele Mesmo, "Deus não poderia ser nem masculino, nem feminino, pois seria um erro de linguagem reduzir Deus a um de dois polos reciprocamente complementares". Na medida em que cada qual requer o outro para ser o que é, a Realidade não está obviamente nem isoladamente, nem mesmo em ambos como síntese, pois sua perfeita simplicidade é anterior a todos os pares ou sizígias. Por outro lado, se "cada sexo representa a perfeição", e se observamos esta perfeição como tal, "Deus não pode senão assumir as características de ambos". (*Dimensions of Islam*, 129.)

189 "Não há somente um Deus pessoal - que é, por assim dizer, a 'Face humana', ou 'humanizada', da Divindade sobre-pessoal –, há também, 'abaixo' e resultando deste primeiro grau hipostático, o que nós podemos chamar de 'Face confessional' de Deus: é a Face que Deus volta para uma religião em particular, o Olhar que Ele lança sobre ela, e sem o qual esta religião nem mesmo poderia existir." (*Survey of Metaphysics*, 91.)

190 *From the Divine to the Human* (World Wisdom, 1982), 95.

191 *Logic and Transcendence*, 119.

192 *Roots of the Human Condition*, 40-41.

193 *To Have a Center*, 119. "'Quem me viu, viu Deus': estas palavras, ou seu equivalente" – Schuon está aqui parafraseando o ensinamento de Cristo no Evangelho, de que aquele que viu o Filho, viu o Pai (João 14, 9) – "são encontradas em diversos mundos tradicionais, e elas se aplicam especialmente também à 'Divina Maria', 'vestida de sol' porque reabsorvida nele e, por assim dizer, contida nele." (Esoterism, 62)

194 *Treasures of Buddhism*, 92. Segundo a doutrina palamita, "A Virgem Mãe habita na fronteira entre as naturezas criada e incriada" (S. Gregório Palamas, "Homily 14").

195 "Um sufi disse que Sayyidatnâ Maryam personifica a 'Santidade original', donde a Santidade 'naturalmente sobrenatural', o que não implica nenhum esforço com vistas à realização espiritual, nenhum método, nenhuma restrição; há certamente, com a Virgem, esforços que resultam de sua Santidade, mas esta última não é fruto de nenhum esforço; ela é substancial e existencial. Ora, a Santidade é essencialmente Contemplatividade: é a intuição da natureza espiritual das coisas; intuição profunda, que determina toda a alma, logo o ser inteiro do homem.... Santidade em si coincide com a Plenitude da Graça (*gratia plena*) que chama a Presença de Deus (*Dominus tecum*)" (Texto No. 894).

196 *Christianity/Islam*, 67. Schuon continua observando que estes diversos atributos estão "na origem de todas as virtudes angélicas e humanas, e mesmo de toda possível qualidade positiva, como por exemplo a pureza da neve ou a incorruptibilidade e a luminosidade do cristal." Falando em outro lugar sobre a beleza da Virgem, ele escreve: "Assim como Sayyidnâ 'Îsâ tomou para si todo o sofrimento do mundo, do mesmo modo Sayyidatnâ Maryam abarca toda a beleza do mundo.Com sua beleza, ela se coloca diante do mundo, de maneira que ele não possa mais nos seduzir; é assim que ela nos liberta por meio de sua beleza. É por sua beleza que ela nos leva a amar Deus e a esquecer o mundo; ela é um raio da Beleza e do Amor de Deus" (Texto No. 312).

197 *Christianity/Islam*, 147-48. De fato, "todas as qualidades de Maria podem ser reduzidas ao perfume da Divina Infinitude" (*Esoterism*, 38). Segundo S. Gregório Palamas, "aqueles que conhecem Deus reconhecem nela a habitação do Infinito" ("Homily 14").

198 Schuon acrescenta: "ela é, por assim dizer, a santidade em si, sem a qual não há nem Revelação divina nem retorno a Deus" (*Christianity/Islam*, 68-69). E também: "A Virgem personifica o Equilíbrio, posto que ela é identificável com a Substância do Cosmos, que é tanto maternal como virginal— uma Substância de Harmonia e Beleza, oposta, assim, a todos os desequilíbrios" (*Dimensions of Islam*, 89).

199 Sentimo-nos na obrigação de acrescentar esta última frase, pois, "a despeito de toda precaução teológica" e "aprecie-se isto ou não", não obstante é verdadeiro que "no Cristianismo, a Santa Virgem assume o aspecto feminino da Divindade" (*Dimensions of Islam*, 129) no plano da prática piedosa—um caso em que, é-se tentado a dizer, os extremos se encontram e onde *vox popoli, Vox Dei*.Schuon continua, não surpreendentemente: "Esta observação, longe de ser causa de censura aos olhos do autor, tem, pelo contrário, o mais positivo dos sentidos." Em outro lugar, ele observa que, nas religiões semitas, "a Divindade é concebida sob aspecto masculino, apesar de certa exceção no caso do Cristianismo, que, sem conceder a Virgem o culto de 'latria', concede a ela, e somente a ela, o culto de 'hiperdulia', o que na prática, a despeito de tudo, representa um gênero de divinização, se não 'de direito', pelo menos' de fato'."(*To Have a Center*, 119). Na piedade da Igreja Oriental, pede-se expressamente o reconhecimento do papel de Maria na obra salvadora de Deus, como no hino *Akathista*, em que as invocações da Virgem por seus muitos nomes são pontuadas pelo refrão"Ó Santíssima Mãe de Deus, salvai-nos". De fato, o mais antigo hino conhecido à Virgem, recitado no Ocidente como o *Sub tuum praesidium*, e primeiramente encontrado num papiro grego datado do final do século III, é bastante explícito a este respeito: "Nós nos voltamos para Vós, Santa Mãe de Deus, em busca de proteção, não desprezeis nossas súplicas, mas ajudai-nos em nossas necessidades. Salvai-nos de todo perigo, ó gloriosa e santa Virgem."

200 *To Have a Center*, 123. Schuon aqui está se referindo especificamente ao Protestantismo e à teologia protestante, mas o que diz aplica-se a toda forma de exoterismo cristão.

201 Há exceções bem ocasionais em algumas obras especulativas. Bulgakov, por exemplo, foi capaz de escrever que "a humanidade-divina pode ser encontrada... em forma dupla, não apenas individual: não apenas a do Cristo homem-Deus, mas também de sua Mãe.Jesus-Maria — eis a plenitude da humanidade-Divina." A Virgem, ele acrescenta, é a "contrapartida feminina" de seu Filho (*Sophia, the Wisdom of God*, 123). Mas tais exceções servem apenas para confirmar a regra.

202 *Face of the Absolute*, 60. A reflexão teológica, Schuon prossegue, "pode funcionar apenas com noções simples, definidas com precisão e concretamente úteis; sua dimensão filosófica pode refinar esta estrutura, mas não pode transcendê-la."

203 *Unidade Transcendente*, 132.

204 *Christianity/Islam*, 79.

205 *To Have a Center*, 119. A frase "Mãe de Deus", diz Schuon, "é na verdade altamente elíptica" (*Roots of the Human Condition*, 38); de fato, é uma elipse "do mais ousado tipo" (*Logic and Transcendence*, 117).

206 *Christianity/Islam*, 79. Schuon chega a dizer que "o protesto nestoriano contra a expressão *Mater Dei*", que originalmente precipitou a declaração do dogma, "pode ser defendido séria e honestamente", pois a expressão "inquestionavelmente implica certa 'neutralização' da perspectiva da transcendência, a qual Nestório tinha o direito sagrado de ser profundamente apegado" (*Survey of Metaphysics*, 128). Em outro lugar, Schuon explica que "a natureza esotérica dos dogmas e sacramentos cristãos é a causa subjacente da reação islâmica contra o Cristianismo. Posto que este último mesclara a *Haqiqah* (a verdade esotérica) com a *Shariah* (a lei exotérica), portava consigo alguns perigos de desequilíbrios que de fato se manifestaram no curso dos séculos", perigos os quais o próprio Cristo indicou com as palavras "Não deis aos cães as coisas santas, nem lançais aos porcos as vossas pérolas, para que não suceda que eles pisem nelas e, voltando-se contra vós, vos ataquem" (Mat. 7, 6). Se, contudo, alguém perguntar se as coisas poderiam ter sido diferentes, Schuon responde imediatamente "certamente que não, pois a verdade interior e esotérica tem necessariamente de às vezes se manifestar à luz do dia, isto ocorrendo em virtude de uma clara possibilidade de manifestação espiritual, e sem relação com as limitações de um ambiente humano em particular" (*Unidade Transcendente*, 133-34).

207 *Spiritual Perspectives and Human Facts* (Perennial Books, 1987), 115-16.

208 *Christianity/Islam*, 79.

209 Como seus leitores sabem, esta é uma frase frequentemente recorrente nos escritos de Schuon. Um exemplo: "Tem havido muita especulação sobre a questão de saber como o sábio – o 'gnóstico' ou o *jnâni* – 'vê' o mundo dos fenômenos, e ocultistas de todos os tipos não se abstiveram de divulgar as mais fantásticas teorias de 'clarividência' e do 'terceiro olho'; mas, na realidade, a diferença entre a visão comum e a visão de que o sábio ou o gnóstico desfruta não é, claramente, de ordem sensorial. O sábio vê as coisas em seu contexto total, portanto em sua relatividade, e ao mesmo tempo em sua transparência metafísica." (*O Homem no Universo*. Perspectiva, 2001, p. 116).

210 De suas memórias inéditas, "Memories & Meditations" (1982), 10.

211 "Memories and Meditations", 264. A despeito de seus pais terem sido ambos católicos, eles não praticavam a religião, e Schuon foi enviado

por eles para uma escola luterana. Pouco antes de falecer, contudo, em 1920, seu pai o encorajou a abraçar a Igreja Católica.

212 "Memories and Meditations, " 266.

213 "Memories and Meditations, " 267, 268. "Em retrospecto", diz Schuon, "posso descrever o evento no barco e em Tetuan com estas palavras: a Beleza celeste é tanto remédio como sacramento. Pois sua doçura cura; ela dissolve toda melancolia e toda amargura. E sua santidade transforma. Ela vence todos os pensamentos que consomem e toda curiosidade sedutora. Ela confere a luz imóvel do recolhimento e a dose inebriante de fervor; é ouro luminoso e vinho que canta. Que eu possa ser o espelho, no qual sua imagem salvadora ressoa" (270).

214 Texto inédito intitulado "Sobre uma Personalidade Pneumática." A despeito de maiores detalhes estarem fora de contexto aqui, deve-se acrescentar, e enfatizar, que estas experiências não foram as únicas. De fato, Schuon se beneficiaria da presença e das graças de Maria pelo resto da vida, apesar de ser circunspecto ao falar delas, mesmo em seus escritos não publicados. Ao descrever certo estado em suas memórias, ele escreve de maneira típica: " Subitamente, ela estava lá, uma aparição alta, como se neve e sol.Mas dizer mais não seria eu" ("Memories and Meditations, " 269). Sabemos, contudo, que ele teve outras experiências visuais, que a Virgem lhe falou em alemão e que ele às vezes tinha pressentimentos de ordem táctil, quando Maria por exemplo lhe segurou a mão.

215 Martin Lings contou recentemente sua experiência de contatar a *Tarîqah*, ao fim dos anos 1930, em resposta a suas orações para a Virgem, apesar de ter sido somente anos mais tarde que ele se deu conta da conexão com a Virgem. Ele e outros discípulos na Europa haviam pedido a Schuon para adicionar um nome extra ao de seu próprio cheique, o Cheique Al-'Alawi, para distinguir sua comunidade espiritual da dos sufis Alawiyyahs do norte da África. "Para nossa surpresa, ele [Schuon] disse, 'Nossa *Tarîqah* é Maryamiyyah,' isto é, de Maria; e ele nos contou mais de uma vez que ela [a Virgem] havia deixado claro que ela nos havia escolhido para ela, e que era nossa padroeira e protetora. Ele [Schuon] chegou a dizer: 'Não é que fomos nós que a escolhemos, foi ela que nos escolheu.' E assim, afinal de contas, minhas [de Lings] *Aves Marias*, repetidas uma infinidade de vezes, não tinham estado fora de sintonia com a minha orientação final." ("Frithjof Schuon: An Autobiographical Approach". *Sophia*, 4/2 [Winter 1998], 19)

216 Texto No. 982.

217 Nos últimos anos, Schuon chegou a escrever uma série de poemas em inglês, o primeiro dos quais, "Regina Coeli", foi dedicado a Maria: "Tu és mais que um símbolo; estás próxima/ De mim como o sangue e o coração;

Tu és o ar / Que me faz viver, que me faz puro e sábio; / Ar doce e terno do Paraíso. / Tu és mais do que as palavras que a descrevem / E mais do que todas as canções sacras que nós / cantamos em teu louvor; meu êxtase foi Teu / Antes mesmo que Deus gerasse a videira "(*Road to the Heart: Poems.* World Wisdom, 1995, 8). Mesmo depois disso, ao longo dos três últimos anos de sua vida, Schuon escreveu mais de três mil poemas líricos em alemão, e uma vez mais ele teve a oportunidade de celebrar a grande graça mariana. "Port-Vendres, onde o navio estava ancorado/ nunca me esquecerei deste dia dourado. / Eu estava só em meu quarto; os outros / queriam caminhar um pouco na praia. / Eles me trouxeram um buquê de flores/ olhei para seu brilhante esplendor/ e pensei no Paraíso como uma criança/ então surgiu, como num sonho desperto, a doce Virgem/ e ela permaneceu oculta dentro de mim/ com sua graça, que nunca me deixou / Santa presença, lembrança luminosa/ uma imagem do Céu é como eu a chamo/ *Stella Maris* – e minha estrela matutina."

218 Utilizo o termo "ícone" para realçar a qualidade hierática e translúcida das imagens, sua função como "janelas para o Céu", mas deve ser entendido que as pinturas de Schuon não seguem o estilo bizantino, nem servem para os mesmos propósitos didáticos das obras de arte sacra dos cristãos orientais. Deve-se destacar também que Schuon foi acima de tudo um metafísico e mestre espiritual, não um artista, e é por seus livros, não por sua arte, que ele quer ser conhecido.

219 Schuon está aqui, na verdade, descrevendo a Isis egípcia, "um bem conhecido exemplo de Feminilidade divina", mas suas palavras se aplicam igualmente à Virgem como ela aparece em suas pinturas. "Ao afastar os véus, que são acidentes e obscuridade, ela revela sua Nudez, que é Substância e Luz; sendo inviolável, ela pode cegar ou matar, mas, sendo generosa, ela regenera e liberta". (*Esoterism*, 50)

220 "Para alguém que, como eu, foi criado num ambiente católico, as representações da Virgem de Schuon são uma fonte de 'des-ilusão iniciática'. A nudez da Virgem — sua terra nua imaculada, seu corpo transparente de glória, sua flor de virgindade – chamusca as membranas de nossos corações. Uma Epifania de luz, um jardim de sóis revividos é alimento para o olho interior" (do peruano Ramón Mujica). Sobre o tema da nudez na arte sacra, Schuon observa que "segundo a criteriologia católica, a nudez total está excluída para os mensageiros do Céu – provavelmente mesmo a nudez parcial", acrescentando que "no que tange às mulheres, com exceção da *lactatio*, como indicado pela visão de S. Bernardo e também por alguns ícones (...), ao passo que no Hinduísmo a nudez tem um caráter neutro ou mesmo positivo. A razão para esta atitude católica é que o Céu não pode

nem deseja excitar a concupiscência, nem ofender a modéstia". Ainda assim, ele conclui, "mesmo em clima cristão há certa margem" (*Esoterism*, 217). Em uma audiência particular, Schuon uma vez me disse, "Amamos o Cristo por suas palavras, mas amamos a Virgem por seu corpo" (julho de 1996). Tendo em vista tudo o que discutimos neste artigo, confio em que o sentido profundamente sóbrio deste comentário ficará evidente para o leitor.

221 *Memories and meditations*, 268. É verdade que quando em contato privado com amigos, ele às vezes falava sobre o conteúdo estilístico das imagens, explicando, por exemplo, que "em minhas pinturas da Virgem, uma tendência para o Hinduísmo, para o Shaktismo se se quiser, se manifesta, e também para a *Krita-Yuga*, e, finalmente para o mundo protossemita, cujos ecos estão no Cântico dos Cânticos de Salomão". Mas, ele imediatamente acrescentava que "isto não fez parte de minha intenção prévia, pois está na natureza das coisas e também no cerne de meu ser". Pois foi precisamente aí, parece, em seu coração, que ele foi abençoado com "uma manifestação particular da *Rahmah*, da *Shekinah*, da *Barakah*, da *Layla* mística, manifestação determinada pelo fim dos tempos; e, de um ponto de vista metafísico, pela auto-determinação da *Haqiqah*" (de uma carta de setembro de 1981).

222 Ver Émile Male, L'Art du religieux XIIIe siècle en France, Paris 1931, p. 188 e segs.

223 Santo Alberto Magno, Marial, CLXII, 13-14 (Coleção Les Maitres de la spiritualité chrétienne, Paris 1942).

224 René Guénon, "Les Portes solsticiales ", em Études Traditionnelles, Paris, maio 1938.[Há versão em português deste texto, capítulo do livro *Símbolos da Ciência Sagrada*" (S. Paulo, Pensamento, 1993). N. do t.]

225 Thierry of Chartres, Handbook of the Seven Liberal Arts, citado em Das Königsportal von Chartres by Wolfgang Schöne, Reclam, Stuttgart, 1961.

226 A. M. S. Boethius, De Arithmetica libri duo.

227 J.M. Pais, *La doutrine de la Création dans l' École de Chartres*, Paris, 1938 (Tierry: Librum hunc).

228 William de Conques, Philosophia mundi. Patrologia latina, Migne, CLXXII, 39-115.

229 Frithjof Schuon, *A Unidade Transcendente das Religiões* (S. Paulo, Irget, 2013.]

230 *Romeu e Julieta*, por exemplo, *Sonho de uma noite de verão, Henrique IV, Como gostais e Noite de Reis.*

231 Em 1594; foi provavelmente neste ano que ele escreveu *Trabalhos de amor perdidos* e, no ano seguinte, *Romeu e Julieta* e *Sonho de uma noite de verão.*

232 Ver Paul Arnold, *Esotérisme de Shakespeare.* Mercure de France, 1955, pp. 60-61.

233 Ibid., pp. 130-39.

234 Sua primeira publicação deu-se somente em 1601.

235 Ibid., Paul Arnold, op. cit., capítulos II e IV.

236 Evergreen Books, 1960. [Há edição brasileira desta obra: *Shakespeare.* São Paulo, Martins Fontes, 1996.]

237 Asse, antiga moeda romana. (N. do t.)

238 Cf. René Guénon, *O Esoterismo de Dante* (S. Paulo, Irget, s/d).

239 *Antígona*, 454-457

240 A referência de Hamlet ao pardal é uma das muitas indicações de que o Evangelho estava frequentemente presente na mente de Shakespeare.

241 Frithjof Schuon, *The essential writings*, p. 531.

242 *The Eleventh hour*, capítulo 5. Archetype, 1998.

243 *Esoterism as principle and as way*, p. 126. [Há tradução brasileira: *0 esoterismo como princípio e como caminho.* São Paulo, Pensamento, 1985.]

244 "A cerimônia do chá significa que devemos executar todas as atividades e manipulações da vida diária de acordo com as perfeições primordiais, que são puro simbolismo, pura consciência do Essencial, beleza perfeita e auto-domínio. A intenção é basicamente a mesma nas iniciações de ofício do Ocidente — incluindo o Islã —, mas o fundamento formal é então a produção de objetos úteis, e não o simbolismo dos gestos; sendo assim, o pedreiro tenciona, em paralelo com o seu trabalho, moldar a sua alma em vista da união com Deus. E assim há de ser encontrado em todos os ofícios e artes de um modelo espiritual que, no mundo muçulmano, muitas vezes se refere a um dos profetas mencionados no Corão; qualquer atividade profissional ou do lar é uma espécie de revelação. Quanto aos adeptos do Zen, eles prontamente buscam sua inspiração na "vida comum", não porque ela seja trivial, certamente, mas porque— na medida em que é tecida de simbolismos ela misteriosamente implica a "natureza do Buda" (Frithjof Schuon: *The Eye of the Heart* (World Wisdom, 1997, pp.140-41).

245 Que cada um permaneça na vocação em que foi chamado. Foste chamado sendo servo? Então não se preocupe com isso, mas, se podes fazer-te um homem livre, aproveita a ocasião. (1 Coríntios, 7:20-21.)

246 Significar algo é ter em mente a intenção cognitiva. Logo, é significar a penetração concreta e efetiva da inteligência por um valor cognitivo. O valor de uma coisa implica uma troca equivalente por algo;

aqui, um valor cognitivo que entra em um determinado estado de ser por aquilo que é adequado para ele. Em tal penetração eficaz, Beleza, Bondade e Verdade pressupõem a possibilidade de nossa elevação de um estado de ser inferior para um mais elevado.

247 Ruth Benedict, *Patterns of Culture*, 1934, p. 5.

248 Para ilustrar o que pretendo dizer aqui com "discutir", remeto o leitor para meu artigo "*On Being with One's Mind*", em *Review of Religion*, Vol. VII, Nova York, 1942, pp. 32-40. [Este artigo também está publicado em *Que é Civilização?*]. Ainda que de fato de autoria de um autor, este artigo é com efeito uma colaboração entre cristão, platonista e hindu, expondo uma doutrina sustentada em comum.

249 *Lambs among Wolves*, 1903. Ver também o meu "Christian Missions in India", em *Essays in National Idealism.*

250 J. M. Plumer, "China's High Standard of Living, " Asia and the Americas February, 1944.

251 Plutarco, *Ísis e Osíris*, 67 (*Moralia*, 377). William Law, em continuação da citação acima, escreve: "Não há uma [salvação] para o judeu, outra para o cristão e uma terceira para o pagão. Não, Deus é um só, a natureza humana é uma só, e o caminho é um só; e ele é o desejo da alma voltada para Deus." Na verdade, isto se refere ao "batismo de desejo", ou "do Espírito" (distinto do batismo pela água, que envolve uma adesão efetiva na comunidade cristã) e apenas modifica o dogma cristão *Extra Ecclesiam nulla salus.* O verdadeiro problema é o do adequado significado das palavras "Igreja Católica" ; dizemos que isso não deve significar uma religião como tal, mas a comunidade ou universo de experiência de todos aqueles que amam Deus. Como William Law diz também: "O principal dano de uma seita é que ela se toma a si mesma como necessária para a verdade, ao passo que a verdade somente é encontrada quando ela é conhecida como não pertencendo a nenhuma seita, mas como sendo livre e universal como a bondade de Deus e como sendo comum a todos os nomes e todas as nações, como o ar e a luz deste mundo."

252 R. A. Nicholson, *Os místicos do Islã* (S. Paulo, editora Madras). Da mesma forma, "Se ele [o seguidor de uma religião em particular] compreendeu as palavras de Junayd, 'A cor da água é a cor do recipiente que a contém", ele não iria interferir com as crenças dos outros, mas perceberá Deus em todas as formas e crenças. "(Nicholson, Estudos de mística islâmica).

253 A resposta pode ser dada nas palavras de Christopher Dawson: "quando a moralidade é privada de seus fundamentos religiosos e metafísicos, ela inevitavelmente fica subordinada a fins mais baixos." A

necessidade da restauração da ética da vocação tornou-se um problema central para a sociedade - "vocação" aqui sendo aquela estação na vida para a qual Deus nos chamou, e não "emprego" ao qual nossa ambição nos levou.

254 Latim: "Sem desejo, a mente não entende." N. do t.

255 Latim: "pegadas". N. do t.

256 No sentido de culto ou exploração dos sentidos, como visão, audição, tato, paladar e olfato. N. do t.

257 Latim: crer para compreender. N. do t.

258 Nota do Editor: "Vereis que os melhores amigos dos crentes [i.e. os muçulmanos] são aqueles que dizem: "Nós somos cristãos". Isso porque há padres e monges entre eles, e porque eles não são orgulhosos." (Corão 5:82)

259 Nota do Editor: "Em verdade, os fiéis [i.e., os muçulmanos] e os judeus, os sabeus e os cristãos, todos os que crêem em Deus e no Último Dia e que praticam atos de piedade – nenhum temor cairá sobre eles, nem se afligirão." (Corão 5:69)

260 Um exemplo de atitude sã é a meditação seguinte de Santo Inácio de Loyola, na qual, em vez de se afundar num sentimento de gratidão – ou de culpa – ininteligível, ele se apóia, com a inteligência, na natureza das coisas: "... Eu considerarei Deus presente em todas as criaturas. Ele está nos elementos, dando-lhes o ser; nas plantas, dando-lhes a vegetação; nos animais, dando-lhes o sentimento; nos homens, dando-lhes a inteligência; ele está em mim mesmo dessas diferentes maneiras, dando-me ao mesmo tempo o ser, a vida, o sentimento e a inteligência. Ele fez mais: fez de mim seu templo; e, com vistas a isso, ele me criou à imagem e semelhança de sua divina Majestade... Eu considerarei Deus agindo e trabalhando para mim em todos os objetos criados, pois ele está efetivamente nos céus, nos elementos, nas plantas, nos frutos, nos animais etc., como um agente, dando-lhes e conservando-lhes o ser, a vegetação, o sentimento, etc... Depois, voltando-me para mim mesmo, eu me perguntarei o que a razão e a justiça me obrigam por meu lado a oferecer e a dar à sua divina Majestade, ou seja, todas as coisas que são minhas, e eu mesmo com elas..." (*Exercícios espirituais*)

261 É verdade que a União comporta modos e graus, mas trata-se aqui da "União enquanto tal" e não de "tal ou qual União".

262 Ver. David G. Dalin: *The Myth of Hitler's Pope: How Pope Pius XII Rescued Jews from the Nazis* (Regnery Publishing, EUA, 2005).

263 Ver a respeito disso o livro *Ensaios sobre a destruição da tradição cristã*, de Rama Coomaraswamy, em especial o *Prefácio* à segunda edição (S. Paulo, editora Irget, 2013).

264 Citado por Martin Lings em *A Sufi Saint of the 20th century* (Cambridge, UK, Islamic Texts Society, 1993), pp. 116-117.

265 Ver F. Schuon: *Perspectives Spirituelles et Faits Humains* (Paris, Maisonneuve & Larose, 1989), pp. 164-65.

[Há tradução em ingles: *Spiritual Perspectives & Human Facts* (Perennial Books, 1987), p. 127.]

266 Para maiores detalhes sobre este processo ver *Ensaios sobre a destruição da Tradição Cristã*, de Rama Coomaraswamy (Irget, S. Paulo, 2011) e *Men of a Single Book*, de M. Soares de Azevedo (World Wisdom, EUA, 2010), especialmente o capítulo "Vatican Two and the Three Revolutions".

267 Em mitologia clássica, Cloto é o Destino que faz girar o fio da vida.

268 A primeira dessas citações é retirada dos sínodos de Gangra(Canon XXI) e de Cartago (Canon III), e a segunda, do sétimo Concílio Ecumênico. Convertidos à Igreja Católica devem prometer que eles "admitem e abraçam mais firmemente as tradições apostólicas e eclesiásticas e todas as outras condições e prescrições da Igreja". Santos têm repetidamente sublinhado a importância de aceitar todas as "tradições" que se enquadram nesta rubrica.

269 Vejam-se as Cartas Encíclicas do Papa São Pio X, *Pascendi Dominici Gregis* e *Lamentabili Sane* (1907).

270 Aqueles interessados em saber como isso foi feito devem ler *O Reno se lança no Tibre*, do padre Ralph Wiltgen (Editora Permanência, 2008), um livro que leva o oficial Nihil obstat e o Imprimatur, que declaram o livro isento de erro doutrinal ou moral.

271 Ver, de Michael Davies, *Pope Paul's Mass* (Augustine Publishing Company, Devon, England, 1980).

272 Ver o meu *The Destruction of the Christian Tradition* (World Wisdom, EUA, 2006). Há uma versão em língua portuguesa desta obra: *Ensaios sobre a destruição da tradição cristã* (Irget, S. Paulo, 2011)

273 Para uma documentação completa dos fatos ver "O Concílio do Papa João", de Michael Davies(Augustin Publishing Company, Devon, Inglaterra, 1977).

274 S. Paulo, Editora Perspectiva, 2001.

275 O termo bolandista deriva de Jean Bolland, padre jesuíta belga do séc. XVII. Os bolandistas são uma associação de estudiosos, filólogos e historiadores, originariamente jesuítas, mas atualmente incluindo também outros ramos do catolicismo, que têm pesquisado a hagiografia e o culto dos santos na religião. Eles atuam desde o século XVII. Sua publicação mais importante é a Acta Sanctorum (Vidas dos Santos). Nota do editor.

276 Calvino, Gibbon e uma série de luminares menores.

277 Baring-Gould, *op. cit.*

278 *Monkey*, tradução de Arthur Waley. Nova York, 1943, p. 253 ff.

279 *O Homem no Universo*, p. 14. Como um exemplo de como o presente, no caso de povos tradicionais, predominava sobre o tempo, os maias representavam graficamente mediante uma única imagem composta o nascimento, a vida e a morte de um indivíduo.

280 Corão LVII, 3. Cf. F. Schuon, *Forma e Substância nas Religiões* (Sapientia, 2010), o capítulo "A Cruz tempo-espaço na onomatologia corânica"

281 "Nil eos Christo reliquum facere qui pro nihilo ducunt ejus intercessionem, accedant nisi Georgius aut Hippolitus, larvas aut similes."

282 Segunda Série, vol. vii. pt. i.

283 Dulia: culto de veneração devotado aos santos. N. do e.

284 Frithjof Schuon, "On Relics, " Studies in Comparative Religion, Summer 1975 [Nota do editor: este artigo foi também publicado no livro *Esoterism as Principle and as Way* (Perennial Books, 1981)].

285 The Penguin Dictionary of Saints.

286 *O Homem no Universo* (Perspectiva, S. Paulo, 2001).

287 Baring-Gould, op. cit. Este hagiógrafo apresenta os antecedentes pagãos de Úrsula como prova "dolorosa" de sua ilegitimidade; ao passo que nós tomamos o ponto de vista exatamente oposto, ou seja, que sua filiação ao eterno retorno atesta sua autenticidade.

288 *Hinduísmo e Budismo*, p. 29.

289 *Lógica e Transcendência*, Nova York, 1975, o capítulo "O Voto de Dharmakara". Considerações pertinentes a este artigo também podem ser encontradas no capítulo "Observações sobre o Simbolismo da Ampulheta".

290 Mesmo uma figura hermética como William Shakespeare escapa do alcance do biógrafo, uma vez que a dimensão essencial de sua função transcende o domínio acessível ao crítico e historiador literário.

291 A *Acta* dos bolandistas foi expressamente censurada pela Inquisição espanhola, em 1695, como herética, quando os bolandistas lançaram dúvidas sobre a reivindicação dos carmelitas de sua descendência, pelos essênios, da Santíssima Virgem e dos apóstolos, até o Profeta Elias, cuja estátua na basílica de São Pedro em Roma traz a inscrição: *Universus Ordo Carmelitarum Fundatori Suo S. Eliae* ("Toda a Ordem do Carmelo ao seu fundador, Santo Elias").

292 Para ser correto com Baring-Gould, devemos notar que o material que ele estava documentando ia contra a sua crença: "Como a abominação da desolação pode se fazer presente em uma Igreja onde todos os santuários são adornados com tudo o que pode atrair o coração para o Crucificado e

elevar os pensamentos para o ritual imponente do Céu, isto é um enigma para mim.... Roma não luta contra o Sacrifício Diário, nem se esforça em aboli-lo.... Roma não nega o poder da piedade, do qual ela faz exibição, mas insiste neste poder com ênfase... No entanto, esta não é uma questão em que nos imiscuiremos, pois nosso campo é o do mito, não da teologia." Em outras palavras, como Baring-Gould poderia possivelmente ter previsto o Concílio Vaticano II, o qual, seja dito, expurgou São Miguel junto com São Jorge ao eliminar a seguinte oração dita após a Missa: "São Miguel Arcanjo, defendei-nos no combate, sejais nossa proteção contra a malícia e as ciladas do demônio. Nós humildemente pedimos a Deus para controlá-lo, e que tu, ó Príncipe das milícias celestes, pelo poder divino lance no inferno Satanás e os outros espíritos malignos que erram pelo mundo buscando a ruína das almas. Amém."

viena gráfica

Impressão e Acabamento:
www.graficaviena.com.br
Santa Cruz do Rio Pardo - SP